Claus Back · Martin Stade

# DER MEISTER VON SANSSOUCI

CLAUS BACK
MARTIN STADE

# DER MEISTER VON SANSSOUCI

Historischer Roman

BUCHVERLAG DER MORGEN
BERLIN

ISBN 3-371-00086-9

8. Auflage 1989

Lizenznummer: 48-48/38/89
LSV 7001
Gesamtgestaltung: Manfred Schütz
Printed in the German Democratic Republic
Fotos: Sächsische Landesbibliothek, Abt. Deutsche Fotothek, Dresden: 2, 3 (Kramer), 9, 11 (Schaal), 5, 16
Märkisches Museum, Berlin: 8, 14
Staatliche Schlösser und Gärten, Potsdam-Sanssouci: 1, 4, 6, 7, 10, 12, 13, 15
Satz und Druck:
Gutenberg Buchdruckerei und Verlagsanstalt Weimar, Betrieb der VOB Aufwärts
Buchbinderei: GG INTERDRUCK Leipzig
Bestellnummer: 695 082 9
01200

ERSTES BUCH

# RHEINSBERG

# Der Hals- und Armbruch

»Und das soll ich glauben?« fragte der Geiger Benda.

Kammerdiener Fredersdorf nickte. »Wer sich den Hals bricht, steht nicht wieder auf. Aus is'!«

»Schrecklich! So ein feiner Mensch!« Kapellmeister Graun schüttelte den Kopf.

Sie saßen an der Bedientenafel im Schloß zu Rheinsberg und warteten auf das Abendessen, Musiker, Kutscher, Lakaien. Draußen sank schon die Dämmerung. Es war Ende April.

»Lakaiengewäsch!« sagte der Holzschnitzer Scheffler.

Fredersdorf schlug auf den Tisch. »Was fällt Euch ein! Ein Kammerdiener hat seine Ehre wie jeder Musikus oder Spanknapser!«

»Fragt sich nur: wer hat recht?«

»Streitet doch nicht!« rief der Flötist Quantz. »Die Sache geht uns zu nahe! Ihr meint, er hat nicht den Hals gebrochen?«

»Nein«, antwortete Scheffler.

»Er ist demnach nicht tot?«

»Doch.«

»Also was denn nun!«

»Etwas anderes hat ihn erwischt.«

»Ach nee!« sagte der Kammerdiener. »Ist ja ganz was Neues!«

»Im Gegenteil, etwas ganz Altes!« widersprach Scheffler. »Ich kenne ihn nämlich schon zweiundzwanzig Jahre.«

»So lange?« fragte der Geiger Benda verwundert.

»Ja, denn es war Anno siebzehnhundertfünfzehn, ich weiß noch, wir lagen in den Laufgräben vor Stralsund. Ich war Artillerist. Dezember und ein übel naßkaltes Wetter. Auf einmal kommt der Junker von Knobelsdorff und will zuschauen, wie ich den Prospekt der Festung zeichne. Denn ich konnte schon immer gut zeichnen und er ebenso. Bloß hatte er keine Ausbildung –«

»Hört mal«, unterbrach Kapellmeister Graun. »Wie kam denn der Junker Knobelsdorff in die Laufgräben vor Stralsund? Muß doch sehr jung gewesen sein, wenn es so lange her ist.«

»Sechzehn war er. Gefreitenkorporal beim Regiment Schlabbrendorff in Küstrin. Hat schon mit fünfzehn in die Armee eintreten müssen, weil's die Familie so gewollt.«

»Versteht sich, so ist das bei die Junkers«, bemerkte Kammerdiener Fredersdorf. »Wenn es mehrere sind und das Gut soll bleiben, heißt's für die Jüngeren nur Soldat werden oder nichts.«

»Und weiter?« drängte Graun.

»Also, wie der Junker so neben mir steht und beim Zeichnen zuschaut, wird er mit einem Mal kreidebleich im Gesicht, lehnt sich an die Grabenböschung, fängt an zu husten und spuckt Blut –«

»Blut?«

»So wahr ich hier sitze! Und war doch weit und breit kein Schuß gefallen, alles mucksmäuschenstill. Hat man im Krieg schon so was erlebt, Blut ohne Schuß?«

»Armer Junge!« sagte Benda, der Geiger. »Hätte zu Hause bleiben sollen.«

»Hätte er, vorher und nachher. Aber er hat doch noch vierzehn Jahre beim Militär ausgehalten. Ist sogar zum Hauptmann avanciert, eh' er den Abschied genommen, um Maler zu werden. Die ganze Zeit, solang' ich ihn kenn', ist er nie ganz gesund gewesen. Und darum mein' ich, er hat jetzt in Italien wieder einen Blutsturz bekommen.«

»Ja, ja, so geht's«, seufzte der Flötenspieler Quantz. »Ich sehe ihn noch genau vor mir, wie er ganz vergnügt abfuhr vor dreiviertel Jahren.

Nun warten wir schon vierzehn Tage auf ihn, und er kommt nie mehr.«

Alle schwiegen bedrückt. Jeder hatte den Hauptmann von Knobelsdorff gern gehabt. Er war nicht sehr mitteilsam, eher ruhig und zurückhaltend, aber stets wohlwollend, einfach und geradeheraus.

»Wozu mußte er auch nach Italien reisen!« rief ein Lakai.

»Na, würdet Ihr nein sagen, wenn's Euch geboten wird?« entgegnete der Holzschnitzer Scheffler. »Hat er unserm gnädigen Herrn Kronprinzen jahrelang Unterricht im Zeichnen und Malen gegeben und sollte nun zur eigenen Fortbildung mal hinaus und die Welt besehen, war das mehr als recht und billig?«

»Schon, schon, aber daß es so ausgehen mußte! Erst achtunddreißig Jahre alt!«

Die Küchenmagd brachte einen Stapel Steingutteller herein.

»Wo bleibt das Essen?« fragte Fredersdorf ungeduldig.

»Erst die Herrschaft, dann die Domestiken, wißt ihr doch!« antwortete das Mädchen. »Keene Bange nich, die oben sind eben fertig.«

Die Hungrigen blickten gelangweilt durch die Fenster. Der Eckraum lag zu ebener Erde. Man sah über einen Wassergraben auf den großen Gutshof, der zum Schloß gehörte.

Und von dort kam jetzt, gleich einem großen Schatten, in der Dämmerung eine hohe Gestalt über die Bohlenbrücke auf die Schloßeinfahrt zugeschritten. Man konnte einen dunklen Schoßrock erkennen, lange Stiefel und einen Dreispitz.

»Besuch!« rief Scheffler. »Geht wie ein Offizier. Fredersdorf, raus zu ihm!«

Der Kammerdiener war aufgesprungen. »Ist doch niemand angemeldet.«

Der Speiseraum für Bediente stieß an ein enges Treppenhaus. Als Fredersdorf dort eine Windlaterne angesteckt hatte, trat ihm der Unbekannte aus der Torhalle entgegen. Der Diener erkannte eine kantige Stirn und volle Wangen, wodurch das Gesicht einen viereckigen Umriß zeigte, streng und derb.

»Alle guten Geister!« stammelte Fredersdorf.

Zwei Lakaien traten hinter ihm aus der Tür. »Herr Hauptmann von Knobelsdorff!« riefen sie.

Scheffler stürzte herbei. »Ist doch nicht möglich!« Die ganze zum Abendessen versammelte Bedientenschar drängte nach und starrte den späten Gast entgeistert an. »Er lebt ja noch –«

Der Holzschnitzer Scheffler stieß Fredersdorf an: »Hab's ja gesagt: Lakaiengewäsch!«

»Hab's ja geahnt: Holzkopfspäne!« gab Fredersdorf ihm zurück.

»Ja, um Himmels willen, Euer Hochgeboren, wo kommen Sie her?«

Knobelsdorff nahm gelassen den Hut ab. Er sah sich lächelnd um. »Aus Berlin, mit der Post, über Fehrbellin und Ruppin, vierzehn Stunden. Schändlicher Weg, Sand und Steine. Alles gesund?«

»Zu dienen, Euer Hochgeboren!« Fredersdorf verneigte sich tief. »Der Hausknecht holt sofort das Gepäck vom Posthaus. Und Euer Hochgeboren selbst befinden sich wohl, wirklich?«

»Danke, durchaus. Was staunt ihr mich alle an? Befindet sich der Kronprinz im Schloß?«

»Jawohl, Euer Hochgeboren! Will man gleich Seiner Königlichen Hoheit melden!« Er stürmte die dunkle Treppe hinauf. Knobelsdorff folgte langsam. Er stieg Stufe um Stufe, und es schien ihm nach der monatelangen Reise und nach dem Aufenthalt in Italien, daß jetzt erst sein Leben einen Sinn erhalten hatte, daß nun, nach neuen und tiefgreifenden Erkenntnissen, ein ganz anderer Knobelsdorff zu diesen Treppen emporstieg, die für ihn die Zukunft bedeuteten.

Er wandte sich an den Holzschnitzer, der das Windlicht trug: »Na, Scheffler, wie geht's? Hat sich ja mächtig verändert hier.«

»Ja, viel zu tun. Der Herr Baudirektor Kemmeter hat erst die alten Raubrittergewölbe abreißen müssen, weil sie baufällig waren. So ist es langsam mit dem Neubau gegangen.«

»Ihr habt aber allerhand geschafft, wie ich sehe.«

»Oh, das Treppenhaus ist erst roh verputzt. Aber die Zimmer sollten Euer Hochgeboren sehen! Sind schon alle bewohnbar. Rosa Wandbekleidung, Deckenrosetten, die ich in

Stuck gefertigt habe – und da die Tür, geschnitzte Rahmenleisten, in den Winkeln abgerundet und goldbemalt!«

»Gute Arbeit, Scheffler!«

Droben hatte Fredersdorf eine Flucht von Türen hinter sich offengelassen. Knobelsdorff durchschritt mehrere kleine Zimmer. Aus dem letzten hörte er wohlbekannte Stimmen. Er trat in den Schein der Kerzen. Die Gespräche verstummten plötzlich.

Ein knappes Dutzend Kavaliere und Offiziere waren versammelt. Einige hielten Kaffeetassen in den Händen. Alle blickten erschrocken auf Knobelsdorff wie auf ein Gespenst. »En effet!« flüsterte einer. Nur der Kronprinz blieb unberührt von der allgemeinen Erstarrung. Im dunkelblauen Uniformrock seines Infanterieregiments, in langer gelber Weste, schwarzen Hosen und Stiefeln, so kam er freudestrahlend auf den Eintretenden zu. Knobelsdorff verneigte sich und sagte: »Na also, Königliche Hoheit, da bin ich wieder!«

Der junge Adjutant von Buddenbrock, der ihn zum erstenmal sah, wunderte sich über die unkonventionelle Begrüßung. Aber den anderen war diese Art des groben Knobelsdorff, wie sie ihn nannten, längst bekannt. Kronprinz Friedrich, kleiner als Knobelsdorff, etwas fett und weichlich, umarmte ihn. Dann hielt er ihn von sich weg und betrachtete ihn. »Et votre cou, comment va-t-il?«

»Mon cou?« fragte Knobelsdorff erstaunt, reckte den Hals und drehte lächelnd den Kopf hin und her.

Friedrich stutzte, begriff die Bewegung nicht.

»Mais vous aviez donc écrit –« Und der Zeigefinger deutete auf Knobelsdorffs Arm.

Dem ging jetzt ein Licht auf.

»Ach so! Königliche Hoheit meinen den deutsch geschriebenen Brief von meinem gebrochenen Arm!«

»Eh bien!«

Knobelsdorff lachte und klopfte sich auf den Unterarm. »Ja, das ist aber mon bras! Mon cou ist mein Hals.«

Friedrich schlug sich vor die Stirn. »Naturellement!«

Schallendes Gelächter. Fredersdorf an der Tür prustete laut

und rannte die Treppe hinab. Der Kronprinz hatte das deutsche Wort Arm mit »cou« übersetzt, aus dem Armbruch einen Halsbruch gemacht und allen Leuten davon erzählt!

Unten im Bedientenzimmer hielten sie sich die Seiten vor Lachen. Der Hausknecht, der gerade Knobelsdorffs Gepäck gebracht hatte, schlug auf den Tisch: »Dat kümmt von dat sackermentsche Parlewuh! De Herrn künn nich richtig Dütsch un nich richtig Französch. Na, is man gaud, dat allens blot'n Irrtum was!«

So dachte man oben auch. Die Heiterkeit verwandelte sich in ehrliche Freude über den wiedererschienenen Totgeglaubten. Er mußte Rock- und Hemdärmel aufstreifen und seinen Bruch vorzeigen, der schon vor sechs Wochen beim Umstürzen des Postwagens bei Florenz geschehen und völlig verheilt war, aber doch vierzehn Tage Reiseverzögerung verursacht hatte.

»Wenn Königliche Hoheit deutsche Briefe nicht lesen können, werde ich fortan nur noch französisch schreiben«, sagte Knobelsdorff.

Nein, nein, er sollte überhaupt nicht mehr schreiben, er sollte dableiben für immer! Der Kronprinz ließ ihm Essen und Champagner bringen.

Und während Knobelsdorff an einem Extratischchen etwas Wildragout verzehrte und alle ihn umstanden, waren sie doch ein wenig beschämt, weil sie geglaubt hatten, daß einer, der sich den Hals gebrochen, danach noch Briefe schreiben und Bescheid geben könne.

Aber Knobelsdorff nahm es ihnen nicht übel, wie er sie um sich versammelt sah: den untersetzten Obersten Freiherrn von Keyserlingk, der gewöhnlich Reiseerlebnisse, Verse aus Voltaires Henriade und Jagdabenteuer in einem Atem heraussprudelte, der immerfort neueste Tanzschritte vorführte – den ehemals reformierten Prediger Jordan, der ständig in literarische Studien vertieft war – den jungen normannischen Edelmann de Chasot, eitel, aufgeputzt, ständig Mädchen, Verkleidungen, Glücksspiele und Hanswurstereien im Kopf – den etwas verschrobenen Major von Stille mit seiner weltfremden Gelehrsamkeit – von ihnen war praktischer Menschenverstand kaum zu erwarten.

»Prosit, Knobelsdorff! Wie war's in Italien?«

Knobelsdorff sah sie der Reihe nach an. Oh, Interesse hatten sie für ihn, für seine Ölbilder, seine Pastelle, die Bleizeichnungen, deren Hintergrund in der Luft verschwamm – und neuerdings für seine Architekturentwürfe, auf die er eigentlich nur gekommen war, um antike Landschaften und Tempelruinen richtig wiedergeben zu können. Italien – wo sollte er anfangen zu erzählen?

»Ich bin noch in staubiger Reisekleidung –«

Es half ihm nichts. Man sei ja in kleinem Kreise.

Der Kronprinz liebte Musik. Ein kleines Kammerorchester hatte er schon, nun wünschte er sich die Sänger dazu.

»Wo haben Sie meine Chanteurs aus Italien?« verlangte er zu wissen.

»Die Oper in Rom war schlecht«, sagte Knobelsdorff, »die in Florenz noch schlechter. Venedig hatte großartige Dekorationen und Bühnenmaschinerien, aber nur ein Sänger schien mir wert, in Euer Königlichen Hoheit Dienste zu treten, und der war nicht zu bewegen, in ein protestantisches Land zu kommen, es sei denn für viertausend Taler Jahresgage wie im Haymarket-Theater in London.«

»Mon Dieu!« rief Friedrich enttäuscht. Soviel hatte er nicht.

»Und Gemälde, Statuen, wie steht es damit?«

»Auf denen sitzt der italienische Adel. Sie sind sein Kapital, das trägt ihm Zinsen ein in Form von enormen Eintrittsgeldern für seine Paläste, wo die Kunstwerke ausgestellt sind. Die übrigen gehören der Kirche und sind unverkäuflich.«

Also gar kein Gewinn der neunmonatigen Italienreise?

»Doch!« Knobelsdorffs Gesicht belebte sich. »Ich habe mich fleißig umgesehen. Ich bringe die Kunst der alten Griechen und Römer nach Rheinsberg! Einhundertunddrei Blätter enthält das Skizzenbuch in meinem Gepäck. Wo ist es?«

»Hier!« rief Kammerdiener Fredersdorf an der Tür.

Der Kronprinz ließ den schwarzen Lederkoffer in sein Arbeitszimmer bringen. Die Einrichtung der übrigen Räume war noch zu dürftig und ungemütlich. »Comme à Ruppin, vous rappellez-vous?«

Allerdings, er erinnerte sich, und nicht eben gern. Die kleine Garnison eines Bataillons von des Kronprinzen Regiment mochte jungen, wenig beschäftigten Offizieren allerlei übermütige Belustigung bieten, Trinkgelage, Kartenspiel, Liebeleien, nächtlichen Lärm und Fenstereinwerfen, Frauen und Landpastoren erschrecken – aber für Knobelsdorff war dies keine Umgebung gewesen. Er hatte dort nur vorübergehend geweilt, er besaß eine Mietwohnung in Berlin. Den jungen Kronprinzen in Zeichnen und Kunstanschauung zu unterrichten, dies war seine Aufgabe. Er hatte sie gern erfüllt. Und wenn er zuweilen mit den anderen die Nächte durchgeschwärmt hatte, dann nur, weil er sich nicht ausschließen wollte. Verlorene Zeit, ein ödes Faulenzerdasein, aus dem ihn nach langem Bitten die italienische Reise erlöste. –

»Das Skizzenbuch!« Knobelsdorff hatte seinen Koffer geöffnet. Auf dem einfachen Schreibtisch Friedrichs schlug er eine Mappe in großem Quartformat auf. Alle umdrängten ihn und beugten sich neugierig darüber.

Kunstlos skizzierte Landschaften zeigten sich, Gebirgszüge, Pinien, flache Horizonte in Schwarz- und Rotstift, in Sepia und schwarzer Tusche, einige Aquarelle, ein Meeresstrand. Dann kamen Statuen, Figurengruppen, Architekturstudien.

»Rom ist wundervoll«, sagte Knobelsdorff. »Bauten, Skulpturen, Gemälde in riesiger Menge! Aber nicht alles hat mir gefallen. Man muß bedauern, daß der erste christliche Kaiser Konstantin herrliche Tempel hat niederreißen und miserable Kirchen daraus hat erbauen lassen. Man fragt sich, wie nach dem Glanz der alten Kunst solche Finsternis hat hereinbrechen können.«

»Das wundert Sie?« Der ernste Major von Stille war strenger Protestant. »Die Finsternis des Mittelalters, welche die Papstkirche über die Welt gebracht hat, ist bis heute noch nicht überwunden, in der Philosophie, den Naturwissenschaften wie in der Kunst.«

»Doch, sie ist überwunden!« widersprach der Bibliothekar

Jordan. »Der Menschheit ist ein neues Licht aufgegangen. Denken Sie an Locke, Leibniz, Wolff und Voltaire. Die Vernunft muß in jeder Beziehung unser höchster Richter und Lenker sein, sagte Locke.«

»Auch in der Kunst?« fragte Stille. »Wie soll man sich eine Kunst der Vernunft vorstellen?«

Knobelsdorff wies auf sein Skizzenheft. »Hier, an den antiken Skulpturen kann man deutlich erkennen, wie tief die heutigen Bildhauer unter den Römern stehen. Aber die Römer werden noch weit von den Griechen übertroffen.«

»Inwiefern?«

»Edle Einfachheit ist das Kennzeichen wahrer Kunst!«

Der Kronprinz mischte sich ein. »Woher haben Sie diese Weisheit?«

»Aus Paris«, sagte Knobelsdorff kurz und bündig.

Großes Erstaunen.

De Chasot drängte sich vor: »Habt Ihr eine Exkursion nach Paris gemacht«, erkundigte er sich begierig.

»Nein, aber ich habe in Rom eine Menge Franzosen getroffen. Die königliche Akademie der Malerei und Skulptur zu Paris schickt ihre besten Schüler zur Weiterbildung nach Rom. Und alle auswärtigen Künstler – ob Deutsche, Franzosen, Dänen, Engländer – alle treffen sich als Gäste in der römischen Malerakademie San Luca. Und hier eben hörte ich die Antike rühmen. Hier erfuhr ich, daß die königliche Akademie zu Paris ihr schon längst huldige – daß sogar schon vor fünfzig Jahren ihr Mitglied La Bruyère die Nachahmung der Antike empfohlen habe.«

»Das wußte ich nicht«, mußte Jordan gestehen.

»Sehen Sie wohl! Dazu muß man nach Rom reisen. Die Augen sind mir dort aufgegangen. In den Bauten der Alten ist ungleich mehr Majestät als in den neueren! Das Kolosseum sollten Sie sehen!«

Das enge Zimmer leerte sich nach und nach. Keyserlingk, der keine Gelegenheit fand, Arien zu trällern, Chasot, der gehofft hatte, etwas aus Paris in Erfahrung zu bringen, und die Offiziere, die durchaus nichts verstanden – einer nach dem anderen verzog sich in die anstoßenden Räume. Die Champagnerflaschen lockten mehr.

Knobelsdorff aber schlug ein anderes Skizzenblatt auf. »Hier, vor dem Pantheon müßten Sie stehen. Acht hohe dunkle Granitsäulen tragen das Giebeldach der Vorhalle. Kein Stift kann den Eindruck wiedergeben. Das schöne, vollkommen in sich einige Bauwerk hat mich unmittelbar angerührt. Mir war, als spräche es mich an, sofort und mit klarer vernehmlicher Stimme.«

»Es widerstrebt in keinem Punkt der Vernunft«, meinte Jordan.

»Ja, das wird es sein! Es ist nichts Sinnwidriges, nichts Überflüssiges daran. Und als ich durch die alte Bronzetür in den weiten, runden Kuppelraum trat, sah ich hoch oben durch die Öffnung, von den Italienern ‚das Auge' genannt, den Himmel hereinschauen – den wirklichen Himmel, und weiße Wolken sah ich. Ich spürte um mich vollendete Harmonie, ein Abbild des Weltalls. Das Universum umschwebte mich, und unten stand ich, der Mensch!«

Knobelsdorff hob den Kopf. Seine Augen blickten über die Kerzenflammen hinweg in die Ferne. Die anderen schwiegen. Sie wagten ihn nicht zu stören. Wenn dieser sonst so schweigsame Mann plötzlich Worte fand, die eines Leibniz würdig waren, mußte ein außerordentliches Erleben dahinterstehen. Durch angelehnte Türen klang Lachen und Gläserklingen, aber Knobelsdorff verharrte noch immer in Gedanken.

»Es muß gehen!« sagte er unvermittelt.

»Was meinen Sie?«

»Es muß möglich sein, auch in unserer Zeit Bauwerke zu schaffen, die ihre reine, natürliche Schönheit dem Auge darbieten, die man nicht erst unter einem Gestrüpp von Ornamenten mühsam enträtseln muß.«

»Das haben Sie ja schon bewiesen!« warf Major von Stille ein.

»Der kleine Rundtempel auf der Anhöhe hinter dem Stadtwall von Ruppin –.«

»Spielerei!« wehrte Knobelsdorff ab.

»Immerhin Ihr Werk. Und schon vor vier Jahren errichtet. Es zeigt bereits diese antike Form.«

Knobelsdorff schüttelte den Kopf. »Acht toskanische Säulen mit flacher Kuppel darüber, ein allgemein üblicher Pavillon in Gärten und Parks, dutzendfach abgebildet, jeder Maurermeister hätte ihn nach Kupferstichen zustande gebracht. Nein, anderes, Größeres schwebt mir vor.«

Kronprinz Friedrich hatte aufmerksam zugehört. Jedes Wort seines Zeichen- und Kunstlehrers hatte ihm wie ein Orakel geklungen. Jetzt war das Stichwort gefallen, an dem er sich selber entzündete. Der Thronfolger, der einmal König sein würde, hatte seine Träume: ein Opernhaus, ein Palais, eine Residenz in der Art von Dresden. Als Sechzehnjähriger stand er mit seinem Vater vor dem Zwinger. Er hatte ihn nicht vergessen. Dieses Bauwerk war ihm der Inbegriff königlicher Pracht geblieben. Vor seinen Augen sah er den großen Pavillon, graziös und phantasievoll, durch und durch französisch, wie es ihm schien, genial geradezu. Schade, daß Pöppelmann gestorben war im vorigen Jahr, er hätte ihn brauchen können. Aber er hat ja, Gott sei's gedankt, seinen Pöppelmann, Knobelsdorff, dafür will er sorgen, er soll ihm ein zweiter Pöppelmann werden. Und Friedrich, der kommende König, sah sich schon stehen auf den hohen Terrassen, er blickte über Festplätze und Parkanlagen, er wandelte in Galerien und Pavillons, und er sah das Königtum manifestiert in prächtigen, bizarren Bauten. »Einen zweiten Zwinger müssen Sie mir bauen, Knobelsdorff. Wenn es soweit ist, will ich einen Zwinger in Berlin, ebenso genial und graziös und großartig wie jener in Dresden. Und noch etwas genialer, graziöser und großartiger. Puissant, verstehen Sie?«

Knobelsdorff schreckte auf. Er sah dem Kronprinzen starr in die weit geöffneten Augen, die ihm fast hellblau erschienen, und er sah noch immer den schwärmerischen, gefühlvollen jungen Mann vor sich, den er vor Monaten verlassen hatte. Auf Knobelsdorffs Gesicht zeigte sich Unruhe.

»Wer den Zwinger als Vorbild betrachtet, bricht all meinen Vorstellungen den Hals. Zwinger, Pöppelmann. Das ist ein einziges Prahlen mit der Kraft. Da schleppen sich Satyrn zu Tode an leichten Simsen, und Atlas bricht bald zusammen unter dem Weltall. Pathos und Fortissimo. Da wird gedreht, gelockt und gekräuselt, als sei ein Hoffriseur am Werk. Der Zwinger ist eine einzige Phrase. Großvätergeschmack. Ich sage gar nichts mehr!« Knobelsdorff hatte sich bei seinen letzten Worten immer mehr erregt. Er klappte gekränkt und wütend die Mappe zu. Sein volles, rundes Gesicht war gerötet, die Stirn voller Falten.

Der Kronprinz sah verlegen in die Runde. Er legte Knobelsdorff seine Rechte auf die Schulter. »Pardon, mon ami, unter meinem Großvater hat Berlin eine Zeit der Blüte von Kunst und Wissenschaft erlebt.« Er schwieg eine Weile. Dann sagte er leise: »Wenn er auch ein Dissipadeur war.« Und weiter sagte er: »Er soll ein Denkmal bekommen. Und Sie, Knobelsdorff, sollen die Säule entwerfen, der Trajanssäule in Rom ähnlich. Das Standbild des Großvaters, von Schlüter geschaffen, soll auf der Säule stehen. Am Beginn der Lindenpromenade muß sie alles überragen. Am neuen Tor.«

Knobelsdorffs Ärger verflog. Die Trajanssäule hatte er gesehen, auf dem Trajansforum, von zerstörten Bauten und Granitsäulen umgeben.

Jordan, links von Knobelsdorff, in Nachdenken versunken, hob den Kopf und sagte mit erregter Stimme: »Friedrichsforum mit Friedrichssäule. Aber nicht benannt nach Friedrich dem I., sondern nach Friedrich dem II.« Jordan verneigte sich lächelnd vor seinem Herrn. Der Kronprinz errötete, als sei ihm soeben ein Antrag gemacht worden. Alle sprachen durcheinander.

Knobelsdorff versank in Erinnerungen.

Er stand vor der Trajanssäule. Die Sonne brannte über Rom. Der weiße Mamor der Säule gleißte und stach wie ein riesiger Finger vor den Trümmern der Basilika Ulpio in den blauen Himmel. Er hatte noch die Maße im Kopf. Die Höhe: 125 Fuß. Der Durchmesser unten: 13 Fuß. Der Durchmesser oben: 10 Fuß.

Er sah das vierseitige Piedestal, die Grabstätte des Kaisers

Trajan, er sah die riesenhafte Säule mit dem spiralförmigen Relief, das in Windungen emporstieg, er schritt noch einmal die Schneckentreppe im Innern hoch und fuhr mit dem Finger am glatten Marmor entlang. Es war eine Säule, eines Trajans würdig. Knobelsdorff sah aus zusammengekniffenen Augen auf den Kronprinz. Womit soll er, Knobelsdorff, die Friedrichssäule schmücken. Trajan hatte seine Kriege gehabt. Das Relief an der Säule lebte von der Geschichte der Dacischen Kriege. Was will Friedrich für Kriege führen, wenn er auf einer Trajanssäule stehen will. Vielleicht sollte man, dachte Knobelsdorff, eine solche Säule mit Werken des Friedens bedecken. Auf die Trajanssäule hatten sie, die Römer, den Apostel Paulus gestellt, einen Mann des Friedens und des Leidens, der Eintracht und Demut.

Knobelsdorff wandte sich an Jordan und sagte: »So muß es sein. Die Friedrichssäule auf einem Friedrichsforum, im Viereck umgeben nicht von einem Zwinger, sondern von edeleinfachen Bauten, einem königlichen Palais, einem Opernhaus und –«

»Einer Akademie der Künste und Wissenschaften«, ergänzte Jordan, »zum Zeichen glänzender Auferstehung von Geist und Schönheit in Preußen.«

»Ravissant!« begeisterte sich der Kronprinz. »Ich werde ein König der Künste und Wissenschaften sein.«

In diesem Augenblick trat der junge Leutnant von Wylich aus Ruppin ins Zimmer: »Bitte Euer Königliche Hoheit um Pardon, wenn ich störe. Wir haben den Kerl!«

»Mon Dieu, welchen Kerl?« Friedrich fuhr herum.

»Den langen Schäferknecht aus dem Mecklenburgischen bei Ludwigslust, Euer Königlichen Hoheit zu melden, welchen wir unlängst gesichtet hatten.«

»Ah, den!«

»Ich und ein paar tüchtige Unteroffiziere haben ihn gegriffen, da er allein auf dem Feld bei den Schafen war. Haben ihm das Maul gestopft und ihn mäuschenstill und ungesehen über die Grenze nach Preußen eskamotiert. Der Bengel mißt gewiß seine sechs Fuß.«

---

»Brav gemacht, Wylich! Reih Er den Rekruten in die Kompanie ein! Laß Er ihm schnell die wichtigsten Schritte und Griffe einbleuen! Er weiß, in vier Wochen ist Truppenrevue in Berlin.«

Knobelsdorff, jäh aus seinen Zukunftsvisionen gerissen, fühlte sich plötzlich sehr müde.

Als er vor Monaten nach Italien gefahren war, sprachen sie schon von dem Schäferknecht. Damals sagten sie, er hätte bestimmt seine sieben Fuß und sie seien wie der Teufel hinter ihm her. Jetzt hatten sie ihn, die Hohlwegslaurer. Er, Knobelsdorff, sollte Kammersänger kaufen in Italien. »In Preußen herrscht die reine Barbarei«, warf ihm einer an den Kopf. Der Mann soll froh sein, daß er seine Arien nicht in Mecklenburg singt.

## Die Stunde des Architekten

Der Kronprinz und Knobelsdorff traten aus dem Mittelportal hinaus in den Garten von Rheinsberg.

»Fortuna lächelt uns«, sagte der Kronprinz. »Der König hat mir das Gestüt Trakehnen in Ostpreußen mit einem Jahresertrag von zehn- bis zwölftausend Talern geschenkt.«

»Meinen Glückwunsch!«

»Es kommt noch mehr! Herr von Suhm, zur Zeit sächsischer Gesandter in Sankt Petersburg, hat mir zwölftausend Taler Darlehen zugesagt. Bürgermeister Lietzmann in Stettin, Präsident von Münchow und der Kaufmann Splittgerber haben mir namhafte Geldbeträge vorgeschossen. Sie sehen, mein Freund, die Finanzwelt bringt mir Vertrauen entgegen. Wir sind aus den Schulden heraus und haben die Mittel, uns einzurichten.«

Vor ihnen lag eine verwilderte Blumen- und Grasanlage mit Sträuchern und kleinen Bäumen. Sie erstreckte sich fünfzig Meter weit bis zum Wallgraben. Dahinter dehnte sich alter Baumbestand aus mit mächtigen Eichen und wucherndem Unterholz.

»Ja«, sagte Friedrich, »ich bin glücklich in Rheinsberg im Kreis meiner Freunde. Aber ich bin nicht glücklich in diesem Haus. Sehen Sie, Knobelsdorff, als vor Jahren die Frage an mich herantrat, für mich und die Kronprinzessin einen Wohnsitz zu wählen, habe ich Gut und Schloß Rheinsberg genommen, weil mir die schöne Lage am See, die ländliche Ruhe und die Nähe meiner Garnisonstadt Ruppin gefiel und mein Vater ohne Zögern bereit war, es mir zu kaufen. Für den nötigen Umbau empfahl er mir den Baudirektor Kemmeter. Und da ich keinen anderen wußte, rief ich ihn her. Aber es ist nichts Rechtes geworden.«

Sie wandten sich um und standen vor der schlichten zweistöckigen Fassade des Wohnbaus. »Ein Mittelrisalit mit drei Fensterachsen«, sagte Knobelsdorff, »zwei einachsige Endrisalite, im Erdgeschoß Quaderschichten, im Oberstock schmale Längsstreifen, gerade und gebogene Fensterverdachungen – ich finde daran nichts zu tadeln. Kemmeter ist ein fähiger Architekt, hat Italien besucht, ist ein Schüler des Hofbaumeisters Böhme, welcher vormals Bauführer unter dem großen Andreas Schlüter gewesen –«

»Ja, ja, alles schön und gut!«

»Die großen Fenster, mit denen Kemmeter Licht und Luft in das alte Gemäuer gebracht hat! Sehr geschickt eingefügt.«

»Was hat man davon?« widersprach Friedrich. »Schaut man hinaus, erblickt man eine Art Urwald. Sieht man hinten hinaus, steht einem ein häßliches altes Brauhaus vor Augen. Vom Schönsten hier, nämlich vom See, sieht man überhaupt nichts. Das Haus wendet ihm seine Schmalseite zu, und die wird noch von dem dicken alten Rundturm verdeckt – ein wahres Monstrum mit der hohen Zwiebelhaube, so recht wie ein mittelalterliches Verlies, das er ja auch einst war. Nicht einmal sein Name Klingenberg besteht zu Recht, die Glocken klingen längst nicht mehr. Obendrein ist alles zu klein und zu eng. Ein Festsaal zum Theaterspielen und Konzertieren fehlt ganz. – Ah, da kommt Keyserlingk von der Entenjagd. Er wird mir recht geben.«

Der Oberst, die Doppelflinte über der Schulter und von seinem braunen Jagdhund begleitet, schlenderte vom Seeufer langsam heran, schwenkte den kleinen Dreispitz und trällerte vergnügt eine Arie aus einer Graunschen Oper. Auf die Frage, wie ihm das Schloß nun gefalle, klopfte er sich lachend gegen die Hüfte: »Versailles in der Westentasche!«

»Sprich vernünftig!« sagte Friedrich zu seinem besten und ältesten Freund, nahm ihn am Arm und führte ihn um den Turm. Alle drei standen jetzt im Schloßhof. Geradeaus lag das Torhaus, rechts die Rückfront des Wohngebäudes und links das Brauhaus, ein altersgrauer, niedriger Fachwerkbau.

»Du warst zwei Jahre in Paris, Keyserlingk, du hast große und kleine Palais in Menge gesehen. Sag offen, was gefällt dir nicht?« Der Oberst zwinkerte mit den kleinen Äuglein und sah sich schmunzelnd um. »Das Wohnhaus gehört in die Mitte, mit der Gartenfront zum See hinaus. Der dicke Turm stört und muß weg. Der Hof muß nach französischer Regel von zwei Seitenflügeln flankiert sein und nach der Straße zu offen liegen. Also gehört das Torhaus auch abgerissen.«

»Es ist ja noch gar nicht fertig!« rief Friedrich. »Die Gerüste stehen ja noch.«

»Und das elende Brauhaus da«, fuhr der Oberst lachend fort, »das Bier ist sowieso miserabel und kann mit dem guten Ruppiner nicht konkurrieren. Man sollte dort lieber einen Champagnerkeller einrichten.«

Der Kronprinz versetzte ihm einen freundschaftlichen Puff gegen die Schulter. »Keyserlingk, ich höre dich gerne lachen und singen. Deine Ratschläge aber sind verrückt! Was meint Knobelsdorff?«

Er meinte nichts, ging allein auf und ab, mehrmals schräg über den Hof und wieder zurück. Und dann war der Gedanke da, fix und fertig und unanfechtbar. Mit beiden ausgestreckten Armen zeichnete Knobelsdorff ihn in die Luft: Kemmeters Wohnbau konnte bleiben, wie er war. Ihm gegenüber würde ein zweiter, ganz gleichartiger Flügel anstelle des Brauhauses zu errichten sein, das Torhaus als Mitteltrakt beiden angeglichen, erhöht und vergrößert und einen bequemen Verbindungsgang zwischen den Flügeln enthaltend. Der neue

Bau würde den fehlenden Festsaal und ausreichend Räume aufnehmen, so daß man im alten Wohnhaus Zwischenwände entfernen und aus den vielen engen Kammern große Zimmer gewinnen könnte. »Ravissant!« rief Friedrich begeistert. »Aber der fürchterliche Turm?«

Auch an ihn hatte Knobelsdorff gedacht. »Ein unsymmetrisch gestellter Turm stört immer die Harmonie. Aber zwei gleiche Türme rufen eine herrlich ausgewogene Wirkung hervor, wie ich an der Villa Medici auf dem Monte Pincio in Rom sehen konnte. Der neue Flügel müßte also gegen den See hin ebenfalls mit einem Turm enden.«

»Zwei solche Kolosse?« Der etwas kurzsichtige Kronprinz hob sein Glas an das rechte Auge und starrte erschrocken in die Höhe. Knobelsdorff lächelte. »Allen mittelalterlichen Gepräges entkleidet, ohne Spitzendächer, mit Aussichtsplattformen stumpf endend – keine Wehrtürme, keine Symbole der Zwingherrschaft, sondern hell und heiter, mit schmalen Gesimsen und sparsamem Schmuck, werden sie eine Zierde der Landschaft!« Und schon war in wunderbarer Schnelligkeit auf einem kleinen Skizzenblatt mit feinen Strichen ein Umriß des Schlosses entstanden, wie es vom See aus gesehen mit seinen zwei Türmen erscheinen würde.

»Vision eines Malers, voilà!« Friedrich nahm die Zeichnung und hielt sie Keyserlingk hin.

Der Oberst riß die Äuglein auf. »Das soll Rheinsberg sein? Bomben und Granaten! Und die französische Regel? Hof nach der Straße zu geöffnet?«

Knobelsdorff widersprach: »Was die französischen Bautheoretiker Blondel und Davilers festgelegt haben, ist eine Empfehlung und kein Armeebefehl.«

»Aber das hier«, beharrte Keyserlingk, »sieht doch so aus, als müsse man vom See aus eintreten oder einfahren.«

»Wer will und kann, mag es tun.« Lächelnd zog Knobelsdorff dem Freunde die Skizze aus der Hand. »Doch damit erlauchte Gäste, an Pariser Palais gewöhnt, nicht auf der falschen Seite das Schloß verlassen und womöglich ins Wasser fallen, könnte man ja die offene Hofseite durch ein Gitter abschließen – oder durch eine Steinbalustrade, mit Vasen und Statuen darauf.«

»Étonnant!« rief Friedrich erstaunt. »Ist unser Freund nicht bewundernswert? Für alle Fragen hat er die Lösung parat. Er muß den Bau übernehmen.«

Das Ansinnen kam überraschend. Knobelsdorff atmete tief. Ein Hochgefühl überkam ihn. Endlich würde er zeigen können, daß er gut vorbereitet war. Bauten sollte er schaffen, nicht wie bisher nur auf Ölbildern und Aquarellen phantasieren. Kein spielerischer Gartentempel sollte entstehen, sondern ein Schloß, ein halbes zumindest.

Aber zugleich empfand er ernste Bedenken. Nicht etwa, weil er sich die Aufgabe nicht zugetraut hätte. Er konnte Grundrisse und Aufrisse zeichnen, Längs- und Querschnitte, perspektivische Schrägansichten, Konstruktionen von Decken, Gewölben und Kuppeln, alles konnte er entwerfen, aber bauen?

»Baudirektor Kemmeter«, sagte er, »ist mein Lehrer in der Baukunst gewesen. In seinem Baubüro in Berlin, unter seinen Gehilfen habe ich alle Fächer der Architektur studiert. Ich verehre ihn. Er leitet den Umbau von Rheinsberg. Ich kann ihm jetzt nicht dazwischenpfuschen.«

»Davon ist keine Rede«, widersprach Friedrich. Kemmeters Umbau sei ja fertig. Die letzten Verputzarbeiten am Torhaus besorgten die Maurer allein. Kemmeter sei schon seit Wochen nicht mehr in Rheinsberg gewesen. Die große Schloßerweiterung, die nun kommen müsse, sei etwas ganz Neues. Davon brauche er nichts zu wissen.

»Hinter seinem Rücken? Ihn hintergehen? Nein!«

Keyserlingk wollte zureden: »Ihre Rechtschaffenheit in Ehren, lieber Knobelsdorff, aber ich finde sie übertrieben. Wer soll Ihre schönen Gedanken ausführen, wenn nicht Sie selbst?«

»Ein paar Entwurfsskizzen werde ich zeichnen. Die Bauleitung übernehme ich nicht!«

Friedrich zuckte enttäuscht die Achseln. »Ich kann Ihnen nicht befehlen. Sie sind nicht mein Diener. Aber vom Freunde hätte ich Freundschaft erwartet.«

Knobelsdorff versenkte unnachgiebig sein Zeichenheft in die breite Rocktasche und schritt auf den Hofeingang des Wohnhauses zu, um sich in sein Zimmer zurückzuziehen.

Er blieb mehrere Tage fast unsichtbar. Nur an den gemeinschaftlichen Mittags- und Abendmahlzeiten nahm er teil, von denen er sich als Gast der Höflichkeit halber nicht ausschließen durfte. Alle anderen Begegnungen mied er, das Kartenspiel, die Zechgelage, das Musizieren, das Lesen mit verteilten Rollen aus Voltaires »Oedipe« oder »L'enfant prodigue«, philosophische Diskussionen, Ausritte, Jagden. Und da er seit jeher als Einsiedler galt, nahm ihm das niemand übel.

Er saß im Erdgeschoß in der Gelben Kammer, die ihm als Gastzimmer zugewiesen war und die wegen der gelbgetünchten Wände so hieß. Sie verbreiteten ein freundliches, sonniges Licht in dem engen Raum, auch wenn draußen vom grauen Himmel Regen herniederging, daß das Schilf im Wallgraben rauschte und auf dem bleifarbenen Wasser des Sees ein Gewirr verschlungener Kreise trieb.

Er saß an dem einfachen, grüngestrichenen Tisch vor dem einzigen Fenster, links hinter sich das Bett mit Vorhängen aus Kattun, rechts eine grüngestrichene Truhe mit einem Spiegel aus welligem Zechliner Glas darüber, und neben der Tür an Haken hingen sein olivgrüner Überrock, ein brauner Kragenmantel, der Kavaliersdegen und der schwarze Dreispitz. Knobelsdorff trug einen bequemen Schlafrock aus violettem Damast. So saß er und zeichnete eifrig. Der Stift fuhr zügig und flink über das starke Papier, das Lineal schwenkte bald längs, bald quer. Ein erster Grundriß des neuen Schlosses entstand, einfach ausgeführt und nur annähernd maßgerecht. Knobelsdorff hatte nur vorläufige Entwürfe versprochen. Aber nun wollte er sie auch so gut machen, daß jeder ausführende Architekt etwas damit anfangen konnte. Und je länger er mit den Plänen beschäftigt war, um so tiefer lebte er sich in seine Gedanken ein. Man sah ihn draußen die bestehenden und erdachten Fronten abschreiten, die Zeichnungen wurden immer ausführlicher und genauer, und endlich lagen die Grundrisse vom Erdgeschoß und Hauptstockwerk in ihrer

Hufeisengestalt vor dem prüfenden Blick, an den Flügelenden die beiden Türme, der alte und der projektierte neue.

Der Kronprinz kam hin und wieder ins Zimmer und schaute zu. Voller Ungeduld sah er schon fertig vor sich, was erst in Bleistiftstrichen klein auf dem Papier stand. Friedrichs Arbeitszimmer sollte in den alten Turm verlegt werden. Davor, wo es jetzt lag, sollte ein mittelgroßer Saal durch die ganze Breite des Hauses gehen. Gegenüber, im neuen Flügel am neuen Turm, sollte sich der große Konzertsaal befinden.

Über diese Dinge ließ sich reden. Wenn aber Friedrich in seiner sprunghaften Art plötzlich von Voltaire zu sprechen anfing, der ihm wieder geschrieben habe – man denke, der berühmteste Dichter dem unbekannten jungen Prinzen! – dann stellte sich Knobelsdorff taub.

»Ich hatte ihn in meinem ersten Brief einen Priester der Wahrheit genannt«, plauderte Friedrich. »Aber er hat dieses Lob zurückgewiesen mit dem Hinweis auf die Scheinheiligkeit der Priester, die sich nur so lange tugendhaft zeigten, als sich ihr Vorteil damit vertrage. Mir fällt dabei der Affe der Königin Kleopatra ein, dem man das Tanzen beigebracht hatte. Als man ihm jedoch Nüsse zuwarf, vergaß er Tanz und graziöses Benehmen und stürzte sich gierig auf die Nüsse. Ist das nicht ein treffendes Bild? Kann ich es Voltaire schreiben? – Knobelsdorff, hören Sie nicht?«

»Der preußische Fuß zählt zwölf Zoll und der Zoll zwölf Linien«, murmelte Knobelsdorff, über die Zeichnung gebeugt. »Das neue Treppenhaus kommt nicht hin, man muß den Mittelteil des Torgebäudes etwas in den Hof vorschieben.«

»Ich möchte Voltaire gern mein Porträt verehren. Sie müssen mich malen, Knobelsdorff! In Pastell, nicht zu groß und vielleicht im Profil.«

Knobelsdorff sah den Prinzen an. Friedrichs Profil war nicht darstellbar. Die spitz vorstoßende Nase, die stark fliehende Stirn, das zu lange und zurückspringende Kinn bildeten einen so abstoßenden Winkel, daß man ihn nicht ohne Widerwillen betrachten konnte. Auf einem Porträt war er nur mit starker Abschwächung wiederzugeben.

---

»Ich will es versuchen«, sagte Knobelsdorff.

Der Kronprinz gab sich damit zufrieden und eilte zu Jordan, um sich von ihm den Brief an Voltaire in vollendetem Französisch aufsetzen zu lassen.

Knobelsdorff blieb allein, ärgerlich über die Störung. Voltaire – Affe der Kleopatra – Treppenhaus – Profilporträt – wo war er stehengeblieben?

Ja, bei den Türmen, den beiden Sälen! Ein Nachteil der ganzen Schloßanlage war ihm aufgefallen. Wer von einem Saal zum anderen gelangen wollte, mußte den alten Südflügel, den Querbau über dem Tor und den geplanten Nordflügel in voller Länge durchschreiten – das bedeutete einen ganz schönen Marsch.

Es fehlte eine Verbindung zwischen den beiden Türmen, etwa eine Terrasse zu ebener Erde mit Eingangstüren in die Türme.

Nachdenklich schaute Knobelsdorff zum Fenster hinaus in das rieselnde Grau. Er versuchte, sich den Übergang bei Regenwetter vorzustellen, die seidenen Galaröcke der Kavaliere, die Reifröcke und Puderfrisuren der Damen. Die Terrasse mußte unbedingt ein Schutzdach erhalten, zu einer Art Wandelhalle werden, die man trocken durchqueren konnte. Ihr Dach von fast 100 Fuß Länge mußte auf Stützen ruhen – am besten auf Säulen. Knobelsdorff fiel die Peterskirche in Rom ein, der Petersplatz mit den elliptisch verlaufenden Kolonnaden Berninis. Gedeckte Gänge mit innen und außen doppelt gestellten Säulen umzogen ihn und zauberten den Eindruck eines ringsum geschlossenen Platzes hervor, wo in Wirklichkeit keiner war. Wenn man dieses Motiv in Rheinsberg anwenden könnte, würde nicht nur eine überdeckte Verbindung zwischen den Türmen geschaffen, man könnte auch eine Brücke in Höhe des ersten Stockwerkes herstellen, und die trennende Raumwirkung der Kolonnade würde für das Auge den Hof gegen den Garten abschließen – ein Ersatz für die fehlende Parkfront des Schlosses, die die französische Regel verlangte!

Das war eine gute Lösung! Knobelsdorff erhob sich hastig

und ging erregt auf und ab. Der Gedanke begeisterte ihn. Er würde etwas Einzigartiges schaffen.

Knobelsdorff ging wieder an den Tisch. Noch stand ihm das Ganze nicht deutlich vor Augen. Er zog ein Stück Papier heran. Nur kleine Bogen waren zur Hand. Er nahm den Bleistift. Hoffentlich störte ihn niemand.

Aber alles blieb still. Er zeichnete in groben Umrissen links und rechts die Türme. Dazwischen also die Kolonnade, wie sollte die aussehen?

Fünf Säulenordnungen hatte der große italienische Architekt Palladio im sechzehnten Jahrhundert festgestellt und mit ihren Maßverhältnissen genau beschrieben. Knobelsdorff hatte sie alle im Kopf: die alte dorische Säule, ernst, schwer und gedrungen, ohne Basis, mit quadratischer Deckplatte – die schlanke ionische mit dem Schneckenkapitäl – die festliche hohe korinthische, die ein Kapitäl von Akanthusblättern trug. Eine vierte prunkvolle römische Säule war benannt nach dem Kompositkapitäl, das ionische und korinthische Elemente übereinanderhäufte. Die toskanische Säule war einfach, besaß Ringwülste und quadratische Platten oben wie unten, jedoch keine Rillen am Schaft. Welche sollte man wählen?

Die Peterskolonnade in Rom bestand aus toskanischen Säulen. Auch für den Gartentempel in Ruppin hatte Knobelsdorff sie verwendet. Aber für das Schloß Rheinsberg, wie es ihm vorschwebte, schien nur die anmutig heitere ionische Säule geeignet, so wie sie die Italiener verwendet hatten, mit dem schmalen Fuß, dem feinen, geschwellten Schaft und den zierlichen Voluten am Haupt. Im ionischen Kapitäl überwand der freie, schweifende Geist die Starrheit althergebrachter Begriffe. Welche Verhältnisse hatte Palladio für sie angegeben? Knobelsdorff wußte sie nicht auswendig. Er mußte in seinem Notizbuch aus der Lehrzeit bei Kemmeter nachschlagen. Glücklicherweise hatte er es zur Hand.

Da stand es: Maßeinheit, Modulus genannt, war der untere Säulendurchmesser. Die Höhe betrug neun Moduli, der Abstand von Säule zu Säule zweieinviertel.

Knobelsdorff fing an zu rechnen. Bei einer Höhe von 33 Fuß

bis zum ersten Stockwerk und Länge der Kolonnade von 100 Fuß ergaben sich 20 Säulen nebeneinander.

Er zeichnete mit einem kleinen Zollstock maßgerecht einen Aufriß, Türme und Kolonnade in Vorderansicht. Wie sah es nun aus?

Schauderhaft! Wie ein Käfiggitter! Für die Affen der Kleopatra passender als für lebensfrohe Menschen. Er ging die Zahlen noch einmal durch. Das Ergebnis blieb. Die Gesetze des Palladio schienen nicht überall anwendbar zu sein. Ursprünglich antiken Tempeln entnommen, mochten sie für Säulenreihen vor geschlossenen Hinterwänden auch jetzt noch gelten. Durchsichtige Kolonnaden dagegen verlangten offenbar andere Werte, die erst zu suchen waren. Schließlich brauchte die Menschheit, zumal eine aufgeklärte, vernünftige, nicht alten Autoritäten für ewig sklavisch zu folgen. Sonst gäbe es keinen Fortschritt.

Und so wagte Knobelsdorff kühn einen Schritt ins Neue. Er hatte in Rom und Venedig des öfteren doppelt nebeneinandergestellte Säulen gesehen. Er hatte sie auch im italienischen Skizzenbuch abgebildet. Sie dienten dort als Dekoration zur Flankierung von Portalen und Fenstern. Warum sollte man sie nicht auch als selbständige tragende Bauglieder verwenden? Und wieder nahm er ein Blatt und zeichnete nochmals die Kolonnade, jetzt aber mit acht Paar engverbundenen Doppelsäulen in weiteren Zwischenräumen. Und siehe da, der Käfigeindruck verschwand! Licht und Luft drangen durch die Lücken. Fast glaubte man schon den warmen Sommerhauch zu spüren, wie er die Säulen umspielte.

Befriedigt richtete sich Knobelsdorff auf. Lächelnd betrachtete er die Zeichnung. Die Vollkommenheit des Einmaligen schien sie auszustrahlen. Ein glückliches Gefühl überkam ihn. Er ahnte, daß er jetzt, in dieser Stunde, seine Laufbahn als Architekt begonnen hatte.

Als ein Lakai eintrat, um ihn zur Abendtafel zu rufen, erschrak Knobelsdorff und verbarg die Skizze mit den Händen. Ihm war, als müsse er seine Erfindung vor fremder Neugier schützen. Und der Gedanke, daß ein anderer Baumeister seine Idee verwirklichen und den Ruhm dafür ernten würde, begann ihn zu quälen. Wenn nicht gerade Kemmeter, sein Lehrer, der Auserwählte gewesen wäre, Knobelsdorff wäre sogleich zum Kronprinzen hinaufgestiegen und hätte die Übernahme des Baus zugesagt.

Er ging nicht zur Abendtafel. Er wollte niemanden sehen und hören, am wenigsten die Witzeleien geistreich parlierender Kavaliere.

Am nächsten Morgen wurde er sehr früh geweckt. Die Bettvorhänge wurden zurückgeschlagen. Ein korpulenter Mann in goldbordiertem Galarock, in der Mitte der Fünfzig, mit gepuderter Zopfperücke über dem glänzenden Gesicht, stand am Lager.

Knobelsdorff fuhr hoch. »Pesne!« rief er und streckte die Arme aus. »Monsieur Pesne, mon chèr maître!«

In Pesnes Atelier in Berlin hatte Knobelsdorff Blumen- und Geschichtsmalerei in Öl und Pastell studiert. Immer, wenn sie sich sahen, erinnerte er sich an diese Zeit und war dem Meister, der seit sechsundzwanzig Jahren Hofmaler war, von Herzen dankbar für das, was er ihn gelehrt hatte.

»Sie sehen wohl aus, mein Freund!« sagte er. »Das südliche Klima hat Ihnen gutgetan. Was macht die Ewige Stadt?«

Knobelsdorff lachte. »Raffael gilt dort noch immer für unantastbar, bei Strafe der Inquisition. Verblaßte sein Ruhm, der römische Adel müßte verhungern, weil ihm die Eintrittsgelder zu seinen Galerien entgehen würden.«

»Also alles beim alten. Rom ist die rückständigste Stadt, die sich denken läßt. Ich habe mich stets mehr an die Venezianer gehalten, Tizian, Giorgione.«

»Was in aller Welt, Meister Pesne, tun Sie in solcher Herrgottsfrühe hier in Rheinsberg?«

»Ich bin in der Nacht angekommen, mit einem Eilwagen der Königin. Ich habe sie porträtiert und das Bild selber hergebracht, als Geschenk für den Kronprinzen. Er soll damit überrascht werden. Im Augenblick schläft er noch.«

»Sie Ärmster! Dafür haben Sie sich die Nacht um die Ohren geschlagen?«

Pesne zuckte die Achseln. »Was soll man tun? Sechshundert Taler Gehalt im Jahr und kaum Nebenverdienst! Unter dem vorigen König Friedrich hatte ich zwölfhundert Taler und reiche Extraeinnahmen. Als er starb, mußte ich dankbar sein, daß ich nicht, wie zahlreiche andere Künstler, davongejagt wurde. Aber die goldene Zeit der Kunst war in Preußen vorbei. Ich werde wohl in die katholischen Länder gehen und Heiligenbilder malen. Ja, Hofmaler sein ist ein unsicheres Brot. Was der eine Regent bewundert, verdammt der andere.«

Knobelsdorff hatte sich inzwischen erhoben und angekleidet. Beide gingen in das obere Stockwerk. Die Überraschung des Kronprinzen war vollkommen. Er war entzückt, als er nach dem Erwachen das Bild seiner Mutter im Vorzimmer aufgestellt sah. Pesne, den er noch gar nicht kannte, erntete hohes Lob und wurde unversehens mit Aufträgen überschüttet. Er sollte um Sonderhonorar nicht nur sämtliche Rheinsberger Kavaliere malen – Keyserlingk, Jordan, Knobelsdorff, Chasot, la Motte Fouqué –, sondern auch das Schloß nach dem Ausbau mit Deckengemälden schmücken.

Hochbeglückt fuhr Pesne zurück nach Berlin. Knobelsdorff, der Zeichenpapier und Malgerät aus seiner Berliner Mietwohnung brauchte, stieg zu ihm in den Wagen. Knobelsdorff hätte gern über seine Baupläne gesprochen, auch über seine Zweifel Kemmeters wegen. Aber Pesne lehnte, zufrieden mit sich selbst beschäftigt, in der schwankenden, rüttelnden Kutsche und redete unentwegt über die eigene Arbeit, Knobelsdorff kam kaum zu Wort.

»Voilà, chèr ami«, sagte Pesne, »ist es nicht wunderbar, wie selbst armselige Botendienste manchmal einem Künstler Glück bringen können? Fast hätte ich den Transport des Bildes, weil unter meiner Würde, verweigert. Wie gut, daß ich nicht zimperlich war! Nun brauche ich keine Heiligenbilder zu malen. Apollo, Venus, Mars und Minerva werde ich an die Plafonds der Säle bannen! Und dazu muß man bedenken: der Kronprinz ist unser künftiger König! Wohl dem, der sein Vertrauen genießt. Darum rate ich Ihnen als alter

Hofdiener: Lehnen Sie nie einen Auftrag ab, lieber Freund! Behagt Ihnen etwas nicht, so zögern Sie es hinaus, schützen Sie Überlastung vor, werden Sie krank! Aber von vornherein nein sagen, das sollten Sie niemals!«

Knobelsdorff preßte die Lippen zusammen. Erst wollte er seinem alten Lehrer recht geben. Dann wollte er ihm widersprechen. Er kämpfte mit sich und schwieg. Inzwischen sprach Pesne in seiner Hochstimmung unverdrossen weiter von seiner Frau, seinem Schwiegervater, von Schwägern und Schwägerinnen, die er vor über zwanzig Jahren aus Frankreich mitgebracht hatte, eine ganze kleine Künstlerkolonie für sich. So erzählte er heiter und lebhaft gestikulierend während der langen Fahrt, bis am Abend der wuchtige Spandauer Juliusturm in der Dämmerung auftauchte, bis die Kiefern der Jungfernheide schwarz vor dem Himmel standen und der Wagen durch das Oranienburger Tor in die Stadt einfuhr, wo schon die trüben Lichter der Straßenlaternen brannten.

Am Schloß stieg Knobelsdorff aus und begab sich zu seiner nahen Wohnung, während Pesne durch das Hauptportal fuhr, um der Königin durch den diensthabenden Kammerherrn von der gelungenen Mission Bericht erstatten zu lassen.

Knobelsdorff hatte gerade seine Wohnung erreicht, als er nahebei auf der anderen Straßenseite ein Fenster erleuchtet sah. Einer plötzlichen Eingebung folgend, wandte er sich dorthin und klopfte. Von einer Magd eingelassen, fand er in niedriger Stube bei Kerzenschein über ausgebreiteten Grundrissen den Baumeister Horst, einen schlanken, brünetten Mann von ungefähr gleichem Alter. Beide kannten sich schon lange von Kemmeters Baubüro her. Nur war Knobelsdorff damals erst Schüler, Horst bereits ausführender Baukondukteur gewesen. Knobelsdorff pflegte ihn oft aufzusuchen. Zuletzt hatten sie sich nach seiner Italienreise gesehen.

Horst erhob sich erfreut. »Herr Hauptmann von Knobelsdorff! Euer Hochgeboren noch so spät unterwegs?«

»Nur auf einen Sprung. Störe ich?«

»Nicht im geringsten! Darf ich bitten! Ein Glas Wein gefällig? Was gibt es Neues in Rheinsberg?«

Knobelsdorff setzte sich auf einen Stuhl am Tisch. »Das Schloß soll umgebaut werden.«

»Schon wieder?«

»Verschönt, erweitert.«

Horst hob abwehrend die Hände. »Paraplü, Baudirektor Kemmeter wird sich die Haare ausraufen! Wir wissen hier nicht, wohin vor Arbeit, die Kommission hetzt uns wie die Rekruten –«

»Die Kommission für den Neubau der Friedrichstadt?«

»Ja, an der Spitze der Oberbaudirektor Gerlach! Häuser, Häuser, Häuser, die Kochstraße, Zimmerstraße, Leipziger-, Markgrafen-, Mauer-, Wilhelm-, Lindenstraße bis hinunter zum Hallischen Tor, alles zugleich und möglichst sofort, so will es der König, und in schnurgeraden Reihen wie die Grenadiere! Und wir Baumeister schwitzen Tag und Nacht über Zeichnungen, Kemmeter, Dieterichs, Krüger, Grael, ich – sehen Sie nur, Euer Hochgeboren, hier, diese Stapel, diese Pläne bekommen irgendwelche Bürger, die Geld haben oder auch nicht. Sie kriegen sie zugeschickt mit Kostenanschlag und dem Befehl zu bauen, egal, ob sie sich dabei ruinieren! Und was für Baustellen manchmal benutzt werden müssen! Sand, Morast spielt gar keine Rolle, muß bebaut werden, wenn's in die Fluchtlinie paßt! Ich hatte kürzlich eine, die war ein Fischteich, nahe beim Hallischen Tor, der Geheime Rat von Nüßler mußte da bauen. Bäume von sechzig Fuß Länge, das Stück vierundzwanzig Taler, mußten eingerammt werden, und während des Rammens wurden noch lebende Karpfen herausgezogen. Die Baukosten kamen auf zwölftausend Taler, und als das Gebäude fertig war, war es kaum zweitausend Taler wert. Ist das nicht Wahnsinn? Und was wird schließlich aus den tausend neuen Häusern? Viele bleiben leer, weil es nicht genug Bewohner gibt. In anderen nisten sich Bettler ein, Vagabunden und Deserteure. Die Eigentümer sind froh, wenn sie den Neubau für ein paar hundert Taler wieder losschlagen können. Nee, das macht keine Freude. Tät lieber heut als morgen die Stelle wechseln, wenn ich wüßte, wohin.«

»So? Kemmeter auch?«

Horst zuckte die Achseln. »Weiß nicht, vielleicht. Aber mit Rheinsberg wird er sich nicht noch einmal befassen wollen. Rheinsberg und der Königshorst bei Fehrbellin haben ihm genug Scherereien bereitet, meint er. Er ist nicht mehr der jüngste, er will nicht mehr so viel hin und her reisen. Er will nur noch in Berlin arbeiten, hat er gesagt.«

Knobelsdorff stand auf. Er wußte nun, was er wissen wollte.

»Dann will ich Euch nicht weiter inkommodieren, Meister Horst! Vergeßt nicht das Schlafengehen! Gute Nacht!«

»Gute Nacht, Euer Hochgeboren! Danke auch sehr für die Ehre Ihres Besuchs!«

Knobelsdorff ging nach Hause. Er schlief ruhig und fest. Den nächsten Tag benutzte er zum Einkaufen, Ordnen und Verpacken seiner Zeichen- und Malgeräte. Am folgenden Morgen um vier Uhr sah man ihn am Rathaus in der Spandauer Straße die Post nach Rheinsberg besteigen.

Dort angekommen, ließ er sich sofort beim Kronprinzen melden. »Königliche Hoheit«, sagte er, »ich übernehme den Bau!«

## Der König in Rheinsberg

Zwei Jahre später hieß es plötzlich, daß der König Rheinsberg besuchen würde. Der Kronprinz trieb Knobelsdorff zu fieberhafter Eile an. Friedrich vernachlässigte seine Studien, verließ das Turmzimmer mit den vielen Büchern, stand im Garten und sah mit kurzsichtigen Augen auf den fast vollendeten zweiten Turm, hastete durch die Gartenanlage, die sich in Umrissen zu zeigen begann, und quälte Knobelsdorff mit unnötigen, bohrenden und fordernden Fragen.

Als es soweit war, im frühen Herbst, trugen die riesigen Eichen rotgoldene Blätter, Schilf und Binsen waren gelb, die Pflanzen starben ihren stillen Tod, aber das Schloß stand neu geformt am Ufer des Sees. Es war völlig verändert, und Knobelsdorff, der mit seinen Plänen und Aufrissen wie im Traum gelebt hatte, sah nun die Wirklichkeit, er sah, was er geschaffen hatte, und er war stolz auf die Schönheit und das Ebenmaß. König und Königin kamen gegen Abend. Knobelsdorff fand ihn, Friedrich Wilhelm, anders als bisher. Das war nicht mehr der harte, unnachgiebige Herr, der vor sieben oder acht Jahren ein Edikt erlassen hatte, den gemeinen Weibsleuten auf den Straßen von Berlin die seidenen Camisöler, Röcke und Lätze herunterzureißen, damit sie preußisches Tuch trugen. Das war nicht mehr der Mann, der bis zur Sinnlosigkeit soff und fraß in der Tabagie und an der Abendtafel, der jeden mit Mißtrauen musterte und fortwährend den Stock schwang. Er war verfallen und blaß, mit Flecken im Gesicht, mit sehr viel Müdigkeit in den Falten der Stirn und der Wangen. Auch waren es schon zwei Stöcke, an denen er sich mühsam fortschleppte. Und Knobelsdorff glaubte nun der Zeitung, die nur geflüstert wurde, die die Runde machte in den Salons und goldenen Sälen. Der König will abdanken, er hat ein Haus gekauft in Holland und will dort mit Gott und seinen Sünden leben. Auch sollten neuerdings sein Geiz und seine Aversion gegen Kunst und Wissenschaft nachgelassen haben. Nun war er in Rheinsberg, auf dem Schloß seines Sohnes, drei Tage lang, und als Knobelsdorff den Einundfünfzigjährigen, der ihm eher ein Siebzigjähriger zu sein schien, noch am gleichen Abend umherschnüffeln sah, als er sah, wie seine Augen, plötzlich lebendig und scharf, in alle Ecken und auf all die Eitelkeit starrten, da wußte Knobelsdorff, was den Herrn von Preußen herbeiführte.

In all den letzten Jahren, von einer Krankheit zur anderen, hieß es, daß er sterben würde, die Testamente häuften sich, und Friedrich, ein halber König schon, eilte von Rheinsberg nach Berlin, von Rheinsberg nach Potsdam, von Rheinsberg nach Wusterhausen, und immer wieder, enttäuscht und aufs neue ein ganzer Kronprinz, zurück nach Rheinsberg. Und die staatsmännischen Pläne des halben Königs, der doch nie ein ganzer wurde, verschwanden wieder in den geheimen Fächern des Schreibtisches. Wieder griff Friedrich nach den Büchern und nach der Flöte, und sein Stolz und der kommende Ruhm wurden verdeckt von Geschwätz, von Komplimenten

3*

und Menuetten. Das war gewiß nicht beneidenswert, nicht für Friedrich und nicht für den Herrn Vater.

Und nun kam er, vor dem sie alle zitterten, aber vier seiner langen Kerls, seiner lieben Kinder, wie er sie nannte, hatten ihn aus dem Wagen gehoben. Er war hilflos, und doch zitterten sie vor ihm. Er kam, und alle sahen, daß es tatsächlich ein anderer war.

Er sah zuerst auf den zweiten Turm, den hatte er noch nicht gesehen, und er meinte, daß es wohl sehr unnütz sei, ein zweites solches Ungetüm. Der Kronprinz bat um Vergebung, wenn er das Gegenteil behaupte. Ein Observatorium, ein Raum für physikalische Instrumente und eine kleine Druckerei sei hier untergebracht.

Ja, freilich, das ist was anderes. Das fand er nützlich. Es müßte alles seinen Sinn haben. Ein sehr schöner Turm. Wirklich, er gefalle ihm. Und das Gleichgewicht sei hergestellt, ja es gefalle ihm.

Dann blickte er zu der Kolonnade, auf den Stöcken hängend starrte er zu den Säulen und auf die flache Treppe, und es war ruhig im Kreise der Kavaliere. Er sah nur hin und schwieg, die sinkende Sonne warf schwache Schatten zwischen die Säulen, vom See her kam ein lauer Wind, und aus dem Wald gegenüber kroch die Dämmerung.

Der König wandte sich zum Kronprinzen.

»Er hat einen guten Baumeister, mein Sohn, ich will ihn sehen.«

Knobelsdorff, erschrocken und gleichzeitig von Freude erfüllt, trat vor und verbeugte sich.

»Le gros Knobelsdorff«, murmelte der König.

»Zu Diensten, Sire«, antwortete Knobelsdorff.

»Wo hat Er das her?«

»Von den Griechen, Majestät.«

»Er ist ein Junker aus der Mark?«

»Mein Vater besaß die Ortschaft Cossar im Herzogtum Crossen. Meine Mutter war eine Haugwitz.«

»Hat Er studiert?«

»Euer Sohn, Majestät, hat mich nach Rom geschickt.«

»Das gefällt Uns. Bleib Er hier, Knobelsdorff. Er soll nicht von meiner Seite.«

Der König sah ihn immerfort an. Das war nach seinem Geschmack, ein Junker aus der Mark am Hofe des Kronprinzen. Baumeister und Maler dazu. Die windigen Franzosen in der Runde beachtete er nicht. Hier war ein echter Preuße. Und er konnte was, der Preuße, er hatte ein akzeptables Schloß gebaut. Das gefiel ihm. Schade, daß nicht noch mehr solcher Männer bei seinem Sohne waren. Er sah einen Augenblick lang auf den Grafen Chasot und verzog den Mund. Das war einer dieser Windhunde. Hofiert den Sohn schon jahrelang.

War er nicht am Rhein aus der französischen Armee desertiert? Ein Überläufer also. Das gefällt ihm nicht. Der Herr Sohn soll sich mit wackeren Junkers und Offiziers umgeben. Deserteurs und Lotterbuben soll er gefälligst verscheuchen. Sein Blick wandte sich wieder Knobelsdorff zu. Er sprach mit ihm über Malerei, unterbrach sich jedoch plötzlich nach einem Blick auf die Kavaliere und sagte leise zu ihm: »Warte Er bis morgen, ich will Ihn examinieren über die Holländer, da soll Er mir Rede und Antwort stehen.« Und er lächelte ihm zu, aber das Gesicht wirkte maskenhaft, und nur die Augen zeigten Freude und Wohlwollen.

Am Abend, nach der Tafel wurde getanzt. Friedrich Wilhelm saß im Sessel und sprach mit La Croze, dem Lehrer und Erzieher der Kronprinzessin. Und Knobelsdorff, der ihn erneut beobachtete, sah wiederum, weshalb der König gekommen war, Friedrich Wilhelm unterhielt sich mit La Croze, gewiß, aber er verfolgte dabei die Kronprinzessin, er verfolgte jede ihrer Bewegungen, er wollte sich vergewissern, ob die ausländischen Gazetten die Wahrheit berichteten. Sie sei krank, hatten sie geschrieben, sie leide an Blutarmut und schwinde dahin. Dann wieder sprach man von Schwangerschaft. Der Teufel wußte, wie eine solche Zeitung von Rheinsberg nach dem Haag gelangte. Wäre sie doch wahr, die Zeitung von der Schwangerschaft, wäre sie doch wahr, er, der König, hätte ihr, der linkischen Kronprinzessin, alles vor die Füße gelegt.

---

Aber da wölbte und rundete sich nichts. Sie kam nicht zu, die Frau Tochter. Lag es an ihr? Lag es an Fritz? Sie tanzte mageren Leibes, die Frau Tochter, und in Monbijou lag schon das damastne Kinderzeug, die Königin hatte es beim ersten Gerücht in Auftrag gegeben. Da lag es nun, und hier tanzte sie mageren Leibes, pfirsichfarben das Kleid, dünn wie ein Haselstock tanzte sie mit dem gewandten, flatterhaften Keyserlingk, der aussah wie aus dem Ei gepellt.

Sie war nicht schwanger und durchaus nicht blutarm, die Frau Tochter. Und sie war nicht mehr linkisch und nicht mehr schüchtern, die Bauernprinzeß von ehemals. La Croze murmelte an seiner Seite. So, so, sie kennt den Cicero und den Epiktet. Sie kennt alles, was der Sohn studiert. Sie kann plaudern, sie kann lachen, sie kann sich in ihrem Reifrock bewegen wie jede andere. Das freut ihn, daß es eine gute Königin wird. Bescheiden und stolz zugleich. Sehr gut. Nur schade, daß sie nicht schwanger ist. Sie sollte schwanger sein, sag ich. La Croze wand sich an des Königs Seite. Er unterrichtet sie nur. Nein, ein Kind soll er ihr nicht machen. Da wird La Croze, der alte Bock, der entsprungene Mönch, der es nicht mehr aushielt im Kloster, blaß. Er hat immer alle gebührende Hochachtung der gnädigen Kronprinzessin gegenüber ...

Aber Friedrich Wilhelm fällt ihm ins Wort. Ob er nicht einen Spaß versteht. Und stammelnd verbeugt sich La Croze.

Ja, Knobelsdorff sieht es, der König will wissen, ob Friedrich soweit ist, ob er sich gut vorbereitet auf die Krone, ob seine Frau ein Kind bekommt, mit wem er seine Feste feiert und ob er nicht allzusehr über seine Verhältnisse lebt.

Aber Knobelsdorff zweifelt jetzt daran, daß dieser Mann abdanken wird, daß er sich wie ein Ratz davonschleichen wird in irgendein Loch und sich vergräbt mit einer Rente und eingedenk seiner Sünden zu Gott betet. Das wird dieser Mann nicht machen, dazu hängt er zu sehr an dem, was er geschaffen hat, und dazu quält ihn zu sehr die Sorge, ob der Kronprinz sein Werk so weiterführen wird, daß er, Friedrich Wilhelm, in Ruhe sterben kann.

Am anderen Morgen verlangte der König, durch die Gemäldegalerie geführt zu werden. Er rief nach Knobelsdorff, der sich abseits gehalten hatte, um nicht den Anschein zu erwecken, er wolle den König an sein Versprechen erinnern. Aber er rief auch nach Pesne.

Und so standen die drei beieinander, ehrerbietig und voller Demut Pesne, Knobelsdorff emporgereckt und verschlossen. Da standen sie, alle drei eigentlich Maler. Gewiß, der König war ein Dilettant, aber er malte, und er zeigte manchmal dieses oder jenes Bild, naive, bäuerlich-derbe Versuche, Pesne drückte sich vorm Anschauen, wenn er konnte, und das wurmte ihn, den König. Überhaupt, wie Pesne diensteifrig vor seinem Herrn stand mit seinen sechsundfünfzig Jahren, die man ihm nicht ansah, wie er gewandt den Rücken bog, als sei er ein junger Charmeur, da sah der König mit aller Deutlichkeit den Unterschied zwischen ihm und Knobelsdorff. Da stand der katzbuckelnde Pesne und da der stramme Junker aus der Mark, schweigsam und finster, kein Höfling wie jener.

Jetzt sprach er von den Holländern, den einzigen Malern mit großen Werken, von dem Kolorit des van Dyck, von der Üppigkeit der Rubensschen Figuren mit ihren schwellenden Gliedern, von den Stilleben des Roos, auf denen das tote Wild wohlgeordnet und feinschmeckerisch garniert auf Silberplatten lag, und von Brouwer, den er besonders liebte, seinen Bauern und Soldaten, diesen derben, dramatischen Szenen aus ländlichem und kriegerischem Leben.

»Was hält Er davon, Knobelsdorff?«

Der Rubens ist ihm zu prall, die Fülle an Fleisch und Muskeln überwiegt ihm zu sehr. Und, nach kurzem Zögern, die nackte Fleischeslust springe ihm gar zu sehr in die Augen, antwortete Knobelsdorff. Aus dem Kreis der Hofdamen und Kavaliere, in gebührender Entfernung hinter Pesne und ihm, hörte Knobelsdorff ein entsetztes Flüstern. Er dachte einen Augenblick an die Bigotterie der Königin, erinnerte sich mit Wehmut an die leuchtenden, beneidenswerten Farben der Rubensschen Gemälde, die er in Italien gesehen hatte. Er sprach dann, nun doch etwas Unbehagen im Leibe spürend, als er das verwunderte Gesicht seines Königs sah, von dem

Bild, das er in Florenz gesehen hatte, einer Darstellung des Odysseus an der Küste der Phäaken, und er lobte die Rubensschen Landschaften. Von dem Roos hat er gleichfalls nur Landschaften gesehen, im italienischen Stil, sie waren ihm aber zu idyllisch, so eine Art Schäferszenen waren es mit ruhenden Herden und antiken Landschaften im Hintergrund. »Das kann nicht mein Roos sein«, rief Friedrich Wilhelm, dem die Unterhaltung Spaß zu machen begann. »Ich meine den Johann Melchior, der vor acht Jahren gestorben ist.«

»Halten zu Gnaden, Majestät, mein Roos ist der Johann Heinrich, der vor vierundfünfzig Jahren starb.«

Die Gesellschaft im Hintergrund lachte meckernd und laut. Es schallte in der Galerie. Knobelsdorff aber sprach schon weiter. »Was den Brouwer betrifft, so kann es, glaube ich, nicht angehen, daß man immerfort ewig besoffene Bauern malt. Und die Schinken hab ich lieber in Natur auf dem Tisch als auf irgendwelchen Stilleben.« Das Lachen erstarb, und völlige Stille, von Entsetzen erfüllt, lag lähmend im Raum. Der König stand starr und glotzte verwundert auf Knobelsdorff. Er war betroffen von der Geradlinigkeit dieses Mannes, der vor ihm stand, dem fast, wie es ihm schien, jeglicher Respekt fehlte, er dachte sich zehn solcher Männer in Rheinsberg, im Kreis um den Kronprinzen, und er verzieh ihm im stillen seinen Widerspruch, weil endlich einer offenherzig und mit fester Meinung vor ihm stand. Er beugte sich zu Knobelsdorff, ein wenig mühsam, aber jener kam ihm entgegen, weil Friedrich Wilhelm gleichzeitig winkte und flüsterte: »Mon cher Knobelsdorff, Er soll meine Bilder sehen, Er soll mir sagen, was davon zu halten ist, von den Affen ist es keiner wert.« Und er blinzelte ihm zu mit den schweren Augenlidern, verschwörerisch und geheimnisvoll, als hätte er vor, sein Seelenleben zu entblößen.

Der hohe Herr besah sich nun die Gemälde, der Kronprinz sprang eilfertig herbei, Pesne scharwenzelte erklärend voneweg, und der ganze Rheinsberger Kreis, gemalt von Knobelsdorff und Pesne, schaute von den Wänden und aus goldenen Rahmen stumm auf den König. Und als Friedrich Wilhelm das Knobelsdorffsche Bild vom Kronprinzen sah, blieb er lange stehen und betrachtete es. Dann murmelte er etwas und ging weiter. Keyserlingk, der vor Knobelsdorff ging, der sich vorgedrängt hatte, wandte sich um und flüsterte Knobelsdorff zu: »Er kann was, hat seine Majestät gesagt, ein Preuße, der was kann, hat er gesagt. Ein Glückspilz sind Sie, Knobelsdorff.« Dann wandte er sich hastig um, denn der König war vor dem Keyserlingkschen Konterfei, von Pesne gemalt, stehengeblieben. Er musterte es, verzog das Gesicht zu einer Grimasse und rief nach Keyserlingk. Der sprang eilig herbei, verbeugte sich, und Pesne stand erwartungsvoll daneben.

»Ist Er das, Keyserlingk?«

»Zu Diensten, Euer Majestät«, antwortete der Graf.

»Trifft Er immer so genau ins Glas, ohne hinzusehen?«

Keyserlingk goß mit der Linken aus einer Bouteille in hohem Bogen Wein in ein Glas, das er in der Rechten hielt. Er sah nicht hin, sah vielmehr dem Beschauer direkt in die Augen, hielt noch dazu in der rechten Armbeuge die Doppelflinte, als hätte er in diesem Augenblick einen Hirsch geschossen. Es war eine artistische Leistung.

Hinter Keyserlingk wurde gelacht.

»Nicht immer, Sire.«

»Ein trauriges Gesicht macht Er da. Der Bock ist Ihm wohl durch die Lappen gegangen?«

Keyserlingk wurde erst rot, dann blaß. Er schielte eine Sekunde lang auf Pesne, der langsam zurückwich und in dem Kreis hinter ihm untertauchen wollte. Dann ermannte er sich und sagte leise: »Ich bin ein guter Schütze, wenn ich das sagen darf, Majestät.«

»Schon gut, schon gut, mein lieber Keyserlingk, Er hat keine Schuld.« Pesne hatte sich aus dem Staube gemacht. Knobelsdorff wollte ihn trösten, den Meister, von dem er so viel gelernt hatte, den er im Grunde verehrte und dem er Dank schuldig war. Aber er sah ihn nicht. Er sah nur die grinsenden Gesichter und wie der Kronprinz mit dem König sprach, und er wurde erneut gerufen. »Le gros Knobelsdorff«, sagte der König, während sich Knobelsdorff verbeugte, »mein Sohn bittet mich, Ihm Modell zu stehen für seine Galerie. Wir hoffen, es ist Ihm eine Ehre.« Knobelsdorff verbeugte sich erneut, dankte dem König und versprach, nach Potsdam zu kommen.

Knobelsdorff suchte nach Pesne. Trotz des königlichen Auftrages, trotz des Wohlwollens war ihm traurig zumute. Das hatte der Meister nicht verdient. Gewiß, es ging in der letzten Zeit ein wenig Holterdipolter mit den Bildern, ihm, Knobelsdorff, kam es so vor, als male Pesne wie vom Teufel gejagt, als hätte er unermeßliche Schulden zu begleichen, aber dennoch war er ein guter Maler, vielleicht der beste Bildnismaler in Deutschland. Er hatte sie nicht verdient, diese hämischen Bemerkungen gegenüber Keyserlingk, die in Wirklichkeit ihm galten. Das war ungerecht, und Knobelsdorff, mit den Zähnen knirschend, dachte daran, daß er schweigend und stumm dabeigestanden hatte, als sei er ein Hammel inmitten einer Herde Hammel.

Pesnes Zimmer stand leer. Schließlich fand Knobelsdorff ihn im Garten, hart am Wasser, er saß auf einer Bank und blickte über Schilf und See.

Knobelsdorff umarmte ihn.

»Mon cher maître, es ist der blanke Neid, glaubt es mir, er möchte so malen können wie Ihr.«

Pesne, mit traurigen Augen, schüttelte den Kopf. »Er hat recht, mon cher Knobelsdorff, er hat recht. Ich weiß, Ihr meint es gut mit mir, Ihr habt ein edles und gütiges Herz, aber er hat recht. Der König hat kritische Augen bekommen, was die Kunst betrifft. Ich habe ihn nur lernen sehen in den vielen Jahren. Er war hart und filzig, er war grausam und roh, er war ungebildet wie ein Kutscher und stumpf wie ein Klotz, aber er ist ein König geworden und bereut die Mißgriffe, die er tat. Er wird mich heute mittag um Verzeihung bitten, so ist er. Spürt Ihr nicht, daß er alt wird, daß sein Sterben schon begonnen hat, daß er sich ein Rheinsberg wünscht, und doch nicht über den eigenen Schatten springen kann?«

Knobelsdorff nickte. Er setzte sich neben Pesne. Pesne sah über den See. Auf dem Wasser schwammen Eichenblätter. Links neben ihnen, im Schilf, raschelte und knackte es. Enten schwangen sich schwerfällig hoch und schossen mit gestreckten Hälsen über das Wasser davon.

»Ich weiß nicht, wieviel Bilder ich gemalt habe. Soviel Könige und Grafen und Königinnen und Prinzessinnen. Immer saß mir die Not und meine Familie im Nacken. Und jetzt, im Besitz von Geld und Gütern, selbst jetzt male ich noch wie im Fieber. Allons, allons, allons. Und immer Reverenzen machen. Ich bin ein rechter Complimenteur geworden.« Pesne lachte, aber es war ein trauriges Lachen.

»Und dabei sind schlechte Bilder entstanden. Das ist das Schlimmste, was ich mir antun konnte.« Er flüsterte: »Deshalb hat er recht«. Er machte eine Pause. Schließlich fuhr er, fast schreiend, fort: »Monsieur Pesne, so müßt Ihr mich malen, so den Mantel und hier den Stock, und der Hermelin soll dahin und die Hand dorthin, und Ihr werdet doch nicht etwa ein Doppelkinn anbringen, das gehört sich nicht, daß Ihr's wißt.« Pesne lehnte sich zurück, lachend und stöhnend zugleich, und Knobelsdorff empfand seine Verzweiflung. Was sollte er ihm sagen. Das war eine Sache, die man mit sich selber abmachen mußte.

Pesne legte seine Rechte auf Knobelsdorffs Arm.

»Mon cher Knobelsdorff, ich bin zu alt, um mich zu ändern. Ich bin in diese Welt geboren. Wenn man wie ich dreißig Jahre am Hofe war, wie soll man anders sein als ich. Ich kann nicht desertieren wie ein Soldat in Potsdam, und ich kann nicht revoltieren wie die Halleschen Studenten. Ich bin ein alter Mann, der seinen Wein und seine Farben braucht.« Und flüsternd setzte er hinzu: »Und ein bißchen Wohlwollen vom Souverän.« Sie erhoben sich und wandten sich dem Schloß zu. Und Knobelsdorff sah die kommenden Stunden vor sich, die Schwätzerei an der Tafel und die nichtssagenden Liebenswürdigkeiten, die tiefen Verbeugungen und das achtungsvolle Schweigen vor den Majestäten.

---

## Das gestörte Fest

Knobelsdorff betrat den Garten von Kemmeters unverändertem Seitenflügel aus. Hier bot sich ihm noch ein trübseliger Anblick. Zwar war die einstige Strauchwildnis bis zum Wallgraben und darüber hinaus beseitigt. Es waren bereits die Konturen der künftigen Wege, Blumenbeete und Rasenflächen zu erkennen. Aber das alles war noch kahl. Auf der nackten hellgrauen Erde war noch kein Grün zu sehen. Hofgärtner Sello brachte mit einem Gehilfen in Schiebekarren Ladungen von kurzen, dürren Pflanzenstöcken heran.

»Sind das die Rosen?« fragte Knobelsdorff.

Sello hielt an und nickte. »Kleinblütige Pompons, im kurfürstlichen Garten in Kassel getrieben. Hierzulande war nichts zu bekommen. Alles erfroren in diesem grausamen Winter. Alle Weinberge, bis nach Potsdam und Berlin hinunter, sind vernichtet. Hierherum ist die Hälfte vom Vieh bei den Bauern vor Kälte krepiert. Und dann noch die Mißernte im vorigen Jahr. O je, das gibt eine Hungersnot!«

Knobelsdorff hustete, zog hastig sein schwarzgestreiftes Taschentuch aus dem Rockschoß und hielt es sich vor den Mund. Sello sah erschrocken zu ihm auf. »Euer Hochgeboren hat es wohl auch zugesetzt?«

Knobelsdorff winkte ab und holte mühsam Atem. »Die offenen Kamine im Schloß«, ächzte er, »ich hätte mehr Kachelöfen einbauen sollen. Na, geht vorüber.«

»Gewiß doch, gewiß!« nickte Sello. »Der Frühling ist ja gekommen. Der Mensch erträgt viel. Aber meine jungen Taxus- und Buchsbaumstämmchen werden sich schwer erholen, da drüben am neuen Parktor.«

»Ich sehe gleich mal nach. Habt Ihr meine Zeichnungen für die Rabattenfiguren zur Hand?«

»Jawohl, Euer Hochgeboren! Schon alles vorgestochen.«

»Gut, Sello! Auf Euch ist Verlaß.« Knobelsdorff ging weiter. Der Gärtner sah ihm nach. »Ein guter Herr!« flüsterte er dem Gehilfen zu. »Bißchen ernst, aber immer freundlich und gerecht, nie stolz. Behandelt einen wie seinesgleichen.«

Knobelsdorff durchquerte den öden Vorgarten, überschritt den Wallgraben auf einer neugezimmerten Holzbrücke und stieg elf Stufen hoch eine breite Steintreppe empor. Rechts und links lagerten zwei Sphinxe aus Sandstein, symbolische Wächter für Garten und Schloß. Doch sie zeigten sich nicht drohend und abschreckend wie einst im alten Ägypten. Sie hatten lächelnde Frauengesichter und schienen eher zum Eintritt zu locken.

Von dort aus ging Knobelsdorff eine neu angelegte lange Allee entlang, die in den verwilderten Baumbestand geschnitten war. Das Unterholz zu beiden Seiten war entfernt. Mächtige alte Eichen waren stehengeblieben, ergänzt durch angepflanzte Lärchen und Tannen. Der Weg stieg langsam an. Ein ovaler Platz öffnete sich, die Anfänge eines französischen Gartens mit Laubengängen, Heckenlabyrinthen und Blumenbeeten waren zu erkennen. Sello, der vordem nur den kronprinzlichen Gemüsegarten bearbeitet hatte, war unter Knobelsdorffs Leitung ein geschickter Park- und Landschaftsgärtner geworden. Schade, daß viel von seiner Mühe und seinem Fleiß vergebens aufgewandt war. Ganze Strecken von Taxus- und Buchsbaumhecken waren erfroren, die Zweige brachen unter der biegenden Hand. Viel mußte nachgepflanzt werden. Wie schön hatte sich Knobelsdorff schon für den kommenden Sommer die geschlossenen Grünwände gedacht, vor denen sich weiße Statuen und bunte Blumenornamente wirkungsvoll abgehoben hätten, eine festliche Verschmelzung von Natur und Kunst wie auf den Bildern Watteaus! Damit war es nun nichts.

Am Ende der Allee ragten auf niedrigem Sockel vier Säulen in engem Viereckverband neben dem Weg empor. Hier hatte Knobelsdorff eine Erinnerung an Rom verwertet, an die drei übriggebliebenen Säulen des einstigen Vespasianstempels auf dem Forum. Gegenüber auf der anderen Seite des Weges erhob sich ein hohes Gerüst für eine zweite gleichartige Säulenstellung. Zwischen beiden sollte ein niedriges Gattertor den südlichen Parkeingang bilden. Jetzt lagen noch Säulenschäfte und korinthische Kapitäle am Boden, und ein Bildhauer mit blauer Schürze saß auf einem Schemel und schlug mit dem hölzernen Klöpfel sachte und doch so eifrig auf das feine Eisen, daß er Knobelsdorff nicht kommen hörte. Unverhofft stand er neben ihm. »Mit Gunst, Meister Glume!«

»Mit G-... oh, Euer Hochgeboren!« Der Bildhauer war aufgesprungen. Ein junges, klares Gesicht lachte Knobelsdorff entgegen. Knobelsdorff betrachtete das korinthische Kapitäl aus Sandstein, das über Holzbohlen aufgebänkt lag. »Sehr gut!« lobte er. »Aber ist das nicht ungünstig, hier unter freiem Himmel zu arbeiten?«

»Die Blöcke sind ja in der Werkstatt schon vorbehauen. Aber die Feinarbeit muß möglichst an Ort und Stelle geschehen. Durch den Transport kann zu leicht etwas beschädigt werden. So sagt mein Vater immer, und der versteht seine Sache. Der große Meister Schlüter hat auch seine Masken sterbender Krieger im Hof des Zeughauses fertiggestellt, wo sie jetzt noch sind.«

»War Euer Vater damals schon Schlüters Gehilfe?«

»Freilich, war er schon mit siebzehn Jahren. War auf Gesellenwanderung nach Berlin gekommen und blieb dann bei Meister Schlüter, da er wohl einsah, daß er nirgends mehr lernen konnte als bei ihm. Die Kriegermasken sind ganz großartige Werke. So etwas gibt's in der ganzen Welt nicht und wird auch niemals wieder erreicht werden.« Der Bildhauer senkte bekümmert den Kopf.

»Nicht zu früh verzagen!« tröstete Knobelsdorff. »Wie alt seid Ihr jetzt, Meister Glume?«

»Dreiundzwanzig.«

»Seht Ihr! Und was habt Ihr schon alles geleistet! Die Statuen im Garten in Ruppin, hier in Rheinsberg die beiden Sphinxe, die Marmorfiguren für den Park, die acht Planetengestalten aus Holz auf der Einfahrtsbrücke, die Statuen auf der Attika über der Einfahrt, drinnen die Kamine, das große Parkportal hier –«

»Ist noch nicht fertig. Die Statuen der Flora und Pomona folgen im Sommer.«

»Trotzdem! Es ist fast unglaublich, wieviel Ihr in drei Jahren geschaffen habt! Die beiden Sphinxe, die Sandsteinvasen und Kindergruppen auf der Kolonnade –«

»Ach«, lächelte Glume, »die waren für mich keine Arbeit, die waren für mich die reine Freude. Kinderkörper mache ich gar zu gern, Kinder sind allerliebst! Mit ihren frohen Gesichtern, ihrem lustigen Spiel, ihren ungezwungenen Bewegungen, so ganz Natur! Das Kindesalter ist doch die schönste Zeit im menschlichen Leben.«

Knobelsdorff antwortete nicht. Die Kindheit? Seine Kindheit war alles weniger als schön. Sicher, weit und grün waren Wald und Wiesen an Oder und Bober, aber häßlich die Namen: Kossar und Kuckädel hießen die Güter des Vaters unweit von Krossen. Und in dem nüchternen Herrenhaus von Kuckädel herrschte eiserne Strenge gegenüber den sieben Kindern, die Mädchen wurden von klein auf für den Haushalt, die Knaben zum Soldatenberuf erzogen, für Schönheit und Kunstfreude hatten weder die Eltern noch nach ihrem frühen Tode der Oheim auf Kunow und Bobersberg Sinn gehabt. Für ihn gab es viele Schelte und wenig zu lachen. Aber diese ersten Lebensjahre auf dem Lande hatten in ihm jene Vorliebe für Einfachheit und Natürlichkeit geweckt, die er bei dem jungen Glume wiederfand. »Alles Einfache und Natürliche ist schön«, sagte Knobelsdorff, »alles Gemachte und Erkünstelte häßlich. Wir haben uns von Anfang an gut verstanden, Meister Glume!«

»Ich arbeite gern unter Euer Hochgeboren«, antwortete er.

»Laßt doch das Hochgeboren beiseite!« Knobelsdorff hatte große Achtung vor seinen Mitarbeitern bekommen. Sein Bauführer Horst, der aus der Tretmühle Friedrichstadt nach Rheinsberg übergewechselt war, der Holzschnitzer und Ornamentbildner Scheffler, der Maler und Vergolder Weidener, Meister Pesne und sein Schwager Dubuisson, sie alle waren gebildete Leute, die nicht nur ihr Handwerk verstanden, sondern auch die Mythologie und Geschichte beherrschten. Sie wußten, wer Plato und Sokrates, wer Hannibal, Scipio und Cäsar gewesen waren. Sie kannten die Sagen des Altertums vom Trojanischen Krieg bis zu den Metamorphosen Ovids.

Nach dreijähriger Zusammenarbeit am gemeinsamen Werk fühlte sich Knobelsdorff ihnen zugehörig. Er schätzte ihr gediegenes Wissen mehr als die windigen Schwätzereien der Hofkavaliere. Vor diesen ernsthaft bemühten Künstlern mochte er kein Hochgeborener sein.

»Da ich keinen Meisterbrief und auch sonst keinen Titel habe, so nennt mich meinethalben Herr Hauptmann!«

»Wie Herr Hauptmann es wünschen!« sagte Glume liebenswürdig. »So läßt sich auch über manches einfacher und natürlicher sprechen.«

Knobelsdorff lachte. »Ihr seid ein Schalk, Meister Glume! Was wollt Ihr denn so einfach und natürlich mit mir besprechen?«

»Es ist – weil die Arbeit nun einmal mein Brot ist –«

»Seid Ihr mit Eurem Lohn nicht zufrieden? Ihr habt Euren Kontrakt.«

»Kontrakt wohl, aber kein Geld. Ich habe für meine Arbeiten in Ruppin noch keinen Pfennig erhalten.«

»Was?« fuhr Knobelsdorff auf. »Das ist unerhört! Da wird hier gebaut und gebaut jahrelang, und die alten Schulden sind nicht bezahlt! Ich werde es sofort dem Hofmarschall von Wolden melden – oder dem Kammerdiener Fredersdorf – oder nein, ich sage es dem Kronprinzen selbst. Geduldet Euch noch bis Mittag, dann habt Ihr das Geld!«

Knobelsdorff wandte sich um und ging mit raschen Schritten die Allee hinunter zum Schloß zurück. Glume sah ihm überrascht nach. Bis Mittag habt Ihr Euer Geld! Das war in der Tat einfach und natürlich gesprochen! Keine Ausflüchte und Entschuldigungen, wie sie die Hofleute gern im Munde führten. Der da war anders, ganz anders! –

Aber so einfach und natürlich, wie Knobelsdorff gedacht hatte, lief die Sache nicht ab. Er wollte noch rasch den Neubau des Domestikenhauses jenseits des Schlosses besichtigen. Als er auf dem Wege dorthin an der neuen Kolonnade vorüberging, sah er im Säulengang drei Damen in Reifröcken und mit kleinen, gepuderten Frisuren promenieren. Die Kronprinzessin war vor einigen Tagen aus Berlin in das fertige Schloß Rheinsberg übergesiedelt. Sie hatte nicht nur drei Kavaliere, drei Hofdamen und sechzehn Bediente, sondern auch mehrere weibliche Dauergäste mitgebracht.

Knobelsdorff erkannte die sechzigjährige Oberhofmeisterin von Katsch und das Kammerfräulein von Schack. Er grüßte mit einer Verbeugung und wollte vorübergehen. Aber die dritte, die kokette Frau von Brandt, hüpfte auf ihren Stöckelschuhen die wenigen Stufen der Kolonnade herab und vertrat ihm den Weg. »Voilà, monsieur de Knobelsdorff, hier findet man Sie!« rief sie auf französisch. »Man sieht sie ja nie.«

Er sah ihr in das grell weiß und rot geschminkte Gesicht.

»Ich bin nicht zum Vergnügen hier, Madame! Es ist immer noch sehr viel zu tun.«

»Ich bewundere Ihre Kunst!« erklärte Frau von Brandt pathetisch. »Welch entzückendes Schloß haben Sie hier in die schöne Landschaft gezaubert! Wie anmutig präsentiert es sich von der Seeseite aus mit seinen hohen Türmen! Man ahnt Zinnen darauf, und doch sind es nur Brüstungen, daß man die Aussicht genießen kann. Und dazwischen der hinreißende Säulengang!«

»Zuviel Lob, Madame! Die ionischen Säulen sind schon bemängelt worden, sie paßten nicht in den rauhen Norden.«

»Ich finde sie herrlich, so fein und graziös. Man fühlt sich griechisch angeweht. Nicht wahr, Ihre Freunde nennen Sie den Chevalier de Bernin?«

»Ich muß mir's gefallen lassen. So nennen die Franzosen den großen italienischen Architekten Bernini, den Schöpfer der Kolonnaden am Petersplatz.«

»Ah, daher! Nein, einfach bezaubernd, wie sich die weißen Säulen vom ockergelben Anstrich der Wände abheben!«

»Ein Schimmer vom warmen Goldglanz der südlichen Sonne. Weiß wirkt in unseren Breiten zu grell.«

»Maleraugen haben dieses Schloß gebaut!« rief Frau von Brandt schwärmerisch. »Es sieht wie ein Gemälde aus.«

Knobelsdorff wurde ungeduldig. »Pardon, Madame, ich muß noch den Kronprinz sprechen!«

---

»Ich glaube, er befindet sich auf dem See.« Sie deutete auf die Wasserfläche hinaus, wo eine grünweiß gestrichene Barke sichtbar wurde, besetzt mit Damen und Kavalieren. »Natürlich, die Tettau ist auch dabei. Mit ihrem runden Kindergesicht und den großen, unschuldigen Augen macht sie alle Männer verrückt. Vorausgesetzt, daß es Männer sind!« Frau von Brandt lachte schrill.

In diesem Augenblick ging im ersten Obergeschoß des rechten Turms eine Glastür auf, und Friedrich erschien auf dem balkonartigen Austritt hinter dem zierlich geschwungenen Brüstungsgitter. Er winkte den Insassen der Barke zu, die sich eilig dem Ufer näherte, denn es war ein unangenehmer Wind aufgekommen.

»Ah!« sagte Frau von Brandt. »Er ist gar nicht mitgefahren. Er hat wieder in seinem Turmzimmer studiert, Bayle oder Voltaire oder sonst einen Atheisten.«

Der Kronprinz, wie er oben stand in seinem blauen Uniformrock, jung und mit strahlendem Lächeln, machte trotz seiner geringen Größe, seinen zu hohen Hüften und zu starken Beinen einen stattlichen Eindruck.

»Schade um ihn!« meinte Frau von Brandt.

Knobelsdorff sah sie fragend an.

Sie neigte sich zu ihm und flüsterte: »Weil er der Venus Tribut zahlen mußte.«

»Tribut?« Knobelsdorff verstand nicht.

»Sie Ahnungsloser!« kicherte Frau von Brandt. »Wissen Sie nicht? Er ist kein Mann mehr, schon seit Juli vorigen Jahres. Die Tettau mag noch soviel schöne Augen machen, seine Mätresse wird sie nie.«

»Genug!« sagte Knobelsdorff barsch. »Ich muß sofort den Kronprinzen sprechen.«

Sie hing sich hastig an seinen Arm. »Nein, bitte nicht! Sie dürfen mich nicht verraten. Sie sind doch ein Ehrenmann. Vergessen Sie, was ich gesagt habe!«

Er machte sich ärgerlich von ihr los. »Ich habe überhaupt nichts gehört, Madame! Für Skandalaffären habe ich kein Ohr, entschuldigen Sie, Madame!«

---

Er eilte davon und durchquerte die Kolonnade. Im Hof war soeben durch die gegenüberliegende Toreinfahrt eine Karosse vorgefahren. Ihr entstiegen zwei Gäste aus Berlin: der sächsische Gesandte Graf Manteuffel und der Kammerherr des Königs, Freiherr von Pöllnitz. Knobelsdorff hörte ihn sagen: »Die Not in Berlin ist furchtbar. Die Kanoniere der Artillerie haben seit drei Tagen kein Brot bekommen. Sie sind in Gefahr zu verhungern. Und der König liegt schwerkrank in Potsdam, hält alles für Lügen habgieriger Betrüger und weigert sich, die Militärmagazine öffnen zu lassen, die Brotgetreide genug enthalten. Es muß etwas geschehen!«

Knobelsdorff trat heran und begrüßte die Herren. Dann ließ er sie vorangehen. Brot für die Soldaten war wohl noch wichtiger als Glumes Lohn.

Plötzlich traf sie ein Windstoß vom Wasser her. Schwarzgraue Wolken zogen von Südwesten heran. »Oho!« sagte Graf Manteuffel. »Offenbar ein Aprilwetter! Da sind wir ja gerade noch rechtzeitig eingetroffen. Beeilen wir uns, meine Herren!«

Sie traten unter die schützende Tordurchfahrt. Knobelsdorff hatte das Mittelstück des Querbaus in den Hof vorgeschoben, um Platz für ein neues geräumiges Treppenhaus zu gewinnen. Hier stiegen sie nun hoch. Durch die Fenster sahen sie, wie die Gesellschaft aus der Barke durch die Kolonnade und über den Hof ihnen nachhastete.

Im Verbindungsgang, der zu den Zimmern der Kronprinzessin im neuen Nordflügel führte, stand Bauführer Horst und winkte. Knobelsdorff trat zu ihm. »Was ist?«

Horst deutete auf den Verputz der Wände und strahlte: »Alles hält.« Die Verlängerung des Torhauses zum Nordflügel war über dem Morast des einstigen Schloßgrabens auf einem Pfahlrost errichtet und bestand nur aus leichtem Fachwerk. Aber man sah nichts davon. »Kein einziger Riß, alles wirkt wie massiv.«

»Ja, Meister Horst, Eure Erfahrungen beim Karpfenteich am Hallischen Tor machen sich bezahlt.« Beide lachten und schüttelten sich die Hände.

Vorübereilende Lakaien erinnerten Knobelsdorff daran, daß es höchste Zeit war, sich zur Mittagstafel umzukleiden. Er legte durchaus keinen Wert auf das zeitraubende Diner. In seinem Zimmer warteten Zeichnungen von Rheinsberg für Friedrichs Schwester Wilhelmine, und Kunstblätter für eine Prachtausgabe von Voltaires Henriade auf seine Hand. Ein paar Bissen kalter Braten hätten dem Vielbeschäftigten genügt. Aber er mußte mit dem Kronprinzen sprechen.

Nach einer halben Stunde fanden sich etwa 24 Personen im Speisezimmer ein. Seine Decke trug ein Gemälde von Pesne, das Mars im zärtlichen Gespräch mit Venus darstellte. An den Türen sah man schmale Rahmenleisten, in C-Kurven endend, von Scheffler geschnitzt und von Weidener vergoldet. Spiegel an den Wänden ließen den Raum größer erscheinen. Aber sie waren wellig und gaben schwankende Bilder, weil die nahe Zechliner Glashütte keine besseren herstellen konnte.

Die Tischordnung war vom Hofmarschall festgelegt worden. Der Kronprinz, jetzt in seladongrünem Rock mit breiten silbernen Streifen, saß wie immer in der Mitte der Tafel, ihm gegenüber die Kronprinzessin. Knobelsdorff bekam seinen Platz am Ende des Tisches zwischen zwei Hofdamen angewiesen. So konnte er kein Wort mit Friedrich wechseln. Er konnte ihn durch die hohen Tafelaufsätze, die Öl, Essig, Zucker, Zitronen, Backwerk und Konfekt trugen, nicht einmal deutlich sehen. Er hörte ihn nur von fern über seine Sternwarte auf dem neuen Schloßturm und über Astronomie und Newtons Gravitationsgesetz sprechen. Friedrich lud seine Gäste ein, nach dem Essen das kleine Observatorium zu besichtigen. Doch ein Blick aus dem Fenster zeigte, daß daraus nichts werden würde. Der Wind hatte zugenommen, die Wolken jagten, die Baumäste schwankten, und wenn ein Lakai die Zimmertür öffnete, fuhr sausend ein Luftstoß durch den roten Marmorkamin.

So begab sich nach dem Dessert alles in das Gesellschaftszimmer. Die Wände waren mit blauer Damasttapete bezogen, die Decke trug ein vergoldetes Gitterwerk aus Stuck mit einer Strahlensonne in der Mitte. In der Ecke stand ein weißlackiertes Cembalo, daran spielte der Pianist Philipp Emanuel Bach, ein Sohn des berühmten Johann Sebastian, die majestätischen Akkordfolgen einer Allemande aus den Pièces de clavecin A-Dur von Rameau.

Knobelsdorff wollte sich dem Kronprinzen nähern. Aber da stand schon der Sekretär Jordan mit einem Manuskript bereit, aus dem Friedrich jetzt vorzulesen begann. »Ich habe«, sagte Friedrich in französischer Sprache, »des Florentiners Machiavelli zweihundertjährige Schrift vom rücksichtslosen Alleinherrscher mit meinen Zeilen zu widerlegen versucht. Ich habe es unternommen, gegen ihn die Menschlichkeit zu vertreten und Grundsätze für einen modernen Fürsten in einem aufgeklärten Jahrhundert aufzustellen. Ich halte den Fürsten für den ersten Diener des Staates, der sanft, freidenkend, tolerant und Kunst und Wissenschaft zugetan ist. Ich habe mein Manuskript ‚Antimachiavelli' betitelt und in Abschrift an Voltaire gesandt. Er war entzückt darüber und läßt es in Holland drucken. Ich frage darin: Was kann einen Menschen dahin bringen, seine Macht zu vergrößern? Wie kann er glauben, berühmt zu werden, indem er Unglück über die Mitmenschen bringt? Neue Eroberungen machen sein Land nicht reicher, sein Volk hat keinen Nutzen davon. Die Herren der Welt sollen ihre Untertanen nicht wie Sklaven ansehen, sondern als ihresgleichen, in gewisser Hinsicht sogar als ihre Herren!«

Warum trägt er das heute vor? dachte Knobelsdorff. War es eine politische Demonstration gegenüber dem sächsischen Gesandten Graf Manteuffel und dem französischen Gesandten de la Chetardie, der ebenfalls zu Besuch weilte? Aber nein, es hatte wohl nichts zu bedeuten, denn jetzt traten auf einen Wink Friedrichs fünfzehn Musiker mit Notenpulten und Instrumenten ein, und er selbst ließ sich seine Querflöte reichen. Eine eigene Komposition des Kronprinzen wurde aufgeführt, ein Konzert für Flöte und Orchester C-Dur, das Graun als Kapellmeister vom Cembalo aus dirigierte.

Friedrichs Spiel ließ in schnellen Läufen etwas Fingerfertigkeit vermissen, das Adagio dagegen gelang ihm besser. So urteilte Knobelsdorff der alten Frau von Katsch gegenüber, die auf einem Polsterstuhl saß und begeistert klatschte.

Sie wandte sich zu ihm: »Ein wundervoller Mensch, der Kronprinz! Musiziert, komponiert, dichtet, schreibt geistvolle Werke, treibt Philosophie, Mathematik, Astronomie – «

Am Notenpult legte Friedrich die Flöte aus der Hand. »Das ist das einzig menschenwürdige Dasein, Messieurs!« rief er. »Fern vom tyrannischen Zwang der großen Höfe ein Leben in Freiheit und heiterem Lebensgenuß!«

Die Oberhofmeisterin legte ergriffen die Hände zusammen und beugte sich zur Kronprinzessin, die still und bescheiden im Sessel lehnte. »Königliche Hoheit sind zu beneiden um diesen Gemahl. Welch ein Regent wird das sein! Wie schade, daß der große Konzertsaal noch nicht fertig ist und unsere Gäste Pesnes Deckengemälde dort nicht bewundern können, den Sonnenaufgang, wie die Schleier der Nacht vor dem sieghaften Gott Apollo weichen! Wir gehen einem Zeitalter der Schönheit, des Glücks und des Friedens entgegen.«

Die Kronprinzessin lächelte verträumt, während Friedrich den französischen Gesandten anredete: »Wie gefällt Ihnen Rheinsberg, Marquis? Es ist mein Asyl, wo ich in Zurückgezogenheit lebe, wo mich keine Staatsangelegenheiten, keine Sorgen berühren. Rheinsberg ist mein Sanssouci.«

»Glattes Plagiat!« tuschelte der sächsische Gesandte Graf Manteuffel in einer anderen Gruppe. »Mein eigenes Landhaus heißt so. Ich habe ihm erst vor einer Stunde davon erzählt.«

»So, so,« meinte Kammerherr von Pöllnitz.

Manteuffel zog ihn in eine Fensternische und flüsterte: »Das heitere Idyll hier ist nichts als Verstellung. Man will uns ahnungslos lassen. Der Kronprinz beschäftigt sich sehr eingehend mit Politik.«

»Ich weiß«, nickte Pöllnitz. »Hat er doch schon während seiner Gefangenschaft in Küstrin Eroberungspläne entworfen. Auch im vorigen Jahr hat er wegen der Erbansprüche auf Jülich und Berg zum Kriege gedrängt. Die Offiziere hier studieren heimlich Kriegswissenschaft.«

»Sehen Sie wohl, da braut sich etwas zusammen!«

»Übrigens, Manteuffel, sollten Sie einmal einen Blick in das neue Manuskript des Kronprinzen werfen! Nicht in das irreführende, das er uns vorgelesen hat, sondern in das andere über den gegenwärtigen Zustand des europäischen Staatensystems. Erstaunlich für einen so jungen Menschen. Versuchen Sie, an Jordan heranzukommen, er hat die Arbeit korrigiert.«

»Jedenfalls«, folgerte Manteuffel, »wird der Thronwechsel in Preußen große Veränderungen bringen. Der Erbe ist viel kühner als der jetzige König, verschlagener, unberechenbarer. – Was ist das?«

Hofmarschall von Wolden klatschte in die Hände und gab bekannt, daß am Abend zu Ehren der Gäste ein Ball stattfinden werde, drüben im kleinen Saal neben dem alten Turm. Er bitte die Damen und Herren, sich einzurichten.

Manteuffel schüttelte den Kopf. »Mögen die Ahnungslosen tanzen! Sie werden eines Tages mit Schrecken erwachen.«

Während der Bewegung, die nun im Zimmer entstand, versuchte Knobelsdorff, sich zum Kronprinzen durchzuschlängeln, um endlich ein paar Worte mit ihm zu sprechen.

Plötzlich verharrte er. Alle Gespräche verstummten. Es war drei Uhr nachmittags. Draußen heulte der Sturm. Dazwischen hörte man Rufe und Schreie, das hastige Geläut einer hellen Glocke und langanhaltendes Tuten. Ein Lakai stürzte aufgeregt herein: »Euer Königlichen Hoheit zu melden, Feuer in der Stadt! Bei einem Tabakspinner ausgebrochen, die ganze Straße steht schon in Flammen!«

»Auf den Turm!« rief Friedrich. Die Herren jagten ihm nach durch die Räume, durch den kleinen Saal, in dem der Ball stattfinden sollte, durch die enge Bibliothek und an den sieben Porträts der Rheinsberger Kavaliere vorbei, am runden Arbeitszimmer vorüber, die Wendeltreppe im Turm empor. Die Damen in ihren abstehenden Kleidern und hohen Absätzen konnten nur langsam folgen.

Oben bot sich ein erschreckender Anblick, wie ihn niemand erwartet hatte. Eine ungeheure Rauchwolke wehte über die Stadt wie eine schwarze, flatternde Riesenfahne. Sie zog ziemlich niedrig über die Häuser und vom Schloß fort, da der

Sturm aus Südwesten kam. Sie verhüllte zum Teil die fast waagerecht dahinschießenden Flammen, die mit unglaublicher Schnelligkeit ein Stroh- und Schindeldach nach dem anderen erfaßten, Schwaden von Funken wurden gegen entfernter stehende Häuser geschleudert, wo sie rasch zündeten und um sich fraßen. Hoch über Rauch und Feuer schwebte unter dem finsteren Himmel die hölzerne Turmspitze der Stadtkirche gleich einer schräggestellten, zuckenden Fackel.

Die runde Plattform des Schloßturms maß etwa vier Meter im Durchmesser. Dort drängten sich die Kavaliere an die Brüstung. Sie hielten sich Hüte und Perücken fest. Die beiden Hoffräulein, die sich zuerst hinaufgewagt hatten, tauchten schnell wieder in der Luke unter, da ihnen Kleider und Frisuren davonzufliegen drohten. Den Herren aber brauste der Sturm um die Ohren, sie hörten nichts mehr von dem vielstimmigen Geschrei der Menschen und Tiere, dem Knattern und Prasseln der Flammen, dem Krachen einstürzender Fachwerkhäuser, dem dumpfen Knallen heiß gewordener und jäh explodierender Heu- oder Strohböden. Aber die Augen sahen mit Entsetzen, daß wie unter einem riesigen Blasebalg die ganze Stadt in einer einzigen Feuersbrunst versank.

Der Kronprinz erteilte eifrig Befehle. Ein Kavalier nach dem anderen mußte den Turm verlassen. Die Bedienten, die Künstler, Köche, Gärtner, Maurer und Stallknechte wurden hinausgejagt, um den Gutshof zu schützen, die wertvollen Reit- und Kutschpferde ins Freie zu führen, in der brennenden Stadt beim Löschen zu helfen und Menschen zu retten. Die Bürger bildeten Ketten zu den Stadtbrunnen und reichten sich lederne, gefüllte Löscheimer zu. Große Wasserfässer wurden auf Kufen von Pferdegespannen zum Schloßgraben und zum See geschleift, dort mit Eimern gefüllt und zurückgezogen. Auch eine moderne holländische Schlangenspritze mit Lederschlauch war in Tätigkeit, ihre Pumpe wurde von sechs Männern bedient. Aber was nützte ihr dünner Wasserstrahl, was half das Schwenken von Eimern und Kannen, wenn der Sturm die Tropfen versprühte und über der Glut in Dampf auflöste? Wie sollten die mutigsten Leute zu den gefährdeten Häusern vordringen, wenn die engen Gassen von brennenden Balken und Sparren versperrt waren?

Major von Stille schlug vor, die Garnison von Ruppin zur Hilfe zu alarmieren.

»Geht nicht«, antwortete Friedrich, »die Kerls würden in dem Durcheinander allesamt desertieren. Es wird schon dunkel.« Die Wolken am Himmel färbten sich purpurn. Immer noch schossen Funken wie jagende rote Schwärme in nordöstliche Richtung. Schloßhof und Schloßpark füllten sich mit verstörten Menschen, zusammengerafften Kästen und Bündeln, umherirrenden Kühen, Schafen, Hunden und mit weinenden Kindern. Das Feuer hatte auch auf die äußerste Ecke des Gutshofs übergegriffen, konnte aber hier bald eingedämmt werden, da ihm der Wind entgegenstand. Die übrigen Teile der Stadt verwandelten sich bei Einbruch der Nacht in eine schwelende Glutmasse, über die noch lange unzählige Flämmchen zuckten.

Auf dem Schloßturm wurde es kalt. Der Wind blies von hinten durch die leichten Galaröcke. Die Herren stiegen hinab.

Im Empfangszimmer wartete schon der Ortskommissar von Rheinsberg. Er war, wie in allen preußischen Städten nach dem Verlust ihrer Selbständigkeit, als königlicher Aufsichtsbeamter eingesetzt worden und nahm die Stelle des Bürgermeisters ein. Er berichtete, daß fast alle Einwohner Rheinsbergs obdachlos geworden seien. Nur 19 Häuser am Mühlentor in der Nähe des Schlosses seien übriggeblieben. Es sei dies nach den großen Feuersbrünsten von 1566 und 1635 das dritte Mal, daß die Stadt völlig abgebrannt sei. Dennoch, so suchte der Ortskommissar unter vielen Verbeugungen zu beweisen, sei alles menschenmögliche zur Abwehr und Mäßigung des Schadens geschehen, niemandem könne ein Versäumnis zur Last gelegt werden. Und wenn das Unglück ein solches Ausmaß angenommen habe, so sei daran nichts anderes schuld als der ungewöhnliche Sturm.

»Und die alte Bauweise!« korrigierte Knobelsdorff. »Hölzernes Fachwerk, Schindel- und Strohdächer, winklige enge Gassen. Will man eine vierte derartige Katastrophe vermeiden, muß Rheinsberg nach dem Wiederaufbau ganz anders aussehen: Steinhäuser, Ziegeldächer, breite, übersichtliche, gerade Straßen mit großen freien Plätzen dazwischen.« Er zeichnete mit dem Zeigefinger ein Schachbrettmuster in die Luft.

»Entwerfen Sie einen neuen Stadtplan!« sagte Friedrich. »Ich werde danach durch den Minister von Boden eine Kabinettsorder des Königs zum Aufbau erwirken. Nun aber erst einmal zum Nötigsten!«

Der Kronprinz als Besitzer der Herrschaft Rheinsberg und damit als Stadtherr mußte jetzt an die Not der Bewohner denken. Er ließ die Magistratsbeamten heraufholen, die unten im Treppenhaus standen. Nach langer nächtlicher Beratung wurden berittene Knechte nach den zum Hause Rheinsberg gehörenden Rittergütern Wittwin und Köpernitz geschickt, um von dort Lebensmittel, Kleidung, Bretter und Stroh zu beschaffen. Andere mußten in die umliegenden Dörfer reiten und Notquartiere bestellen. Hofmarschall von Wolden erhielt den Befehl, für unentgeltliche Essenausgabe in der Schloßküche zu sorgen. Eine rasch durchgeführte Geldsammlung am Hof erbrachte am nächsten Morgen eine Summe von mehreren hundert Talern, die zum prinzlichen Amtshaus neben dem Gutshof gebracht wurden. Das alles war unzureichende erste Erleichterung. Wirkliche Hilfe war nur vom König und dem Generaldirektorium zu erwarten. Eine Stafette war abgesandt, doch die Antwort ließ auf sich warten.

Bis eines Abends ein Reiter über die Bohlenbrücke in den Schloßhof gesprengt kam und ermattet vom Sattel sank. Hauptmann Graf Wartensleben vom Großen Potsdamschen Regiment kam direkt vom Krankenlager des Königs und war unter häufigem Pferdewechsel fünf Stunden Galopp geritten. »Seiner Majestät Befinden erregt allergrößte Besorgnis«, meldete er. »Der Unterkörper ist bereits abgestorben. Seine Exzellenz Herr Minister von Podewils läßt Euer Königliche Hoheit gehorsamst bitten, sofort nach Potsdam zu kommen!«

Noch in der Nacht bestieg Friedrich mit Jordan und dem

Adjutanten von Buddenbrock eine sechsspännige Karosse. Fackelträger geleiteten den Wagen durch den Brandschutt bis zum Ausgang der Stadt. Kurz darauf fuhren auch Kammerherr von Pöllnitz und die beiden Gesandten ab. Der Hof blieb in gespannter Erwartung zurück. Aber man sah kein betrübtes Gesicht. Die ersehnte Zeitenwende stand vor der Tür. Der ausgefallene Ball würde gewiß bald viel prächtiger und großartiger nachgeholt werden.

Nur Knobelsdorff war bedrückt. Der Bildhauer Glume hatte kein Geld bekommen.

## Der Sonnenaufgang

Knobelsdorff stand im Vorzimmer an der Tür. Mit ihm warteten Minister und Generale in Staatsröcken und Uniformen. Sie unterhielten sich in gedämpftem Ton.

Am 31. Mai 1740 nachmittags um vier Uhr war König Friedrich Wilhelm I. in Potsdam gestorben. Sein Sohn und Nachfolger Friedrich II. war spät am Abend nach Berlin gekommen. Die Stadttore waren bereits geschlossen. Er mußte der Wache seinen Namen nennen. Die Nachricht hatte sich noch während der Nacht in der Stadt verbreitet.

So geschah es, daß Knobelsdorff am Morgen, von Rheinsberg anlangend, das königliche Schloß schon von einer großen Menschenmenge umlagert fand. Er sah viele freudige Gesichter und hörte erleichterte Rufe: »Der Große Stock ist tot!« Aber dazwischen schallten die schrillen Stimmen von denen, die nach der Mißernte des vergangenen Jahres unter der Hungersnot litten: »Brot! Brot!«

Ein Strom von Besuchern und Bittstellern drängte sich durch das Portal am Schloßplatz, Kavaliere, Offiziere, Beamte, Geistliche, Kaufleute und einfache Bürger, die nun allesamt meinten, die despotische Willkür hätte ein Ende.

Als sich Knobelsdorff durch den Torweg schob, hörte er draußen großen Jubel: »Die Militärmagazine werden geöffnet, Korn wird billig verkauft, ein Taler pro Zentner, bis vierhundert Zentner auf einmal!« – »Handelsfreiheit!« rief ein Kaufmann. »Wir dürfen Getreide importieren!« – »Geldspenden für die Armen!« ließ sich ein anderer vernehmen. »Akzise für Nahrungsmittel fällt weg!«

Im Schloßhof staute sich der Besucherstrom. Das Portal zum Treppenaufgang wurde von Grenadieren bewacht. Sie hielten Gewehre mit aufgepflanzten Bajonetten in den Händen und kreuzten sie vor jedem, der eintreten wollte. Da machten viele kehrt. Devote Untertanen-Schüchternheit, von Vaters und Großvaters Zeiten her anerzogen, trieb sie zurück. Wer aber ohne Zögern vor die Soldaten hintrat und Namen und Stand sagte, den ließen sie ein. Nach Legitimation wurde nicht gefragt. Betrüger mußten sich oben in den Gängen und Zimmern, wo jeder den anderen kannte, von selbst entlarven.

Vor dem Hauptmann von Knobelsdorff nahmen die Posten sofort die Gewehre bei Fuß. Er stieg die breiten Stufen empor. Eine Flucht von Gemächern, nüchtern und kahl, wie sie der König bevorzugt hatte, sah er von zahlreichen Hof- und Militärpersonen erfüllt. Grüßend und händeschüttelnd schritt er von Raum zu Raum. Obwohl alle schwarze Florstreifen am Oberarm trugen, herrschte eine festliche Stimmung. Der König wollte zwar die kostspielige Potsdamer Riesengarde auflösen, so triumphierten die Offiziere, aber die Armee im ganzen um 17 Bataillone auf 90 000 Mann vermehren. Die Folter würde abgeschafft, allerdings insgeheim, so raunten sich die Kammergerichtsräte zu, auch solle die Pressefreiheit eingeführt werden, wenigstens für unpolitische Artikel.

Erstaunlich, was diese Leute bereits alles wußten! Knobelsdorff wunderte sich. Woher hatten sie ihre Informationen, achtzehn Stunden nach Friedrichs Regierungsantritt? Welch geheime Nachrichtenübermittlung verschaffte ihnen Kenntnis von Anordnungen, die noch gar nicht erlassen waren? Und nun standen sie hier in kleinen und größeren Gruppen, steckten die Köpfe zusammen, gingen von einem zum anderen, fragten und lauschten, trugen es weiter und machten sich wichtig mit hochgezogenen Augenbrauen und geheimnisvollen Mienen. Ringsherum sah Knobelsdorff Köpfe mit graugepuderten Haaren oder Perücken, er sah Schläfenlocken und dünne Zöpfe, gespitzte Ohren und die Geierblicke der Stellenjäger und Glücksritter, denen die Bittgesuche und Schmeichelhymnen in den Rocktaschen knisterten.

Wozu stand er nun unter ihnen, ungläubig staunend und angewidert zugleich? Seine große, kräftige Gestalt überragte das flutende Gewimmel wie eine einsame Säule. Er sprach wenig und kurz, sein Gesicht blieb ruhig und verschlossen. Er war ohne bestimmte Absicht gekommen. Er fand nur, daß es einem langjährigen Freund Friedrichs zukam, sich zum Regierungswechsel am Hofe sehen zu lassen und durch seine Anwesenheit seine Freude und Teilnahme zu bekunden. Wünsche und Hoffnungen hegte er freilich. Aber es lag ihm fern, dem vielbeschäftigten jungen König mit Bitten oder Vorschlägen zu kommen. Er erwartet nicht einmal, persönlich vorgelassen zu werden. Um so überraschter war er, als der neue Generaladjutant Graf Wartensleben die Tür zum Vorzimmer öffnete und ihn bat einzutreten. Das widerfuhr nur wenigen und mußte wohl etwas Besonderes zu bedeuten haben.

Und nun stand er im Vorzimmer an der Tür. Er hielt sich abseits von den Ministern und Generalen. Er gehörte nicht zu den Generalen, er war nur Hauptmann und ein verabschiedeter obendrein. Und zu den hohen Staatsbeamten zählte er noch weniger, denn er hatte keinerlei öffentliche Stellung. Er war freier Maler und Architekt, im übrigen aber bloß Mitbesitzer von zwei ererbten kleinen Gütern, die ihm unter sieben Geschwistern kaum 500 Taler jährlich eintrugen.

Doch bald erhielt Knobelsdorff Gesellschaft. Einige höhere Regierungsbeamte und Offiziere mit steifen Zöpfen wurden eingelassen, darunter auch Oberst von Keyserlingk. Seine gedrungene Gestalt wirkte in der knappen Uniform noch kürzer als sonst. Mit frischen roten Wangen, als komme er eben von der Jagd, eilte er auf Knobelsdorff zu und umarmte ihn in fröhlichster Laune. »Endlich einer! Wo sind denn unsere Rheinsberger Freunde? Ich habe keinen gesehen. Sind wir die einzigen?«

»Gewiß kommen sie noch«, meinte Knobelsdorff.

»Sie müssen kommen, sie müssen! Der große Tag ist da.«

Keyserlingk blickte mit seinen kleinen Äuglein forschend umher. Eine Kopfbewegung deutete auf die Minister. »Sehen Sie die da!« flüsterte er. »Podewils, Borcke, Boden, Thulemeier, all die alten Knacker vollzählig versammelt. Was wollen die hier? Doch wohl ihren ehrenvollen Abschied einstecken. Man sollte den armen Greisen Stühle hinstellen, sie können sich ja kaum auf den Beinen halten. Die kommenden Leute sind wir.« Er schlug Knobelsdorff vergnügt auf die Schulter.

Dann zog Keyserlingk ein Blatt Papier aus der Tasche, stellte sich mitten ins Zimmer und begann mit lauter Stimme ein Gedicht vorzulesen: »Der Sonnenaufgang!« Es war ein recht schlechtes Gedicht in holprigen Versen und mißtönenden französischen Reimen. Auch der Inhalt war anfangs nicht überraschend, denn er beschrieb das gleiche, was Hofmaler Pesne auf dem Deckengemälde im großen Konzertsaal in Rheinsberg dargestellt hatte. Und Keyserlingk schaute beim Lesen immer wieder zur Decke empor, als ob er dort alles sähe: Wie an der Seite die Nacht versinkt, in dichte Schleier gehüllt, von ihren traurigen Vögeln und den Horen, den Stundengöttinnen, begleitet. Sie entfernen sich und räumen der Morgenröte Aurora das Feld, an deren Seite der Morgenstern in Gestalt der Venus erscheint. Die weißen Pferde des Sonnengottes tauchen auf, im Wagen steht Apollo, der jugendliche Gott der Wissenschaften und Künste, und sendet die ersten Lichtstrahlen über die Welt. Im Dunkel der Finsternis ist der Tyrann versunken. Eine neue Ära der Schönheit und Freude beginnt, ein immerwährender Feiertag, Feuerwerke, Theater, Musik und Bälle, Maskeraden, Spiel, Wein und Weiber, Jubel und Lust. Welches Glück, diese Zeit zu erleben, da der Tyrann dahingehen mußte und ein Genius, ein neuer Augustus den Thron besteigt.

Das alles in Keyserlingks pathetisch baltischem Tonfall deklamiert, hätte komisch wirken können. Doch niemand lachte. Die Verse sprachen zu deutlich aus, was viele schon unbestimmt dachten und hofften. Und da sich häufig die Tür öffnete, einige Anwesende gingen und andere kamen, verbreiteten sich die Worte mit Windeseile durch die anderen Zimmer, die Treppe hinunter und über den Hof, und es kam wie ein Taumel über die wartenden Menschen. Denn der Baron von Keyserlingk, Friedrichs bester und ältester Freund, mußte ja wissen, was kommen würde. Daran zweifelte niemand. Oben im Vorzimmer, war man anderer Ansicht. Friedrich Wilhelms vier alte Minister und die ältesten unter den Generalen fanden das Gedicht taktlos und unverschämt. Aber sie schwiegen. Nur Kammerpräsident von Happe meinte, das mehrfache Wort »Tyrann« bedeute eine Schmähung des hochseligen Toten, die man nicht hinnehmen dürfe. Keyserlingk gab unbekümmert zu: »Allerdings, der Ausdruck ist etwas stark, aber ich liebte den Herrn nicht und er mich noch weniger.«

Vielleicht wäre es darüber zum Streit gekommen, wären nicht in diesem Augenblick die Minister zum König gerufen worden. Als sie nach geraumer Weile wieder herauskamen, machten sie keineswegs den niedergeschlagenen Eindruck, den Keyserlingks Prophezeiung erwarten ließ. Alle vier waren in ihren Ämtern bestätigt worden, sogar der als sparsam bekannte Finanzminister von Boden. Ein fünftes Ressort für Fabriken und Handelssachen war neu hinzugekommen und Herrn von Happe übertragen worden. Friedrich hatte erklärt, daß er die Regierungsweise seines Vaters fortsetzen werde. Von einem Systemwechsel war keine Rede.

Keyserlingk zog ein langes Gesicht. »Und wo bleiben wir, seine alten Freunde?« Es bedeutete wenig, daß der Rheinsberger Bibliothekar Jordan zum Vizepräsidenten der Akademie der Wissenschaften ernannt worden war. Als ihren Präsidenten berief der neue König den Mathematiker Maupertuis aus Paris. Jordans Stellung war also nur zweitrangig.

Aber der Unmut Keyserlingks verschwand wieder, als er erfuhr, was Friedrich weiter verkündet hatte. Der König, hieß es, wolle ganz allein aus seinem Schreibtischkabinett heraus regieren. Seine Verfügungen sollten wie bisher Kabinettsordern heißen. Die Minister sollten ihm vorher berichten und hinterher seine Befehle ausführen. Entscheiden werde er selbst und sonst niemand.

Keyserlingk schlug sich hohnlachend auf den Schenkel. »Na, wenn die Minister bloß Handlanger sind, dann pfeife ich darauf. Uns sind sicher hohe Posten in der Armee vorbehalten.«

Die Spannung wuchs. Der zweite Generaladjutant von Haake rief die Militärs zum König herein. Auch Keyserlingk wurde genannt, aber Knobelsdorff nicht. Er mußte weiter warten. Die Zeit wurde ihm lang, obwohl genügend Bewegung im Vorzimmer herrschte. Während die Minister langsam abtraten, füllte sich der Raum mit Geistlichen katholischen, lutherischen und reformierten Bekenntnisses in schwarzen Predigermänteln und mit grauen Buckelperücken. Alle Konfessionen hegten besondere Wünsche, doch die meisten ihrer Vertreter machten sich keine Illusionen. Denn Friedrich hatte bereits in Rheinsberg verlauten lassen, daß sämtliche Religionen toleriert werden müßten, auch Juden, Türken und sogenannte Heiden.

Endlich ging die Tür auf. Sporenklirrend und degenrasselnd quollen die Uniformträger heraus, die ersten mit strahlenden Gesichtern. Die Generale Graf Schwerin und von Katte, der Vater des 1730 nach Friedrichs Fluchtversuch hingerichteten Leutnants von Katte, waren zu Feldmarschällen ernannt. Die übrigen waren freundlich empfangen und umarmt worden, hatten dann aber einen derben Rüffel einstecken müssen. Der König hatte ihnen Habsucht, Übermut und unmenschliche Härte vorgeworfen, was sie in Zukunft abstellen sollten. Als letzter kam Keyserlingk angeschlichen, arg enttäuscht. »Dritter Generaladjutant geworden. Besserer Türsteher. Weiter nichts.« Mit Trauermiene legte er Knobelsdorff die Hand auf die Schulter. »Senning, Stille, unser lustiger Chasot, alle in ihre Regimenter zurückversetzt, die meisten nach Ruppin. Armer Freund, lassen Sie alle Hoffnungen fahren!«

Während er langsam das Zimmer verließ, rühmten die Generale laut die angeordnete Heeresvermehrung. Alle Höfe Europas sollten es hören, so wünsche es Seine Majestät. Da wurde ihm, Knobelsdorff, plötzlich klar, woher die rätselhaft frühzeitigen Nachrichten stammten, die er in den Entreeräumen gehört hatte. Der König hatte sie offenbar selbst ausgestreut. Aber wozu?

Generaladjutant von Haake riß die Türflügel auf: »Capitaine de Knobelsdorff, Sa Majesté vous y commande!« Es war soweit. Friedrich saß nicht auf dem Thron und auch nicht am Schreibtisch. Er stand mitten im Zimmer. Auch er trug den zur Rosette geknoteten Trauerflor um den linken Arm. Seitwärts an einem langen Tisch saßen die beiden Kabinettssekretäre des verstorbenen Königs, Eichel und Schumacher, jetzt zu Geheimen Kriegsräten ernannt, um Befehle und Briefe sofort schriftlich zu fixieren. Im Hintergrund hielt Kammerdiener Fredersdorf, nunmehr Geheimer Kämmerer, eine Anzahl von Orden zur Verleihung bereit.

Knobelsdorff verneigte sich und sprach: »Euer Majestät wollen allergnädigst meine untertänigste Condoléance zum Hinscheiden Seiner Hochseligen Majestät und meine devotesten Glückwünsche zu Höchstdero Thronbesteigung entgegennehmen!« Friedrich sah bleich und abgespannt aus. Die Hand, die er Knobelsdorff reichte, war heiß und trocken. Mehrmals schauerte er zusammen, als ob ihn friere. Offenbar hatte er Fieber. War er erkältet, vielleicht noch vom Sturmtag auf dem Rheinsberger Turm? Oder war es die verschwiegene Krankheit, die die schwatzhafte Frau von Brandt angedeutet hatte?

Friedrich warf sich wie ermattet in einen Polstersessel. »Ich danke Ihnen, mein lieber Freund«, sagte er liebenswürdig, »für Ihre teilnehmenden Worte! Meine Minister haben das nicht gekonnt, sie blieben stumm wie die Fische. Vielleicht sehen sie in mir noch immer den ungehorsamen Sohn meines Vaters. Ich will aber aller Welt beweisen, daß ich es nicht bin. Mein Vater hat in seinem Testament eine ganz einfache Bestattung angeordnet. Demgemäß habe ich den Sarg in die Kapelle der Potsdamer Garnisonkirche – unten im Turm – überführen lassen. Dabei soll es nicht bleiben, es sähe sonst zu sehr nach Mißachtung meines Vaters aus. Ich will ein feierliches Begräbnis nachfolgen lassen mit aller gebührenden

Pracht, am dreiundzwanzigsten Juni. Ich möchte Sie, Knobelsdorff, bitten, die Ausschmückung der Kirche zu entwerfen. Graun wird eine Sinfonie und den Chorgesang komponieren und dazu Musiker aus Dresden heranziehen. Kammerherr von Pöllnitz – ich habe ihn zum Oberzeremonienmeister berufen – wird den Ablauf der Feier festlegen. Lassen Sie sich von ihm die Berichte über die Dekoration im Berliner Dom zur Beisetzung meines Großvaters geben!«

Friedrich schwieg und wischte sich den kalten Schweiß vom Gesicht. Knobelsdorff hielt die Audienz für beendet. Eine Trauerausschmückung nach alter Vorlage – etwas wenig für einen aufstrebenden Architekten, der bereits sein Können bewiesen hatte. Nun mußte auch er seine Enttäuschung zurücktragen durch die Vorzimmer. Schon verneigte er sich zum Abschied.

Da raffte sich Friedrich wieder auf. »Halt, Knobelsdorff! Wir sind noch nicht fertig. Das war erst für meinen Vater. Nun für meine Mutter! Ich will ihr das Schloß Monbijou als Sommersitz schenken. Es liegt im Berliner Stadtgebiet und doch ziemlich frei am Ufer der Spree. Es ist nur zu altmodisch und zu klein, es soll verschönt und vergrößert werden.«

Knobelsdorff regte sich nicht. In seinem Innern stieg die Erwartung mächtig an. Es fiel ihm schwer, sich zu beherrschen. Nun mußte doch der ersehnte Bauauftrag kommen.

Der Auftrag kam nicht. Der König sprach jetzt von sich. Das Berliner Schloß behage ihm nicht, sagte er. Mitten in der engbebauten Stadt, ewig umlagert von neugierigen Besuchern und hungerndem Volk, ohne einen Schritt ins Grüne tun zu können, in kärglichen Beamtenschreibstuben, oder in Räumen, die mit bedrückend schwerem Prunk überladen waren – da müsse jemand, der aus dem heiteren Gartenschloß Rheinsberg komme, ersticken und trübsinnig werden. Das Prinzenpalais gegenüber dem Zeughaus, 1732 für ihn vom Baumeister Gerlach hergerichtet, aber dann niemals von ihm bewohnt, reiche für eine Königsresidenz nicht aus. Nein, nach Charlottenburg wolle er ziehen, wenigstens für die Sommerzeit, in das Schloß seiner geistvollen Großmutter Sophie Charlotte, fern von der Hauptstadt und auf dem Lande an einem großen Park gelegen! Aber sein Vater, aus Abneigung gegen die Prachtbauten jener Generation, habe den Bau verkommen lassen. Er müsse völlig renoviert und erweitert werden. Für den Winter denke Friedrich an den Neubau eines modernen Palais vor dem Neuen Tor an der Lindenallee, dazu gegenüber ein Gebäude für die lange vernachlässigte Akademie der Wissenschaften und ein Opernhaus, das schönste und größte Europas –

»Einen Tempel der Kunst!« unterbrach Knobelsdorff. Das war ungehörig, doch er konnte nun nicht mehr an sich halten. »Mit einer Säulenvorhalle wie am Pantheon in Rom!«

Friedrich nickte schwach zu ihm auf. »Par exemple.«

»Also wünschen Majestät das Friedrichsforum zu bauen? Opernhaus, Akademie und Königspalais um einen monumentalen Platz herum?«

»Wie wir in Rheinsberg besprochen haben! Vor dem Neuen Tor, so daß die Lindenallee den Platz durchschneidet. Aber ohne die Friedrichssäule in der Mitte.«

»Der Sockel ist dazu schon fertig«, warf Knobelsdorff ein.

»Wird wieder entfernt. Mein Großvater hat einen finanziell zerrütteten Staat hinterlassen. Ich will sein System nicht durch eine Gedenksäule sanktionieren. Sonst alles nach Verabredung. Wie lange würde das dauern?«

Knobelsdorff zögerte. Die Frage war kaum zu beantworten. Hatte man für den Umbau des Schlößchens Rheinsberg fast drei Jahre gebraucht, mußte man für so umfangreiche Projekte mit ganz anderen Zeitspannen rechnen. Außerdem war die Baustelle für das Opernhaus altes Festungsgelände. Der Wall des Kurfürsten Friedrich Wilhelm war zwar seit vier Jahren abgetragen. Aber der Graben war noch da, breit, wassergefüllt, tief verschlammt. Zuschüttung, Planierung und Pfahlgründung allein konnten sich über Monate hinschleppen.

Friedrich wurde ungeduldig. Er wollte auf seine ersehnte Oper nicht jahrelang warten. Schon hatte Graun den Auftrag erhalten, nach Italien zu reisen und – was Knobelsdorff nicht vollbracht hatte – Sänger zu engagieren. Der preußische Gesandte in Paris, Oberst von Camas, war angewiesen worden, Tänzer und Tänzerinnen nach Berlin zu verpflichten. Ein Brief an Voltaire war unterwegs und bat ihn um Anwerbung einer Schauspielertruppe. Deshalb sollte in Eile ein kleines Theater im Schloß eingebaut werden.

Knobelsdorff nickte kurz. Er hörte mit größter Aufmerksamkeit zu. Daß der König ihm das alles aus purer Schwatzhaftigkeit erzählte, war unwahrscheinlich. Dahinter steckte eine bestimmte Absicht. Es hieß gut achtgeben und kein Wort verlieren, indes sich die Baupläne überstürzten:

»Wenn ich in Zukunft von Berlin nach Charlottenburg fahre, will ich kein verödetes Wildrevier, sondern einen anmutigen Park durchqueren. Daher soll der Tiergarten durch Alleen, Bosketts und Teiche verschönert werden.«

Daneben durften aber die angefangenen Bauten nicht liegenbleiben. Die Rheinsberger Arbeiten sollten fortgesetzt, der Wiederaufbau der abgebrannten Stadt aus Mitteln der Feuer-, der Stadt- und der Staatskasse kräftig gefördert werden. Das von Friedrich Wilhelm I. begonnene Holländische Viertel in Potsdam mußte vollendet werden. In Ruppin, Friedrichs Garnison, sollten Kasernen und ein Schloß am Seeufer entstehen. Der Berliner Dom sollte abgeputzt werden. –

Friedrich wandte sich im Sessel um und sagte mit matter Stimme: »Fredersdorf, gib mir mal was von die Chinarinde!« Der Geheimkämmerer öffnete ein Büchschen mit bräunlichem Pulver, schüttete einen Teelöffel davon in ein Glas Wasser und reichte es dem König. Friedrich verzog den Mund. Dann stand er auf. Seine Augen zeigten einen fiebrigen Glanz.

»Eh bien, Knobelsdorff! Das alles übertrage ich Ihnen. Ich ernenne Sie zum Oberintendanten aller königlichen Schlösser, Häuser und Gärten – « er gebrauchte das Wort Surintendant, » – sowie zum Chefdirektor aller Bauten in sämtlichen königlichen Provinzen!«

Knobelsdorff erschrak. Das kam zu plötzlich.

»Ich nehme Sie in meinen Dienst mit zweihundert Talern Gehalt im Monat.«

Das war doppelt soviel, wie die Gelehrten Euler und Wolf

an der Akademie der Wissenschaften bekamen. Es war viel gegen die 50 Taler des Hofmalers Pesne und sehr viel gegen Knobelsdorffs einstiges Hauptmannsgehalt von 46 Talern im Monat. Doch es war wenig im Vergleich zu den 1000 Talern, die der Oberhofmarschall bezog.

Aber Knobelsdorff hatte nur den einen Gedanken: Er durfte bauen! Und nicht nur Entwürfe zeichnen, sondern die Ausführung selber leiten! Welch überwältigende Erfüllung seiner kühnsten Pläne und Träume!

»Ziehen Sie die Mitarbeiter heran, die Sie brauchen«, sprach Friedrich weiter, »Baumeister, Bildhauer, Maler, Dekorateure! Die Verwaltung der Baugelder steht Ihnen zu, ich werde Sie Ihnen, sobald sie verfügbar werden, jeweils vom Generaldirektorium anweisen lassen.«

Bei diesen Worten erwachte Knobelsdorff aus seiner Betäubung. Sein kühler Verstand gewann wieder die Oberhand. Und jetzt erst wurde ihm klar, welch gewaltige Aufgaben seiner harrten. Das Generaldirektorium war das Kollegium der fünf Minister und einer Anzahl von Geheimen Räten, die oberste Verwaltungsbehörde Preußens. Sollte Knobelsdorff ihr neben- oder untergeordnet sein? Als oberster Baudirektor des ganzen Königreichs mußte er Werk- und Lieferungsverträge abschließen, Grundstückskäufe für Bauplätze tätigen, Freipässe für Materialtransporte ausstellen, Arbeitskolonnen organisieren, ein ganzes Büro von Zeichnern und Rechnungsführern unterhalten.

Wieviel »Bauten in sämtlichen königlichen Provinzen« unterstanden überhaupt seiner Amtsgewalt? Friedrich nannte sich König von Preußen, Markgraf zu Brandenburg, des Heiligen Römischen Reiches Erzkämmerer und Kurfürst, Burggraf zu Nürnberg, Herzog zu Pommern, zu Magdeburg und Kleve, Prinz von Oranien, Fürst zu Halberstadt, Minden und Mörs, Graf der Mark, zu Ravensberg, Lingen und Mansfeld, Herr zu Frankfurt. Wieviel Burgen, Schlösser, Güter und Stadtpalais mochten dazugehören? Knobelsdorff sah sich außerstande, den umfangreichen hohenzollernschen Hausbesitz auch nur annähernd überschauen zu können. Mußte er nicht bei seiner weitausgreifenden Bautätigkeit mit zahlreichen Provinzialkammern und Kreiskommissaren in Konflikt kommen, wenn seine Stellung nicht eindeutig festgelegt war?

Knobelsdorff fragte vorsichtig: »Beabsichtigen Majestät, hierzu eine Kabinettsorder zu erlassen?«

»Mais pourquoi?« entgegnete Friedrich ungeduldig: »Sie werden im Hofstaats-Etat aufgeführt, Rubrik ‚Andere königliche Bediente'. Das wird wohl genügen. Die einzelnen Bauten werde ich sowieso von Fall zu Fall durch Kabinettsorder bestimmen. Zuerst also die Trauerdekoration in Potsdam! Dann gleich Monbijou und Charlottenburg! Bereiten Sie schon die Pläne vor. Und das Opernhaus! Ja, so, und das kleine Theater im Schloß! Und Rheinsberg nicht vergessen!«

Bei diesem Namen fiel Knobelsdorff sein altes, noch immer unerledigtes Anliegen ein. »Wenn Euer Majestät eine Bitte gestatten wollen«, sagte er. »Der junge Bildhauer Glume hat von Ruppin und Rheinsberg her, also seit vier Jahren, für seine zahlreichen Statuen und Skulpturen noch immer kein Geld bekommen.«

»Maintenant il y a des affaires plus importantes!« lehnte der König kurz ab. »Jetzt gibt es Wichtigeres zu tun. Schumacher, Kabinettsorder aufsetzen: Glume soll sich noch mit der Bezahlung gedulden!«

Der Sekretär tauchte eilig die Feder ins Tintenfaß, Knobelsdorff verneigte sich stumm. Friedrich gab ihm die Hand. Dann fragte er an ihm vorbei den Generaladjutanten: »Wer wartet jetzt draußen? – Ah ja!« erinnerte er sich plötzlich. »Eichel, wie weit ist Er mit dem Glückserlaß?«

»Fertig formuliert, Euer Majestät!«

Und während Knobelsdorff rückwärts der Tür zuschritt, hörte er den Kabinettssekretär vorlesen: »Unsere größte Sorge wird dahin gerichtet sein, das Wohl des Landes zu befördern und einen jeden Unserer Untertanen vergnügt und glücklich zu machen.«

Davon wird Glume reich werden! dachte Knobelsdorff spöttisch. Er selber fühlte sich allerdings überaus glücklich. Und er hatte allen Grund, stolz den Kopf zu erheben, als er durch die Vorzimmer ging. Lächelnd antwortete er mit wenigen Worten dem Schwarm der Besucher, die ihn mit Fragen von allen Seiten umdrängten. Als einzigem von den Rheinsberger Freunden waren ihm große, verantwortungsvolle Aufgaben zugefallen.

ZWEITES BUCH

# DAS OPERNHAUS

# Die Rache des Deserteurs

Im August 1740 bewegten sich zwei Kutschen langsam durch Schlamm und Morast. Sie kamen kaum vorwärts. Das war nicht der leichte märkische Sand, der, nachdem er getrocknet war, rasch von den Rädern abfiel. Der fränkische Lehm war viel schlimmer, er klebte und schlang sich wie zäher Teig um die Felgen und Speichen. Und so wenig Gewicht die neuartigen preußischen Reisewagen, Berlinen genannt, auch besaßen, sie sanken dennoch tief in den aufgeweichten Boden. Wenn sie auf einen Kalk- oder Sandsteinbrocken des Untergrunds stießen, gab es jedesmal einen argen Ruck.

Im ersten Wagen saßen drei Grafen: Der erste nannte sich Graf Dufour, der zweite Graf Schaffgotsch, der dritte war Graf Algarotti, ein junger venezianischer Schriftsteller aus dem gelehrten Kreis um Voltaire, seit kurzem als Gast am Hof König Friedrichs II. von Preußen. Sie kamen aus Berlin über Dresden, hatten Friedrichs Schwester, die Markgräfin von Bayreuth, besucht und wollten über Straßburg nach Frankreich reisen.

Im zweiten Wagen befanden sich drei Bediente von gehobener Stellung: der königlich preußische Oberintendant von Knobelsdorff, der Generaladjutant Graf Wartensleben und der Geheimkämmerer Fredersdorf.

Blitze durchzuckten den düsteren Himmel, der Donner rollte, der Regen prasselte auf das Lederverdeck. Knobelsdorff spähte durch die kleinen viereckigen Glasscheiben der Fenster, an denen das Wasser herabrann. Ein derartiges Unwetter auf der Opernbühne vorzuführen, würde wohl äußerst schwierig sein. – Knobelsdorff hatte den Auftrag, die bedeutendsten Opernhäuser Deutschlands und Frankreichs zu besichtigen, ehe er an die Entwürfe für das Berliner Theater ging. Ihn schwindelte, wenn er an Dresden dachte. Zweihundertfünfzig Personen waren dort mitunter nur an der Bühnenmaschinerie beschäftigt. Zwei himmlische Posaunenchöre konnten gleichzeitig rechts und links auf Wolkensoffitten herniederschweben. Das Bühnenpodium war in zahlreiche Versenkungsquadrate geteilt, ihr wechselndes Auf- und Absteigen konnte die ganze Szene in ein wildwogendes Meer verwandeln, und achttausend Kerzen gossen ihr schimmerndes Licht darüber aus. Auf der Bühne in Ludwigsburg, die sich allerdings ins Freie öffnete, konnten vollzählige Reiterregimenter aufmarschieren. Wie sollte man solche staunenswerten Szenerien dereinst im Berliner Opernhaus möglich machen, das doch nach Friedrichs Willen alle anderen Theater übertreffen sollte?

Grübelnd starrte Knobelsdorff auf das rieselnde Wasser an den Wagenfenstern. Der Maler, der Architektur studiert hatte, um antike Landschaften und Ruinen naturgetreu wiedergeben zu können, sah sich vor unlösbare Aufgaben gestellt. Er brauchte einen Theateringenieur, der ihm half. Er brauchte –

»Haben Sie sich nun über die Affäre mit Herrn von Pöllnitz getröstet?« fragte Graf Wartensleben mit etwas albernem Lächeln. Knobelsdorff schrak aus seinen Gedanken. Eine Affäre nannte der Generaladjutant jene Lappalie! Wie doch der Hofklatsch jede Nichtigkeit ins Abenteuerliche aufbauschte! Das war vor zwei Monaten in der Potsdamer Garnisonkirche. Die Trauerdekoration war schon fertig, die ganze Kirche schwarz ausgeschlagen, die Architektur der Pfeiler, Fenster und Emporensimse durch Silberfloreinfassung und Kerzenreihen betont, schlicht und stilvoll, und vor dem Altar stand der Sarg unter einem schwarzen dorischen Tempel.

Hinter dem Sarg hing zwischen Buchsbaumzypressen ein Porträt des verstorbenen Königs, von einem unbekannten jungen Künstler gemalt, dem Knobelsdorff etwas Verdienst und öffentliche Anerkennung hatte verschaffen wollen. Da war der Oberzeremonienmeister von Pöllnitz dahergekommen, hatte auf das »Machwerk eines hungerleidenden Vagabunden« geschimpft und den Austausch des Bildes gegen ein von Pesne geschaffenes Porträt verlangt. Und was weiter? Nichts! Knobelsdorff hatte mehr zu tun gehabt, als sich mit dem aufgeblasenen Zeremonienmeister herumzuzanken. Er hatte kurzerhand zugestimmt. Und diesen unbedeutenden Vorfall nannte Wartensleben jetzt eine Affäre! »Ich habe sie längst vergessen«, antwortete Knobelsdorff kühl. Wahrlich, er hatte in den letzten Wochen genügend andere Gedanken im Kopfe gehabt. Am Schloß Monbijou hatten bereits die Vorarbeiten für einen Gartenflügel mit 52 tief herabgezogenen Fenstern begonnen, in Charlottenburg waren die nötigsten Reparaturen noch vor der Reise beendet worden. Knobelsdorff war nach Rheinsberg gefahren, wo der tüchtige Bauführer Horst die Nebengebäude aufführen ließ. Auch für den Wiederaufbau der Stadt hatte Knobelsdorff einen fähigen Mitarbeiter gefunden, den Bauinspektor Feldmann, der die Pläne für neue Schachbrettstraßen mit ländlichen kleinen Typenhäusern verwirklichte. Dagegen war der Bau eines Schlosses in Ruppin aufgegeben worden. Der König hatte sein Regiment nach Potsdam verlegt. Wartensleben sprach eben davon.

»Ein Dutzend Kerls sind dabei desertiert«, bemerkte er. »Man muß auf die Bande aufpassen wie ein Schießhund. Die Hälfte ist wieder eingefangen worden. Nun hängen sie am Potsdamer Galgen. Das haben die Kanaillen davon!«

»Ich denke«, warf Fredersdorf ein, »Seine Majestät haben einen Generalpardon for Deserteurs erlassen?«

»Nur für solche, die freiwillig zurückkehren. Denen wird verziehen.«

»Ja so. Aber würden Euer Hochgeboren das auch tun? Ich meine, an die ihre Stelle?«

»Es kommt vor«, sagte Wartensleben ausweichend.

»Arme Teufel!« brummte Knobelsdorff. Der lange mecklenburgische Schäfer kam ihm in den Sinn, den die preußischen Soldatenwerber gewaltsam eingefangen hatten, gerade als er, Knobelsdorff, aus Italien zurückgekehrt war. Ob der auch schon hing?

Der Wagen hielt plötzlich. Wartensleben steckte den Kopf in den Regen hinaus. Er sah armselige Gehöfte am Weg. »Was ist los? Wo sind wir?«

Der Kutscher kletterte vom Bock. »In Sachsen.«

»Halunken, dort kommen wir doch gerade her!«

Der Kutscher war ein einheimischer Bauer, der sich und seine Pferde eine Strecke weit zur Beförderung fremder Reisewagen verdingt hatte. Das taten die Straßenanlieger gern um ein paar Groschen Verdienst. Jetzt aber spannte er seine abgetriebenen Gäule aus, und der Lenker der ersten Kutsche folgte seinem Beispiel.

»Ihr Lümmel, warum fahrt ihr nicht weiter?« schrie Wartensleben.

»Noch nit naß gnug gworde, ha?« antwortete der Bauer feindselig. »I gang heim.«

In dem entlegenen Dorfe Sachsen bei Ansbach hatten die fremden Herren nichts zu befehlen. Sie mußten wohl oder übel aussteigen und in der elenden Schenke warten, bis andere Kutscher und Pferde gefunden waren. Knobelsdorff, ständig mit seinem Theater im Kopf, fragte, wie er bei dieser Art des Reisens die Opernhäuser in Stuttgart, Hannover und Braunschweig erreichen sollte. Mit der Post nach Italien und zurück war er besser vorwärtsgekommen.

»Dafür haben Sie sich auch den Hals – pardon, nein, den Arm gebrochen!« lachte Graf Dufour. Die Dorfbewohner bestaunten währenddessen durch Türen und Fenster die vornehmen französisch parlierenden Reisenden. Sie mochten sie für Könige, Fürsten oder auch nur für prahlende Gauner halten.

Die Fahrt ging trotz alledem weiter. Das Wetter besserte sich, so daß man die Verdecke zurückschlagen konnte. Aber die Wege blieben noch lange grundlos. Erst am 23. August wurde die Stadt Kehl am Rhein erreicht, nachdem man schon stundenlang vorher den Turm des Straßburger Münsters über den Horizont hatte ragen sehen.

Kehl, obwohl an einem vielumkämpften Rheinübergang gelegen, war ein unscheinbares Dorf geblieben. Die Festungswerke waren verfallen, die Wälle vom weidenden Vieh zertreten, und statt der zwei festen Militärbrücken von einst führte nur noch eine Schiffbrücke nach Straßburg über den Rhein. Ein Teil von ihr war oft ausgefahren, um den starken Schiffs- und Treidelverkehr durchzulassen, so daß die Wagen stundenlang warten mußten, bevor der Strom überquert werden konnte.

»Habbet Euer Gnade all Päsch?« fragte der Postwirt in bauschigen Hemdsärmeln und schwarzer Kappe.

»Päsch?«

»De Franzose drübbe visitiere de Päsch.«

»Ah, die Pässe!« Wartensleben erschrak. »Wir haben keine.«

»Wir machen uns welche!« entschied Graf Dufour.

Papier und Feder waren schnell zur Hand, der Wortlaut war den Vielgereisten geläufig, und als Dufour zum Schluß seinen Siegelring darauf drückte, sah man auf allen sechs Dokumenten das unverfälschte preußische Wappen mit dem gekrönten Adler.

»Ha no!« Der Wirt kratzte sich den Kopf. »Wann's gut geht?«

Es ging gut. Die Wagen fuhren über die Brücke, Grenzwache und Zollbeamte ließen sie gegen ein geringes Bestechungsgeld höflich durch. Doch dann sperrte eine gewaltige Zitadelle den Weg, und ein weiter Bogen um halb Straßburg herum führte sie erst kurz vor Einbruch der Dunkelheit in die Stadt.

Mit ortskundigen Kehler Fuhrleuten als Kutschern gelangten sie schnell in den Hof zum Raben, dem vornehmsten und berühmtesten Gasthaus der Stadt am Schiffleut-Staden. Schon beim Aussteigen wurden die Reisenden mit heiterem Jubel empfangen. Drei angetrunkene französische Offiziere in der lichtgrauen Uniform des Infanterieregiments Piemont kamen gerade von einem Gelage. Graf Dufour wollte Bekanntschaften machen und lud sie zum Essen ein.

Es wurde ein höchst vergnügter Abend in der niedrigen, dunkelgetäfelten Gaststube.

Im Hof des Gasthauses liefen drei Stockwerke hoch ringsherum bemalte Holzgalerien, von denen man in die Fremdenzimmer gelangte. Überhaupt erwies sich Straßburg am folgenden Morgen bei Tageslicht als eine höchst eigenartige Stadt voll von kunstvoll geschnitzten Laubengängen, gedeckten Brücken und farbigen Erkern. Aber den Berliner Herren schauderte vor den eng zusammengedrückten Fachwerkhäusern. Der Schrecken vom Rheinsberger Stadtbrand saß ihnen immer noch im Genick. Mehr interessierte sie ein neues Gebäude schräg gegenüber vom Rabenhof am anderen Ufer der Ill.

Der Fürstbischof von Straßburg, Kardinal Prinz Rohan-Soubise, ließ es als Residenz aufführen. Capitaine de la Crochardière, einer der Zecher vom vergangenen Abend, gab die Erklärung dazu: das reichsunmittelbare Bistum Straßburg gehöre zu den reichsten Pfründen der katholischen Kirche. Der Kardinal habe ein Jahreseinkommen von einer Million Livre, was etwa 27 000 preußischen Talern entsprach. Der größte Teil stammte aus Zöllen der Zaberner Steige. »Voilà le résultat, messieurs!«

Aber wer nun einen Prachtbau nach Art des Dresdner Zwingers erwartet hatte, wurde enttäuscht. Das Palais zeigte äußerlich keinen Prunk. Auf einer Terrasse am Ill-Fluß erhob sich zweistöckig mit einem Mansardengeschoß eine Fassade ohne Säulen, ohne Statuen auf dem Dach, doch mit höchster Feinheit aller Verhältnisse an Flächen und Fenstern und zart profilierten Mauervorsprüngen, vornehm und gewählt. Plastischer Schmuck erschien sehr zurückhaltend nur an Fenstern und am Mittelgiebel. Graf Dufour fand das Ganze von fern ziemlich simpel. Doch beim Nähertreten blieben die Fremden betroffen stehen. An den Schlußsteinen in den Scheiteln der Fensterbögen bemerkten sie Köpfe, wie sie sie bisher nur im Hof des Berliner Zeughauses gesehen hatten: Andreas Schlüters Sterbende Krieger.

Die Ähnlichkeit war überraschend. An siebzehn Köpfen

dasselbe züngelnde Haar, der gleiche wellige Bartwuchs. Nur waren es hier keine sterbenden, sondern lebensvolle Gesichter mit offenen Augen. Jedes zeigte einen anderen Typus, einen anderen Ausdruck, als habe der Künstler die Schlüterschen Krieger in voller Gesundheit und Lebenskraft darstellen wollen, bevor sie die tödlichen Wunden empfingen. Auf einigen lag schon eine leidvolle Trauer wie die Ahnung künftigen Unheils, eingesunkene Wangen verrieten aufreibende Strapazen. Nicht sterbende, aber todgeweihte Krieger blickten herab.

»Höchst merkwürdig!« sagte Knobelsdorff. »Wir sollten der Sache nachgehen.« Die Reisenden gelangten von der Seite her in den Hof. Herumliegende Gerüstteile, Mörtelhaufen, bespritzte Scheiben bezeugten, daß drinnen noch gearbeitet wurde. Die Besucher ließen sich den Baumeister holen. Monsieur Massol, ein Pariser, erklärte bereitwillig, daß hier nach Plänen des kürzlich verstorbenen Architekten de Cotte gearbeitet werde. Die Skulpturen hätten die Bildhauer Le Lorrain, de Saint-Laurent und andere geschaffen. Eine Flut von unbekannten Namen ergoß sich über die Fremden.

»Und die Köpfe draußen an der Illfront?«

»Die?« Ja, das wußte der Baumeister nicht genau. Es schien ihm ganz nebensächlich zu sein. Erst nach vielen Umfragen bekam man heraus: Ein Monsieur Nahl aus Paris, der augenblicklich an der Dekoration des Staatszimmers arbeite. Er wurde gerufen und erschien, blond, etwas beleibt, an die dreißig Jahre alt. Gewinnend und höflich fragte er: »Que désirent messieurs?«

»Pardon, monsieur«, sagte Graf Dufour, »vous y voyez des voyageurs de Berlin.«

»Berlin!« rief der Künstler erstaunt auf deutsch. »Ich bin selbst Berliner, bin dort geboren. Freue mich der Ehre, Euer Gnaden als Landsleute begrüßen zu dürfen.« Benehmen und Sprache verrieten einen gebildeten Menschen. »Mein Vater war Bildhauer in Berlin, war Gehilfe des großen Meisters Andreas Schlüter, hat mit ihm am Reiterdenkmal des Kurfürsten Friedrich Wilhelm gewirkt.«

Die Reisenden sahen sich verblüfft an. »Dann erklärt sich alles«, sagte Dufour.

Knobelsdorff trat vor, reichte Nahl die Hand und stellte ihm die Herren der Reihe nach vor. Dann fragte er nach den Fensterköpfen.

Ja freilich, Nahl habe sie gemeißelt. Maître de Cotte habe sie zwar im Entwurf angegeben, doch nur in skizzenhaften Umrissen. Die genaue Ausführung sei dem Bildhauer überlassen geblieben. Und Nahl habe dabei immer an Schlüters Sterbende Krieger gedacht. Er könne sich ihrer noch deutlich entsinnen, obwohl er erst acht Jahre alt gewesen sei, als er mit dem Vater Berlin verließ. »Ein barbarischer König hatte dort alle Kunsttätigkeit mit einem Schlage vernichtet. Mein Vater fand keine Arbeit mehr und mußte auf Wanderschaft gehen nach Sachsen und Thüringen, wo er in Jena gestorben ist.«

»Der barbarische König, wie Er ihn nennt«, lächelte Graf Dufour, »ist seither ebenfalls eines hochseligen Todes verblichen.«

»Ich weiß«, sagte Nahl. »Seiner Majestät Nachfolger scheint besseren Sinnes zu sein.«

»Besseren, so! Warum meint Er das?«

»Ich habe kürzlich in der Gazette de France eine Einladung des Königs von Preußen an geschickte auswärtige Künstler gelesen, zu ihm zu kommen und in Preußen Ehre und Güter zu erwerben.«

Knobelsdorff nickte. »Dasselbe hättet Ihr in der Leipziger Zeitung oder Augsburger Postzeitung finden können.«

»Offenbar fängt man in Berlin wieder an, die Künstler zu schätzen.«

»Man braucht sie!« rief Knobelsdorff. »Braucht sie dringend! Hättet Ihr nicht Lust, nach Berlin zu kommen, das Werk Schlüters und Eures Vaters fortzusetzen?«

»Ich?« fragte Nahl erstaunt.

»Euer großes Können empfiehlt Euch«, sagte Knobelsdorff.

»Nun ja, nicht vergebens habe ich in Paris studiert. Nicht meiner schönen Augen wegen hat mich Maître Massol von dort mit nach Straßburg genommen. Aber das verpflichtet mich auch.« Er wies auf die offenen Fenster, aus denen Hämmern und Sägen erscholl.

»Gewiß! Eure Pflichttreue ehrt Euch. Doch Eure Arbeit wird bald beendet sein. Was dann?«

Graf Dufour mischte sich ins Gespräch: »In Berlin wüßte ich eine agréable, selbständige Stellung for Ihm. Und an blanken Talers wird nicht gesparet werden, mehr als Er bei die Franzosen verdienen tut. Könnte sogar ein monatlich festes Salaire ausgesetzt werden, denk' ich.«

Nahl senkte den Kopf und überlegte. Seine Hand fuhr zum Nacken unter das schleifengebundene Haar. Seine dunklen Augen schweiften über den Hof bis hin zur niedrigen Toreinfahrt, die ihn vom Münsterplatz trennte. »Euer Gnaden verzeihen«, sagte er endlich. »Straßburg ist mir ans Herz gewachsen. Ich bleibe hier.«

»Eine Liaison?« fragte Dufour spöttisch.

Aber Knobelsdorff verstand ihn besser. »Freund«, sagte er, »was wollt Ihr hier noch? Diese Säle, Staatszimmer, Galerien, an denen Ihr mit Liebe hängt – sobald sie fertig sind, müßt Ihr hinaus und dürft sie nie wieder betreten.«

Nahl sah ihn starr an. »Ihr seid kein Edelmann!« stammelte er.

»Doch!« lachte Knobelsdorff.

»Nein, unmöglich! Kein hochgeborener Herr könnte so etwas nachempfinden. Ihr seid selber Künstler!«

»Richtig geraten! Chefarchitekt Seiner Majestät des Königs von Preußen.«

»Hab mir's doch gedacht«, murmelte Nahl vor sich hin. Plötzlich hob er den Kopf. »Ihr habt recht, was soll ich hier noch! In einigen Wochen sind meine Arbeiten abgeschlossen. Dann komme ich nach Berlin.« Er verneigte sich und ging zur Tür in der Hofecke zurück, aus der er gekommen war.

Auch die Herren verließen das Bischofspalais. Am Ufer der Ill sahen sie sich noch einmal um und blickten zurück auf das Fürstenschloß. Winzig wirkte es jetzt vor dem Riesenbau des Münsters, der gewaltig hinter dem Schloß aufstieg, und der

Turm ragte wie ein ungeheurer drohender Finger bis in die niedrig hängenden Wolken.

Eine Besichtigung wurde auf später verschoben. Die Reisenden kehrten zum Gasthof zurück, um sich von einem französischen Schneider Kleidung nach neuester Pariser Mode anmessen zu lassen.

Im Hof zum Raben wartete jedoch nicht nur der Schneider, den der Wirt hatte kommen lassen, sondern auch ein Adjutant des Militärgouverneurs von Straßburg: Marschall Graf Broglie wünsche die fremden Herren kennenzulernen, die seine Offiziere so unvermittelt zu einem Gelage geladen hätten. Zwei Kutschen standen schon bereit, sie sogleich zum Gouverneurspalast zu bringen, der sich am anderen Rande der Stadt befand, ringsum von Wasserkanälen umgeben, errichtet vom Baumeister des Bischofspalais in den gleichen einfachen, abgewogenen Formen. Jedoch führte innen eine mächtige, prunkvolle Doppeltreppe zu den Empfangsräumen empor.

Marschall Broglie sah sofort, daß er gewandte Kavaliere vor sich hatte. Sie wußten ihm soviel Ruhmvolles aus seinen vielen Feldzügen und Siegen in Deutschland, Italien und Flandern vorzuschwärmen, daß der Alte vor Rührung völlig vergaß, sie nach Herkunft, Stand und Absichten zu fragen. Zuletzt lud er sie sogar ein, der Wachtparade beizuwohnen, die draußen soeben mit Trommelklang begann.

Das Regiment Royal d'Alsace bestand aus deutschen und Schweizer Söldnern und trug dunkelblaue Uniformröcke, den preußischen ähnlich. Sie hatten auch den preußischen Zopf, aber keine Schläfenrollen am Kopf, sondern lose hängende Seitenlocken, was die Berliner Herren malpropper fanden. Überhaupt kam den Fremden an den Soldaten vieles salopp und lahm vor. Nur ein großer Flügelmann im ersten Glied führte Wendungen und Gewehrgriffe so stramm und exakt aus, wie man es in Preußen gewohnt war.

Stocksteif stand er da mit präsentiertem Gewehr. Kein Muskel an ihm regte sich. Nur seine Augen folgten dem Marschall und seiner Begleitung, die langsam die Front abschritten.

Plötzlich weitete sich sein Blick. »Wat is dat?« flüsterte er, und seine Lippen bewegten sich kaum .»Kiek da, den möt ick doch kennen!«

Sein Nebenmann, ein Elsässer, fragte ihn: »Wos hascht?«

»Blitz un Granatenfüer, dat is doch de Generalmajor Fritz! Ei ja, dat is hei! Ick erkenn em an sin Heringsvisasche. Nu kiek blot den an!«

»Wen meinscht?«

»Na, den mit dat spitze Gesicht! Is de König von Preußen!«

»Nä, tausigsappermoscht! Isch der komisch!«

»Hei is nich komisch, en Deibel is dat! Dunnerschlag, wat hätt hei mi schinnt un triezt in Ruppin as 'n Hund!«

»A geh, der do?«

»Na, der nich sülwst, äwerst sin Korporals un Serschants, un hei hätt't befohlen. Die Stockschläg un flache Klingen ßpür ick noch hüt up min Puckel. Un denn, as wi sullt marschiern un ick desertiert bün un heww mi unnern Ruppinsche Eierwagen versteckt un denn rint int Kornfeld, un üwerall in de Dörper Sturmglocken, un de Burn mött söken mit Hunden un Fackeln des Nachts! Au, wat hätt ick for Ängste utstunn, bet ick bün kamen na Sachsen halwdot un was gerett!«

»Tu nit so laut brabbele!« tuschelte der Elsässer, der ihn kaum verstand. »Er möcht's sonscht höre.«

»Hei sall mi ok hüren, ick will't em vergelten! O du Slüngel, wat willst du in Straßburg?

Hei wull nich erkannt waren, segg ick, de Swinhund wull spionieren. Und dat ward ick em versalzen. Ich giww em an!«

»Bischt verrückt gworde? Halt ja dei Gosch!«

»Ick giww em an!«

Währenddessen hatte sich der Gouverneur mit seiner Begleitung, von links kommend, immer mehr dem rechten Flügel genähert. Zuletzt schritten die Herren dicht an den Soldaten vorüber. Plötzlich blieb Graf Dufour vor dem Flügelmann stehen und musterte ihn von oben bis unten. Dachte er an die Riesengarde des verstorbenen preußischen Königs, in die dieser große Soldat gut hineingepaßt hätte? Oder stieg eine andere Erinnerung in ihm auf? Dufour blickte zu ihm empor und sah ihn mit seinen scharfen blauen Augen an.

Dem Soldaten stockte das Herz. Hei erkennt mi! dachte er in tödlichem Schrecken. Im nächsten Augenblick lag er auch schon wie ein Stein auf der Erde, und das Gewehr polterte neben ihm hin. »Gnade, Euer Majestät, Gnade!«

»Mon Dieu!« entfuhr es dem Grafen Dufour. »Le grand berger d'au près de Ludwigslust!« Jetzt erst hatten seine kurzsichtigen Augen den langen mecklenburgischen Schäfer aus seinem Ruppiner Bataillon wiedererkannt.

Marschall Broglie war schon weitergegangen und wandte sich um. »Qu'est-ce que c'est ça?« fragte er mit seiner brüchigen Stimme. Sein Adjutant aber fuhr auf den Kauernden los und stieß mit dem Fuß nach ihm: »Lève-toi, canaille! Arrêt!«

Knobelsdorff trat heran. Der Mann tat ihm leid, schon seitdem er von der gewaltsamen Entführung vom Feld weg erfahren hatte. Er zog den Adjutanten am Arm zurück: »Laissez, monsieur!«

»Grâce!« bat der Soldat am Boden. »C'est le roi von de Preußen!«

»Sire?« fragte der Marschall ungläubig.

»Moi voici!« gestand Friedrich lächelnd, dann wies er auf den Grafen Schaffgotsch: »Et voilà mon frêre Auguste Guillaume.«

»Son Altesse Royale?« Marschall Broglie geriet in größte Verlegenheit. Krieg und Frieden mit Preußen hatten während seiner Dienstzeit so oft gewechselt, daß er nicht wußte, woran man im Augenblick war. Sollte er die hohen Besucher festnehmen oder mit Ehren begrüßen? Er überlegte.

Knobelsdorff aber beugte sich zu dem langen Mecklenburger hinunter. »Steh auf, Bursche! Der König ist ein menschenfreundlicher Fürst. Er hat einen Generalpardon für alle Deserteure erlassen, die freiwillig zurückkehren und um Verzeihung bitten.«

Friedrich konnte nun vor dem Marschall, seinem Gefolge und hundert Mann Ehrenkompanie nicht umhin, sich human zu geben. Er winkte den Mecklenburger zu sich heran und fragte: »Wieviel Sold kriegst du hier, mein Sohn?«

Und der Soldat, sich des preußischen Umgangstons mit Vorgesetzten erinnernd, brüllte, so laut er konnte: »Vier Sou täglich, Euer Majestät!«

»Was ist das in unser Geld?« fragte Friedrich.

Die Herren aus Berlin sahen sich an. Die unerwartete Rechenaufgabe verursachte einiges Kopfzerbrechen. Geheimkämmerer Fredersdorf hatte sich schon im Gasthaus mit französischen Münzen herumgeschlagen und fand als erster das Resultat: »So an sechzehn Pfennig, Euer Majestät!«

»Du hörst es, mein Sohn!« sagte Friedrich. »Ich gebe dir neunzehn. Entschließ dir und komm nach Potsdam zurück! Werde Order geben, daß dir keiner von meine Offiziers oder Unteroffiziers was tut. Kriegst einen Paß, wo dir jeder mit ungeschoren durchlassen muß. Bist ein braver Kerl.«

Der Soldat stand stramm. Öffentliche Belobigung durch einen König war für solch armen Musketier ein großes Ereignis. Sein Rachedurst war gestillt, sein Sold aufgebessert, sein Rücken vor Mißhandlungen gesichert. Was wollte er mehr?

»Jawoll, Euer Majestät!« rief er dröhnend.

Marschall Broglie hatte sich unterdessen besonnen. Er riß, so gut es ging, seine siebzigjährigen Knochen zusammen und salutierte.

»Attention!« kommandierte der Adjutant, und die Endsilbe hallte heulend über den Platz. »Sa Majesté le roi de Prusse, il vive!«

»Vive!« schrien die Soldaten.

»Merci, messieurs!« Friedrich hob den Hut und wollte sich verabschieden. Aber der Marschall zeigte sich jetzt als Stadtgouverneur und Repräsentant der französischen Nation. Er ließ den Wagen nicht fort und befahl sogleich ein berittenes Ehrengeleit mit Stabstrompeter voran, der Friedrich und seinen Begleitern freie Durchfahrt im Trab durch die engen Gassen der Stadt schaffen mußte.

Der König war verstimmt. Die ganze französische Reise war ihm verdorben. Ein Staatsbesuch mit allem höfischen Zeremoniell und politischen Konsequenzen lag nicht in seinem Sinn. Am liebsten wäre er sofort umgekehrt. Doch während der Fahrt durch das gaffende Straßburg fröstelte ihn. Er bekam wieder Fieber. So schickte er nur seinen Bruder mit Wartensleben und Algarotti nach Kehl zurück. Er selbst legte sich im Hof zum Raben zu Bett. Fredersdorf mußte ihm wieder Chinarinde besorgen, Knobelsdorff mußte allein nach Paris weiterreisen.

Und als Friedrich am nächsten Tag über die Rheinbrücke rollte, saß Knobelsdorff schon in der französischen Poste ordinaire und fuhr in Schlangenwindungen die großartig angelegte, geschotterte Zaberner Steige hinauf und über den Vogesenpaß nach Frankreich. Es war ihm ganz lieb so, er blieb gern für sich.

## Knobelsdorff in Paris

Auf der Heerstraße nach Paris klapperten unaufhörlich die Hufe der Pferde. Knobelsdorff saß am Fenster der Postkutsche und sah auf die schmutzig-grauen Blätter der Bäume am Rand der Straße. Der Staub wurde hochgewirbelt, zog in Schwaden hinter der Kutsche her und drang durch alle Ritzen des Wagens. Auf dem Sitz gegenüber schlief ein betrunkener Viehhändler aus Metz, er schnarchte mit offenem Mund, und als endlich der Wagen krachend durch ein Loch fuhr, schlugen die Zähne des Viehhändlers aufeinander, er erwachte und sah verstört in die Runde, fuhr in eine unergründliche Tasche seines weiten braunen Tuchrockes und zog eine kleine, kantige Flasche mit Branntwein ans Tageslicht. Er trank mit zurückgeworfenem Kopf, der Adamsapfel hüpfte auf und nieder, und Knobelsdorff stellte sich den dürren Franzosen auf einer Leinwand vor, im Profil mit erhobener Flasche, und er sah das Bild mit aller Deutlichkeit vor Augen, wie er es malen würde, mit kräftigen hellen und dunklen Farben und der grünlich schimmernden Flasche vor dem Fenster der Kutsche. Der Viehhändler warf die Flasche aus dem Fenster und sein Atem streifte Knobelsdorffs Gesicht. Dann begann er sein Klagelied zum dritten oder vierten Mal. »Monsieur«, wandte er sich an Knobelsdorff, »man hat mich betrogen. Ich schicke

Vieh nach Paris, des hohen Preises wegen, und man zahlt mir kein Geld.« Knobelsdorff wehrte ab: »Oui, oui, Monsieur, ich glaube Ihnen ja.«

»Sind Sie bei Hofe, Monsieur?« fragte der hartnäckige Viehhändler. »Mein Name ist Etienne Prognard.« Er machte von seinem Sitz aus eine verunglückte Verbeugung. »Helfen Sie mir, Monsieur.«

Knobelsdorff lachte. »Ich habe mit dem Hof in Versailles nichts zu schaffen. Je suis un prussien, Monsieur Prognard. Ich komme, um Versailles anzusehen.«

»Oh, un prussien.« Er schlug sich auf die Schenkel. »C'est comme sibérien.«

»Non, Monsieur«, bemerkte Knobelsdorff ärgerlich. Die Reisenden im Wagen lachten. »La prusse n'est pas sibérien.« Und es kam ihm der Gedanke, daß die Franzosen annehmen mußten, daß sie, die Preußen, kleine Kinder zum Frühstück verspeisten, während die Preußen dachten, die Franzosen versänken in Sittenverderbnis und Gloutonnerie.

Aber sein Ärger verflog, nachdem der Viehhändler, durch die Unterhaltung ein wenig ernüchtert, sich wortreich zu entschuldigen begann und von den Gazetten sprach, die fortwährend, wie er meinte, das unglaublichste Zeug aus Preußen und Deutschland berichteten. Knobelsdorff hingegen gab der Reisegesellschaft eine Nachricht zum besten, die er vor Monaten in Berlin gelesen hatte. »Zu Mason an der Seine«, erzählte er den erstaunten Zuhörern, »sei der Totengräber mit seinen Gehilfen auf dem Kirchhof beim Ausheben eines Grabes auf einen Totenkopf gestoßen, den sie achtlos beiseite warfen. Aber wie er so lag im Gras, fing er an, sich zu regen. Sie laufen zum Monsieur Cure und meinen, daß sie das Haupt eines Heiligen gefunden hätten. Nun schreien sie alle Wunder über Wunder und legen die kostbare Reliquie in eine silberne Schüssel unter eine Serviette. Sie machen eine Prozession in die Kirche, setzen die Schüssel auf den Altar, und die Gemeinde stimmt einen Lobgesang an. Und beim Singen bewegt sich der Totenkopf wiederum, und ein Maulwurf kommt herausspaziert.«

Die Reisenden brachen in Lachen aus, der Viehhändler schlug sich erneut auf die Schenkel und bekam einen Hustenanfall, und nachdem sich der Lärm legte, fuhr Knobelsdorff fort: »Aber die Gemeinde glaubt jetzt, daß der Teufel sich verstellt hat in einen Maulwurf, um dem Herrn Pfarrer eine Nase zu drehen.« Die Reisenden lachten wiederum, daß die Kutsche widerhallte und der Viehhändler sagte stöhnend und mühsam sich die Tränen aus den Augen wischend, »il est un farceur, c'est un journal plaisant.«

Nachdem Prognard wieder Atem schöpfen konnte, fragte er: »Aber, wenn Ihr nicht am Hofe und ein Preuße seid, was wollt Ihr dann in Versailles?«

»Ich bin Peintre und Architecte, ich will studieren.«

»Ah, Peintre et Architecte.« Er musterte Knobelsdorff voller Achtung. »Und in Versailles?«

Die Leute im Wagen redeten durcheinander. »Ja«, rief Knobelsdorff, »ich will mir alles ansehen.«

Eine Bauersfrau, die ihm schräg gegenüber saß, mit einem großen Korb zwischen den Schenkeln, aus dessen Deckel der Kopf einer lebenden Gans auf Knobelsdorff starrte, begann sich zu regen und meinte beschwörend: »Mon Dieu, Monsieur. Versailles ist das Lotterbett Frankreichs, außen hui und innen pfui. Da werden Sie ein Bild bekommen.« Die Reisenden lachten. Dann sprachen sie miteinander und erzählten die neuesten Ereignisse vom Hof des Königs. Sie sprachen mit Erbitterung von der Mätressenwirtschaft Ludwigs des XV., von den Ausgaben der Krone für Lustbarkeiten und kostspielige Jagden, und immer kehrte der Satz wieder: außen hui und innen pfui.

Schließlich beschwor ihn der Viehhändler, er solle das Volk von Paris studieren, das Leben in Paris, die Mädchen von Paris. Er verdrehte die Augen wie ein verliebter Truthahn und schmatzte laut mit den Lippen, als koste er einen knusprigen Braten.

Knobelsdorff lehnte sich zurück und versprach dem Viehhändler, seine Vorschläge zu beachten. Aber nach Versailles müsse er trotzdem, wegen der Architektur, es sei sein Beruf.

---

Nach dieser Unterhaltung schlief er, bis ihn das Geschrei der Mitreisenden weckte. Der Wagen hielt auf einer Anhöhe vor Paris. Monsieur Prognard stand mit ausgebreiteten Armen neben der Kutsche, schwenkte seinen Hut und rief: »Monsieur la prusse, c'est Paris, der Mittelpunkt der Welt.«

Knobelsdorff stieg steifbeinig aus dem Wagen und sah die Stadt, schwarz und wuchtig, unendlich weit lagerte sie sich über Täler und Höhen, als wüchse sie aus den Ufern der Seine und als verlöre sie sich in einer grauen Nebelschicht. Über der Stadt stand eine rote, von Dunstwolken verhangene Sonne, und Knobelsdorff sah die vielen weißgrauen Türme, die aus dem Häusermeer ragten. Seine Müdigkeit war verflogen, er sah mit glänzenden Augen auf das vielfarbige Gewimmel der Häuser und Türme.

Prognard hatte recht, der Mittelpunkt der Welt lag vor ihnen. Über eine halbe Million Menschen beherbergte die Stadt. Gewiß, sie erreichte nicht die Größe Londons, aber hier war das geistige Zentrum der Zivilisation. Eine Reihe von Namen fielen ihm ein, er dachte an Pascal, an La Rochefoucauld, an die Salons der Madame Geoffrin, der Marquise du Deffant. Der geistreiche und witzige Voltaire und der Sonderling Rousseau kamen ihm in den Sinn sowie Montesquieu, von dem er »Lettres persanes« gelesen hatte. Er dachte an Le Broun und Poussin, an Mansard und an Perrault, und er nahm sich vor, seine Zeit nicht ungenützt verstreichen zu lassen.

Eine halbe Stunde später fuhr der Postwagen durch das Tor Saint-Antoine, und wenige Minuten danach rollten sie an der Bastille vorüber, einem schmucklosen, mächtigen Quaderbau mit unzähligen Türmen, die zu einer einzigen schweigenden Masse verschmolzen. Was raunte man sich nicht alles zu von diesem Bau, der die Schreie der Gefangenen erstickte, an dem man schnell und schweigend vorüberging. Einen Gefangenen sollte es hier unter Ludwig dem XIV. gegeben haben, den Mann mit der eisernen Maske, der zeit seines Lebens in einem der Verliese hockte, ohne einen Sonnenstrahl zu sehen, und von dem niemand wußte, wer er gewesen und woher er gekommen war. Und ob er auch durch einen solchen zierlichen, auf feinem Papier gedruckten Haftbefehl in die Bastille gekommen war, durch eines dieser Papiere, die fast einer Einladung zur Soiree glichen, mit eleganten Lettern etwa in der Art bedruckt: »Ich bitte Sie, diesen Herren in mein Schloß Bastille aufzunehmen und daselbst bis auf Gegenbefehl zurückzuhalten. Hierauf bete ich zu Gott, daß er Sie in seinen heiligen Schutz nehmen möge. Louis.«

Möglich war es schon, daß der Mann mit der eisernen Maske mit Hilfe eines solchen parfümierten Lettre de cachet, mit Hilfe jenes schreckenvollen Inhalts in erlesenem und höflichem Ton bei Nacht und Nebel in die Bastille gebracht worden war.

Und wenn dies auch schon lange zurücklag, so schien doch alles, was Knobelsdorff in der großen Stadt Paris sah, ganz jenem Ereignis zu gleichen. Sie fuhren durch enge Häuserschluchten, der Himmel über ihnen war nur ein schmaler heller Streif, und in den Häusern hockte das Elend. Knobelsdorff, der sich aus dem Fenster beugte, dachte daran, daß nur wenige Straßen weiter sich der Louvre erhob, daß sich dort die Tuilerien befanden, die voller Licht und Sonne waren. Und er dachte, daß es überall so war. Reichtum und spielerische Eleganz rief immer auf der anderen Seite Elend und Armut hervor.

Sie fuhren durch die Rue St. Antoinne, Prognard wies nach links, wo sich hinter den Häusern die stumpfen Türme von Notre-Dame erhoben, und schließlich hielt der Postwagen auf einem länglichen Platz, der mit Menschen bevölkert war, und auf dem unzählige Buden und Karren standen. Prognard, nun völlig ernüchtert und besessen von der Absicht, sein Geld einzutreiben, zeigte ihm ein Gasthaus, das den Namen »Zum Schwarzen Schaf« trug. Er meinte noch, daß es billig und gut sei und verschwand inmitten der Menge.

Da stand nun Knobelsdorff, ein einsamer Preuße zwischen einer schreienden, fluchenden und lachenden Menge Franzosen. Männer, Frauen und Kinder liefen durcheinander, boten Waren an oder kauften, überall standen Buden, in denen

Schmuck, Lederwaren, Regenschirme und spanische Stöcke dargeboten wurden. Über dem Platz lagerte der Geruch der Garküchen, und vor Knobelsdorff stand ein kleiner, nacktfüßiger Savoyarde, mit Fetzen behangen und einem langen Brett in den Händen, das er in den Schlamm legte, damit Knobelsdorff trockenen Fußes darüberkäme. Andere drängten sich um ihn und griffen nach seinem Gepäck, redeten in einer Sprache auf ihn ein, die er nicht verstand, und er hatte das Gefühl, in ein Irrenhaus geraten zu sein. Er wehrte die Savoyarden ab, sie schimpften hinter ihm her, und er ging, sein Gepäck an sich drückend und sich durch die Menge windend, zum Gasthaus, um einen Unterschlupf zu finden. Er bekam zwei zusammenhängende Zimmer im dritten Stock, die einfach und praktisch eingerichtet waren, die Fenster gingen auf den Platz hinaus, und Knobelsdorff hatte das Vergnügen, das ganze wimmelnde Leben unter sich zu sehen. Er öffnete ein Fenster, zog einen Stuhl herbei und beobachtete das Gewühl unter sich. Vor einer Bude, in der Töpfe, Kannen und Kessel feilgeboten wurden, gerieten eben zwei Weiber in Streit, er hörte Bruchstücke ihrer verbissenen Schreie, sie zogen sich an den Haaren und wurden von zerlumpten Savoyarden angefeuert, die sie voll Eifer und Interesse umstanden. »Hau sie, Antoinette«, hörte er einen schreien, während ein anderer brüllte: »Bind dem Luder die Röcke hoch.« Wenige Schritte weiter, ungerührt von dem Lärm, trat ein Scherenschleifer sein schweres Rad, näßte den Stein mit einem Bastwisch, den er in einen mit Wasser gefüllten Holzschuh tauchte und rief dabei: »Messer und Scheren, liebe Leute, nur bei Meister Prusson, liebe Leute.« Und über dem Platz verstreut, an allen Ecken und Enden, sah Knobelsdorff die Bettler, Krüppel und Blinden, mit erhobenen Händen, die alte zerschlissene Hüte hielten. Sie saßen auf kleinen Karren oder auf Lumpen und baten um einen Sou. Er sah, wie die Wasserverkäufer über den Platz wandelten, sie trugen Fäßchen auf dem Rücken und hielten Schlauch und Schale in den Händen. Am Rande des Platzes, vor dem Gasthaus, schwankten leichte Wagen über die Straße, Karren mit zwei Deichseln wurden geschoben oder gezogen, und ab und zu fuhren wappengeschmückte Karossen vorbei, galonierte Diener mit gelangweilten hochnäsigen Blicken saßen auf dem Rücksitz und starrten von oben herab auf die Menge. Und jedesmal gab es haßerfüllte Blicke, jedesmal stürzten die nacktfüßigen Savoyarden an den Rand der Straße, steckten der Kutsche und dem Diener die Zungen heraus und verschwanden blitzschnell im Gewühl auf dem Platz. Alles, was Knobelsdorff sah, war neu für ihn, ihn erstaunte dieses Durcheinander samt den herausgestreckten Zungen und den Blicken voller Haß, dies alles schien ihm ein Unding für Berlin oder Potsdam, und er verfiel in Nachdenken, wie so etwas möglich war. Der Reichtum und der Prunk war dem Franzosen von Paris ebenso verhaßt wie der Bauersfrau aus Lagny, die nach Paris fuhr, um eine Gans zu verkaufen.

Sicher, auch in Preußen waren nicht alle Menschen von Glückseligkeit erfüllt. Aber eine derartige Erbitterung hatte er noch nie bemerkt. Dort blieb alles hübsch ruhig, die Leute waren fleißig und hatten anderes zu tun, als vorüberfahrenden Grafen die Zunge herauszustrecken. Und der König ließe sie, wenn sie es täten, sofort nach Spandau bringen, das war so sicher wie das Amen in der Kirche.

Unterdes begann irgendwo eine dumpf klingende Glocke zu läuten, andere fielen ein, und es schien, als wehe Weihrauch über die riesige, vom abflauenden Lärm erfüllte Stadt. Das Abendläuten begann. Aus der Nähe erscholl lateinischer Gesang, doch er wurde bald übertönt von den Glocken der Stadt, die nun überall erklangen. Der Lärm auf dem Platz verstummte, aller Streit hatte ein Ende, und die Menschen fielen dort, wo sie standen, auf die Knie und beteten. Es schien Knobelsdorff, als versänke die ganze Stadt in ein andächtiges, stilles Gespräch mit Gott und der Heiligen Jungfrau, und es war ihm, als seien selbst die Pferde vor den Kutschen in weihevoller Andacht vertieft, denn aller Verkehr ruhte. Die grauschwarzen Mauern der Häuser rund um den Platz schienen das Gemurmel der Menschen zu wiederholen. Auf dem Platz unter ihm wurde hundertfach das Kreuz geschlagen, es war eine stumme, gleichförmige Bewegung, die wie ein Wellenschlag über dem Platz und wieder zurückschwang, so lange, bis das Läuten verstummte und die Menschen sich erhoben. Und im gleichen Augenblick setzte der Lärm stärker als vorher wieder ein, wieder beschimpften sich die beiden Weiber und rissen einander an den Haaren, die Bettler streckten erneut ihre zerfransten Hüte den Passanten entgegen, und am Ende des Platzes sprang hastig ein Mönch, der eine fettglänzende schwarze Soutane trug, in eine angrenzende Straße, weil er von zwei Savoyarden mit Steinen beworfen wurde.

Knobelsdorff lachte aus vollem Halse, weil er daran dachte, daß eben noch die zwei Savoyarden zusammen mit dem Mönch im Schlamm gelegen und das Kreuz geschlagen hatten.

Eine Bediente brachte ihm das Abendbrot, das Knobelsdorff bestellt hatte. Sie stellte einen Leuchter mit drei Kerzen auf den Tisch, und Knobelsdorff schloß das Fenster. Er aß, schrieb einige Briefe und legte sich, von den Eindrücken des Tages abgespannt und ermüdet, in das breite, mit Vorhängen versehene Bett.

Am anderen Morgen lief Knobelsdorff in aller Eile zum Seine-Ufer. Er richtete sich nach den Türmen von Notre-Dame, spürte die Versuchung, die Kathedrale anzusehen, unterdrückte sie jedoch und vermied es, über eine der Brücken auf die Seine-Insel zu gehen. Er schritt statt dessen schnell an den Quais entlang in Richtung der Tuilerien. Das Skizzenheft trug er unter dem Arm, die Stifte hatte er in der Tasche. Er brannte darauf, den Louvre zu sehen. Aber Knobelsdorff kam nicht weit. Wie schon am Vortag, drang ihm auch jetzt die Farbe dieser Stadt ins Bewußtsein. Auf der Anhöhe neben dem Postwagen hatte er sie silbergrau bis schwarz gesehen, eine glänzende, samtene Schwärze, die sich in der Ferne flirrend auflöste und im blauen Nebel verschwand. Jetzt, unter der Sonne dieses Vormittags im späten August, jetzt kam ihm diese Farbe erneut zu Bewußtsein. Es war nicht das stumpfe Schwarz, das er in anderen Städten gesehen hatte, und Knobelsdorff griff an die Mauern der großen Stadt Paris, er griff an den Stein, aus dem sie errichtet worden war, an der

Front eines Palais stand er, mit der Skizzenmappe unterm Arm, und es schien, als forme sich der Stein unter seinem Blick und unter seiner Hand. Und von der Sonne leuchtete der Stein silbern, er sah die großen Fenster, die bis zu den Fußböden herabgezogen waren, mit niedrigen, kunstvollen schmiedeeisernen Gittern davor, er sah ein Portal von großer Schönheit, von einfachem Zuschnitt, er sah die Einheitlichkeit einer ganzen Straßenfront, die doch nicht eintönig war, weil Dach- und Balkonlinien sich immer wieder unterbrachen, ja, je höher sich ein Haus erhob, um so mehr schob es sich stufenförmig zurück. Und über den Dächern war der blaue, ruhige Himmel, am Wasser das dunkle Grün der Bäume, und auf dem Stein der Häuser lag der silbergraue Schimmer, der alles zu erfüllen schien. Die drei Farben flossen zusammen zu einer einzigen Melodie und beherrschten Knobelsdorffs Bewußtsein so, daß er alles dies als ein nie geschautes Wunder empfand. Aber, Knobelsdorff fühlte und sah in erster Linie den Stein, der praktische, nüchterne Baumeister, der Preuße, in dem die Jahrzehnte eines Friedrich Wilhelm seine Spuren eingegraben hatten, erwachte in ihm, und er sah, daß es ein guter Kalkstein war, vielleicht ein Stein, der, wenn er aus den Brüchen kam, weich und leicht zu bearbeiten war, der an der Luft allmählich erhärtete und patinierte, sich wandelte in diese silbergraue oder samtschwarze Farbe. Freilich, wenn er weich aus Erde und Fels kam, wenn es möglich war, ihn fast mit dem Messer zu schneiden, dann konnte man ihm Schwung und Anmut verleihen, er sah es an den Löwenköpfen und Balkonträgern, an der Schmiegsamkeit und an den weichen fließenden Linien. Und alles bestand aus diesem Stein, die Seinebrücken, die Paläste wie die Mietshäuser, die Kirchen wie die Statuen.

Am Louvre wurde gebaut. Aber er sah nicht die aufstrebenden Gerüste, er sah zuerst den Louvre als Ganzes, eine mächtige, schimmernde Masse, deren Fassaden ihn faszinierten, er sah die nebeneinandergestellten schlanken Säulen und die hohen Portale, ein ruhiges, klassisch gemessenes Äußeres, das ihn in Begeisterung versetzte. Knobelsdorff zeichnete stehend, hastig und in Eile, als verlöre er Zeit und als sei seine Reise schon zu Ende. Dann, um den Mittag herum, verschaffte er sich einen Überblick über die Lage der Tuileriengärten, über ihre Einteilung und über die Strenge ihrer Gliederung. Er brachte auch dies schnell aufs Papier, und es war, als wolle er alles auf einmal packen und mit nach Hause nehmen. Schließlich begab er sich zu den Bauarbeitern und sah ihnen zu, sprach mit ihnen und fragte nach Monsieur Gabriel, dem Baumeister des Königs. Die Bauarbeiter aber kannten keinen Gabriel, und er mußte sich zu einem Aufseher durchfragen, der ihm schließlich eine Adresse in dem Boulevard St. Michel gab. Knobelsdorff machte sich auf den Weg und überschritt die Pont des Arts. Er sah jetzt die Seine-Insel von der anderen Seite, sah die dunkelglänzenden Massen der Conciergerie und die Kirche St. Chapelle mit ihrem schlanken spitzen Turm, der filigranartig in die blaue Luft stach. Dahinter aber, nun gleichfalls von der anderen Seite, sah er erneut den Chor und die Türme von Notre-Dame, wuchtig und stumpf, ein Wahrzeichen der Stadt über den schimmernden Dächern der Kirche. Und je näher er dem Boulevard St. Michel kam, um so gewaltiger und massiver erhoben sich die Türme und Dächer auf der Seine-Insel. Schließlich ging er, ohne es eigentlich zu wollen, mit langen Schritten nach links statt nach rechts, vergaß den Monsieur Gabriel, sah nicht einmal auf die Lastkähne, die lautlos über die Seine trieben, sondern erfaßte nur mit einem kurzen Blick die geschwungenen Brücken mit ihren festen Pfeilern und ging schnell über die Pont St. Michel zur Insel. Dann stand Knobelsdorff vor Notre-Dame, dem Monument der Stadt Paris, und die Fassade der Kathedrale erhob sich auf den ersten Blick als ein Ganzes von harmonischer und klarer Gliederung vor seinen Augen. Das erstaunte ihn, weil er gerade dies bei gotischen Kirchen vermißt hatte. Zuerst erfaßte er die vertikale Richtung, die Streben, die sich vom Fundament aus über die Geschosse fortsetzten bis zu den Eckpfeilern der Türme, die Richtung, die von einer Galerie schlanker Säulen und sogar durch die Horizontale, mit der die Geschosse abgesetzt waren voneinander, nicht einmal gehemmt, sondern eher unterstützt wurden. Es fiel ihm auf, daß sogar die Statuen in den Nischen über dem Erdgeschoß, eine unendliche Reihe von Königen aus Israel und Judäa, sowohl die Horizontale als auch die Vertikale bestimmten. Und schließlich, nach einem Blick auf die beiden Türme, stellte er fest, daß sie nicht ins Unermeßliche stiegen, wie es bei vielen gotischen Türmen der Fall war, sondern daß sie maßvoll und zurückhaltend sich der Fassade anpaßten. Was Knobelsdorff sah, war von großer Schönheit. Er vergaß alles ringsumher und begann zu skizzieren, und er trat näher und zeichnete Details, wobei ihn die zierlich gearbeitete Rose über dem Mittelportal und das feine Maßwerk über der Galerie der schlanken Säulen besonders faszinierte.

Eine Stunde später stand er im Hof der Conciergerie vor St. Chapelle. Doch sie schien ihm zu übertrieben, zu maßlos im Gegensatz zu Notre-Dame. Nur im Innern der Kirche war er wiederum aufs höchste begeistert. Er fühlte sich wie zwischen Glaswände versetzt, denn es waren nicht einfach Fenster, die er sah, sondern das ganze Haus schien ihm von farbigem Glas umgeben. Wandpfeiler und Rippen waren nur noch ein zartes, feines Skelett, und die Gewölbekappen schienen fast aus einem Glasgemälde herauszuwachsen. Und auch hier skizzierte er wie besessen und mit fliegenden Strichen. Als er die Kirche verließ, war es später Nachmittag, er erinnerte sich plötzlich an Gabriel und verließ eilig die Seine-Insel, um entlang dem Boulevard St. Michel nach der Wohnung des königlichen Baumeisters zu suchen. Der breite, baumbestandene, geradlinige Boulevard lief in südliche Richtung. Der Lärm von Karossen und Wagen aller Art erfüllte ihn, und er wurde von einer Unzahl Studenten bevölkert, die zumeist in Gruppen gingen und heftig gestikulierten. Knobelsdorff vermutete die Sorbonne in der Nähe, und der Student, den er fragte, wies auf eine Kuppel hinter dem nächsten Häuserblock. Das sei die Kirche der Sorbonne. Dann nannte er die Namen zweier Straßen, Rue des Ecoles und Rue St. Jacques. Knobelsdorff seufzte, erinnerte sich wiederum an Monsieur Gabriel und fand endlich seine Wohnung unter dem Dach eines schönen Hauses auf der linken Seite des Boulevards. Es war weniger eine Wohnung als vielmehr ein lichtdurchflutetes Atelier, in das Knobelsdorff hineinstolperte, nachdem er den Klöppel an der Tür in Tätigkeit gesetzt hatte und eine laute Stimme ihn aufforderte zu öffnen.

»Entrez mon cher ami.« Knobelsdorff stutzte, öffnete die Tür und stolperte über Kästen und Gepäckstücke, die in völliger Unordnung in dem Gang lagen, der sich zum Atelier hin erweiterte. Die Stimme schrie: »Mon Dieu, mes bagages.« Er sah Gabriel vor einem Zeichentisch stehen, mit dem Rücken zu ihm, und Knobelsdorff sagte: »Bon jour, Monsieur Gabriel.« Gabriel fuhr herum: »Mon Dieu, es ist nicht Genevièn. Pardon Monsieur.«

Knobelsdorff verbeugte sich. »Je suis Knobelsdorff, Monsieur Gabriel. J'arrive de Prusse.«

»Oh, c'est Knobelsdorff, ich habe Ihre Nachricht schon vor einem Monat erhalten. Ich freue mich sehr.«

Sie gaben sich die Hand und musterten einander. Knobelsdorff sah einen Mann seines Alters vor sich, doch war Gabriel kleiner als er und schlanker. Er hatte kluge Augen und ein schmales, knochiges Gesicht.

»Le grand Knobelsdorff«, sagte Gabriel und trat einen Schritt zurück. »Sind alle Preußen solche Riesen?«

»Nicht immer, Monsieur«, lachte Knobelsdorff.

»Wann sind Sie angekommen in Paris und wo wohnen Sie?«

Knobelsdorff gab Auskunft, worauf Gabriel sagte, er solle sofort in ein Hotel in der Rue de Rivoli umziehen. Dort sei alles viel schöner und besser, er werde sofort den Umzug veranlassen.

Knobelsdorff wehrte ab.

»Ich fühle mich sehr wohl im ‚Schwarzen Schaf'.«

»Haben Sie einen Wagen?«

Knobelsdorff verneinte lachend. Gabriel war fassungslos. Er sah auf die staubbedeckten Schuhe seines Besuchers und ließ sich erzählen, was er alles gesehen hatte an diesem Tag. Knobelsdorff zeigte ihm die Skizzen. Gabriel sah sie sich sorgfältig und voller Verwunderung an, während sich Knobelsdorff im Atelier umblickte. Plötzlich hörte er einen erstaunten Ausruf Gabriels. Er wandte sich um und sah Gabriel über eine Skizze vom Schloß Rheinsberg gebeugt, die Knobelsdorff zu Vergleichszwecken mitgebracht hatte. »Monsieur Knobelsdorff, was ist das?«

»Das habe ich gebaut«, antwortete Knobelsdorff.

»Mon Dieu, Sie sind ja der deutsche Lemercier. Haben Sie das Palais Royal gesehen?«

»Noch nicht.«

»Warten Sie, ich zeige Ihnen etwas von Lemercier, kommen Sie, Maître Knobelsdorff, kommen Sie.«

Er packte eilig das Skizzenheft, schob Knobelsdorff vor sich her aus dem Atelier, und kurze Zeit später standen sie vor der Sorbonnekirche. Vor einer Stunde hatte Knobelsdorff die Kuppel gesehen. Unruhe hatte ihn erfaßt, er fühlte sich an Rom erinnert, und jetzt stand er mit Gabriel auf dem Platz vor der Kirche, versunken in ihren Anblick und aufs höchste entzückt von ihrer Vollkommenheit. Er spürte, daß dem Architekten ein ausgeprägtes Gefühl für die alten Meister zu eigen gewesen sein mußte. Die Gliederung war ausdrucksvoll, die Form wunderbar durchgearbeitet, die Kuppellinie stellte eine reine Kurve dar, die sich dem Ganzen so anpaßte, als sei sie nur für diesen Bau geeignet. Er sah sofort, die Kuppel der Peterskirche hatte den Architekten beflügelt, und doch war er ein Franzose geblieben, er hatte es verstanden, alles, was er gesehen und gelernt hatte, in französische Heiterkeit und in französischen Esprit umzusetzen. Und jetzt, vor diesem Bauwerk des Franzosen Lemercier, ahnte Knobelsdorff die Größe seiner Aufgabe, er empfand stärker als bisher seine Verantwortung, eine unklare, verschwommene Ahnung erfüllte ihn von der Schwere der Aufgabe, vor die er gestellt worden war.

Knobelsdorff setzte sich auf eine Brüstung und begann hastig zu skizzieren. Gabriel sah ihm über die Schulter und nannte die Maße in Pariser Fuß, er hatte sie im Kopf. Aber als Knobelsdorff sich das Innere der Kirche ansehen wollte, hielt ihn

Gabriel zurück, meinte, daß es nicht nötig sei und zog ihn mit sich durch eine schmale Straße in östlicher Richtung. Die Sonne hinter ihnen mußte schon flach über dem Horizont stehen, denn Dämmerung breitete sich aus, und in die engen Gassen dieses uralten Viertels von Paris krochen schwarze bizarre Schatten. Knobelsdorff sah die spitzen Giebel und gewölbten Simse der Häuser, und es schien ihm, als hätten sich einige engbrüstig und frierend zwischen die anderen geschoben oder gequetscht und als seien sie deshalb geradezu gestreckt worden, als hätten sie an Höhe zugenommen, weil oben, unter dem blauen Himmel von Paris, der einzige freie Raum war.

Aber plötzlich standen sie auf einem freien Platz und wiederum vor einer Kirche. Knobelsdorff starrte sie an, und Gabriel sagte mit Pathos in der Stimme: »Das ist St. Etienne du Mont.« Knobelsdorff sah nur eine angehäufte Vielfalt von verschiedenen Baustilen, er wußte nichts damit anzufangen und machte ein verblüfftes, ärgerliches Gesicht. Gabriel ging weiter und winkte, »kommen Sie, Maître Knobelsdorff, kommen Sie, ich will Ihnen etwas zeigen.«

Sie gingen durch das Mittelportal in das Innere. Sie standen in einer Hallenkirche, und die zwei Seitenschiffe waren fast ebenso hoch wie das Mittelschiff. Und jetzt sah Knobelsdorff, worauf es Gabriel ankam. Die Schiffe wurden getrennt durch glatte, schlanke Rundpfeiler, wie sie Knobelsdorff noch nie in einer Kirche gesehen hatte. Aber wie sie vor ihm standen, in ihrer einfachen klassischen Anmut, bemerkte er plötzlich, daß sie im Grunde nicht einmal die drei Schiffe teilten oder trennten, sondern sie harmonisch zusammenfügten und so die ganze Kirche, alle drei Räume sozusagen, als eine Einheit erscheinen ließen. Diese Kirche war einfach und schlicht im Innern bis auf den Lettner, der sie mitschiffs gleich einer Brücke trennte. Knobelsdorff ging näher und sah ihn sich an. Und jetzt erblickte er in der wachsenden Dämmerung ein Kleinod vor sich, eingefaßt von der Schlichtheit alles dessen, was ihn umgab. Zu der flachen eleganten Brücke führten auf beiden Seiten Wendeltreppen, die sich an den Pfeilern spielerisch emporwanden und die mit der Galerie der Seitenschiffe verbunden waren. Derartiges hatte Knobelsdorff noch nie gesehen. Die Schwingungen und Kurven der zierlichsten Treppe der Welt waren so, wie sie sich wiederholten und immer wieder sichtbar wurden, von einer Anmut und Ausgewogenheit, daß Knobelsdorff einen Ausruf der Bewunderung ausstieß. Sie entsprach, wenn man es recht bedachte, in ihrem Geist und in ihrer ganzen Auffassung völlig dem gesamten Inneren der Kirche. Es war ein genial eingepaßter Smaragd in eine schlichte, edle Fassung. Alles aber, die schlichten, glatten Rundpfeiler, die Rippen und Gewölbe ebenso wie der Lettner mit der kühnen, geschwungenen Treppe, bestand aus dem lichtgrauen Stein von Paris, auf den Knobelsdorff schon fast neidisch war und der ihm so gut gefiel.

Gabriel rief den in Nachdenken Versunkenen in die Wirklichkeit zurück. »Nun, Maître Knobelsdorff, was sagen Sie jetzt?«

»Ich bin erschlagen, Monsieur Gabriel, dies habe ich nicht erwartet.«

»Kommen Sie, erholen wir uns.«

Sie gingen hinaus, Knobelsdorff widerstrebend, Gabriel voller Eifer und Ungestüm. Nach kurzer Zeit betraten sie ein nahes Gasthaus, und Gabriel rief nach dem Wirt. Er bestellte Hühnchen und Rotwein. Sie aßen, tranken und sprachen miteinander. »Erzählen Sie von Preußen, was macht Ihr junger König, läßt er Sie bauen, wie Sie wollen, oder schreibt er Ihnen alles vor?«

Knobelsdorff sprach von Rheinsberg, von den Aufträgen, die er bekommen hatte und von den Kunstauffassungen seines Souveräns. Gabriel hörte zu, voller Ungeduld und zuweilen den Kopf schüttelnd. Zwischendurch stellte er kurze, treffende Fragen, wie ein erfahrener Hofmann, der weiß, was ein Künstler alles in Kauf nehmen muß.

Schließlich erzählte Knobelsdorff von der Reise nach Straßburg, und Gabriel brach in ein fröhliches Lachen aus.

»Mon Dieu, er ist ein Kind, Ihr König, er macht lauter dumme Streiche. Sie werden noch Ihr blaues Wunder erleben.«

»Verstehen Sie ihn nicht? Er war zum ersten Male frei wie ein Vogel oder dachte es wenigstens. Und so fuhr er incognito nach Straßburg.«

»Ja, mon cher Knobelsdorff. Das ist es eben, er wird Dummheiten machen zehn Jahre lang, er wird sich rächen wollen für alles, was ihm sein Vater angetan hat, und er wird es nicht einmal wissen. Aber, was kümmern uns die Könige, wenn wir nur bauen können.«

Ja, wenn er nur bauen könnte, wie er wollte, wenn er so bauen könnte, wie es ihm sein Gewissen vorschrieb, so wäre ihm alles andere egal. Knobelsdorff sah über die Tische des großen Raumes, in dem sie saßen. Ringsumher herrschte Lärm und sorglose Ungezwungenheit. In der Mitte des Saales wurde getanzt. Gabriel legte ihm die Hand auf den Arm. »In zehn Tagen kommen Sie mit nach Versailles. Ich zeige Ihnen das Schloß innen und außen. Sie werden erstaunt sein. Und bis dahin führe ich Sie in der Stadt Paris spazieren, mache Sie mit Malern und Steinmetzen bekannt, zeige Ihnen die Oper und hundert andere Dinge. Sie werden nicht umsonst in Paris gewesen sein.«

Knobelsdorff dankte ihm, und sie tranken auf die große Oper, die er in Berlin errichten wollte, auf die Gesundheit Gabriels, auf die Knobelsdorffs und auf die Kunst des Bauens. Der Wirt brachte ein Viertel nach dem anderen, Händler traten an ihren Tisch und boten Kupferstiche und Bücher an. Einer von ihnen sprach mit verschwörerischer Stimme: »Ein Buch über den König, über die Mätressen am Hofe, die Laster am Hof von Versailles, kaufen Sie, Monsieur, fünf Franken, es ist geschenkt, Monsieur.«

Der Büchermann sah sich scheu um und streckte den beiden ein grobgedrucktes dünnes Buch über den Tisch. Gabriel wehrte ab. »Gehen Sie, Monsieur marchand, wir brauchen nichts.« Der Händler machte ein grimmiges Gesicht und ging an den nächsten Tisch.

Knobelsdorffs Gedanken weilten noch immer bei den Kirchen, die er gesehen hatte und beim Louvre. Er wandte sich hastig an Gabriel.

»Sagen Sie, mon ami, wie war das mit der Ostfassade des Louvre?« Er nahm sein Skizzenheft und suchte das Blatt heraus. Er hatte einen vagen Gedanken, verschwommen und nebelhaft stand die Fassade des Opernhauses in Berlin vor Knobelsdorffs Augen.

»Wie war das mit Bernini und Perrault?«

»Oh«, rief Gabriel. »Das ist sehr interessant. Ich erzähle Ihnen alles, mon cher.«

Er trank von seinem Wein, lehnte sich zurück und erzählte die Geschichte des Streits zwischen dem Franzosen Perrault und dem Italiener Bernini.

»Das war vor knapp achtzig Jahren. Ludwig der XIV. hatte gerade den Thron bestiegen. Er war noch einige Jahre jünger als Ihr Friedrich in Preußen. Nun wollte der König aus dem Louvre etwas machen, wissen Sie. Das Gesicht des Louvre wollte er nach außen, nach der Straßenfront zugekehrt haben. Da war nur die nackte Mauer, er aber wollte, daß die Menschen sein Königtum sahen und daß sie ihn bewunderten angesichts seiner Schlösser. Er war ein junger Mann, lange bevormundet von Mazarin, der 1661 gestorben war. Nun, es war verständlich, er wollte glänzen, er wollte zeigen, daß er ein König war.«

Gabriel schwieg eine Weile, trank von seinem Wein und fuhr fort: »Damals stand Bernini in Rom auf der Höhe seines Ruhms. Er war schon ein alter Mann von fünfundsechzig Jahren, aber er war eitel wie ein Pfau und ließ sich feiern, als sei er ein Kirchenfürst. Sie werden den Altartabernakel von St. Peter gesehen haben. Dieses gräßliche Ding ist ebenso von ihm wie die Kolonnaden von St. Peter. Das ist ein Hohn auf Michelangelo und Raffael. Die Kolonnaden gehen noch, aber, wissen Sie, es geriet ihm alles zu großartig, zu pomphaft, zu gespreizt und zu unnatürlich. Die fünf Päpste, die er überlebte, schlugen ihn jedoch trotzdem oder gerade deshalb zum Ritter und machten ihn zum Oberaufseher der Bauten in Rom.«

Gabriel schwieg erneut. Er versank in Nachdenken und meinte plötzlich: »Wie kommt es nur, daß ein Mann wie Bernini, so talentiert er war, einen solchen Tabernakel verfertigte, obgleich die Kunst der Griechen ihm ständig vor Augen stand?«

»Er kam dem Verlangen der Päpste entgegen«, rief Knobelsdorff.

»Vielleicht fehlte ihm das Rückgrat. Und, bedenken Sie, Monsieur Gabriel, die Gläubigen fielen ab vom katholischen Glauben, sie wandten sich Calvin und Luther zu. Sehen Sie sich die Kirchen an, die in den letzten hundert Jahren entstanden, nichts als Pomp und gekünstelte Großartigkeit. Sie konnten nicht gewaltig und prächtig genug sein. Es war der richtige Baumeister für die Päpste.«

Gabriel, katholischen Glaubens, sah dem Protestanten Knobelsdorff erstaunt und überrascht ins Gesicht. Er seufzte. »Für Sie ist alles klar und eindeutig.« Dann lachte er und meinte: »Sie sind mir ein rechter Ketzer.«

Schließlich fuhr er fort: »Ludwig rief also Bernini nach Paris, und Bernini kam mit großem Gefolge. Seine Reise glich einem Triumphzug, den er auskostete, wie einer, der den Ruhm braucht. Er führte sogar Tagebuch und berichtete ausführlich über die Huldigungen, die man ihm darbrachte. Inzwischen hatte der Bruder von Perrault großen Einfluß am Hofe erlangt. Das war ein Advokat, jünger als sein Bruder, schlau und wendig, wie eine Ratte schnüffelte er überall herum, und als Bernini seine Entwürfe vorlegte, hatte er bereits die Oberaufsicht über die königlichen Bauten. Er tat nichts Eiligeres, als die Entwürfe seines Bruders gleichfalls vorzulegen, und so hatten nun Colbert und der König über die besseren zu entscheiden. Der Architekt Perrault, der gar kein Architekt war, sondern ein simpler Arzt, hatte sich nebenbei mit Architektur befaßt, las den Palladio und war sozusagen ein kleiner Theoretiker des Bauens. Verglichen mit Bernini, war er ein winziger unbekannter Fisch, den Bernini, wenn er wollte, als Nachspeise verzehren konnte. Nun lagen die zwei Entwürfe auf dem Tisch des Königs. Bernini feierte unterdessen Feste und war seiner Sache so sicher, daß er nicht einen Augenblick daran dachte, ein anderer könnte etwas

Besseres vorlegen. Kurz gesagt, der Entwurf Berninis war grandios festlich, der des Perrault aber nach den Regeln des Palladio, streng nach den alten Meistern und sehr maßvoll.

Perrault kam nun entgegen, daß der König nach außen hin auf eine gewisse Haltung bedacht war, auf eine Art Gemessenheit und Strenge. Aber im Grunde war es natürlich ein Streit zwischen zwei Richtungen, und daß Perrault den Sieg davontrug, daß der König sich für seinen Entwurf entschied, war der Tatsache zu verdanken, daß die Palladianer ein ungeheures Geschrei erhoben, als der Entwurf des Bernini bekannt wurde. Bernini wurde mit dem Auftrag getröstet, eine Büste und ein Reiterstandbild vom König zustande zu bringen, wobei ihm die Büste gelang und das Standbild mißriet. Daraufhin verließ er fluchtartig Paris, um sich aufs neue unter der Obhut der Päpste in Rom wohl zu fühlen. Und Perrault, der kleine unbekannte Arzt, baute den Louvre, nicht sehr schöpferisch zwar, aber doch so, daß es dem König, der zwar unter die Weiber ging, der aber gern ein Cäsar sein wollte, gefiel. Das ist alles.«

Gabriel schwieg.

»Weshalb nicht schöpferisch?« Knobelsdorff beugte sich über die Skizze.

»Es genügt nicht, nach den Regeln des Palladio zu bauen. Ich glaube, daß man etwas Eigenes dazutun muß. Eben das, was den Baumeister ausmacht, und was Sie in Rheinsberg so gut verstanden haben.« Gabriel lächelte. »Denken Sie an die Kirche der Sorbonne und an das Innere der Kirche St. Etienne du Mont.«

Knobelsdorff trank von seinem Wein und versank in Schweigen. Er mußte etwas ganz Neues schaffen. Gabriel hatte tausendmal recht. Und im Lärm einer Pariser Kneipe, unter den Eindrücken eines langen Tages in Paris, des Mittelpunktes der Welt, entstand im Hirn des Baumeisters des Königs von Preußen der Plan des größten Opernhauses von Europa.

Als die Kutsche in der Frühe eines Oktobertages Paris verließ, war der Himmel blank, der Horizont versank im zarten bläulichen Nebel, und die eben aufgegangene Sonne hing wie ein Klumpen flüssigen Eisens hinter den Nebeln. Der Schwager auf dem Bock knallte heftig mit der Peitsche, war guter Dinge und meinte, es gäbe einen schönen Tag. Doch nach einigen Stunden, auf halbem Wege zwischen Paris und Compiègne, überzog sich der Himmel mit grauschwarzen, hastig eilenden Wolken, Sturm kam auf und trieb schwere Regentropfen gegen den Postwagen und auf das Verdeck. Die Reisenden schlossen die Fenster, im Wagen wurde es kühl, und Knobelsdorff warf sich den Reisemantel über.

Er war nach fast zweimonatigem Aufenthalt in Paris und Versailles auf dem Wege nach Flandern und Brabant. Aber seine Gedanken flogen noch nicht voraus, sie waren vielmehr noch immer auf Paris gerichtet. Er dachte an die vielen neuen Freunde, und ihm stand noch immer all das vor Augen, was er geschaut und erlebt hatte. Vor Tagen noch hatten sie, er und Gabriel, ein langes Gespräch miteinander gehabt, ein wichtiges Gespräch, das für ihn aufschlußreich und interessant gewesen war. Er erinnerte sich an jede Einzelheit.

Knobelsdorff war ein letztes Mal nach Versailles gekommen. Sie standen beide auf der Bühne des Operntheaters von Versailles, in dem einstigen Pferdestall, der ehemals hastig und überstürzt ausgebaut worden war. Gabriel machte Vorstudien für ein neues Opernhaus am Ende des nördlichen Schloßflügels von Versailles. Knobelsdorff sah angewidert auf die erstaunlich geschmacklosen und protzigen Ornamente und Voluten, die als Stützpfeiler unter den Logen angebracht waren. Hier wie überall in den Räumen von Versailles, den Schlössern und Palästen von Paris, gab es die üppigsten und prahlerischsten Übertreibungen. Knobelsdorff hatte in der ersten Zeit seines Aufenthaltes in Paris und Versailles nur das Äußere der Paläste gesehen, zumal ihn die Fronten und Fassaden besonders anzogen in ihrer strengen, gemessenen und einfachen Erscheinung. Es schien ihm, daß alles, was er hier sah, der Hofetikette, der vollen Selbstbeherrschung und der gravitätischen Feierlichkeit des Königshauses entsprach. Die Bauten wandelten im gemessenen Hofschritt vor Knobelsdorffs Augen. Alles atmete Ruhe und Gesetzmäßigkeit. Es war ihm geradezu, als fände er in den Fronten und Fassaden das steife Zeremoniell des Hofes wieder, bei dem jeder Schritt abgezählt und abgezirkelt war. Die Kunst der Alten, diese Geradlinigkeit und Gesetzmäßigkeit entsprach geradezu der Erscheinung des Hofes nach außen hin, der Öffentlichkeit gegenüber.

Aber dann, während des letzten Drittels seines Aufenthaltes, fing Gabriel an, ihm die Innenräume zu zeigen. Und hier nun trat ihm ein überraschendes Schauspiel vor Augen. Hinter den Fassaden entfaltete sich an Decken und Wänden die tollste Ungezwungenheit. Überladene, üppige Wand- und Deckenornamente beherrschten die Szene, er sah die Gesandtentreppe von Versailles, die ihn fast erschlug, die ganze Spiegelgalerie erschien ihm als eine einzige pathetische Deklamation.

Und ebenso, wie in der äußeren Erscheinung des Zwingers in Dresden gelockt und gekräuselt wurde, so wurde hier, im Innern der Paläste, gelockt, gekräuselt und gedreht, daß man denken mußte, die Künstler hätten Tag und Nacht nur Weine und Liköre getrunken. Die Überfülle des Schmucks stieß Knobelsdorff ab, er dachte, daß damit dem einfachen Äußeren ins Gesicht geschlagen wurde und daß dies geradezu ein Betrug sei den Menschen gegenüber, die andächtig die Fassaden bewunderten. Er sagte es Gabriel.

»Was wollen Sie, mon cher Knobelsdorff«, erwiderte dieser. »Was Sie sehen, entspricht dem Leben am Hofe. In den Boudoires und Festsälen wird getanzt und musiziert, dort wird geliebt und getrunken wie bei allen hohen Herrschaften. Die Mätressen machen sich dort breit. Sie bestimmen Politik und Geschmack. Dort wird das Geld verjubelt, das Bauern und Bürger zu zahlen haben. Dort kann man sich gehenlassen bis zur Tollheit. Was Sie sehen, ist nur das Spiegelbild eines lasterhaften Lebens, nichts anderes. Nach außen hin muß man schön, edel und einfach erscheinen, innen aber wird das Edle abgestreift, die Sitten verfallen und mit ihnen die Kunst.«

Außen hui und innen pfui, dachte Knobelsdorff, und er

sprach zu Gabriel von der Bauersfrau aus Lagny und von den herausgestreckten Zungen der Savoyarden.

Gabriel lachte. »Ja, das einfache Volk hat ein gesundes Empfinden für die Wirklichkeit, es schaut hinter die Kulissen, es läßt sich nicht betrügen. Ich wollte Ihnen alles zeigen. Das war mein Versprechen, hätte ich es nicht getan, so wäre es nur die halbe Wahrheit gewesen. Wenn Sie bauen wollen, so müssen Sie alles sehen, was geschaffen wurde. Wie könnten Sie sonst etwas Neues schaffen.«

## Minerva wird gerettet

Grauer Himmel lag über der märkischen Landschaft. Nebel und Sprühregen erfüllten die Luft. Die letzten Oktobertage waren noch schön gewesen. Jetzt waren die Wege wieder grundlos geworden, und das war doppelt fühlbar nach den festen Chausseen in Frankreich.

Knobelsdorff fuhr nicht nach Berlin. Er fuhr direkt nach Rheinsberg, wo sich der König nun wieder aufhielt. Zeitungen gab es auf jeder Poststation. Die Berlinische Privilegierte und die Haude- und Spenersche. Und je näher man Berlin kam, um so jüngeren Datums waren sie. Die Zeitungen hatten von Friedrichs Anwesenheit in Rheinsberg berichtet. Knobelsdorff wollte auf dem schnellsten Wege zu ihm. Auch seinen Namen hatten die Zeitungen erwähnt. Ja, der Oberintendant aller königlichen Bauten war jetzt eine bedeutsame Person! Gewiß wartete man in Rheinsberg schon auf ihn.

Das Schrittfahren im tiefen Sand und das diesige Wetter schläferten ein. Knobelsdorff gähnte.

Ruppin, letzte Poststation vor Rheinsberg! Kurzer Aufenthalt, Pferdewechsel, ein Imbiß im Posthaus. Was schrieben die letzten Zeitungen? Aus Berlin: König Friedrich weilte noch in Rheinsberg. Sein Fieber habe sich gebessert. – Nanu, hatte er immer noch Fieber? – Aus Wien: Kaiser Karl VI. war gestorben. – So, so, der Kaiser! Wer wußte etwas von ihm? Wer dachte überhaupt noch daran, daß das Heilige

Römische Reich Deutscher Nation einen Kaiser hatte? Alle Welt sah in ihm nur den Erzherzog von Österreich und den König von Ungarn. Und Knobelsdorff wünschte in diesem Augenblick nur, wenn möglich, in einer preußischen Abordnung zu den Beisetzungsfeierlichkeiten nach Wien zu reisen, um die berühmte Oper am Kärntnertor zu besichtigen. Gute Vergleichsobjekte konnte man nicht genug haben! Die bürgerlich-städtischen Operntheater in Hannover und Braunschweig, wo derzeit keine Höfe residierten, erfreuten durch gleichmäßig gute Sicht von allen Plätzen. Allein die Gebäude glichen mehr Scheunen als festlichen Tempeln.

Die Fahrt ging weiter. Rheinsberg lag noch im Brandschutt. Die rauchgeschwärzte Ruine der Kirche ragte daraus hervor, ein trostloser Anblick. Nur in den Zufahrtsstraßen zum Schloß und am großen Viereck des neuen Markts war geräumt und mit dem Aufbau begonnen worden, kleine Häuser waren es mit zwei Fenstern und einer Tür daneben oder drei Fenstern und Tür oder Toreinfahrt dazwischen, in Ziegelfachwerk errichtet, verputzt und mit Dachziegeln gedeckt, einstöckig oder auch zweistöckig. Bauinspektor Feldmann hatte die übrigen Straßen schon abgesteckt. Doch bei der Trassierung kamen ihm überall altes Kopfsteinpflaster, alte Grundmauern, Brunnen und Senkgruben in den Weg. Dazu klagte er über Arbeitermangel. Die meisten Bewohner seien verzogen, die wenigen verbliebenen dienten im Schloß.

Dort fand Knobelsdorff allerdings ein wahres Ameisengewimmel vor. Lakaien eilten treppauf und treppab, Seidenkleider rauschten, Sporen und Degen klirrten, Kavalierabsätze klapperten die Gänge entlang. Alles war hell erleuchtet, im neuen Treppenhaus brannten Fackeln, der große Festsaal strahlte im Glanz seiner weißen Stuckmarmorwände und vergoldeten Pilasterkapitäle. Was waren das für Leute? Knobelsdorff sah zwischen alten Bekannten viele fremde Gesichter und ausländische Uniformen. Sächsische, bayerische, englische Laute erklangen. Die ganze Generalität schien versammelt, alle Minister, der gesamte Hofstaat der Königin. Und Knobelsdorff mußte zu seiner Enttäuschung erkennen, daß er keineswegs die Hauptperson war, auf die alle gewartet hatten. Eine höfliche Verbeugung hier, ein Händedruck dort: »Ah, voilà monsieur de Knobelsdorff! Comment allez-vous? Enchanté de vous revoir?« Und fort war man wieder.

»Was geht hier eigentlich vor?«

Generaladjutant Graf Wartensleben begegnete ihm: »Feste, Konzerte, Bälle, enormer Andrang! Wir müssen schon einen Teil der Gäste im Domestikenhaus unterbringen. Gut, daß es endlich fertig ist! Ja, das goldene Zeitalter ist angebrochen. Keyserlingk hat richtig prophezeit.« Er lachte.

»Wo ist denn der König? Ich sehe ihn nirgends.«

Wartensleben legte den Finger an die Lippen. »Pst! Eingeschlossen!«

»Pardon, wie?«

»Seine Majestät haben sich mit Feldmarschall Schwerin und Minister Podewils eingeschlossen, vier Tage schon.«

»Ist das Fieber so heftig?« fragte Knobelsdorff.

»Mon Dieu, tun Sie nur so, oder sind Sie wirklich ahnungslos? Der Kaiser ist gestorben!«

»Weiß ich. Was weiter?«

»Er hat keinen männlichen Erben, nur Töchter. Die älteste heißt Maria Theresia, laut habsburgischem Hausgesetz zur Nachfolgerin bestimmt.«

»Schön. Und das bedeutet?«

»Wahrscheinlich den Untergang des Hauses Habsburg.«

Knobelsdorff sah den anderen ungläubig an. »Wieso?«

»Ich bitte Sie, ein junges Weib auf dem Thron dieses großen Reiches! Bayern, Sachsen, Pfalz, der Erzbischof von Köln haben bereits gegen die Erbfolge protestiert. Frankreich, Spanien, Sardinien, Rußland, Schweden werden vermutlich folgen. Alles wird sich auf Österreich stürzen, um es in Stücke zu reißen. Und wohl dem, der zuerst auf dem Plan erscheint, ehe die anderen da sind. Er kann sich den größten Happen sichern.«

Knobelsdorff erschrak. »Was meinen Sie damit?«

Wartensleben deutete mit dem Kopf in die Richtung von Friedrichs Arbeitszimmer: »Sie beraten geheim.«

---

Jetzt stieg eine Ahnung in Knobelsdorff auf und beunruhigte ihn zutiefst. Argwöhnisch sah er sich um. Das war also hier eine Art europäischer Diplomatenkongreß!

Das kleine Hoffräulein von Tettau mit ihrem Kindergesicht sprach ihn an: »Ah, Herr von Knobelsdorff, Sie sind wieder da? Wie war's in Paris?«

»Pardon?« murmelte er zerstreut. »Schrecklich!«

»Oh, das tut mir ja leid!« zwitscherte die Tettau. »Aber bei uns werden Sie sich gewiß wohler fühlen. Wir feiern morgen die Hochzeit unseres lieben Majors von Buddenbrock.«

»Ich kann es nicht fassen!«

»Ja, uns allen kam es auch überraschend. Und nächste Woche führen wir den ‚Tod Cäsars' von Voltaire auf. Spielen Sie auch mit?«

»Ich verstehe überhaupt nicht, was da zu beraten ist!«

Die Tettau gab es auf, Knobelsdorff war noch immer der grobe Klotz. Mit ihm war nichts anzufangen!

»Der Standpunkt ist doch längst klar! Der König hat ja schon vor Jahren im ‚Antimachiavelli' jeden Eroberungskrieg verurteilt. – Wartensleben, wo sind Sie denn?« Knobelsdorff stand allein. Um ihn plauderte und scherzte man. Die Silberleisten blinkten im Kerzenschein. Auf den vergoldeten Reliefschnitzereien an den Türen vergnügten sich unbekleidete Liebespaare. War denn keiner von den alten Freunden da, der vertrauliche Auskunft gab? Kabinettsrat Eichel zuckte diskret die Achseln: »Niemand weiß etwas.« Generaladjutant von Haacke stellte überlegen lächelnd die Gegenfrage: »Haben Sie nicht bei Wesel die Anstalten zu einem verschanzten Lager für vierzigtausend Mann gesehen? Sie sind doch vorbeigekommen.«

Natürlich hatte Knobelsdorff etwas gesehen. Wesel war eine preußische Festung am Niederrhein. Was war dabei, wenn an Festungsschanzen hin und wieder gearbeitet wurde? In Kehl hatte man ja schon sehen können, wie schnell solche Wälle verfielen.

»Na also«, spöttelte Haacke, »dann wissen Sie mehr als ich.«

Voller Unruhe ging Knobelsdorff weiter. Er trat hier für

einen Augenblick zu den Ministern, verweilte dort bei einer Gruppe von Generalen. Er hörte die Namen Jülich und Berg und entsann sich der beiden niederrheinischen Herzogtümer mit der Stadt Düsseldorf und des 150jährigen Erbfolgestreits mit der Pfalz, in dem der Kaiser offiziell für Preußen, insgeheim aber für die Pfalz entschieden hatte. Die Sache hatte schon vor zwei Jahren, als Friedrich noch Kronprinz gewesen war, viel Staub aufgewirbelt, blieb dann aber auf sich beruhen. Da höhnten nun die Offiziere laut den verstorbenen König Friedrich Wilhelm, der mit so großen Kosten ein gewaltiges Heer geschaffen und doch nicht gewagt hatte, anscheinend aus reinem Geiz, es zu gebrauchen. Jetzt sei endlich die Zeit gekommen, mit der nochmals mächtig vergrößerten Armee, der besten Europas, Ruhm und europäische Machtstellung zu erwerben.

Plötzlich erschien am Ende der Zimmerflucht Feldmarschall Graf Schwerin in der Tür. Die geheime Beratung beim König war offenbar beendet. Die Generale stürzten ihm entgegen. Doch der Feldmarschall sah nicht glücklich aus. Knobelsdorff konnte nicht hören, was er sagte. Er erkannte nur, daß der alte Schwerin die Achseln zuckte und resigniert die Arme herabsinken ließ, wie, um anzudeuten: Ich habe mein Möglichstes getan, es hat nichts geholfen!

Jubelnd kamen die Offiziere zurück: »Mobilmachung! Alle Truppen sofort marschfertig machen!«

Große Aufregung: »Wohin geht's denn? Nach Wesel? Nach Düsseldorf?« – »Höchstwahrscheinlich!« Und sie stürmten lärmend hinaus, auf die Pferde, zu ihren Regimentern. Es war der 8. November 1740.

Knobelsdorff stand da wie vor den Kopf geschlagen. Krieg? Es war doch nicht möglich!

Auch die übrigen Gäste machten verdutzte Gesichter. Aber Hofmarschall von Wolden schritt beschwichtigend durch die Zimmer: »Messieurs et -dames, bitte keine Exaltation! Um sechs Uhr Souper! Danach, wie angesetzt, Tanz und Fackelpolonäse en l'honneur der morgigen Mariage des Herrn Adjutanten Major von Buddenbrock!«

---

So, dachte Knobelsdorff, die Feste gehen also weiter! Dann ist die Mobilmachung vielleicht nichts weiter als eine militärische Demonstration, um Österreich unter Druck zu setzen!

»Jordan!« rief er plötzlich erfreut. »Jordan, endlich ein Mensch, mit dem man vernünftig reden kann! Wo kommen Sie her?«

»Soeben aus Berlin«, antwortete der gelehrte Bibliothekar und Vizepräsident der Akademie der Wissenschaften. »Ich erfahre mit Bestürzung, was hier vorgegangen ist.«

»Es scheint nicht so gefährlich zu sein.« Knobelsdorff zog den Freund in eine abgelegene Fensternische.

Jordan machte ein bekümmertes Gesicht. »Ich wünschte, Sie hätten recht. Aber der König hat mir einen Brief an Voltaire übergeben – Sie wissen ja, ich muß alles korrigieren, weil er kein einwandfreies Französisch schreibt – Voltaire soll die angeworbenen Tänzer und Schauspieler abbestellen. Und dann folgt der Satz: ‚Es wird demnächst mehr auf Soldaten und Pulver ankommen als auf Schauspiele und Balletts‘.«

»Also doch. Aber was hat er vor?«

»Ein bloßes Paradeexerzieren wird es nicht sein«, sinnierte Jordan. »Ich sah vorhin den Minister Podewils vom König kommen, er schien ganz zerknittert. Das deutet auf ein bedenkliches Unternehmen.«

»Er will einen Krieg entfesseln?«

»Ich fürchte es fast.«

Knobelsdorff umklammerte Jordans Arm. »Nun erklären Sie mir bloß eins: Wie kann ein Monarch, der den ‚Antimachiavelli‘ geschrieben hat – «

»Er ist soeben in Voltaires Bearbeitung in Den Haag erschienen.«

»Gerade im rechten Augenblick! Wie kann jemand so entschieden Eroberungskriege verurteilen, den Fürsten als ersten Diener des Staates und Glücksbringer seines Volkes hinstellen und das als Regierungsprogramm deklarieren – «

»Pardon!« unterbrach Jordan. »Der ‚Antimachiavelli‘ ist kein Regierungsprogramm.«

»Was dann?«

»Ein jugendlich-schwärmerischer Versuch, sich literarischen Ruhm zu erwerben.«

»Also Lüge!« konstatierte Knobelsdorff.

»Doch wohl mehr Dichtung.«

»Ach was! Solche Zwielichtigkeiten verstehe ich nicht.«

»Lieber Freund«, sagte Jordan, »wenn in den nächsten Tagen ‚Cäsars Tod' aufgeführt wird, denken Sie daran: Man kann Cäsar und Brutus auf die Bühne bringen, so daß sie dort leben wie aus Fleisch und Blut. Aber man kann Brutus nicht als Gesandten nach Wien schicken und Cäsar nicht zum preußischen Feldmarschall ernennen.«

»Weil sie in Wirklichkeit nicht existieren.«

»Das ist es!« nickte Jordan. »Sie sind nur Schein. Ein schöner, moralischer Schein meinethalben, ein Spiel des Dichters mit erhabenen Gestalten. Das Spiel mag durchaus ernst gemeint sein und den edelsten Zwecken dienen, es verpflichtet den Autor keineswegs, wie ein Cäsar oder Brutus zu leben.«

»Verstehe«, sagte Knobelsdorff.

»Und so ist auch der ‚Antimachiavelli' nur eine literarische Studie, ein Spiel des Verfassers mit hohen Gedanken – «

»Das ihn selbst nicht bindet, wollen Sie sagen?«

»Wie wenn er ein bürgerlicher Schriftsteller wäre, den das alles persönlich gar nicht betrifft. Um schriftstellerische Ehre geht es ihm, nicht um Fürstenehre.«

»Hören Sie, Jordan, das ist Sophisterei, das verstehe ich nicht!«

»Ich glaube es Ihnen, Knobelsdorff! Ihr Charakter ist viel zu gerade, um das zu verstehen.«

»Sie wollen den König um jeden Preis rechtfertigen!«

»Ich will nur den Widerspruch zwischen seinem Schreiben und Handeln deuten, der sonst unerklärlich bliebe.«

»Mein Rheinsberg«, schloß Knobelsdorff, »wie es aussieht, ist dies alles kein Spiel mit Gedanken, sondern reale Wirklichkeit.«

»Es scheint so«, sagte Jordan.

»Heda, Fredersdorf!« rief Knobelsdorff plötzlich. »Darf man endlich hinein?«

---

8*

Der Geheimkämmerer trug ein kleines Tablett vorbei. »Noch nicht! Erst die Chinarinde.«

Nach kurzer Zeit kehrte er zurück. »Jetzt geht es. Aber nicht lange! Seine Majestät sind sehr angegriffen.«

Knobelsdorff sah ihm kopfschüttelnd nach. Der Mann wurde dreist. Die bevorzugte Stellung schien ihm langsam zu Kopfe zu steigen.

Endlich stand Knobelsdorff im runden Arbeitszimmer im alten Turm Klingenberg. Wäre es Tag gewesen, hätte man durch die Fenster einen herrlichen Ausblick nach drei Himmelsrichtungen gehabt auf den Park, auf den Grienericksee und auf den Nordturm. Jetzt war es dunkel draußen, und in den blanken Scheiben spiegelten sich die Kerzenflammen. Wegen der starken Mauern des Turmes waren die Fensternischen sehr tief. In jeder standen zwei schmale Polsterbänke, jetzt mit allerlei Büchern und halbzerknitterten Landkarten bedeckt. Vier Lehnstühle mit vergoldeten Füßen standen verschoben umher. Ein kleiner Kamin in der nördlichen Fensternische war bereits erloschen.

Dies war der Raum, in dem der »Antimachiavelli« entstanden war! Die Büsten Ciceros, Voltaires, Diderots und Rousseaus blickten aus ziemlicher Höhe rings von den Wänden herab. An der Decke schwebte, von Pesne gemalt, Minerva, die Göttin der Wissenschaft und Kunst, vor sich ein Buch mit den Namen Horaz und Voltaire. Und über den Fenstern und der Tür hatte Scheffler vergoldete Embleme der Geometrie, Architektur, Musik und Kriegstechnik angebracht.

Der König saß an seinem kleinen Schreibtisch mit verstellbarer Platte. »Oh, Knobelsdorff, bon soir!« sagte er kühl in einem verwundert-ungläubigen Ton, als habe er diesen Besuch am allerwenigsten erwartet, und reichte ihm die Hand.

Friedrich sah sehr verändert aus. Das Gesicht war schmaler, das Profil noch spitzer geworden. Die Kerzen zeichneten scharfe Schatten in alle Falten des Gesichts, und die Augen erschienen unnatürlich weit und glänzend. »Vous m'y voyez à Rheinsberg comme autrefois, mais la situation a changé profondement«, sagte er und fuhr fort: »Hier haben mir die

Musen gelächelt, das ganze Leben schien mir ein blühender Garten. Jetzt reißt mich das Schicksal auf das große Welttheater.«

Sonderbar, dachte Knobelsdorff, Jordan sprach vom Spiel auf der Bühne, und er spricht vom Welttheater!

»Das größte und beste Theater der Welt, das ich kenne«, sagte Knobelsdorff, »ist noch immer die Dresdener Oper.« Das war absichtliches Mißverstehen. Aber damit kam er auf sein eigentliches Gebiet.

»Das ist jetzt alles unwichtig«, antwortete der König. Man müsse die Baupläne vertagen. Er brauche Geld und Kraft für andere Dinge.

»Majestät, das geht nicht!« erklärte Knobelsdorff derb.

»Que voulez-vous? Es geht allens!«

»Soll etwa Rheinsberg im Schutt liegenbleiben? Sollen die armen Bürger keine Häuser bekommen?«

Friedrich sah überrascht auf. Daran hatte er wohl nicht gedacht. »Non, naturellement pas. Soll weitergebaut werden!«

Knobelsdorff deutete gegen das dunkle Südfenster hinaus in die Nacht. »Die Statuen der Flora und Pomona für die Sockel des Parkportals sind noch nicht fertig. Soll der junge Bildhauer Glume die Arbeit einstellen und um seinen Lohn kommen, nachdem er schon jahrelang auf rückständige Vergütung hat warten müssen?«

Der König dachte einen Augenblick nach. »C'est bon!« sagte er dann. »Fertigmachen!«

»Von der Orangerie ist erst der Mittelpavillon vollendet –«

»Non!« Friedrich schnitt mit der Hand durch die Luft. »Nein, das ein andermal.«

Knobelsdorff ließ nicht locker. »Was soll mit den Leuten geschehen, die ich für Berlin verpflichtet habe, die Baumeister Horst, Füncke, Diterichs – die Bildhauer, die sich auf unsere Zeitungsaufrufe gemeldet haben, Kirchner, Hagen, die Brüder Hoppenhaupt, Nahl aus Straßburg – wir haben ihnen Ehre und guten Verdienst versprochen, nun kommen sie an und finden keine Aufträge vor – soll ich sie wieder nach Hause schicken?«

Friedrich zuckte die Achseln. »Künstlerpech!«

»Da sind außerdem die Scharen der Tagelöhner vom Bau der Friedrichstadt, der nun eingestellt ist. Sie haben im vergangenen Hungerwinter ihre letzten Ersparnisse aufgebracht, sie haben ihr Vieh und Hausrat verkauft, um leben zu können, und besitzen nichts als ihre Hände. Wenn sie beschäftigungslos bleiben, wird die Not in Berlin unvorstellbar! Ein Massensterben wird kommen, das zuletzt den preußischen Staat zugrunde richten kann – «

»Aber Knobelsdorff!« Der König beschwichtigte mit beiden Händen. »Sie haben einen schlechten Tag heute. Sie sind übermüdet, schlafen Sie erst mal aus!«

»Ich kann nicht schlafen. Auf Euer Majestät Haupt wird alles Unheil zurückfallen – «

»Finissons! Die Sorge überlassen Sie mir!«

Knobelsdorff zeigte zu Pesnes Deckengemälde und sagte: »Minerva, die Göttin der Kunst und Wissenschaft, über uns! Nach fast dreißigjähriger Finsternis ist sie endlich wieder am Himmel Preußens erschienen. Soll sie in dieser einen Nacht herabgestürzt werden? Soll das Land nach so kurzem, hoffnungsvollem Anlauf abermals in Barbarei versinken?«

Auch Friedrich schaute hinauf. »Das Bild stellt die Ruhe beim Studieren dar«, versuchte er abzulenken.

»Jawohl, und im Hintergrund trägt ein kleiner Genius das Schwert des Kriegsgottes Mars von dannen. Soll er es jetzt zurückbringen? Über Minervas Haupt schwingen, sie niederstrecken? Bedenken Majestät: Im Krieg kann man Ruhm und Macht gewinnen, aber Ruhm in Künsten und Wissenschaften ist unendlich viel größer und dauerhafter. Wo ist das Reich der Römer geblieben, das Reich der Franken, der Araber, Alexanders des Großen? Vergangen, verweht. Aber ihre Bauwerke stehen noch, groß, erhaben, bewunderswert, und verkünden den Ruhm ihres Geistes und wirken noch heute auf uns, daß wir von ihnen lernen und ihre Werke neu aufleben lassen!«

Der König senkte den Kopf und stützte sich auf den Schreibtisch. Nachdenklich blickte er in die Kerzen.

»Eh bien«, sagte er endlich. »Warum auch nicht? Österreich ist nicht gerüstet, es wird alles nicht so schlimm werden.«

Österreich! Knobelsdorff hielt den Atem an.

»Alors, Knobelsdorff! Bauen Sie zuerst Schloß Charlottenburg aus und den neuen Flügel dazu! Es soll meine Residenz werden. Wünsche es bis zum Herbst nächsten Jahres vollendet. Dann stellen Sie die Akademie der Künste im einstigen Marstall an der Lindenallee wieder her. Aber so, daß die Pferdeställe im Parterre verschwinden. Schräg gegenüber bereiten Sie den Platz für das Opernhaus vor! Und richten Sie unterdessen ein provisorisches kleines Theater im Schloß ein, möglichst rasch, daß im Winter schon gespielt werden kann! Nun, sind Sie zufrieden? Minerva bleibt am Himmel.«

»Das Souper ist serviert!« meldete ein Kammerlakai.

Schon eine Stunde später legte Kabinettsrat Eichel dem Finanzminister von Boden die Geldanweisungen für die befohlenen Bauten vor. Der sparsame Minister staunte über die Freigebigkeit des Königs. Eichel bemerkte lächelnd: »Der Herr von Knobelsdorff ist der einzige, auf den er hört.«

## Die Rocaille im Reisekoffer

Un wo soll er nu hin?« fragte der Tischlergeselle.

Knobelsdorff winkte und ging durch zwei leere Stuben in eine dritte, die lichtgrau getüncht war. »Hier ans Mittelfenster!« Die Wintersonne schien freundlich herein.

Der Geselle schleppte mit einem Gehilfen ein schweres eichenes Fußgestell herbei und danach eine große Platte aus astfreiem Lindenholz, die er mit hölzernen Schraubenwirbeln auf dem Unterteil befestigte. Als die Montage beendet war, sah das Ganze aus wie ein sauberer, rechteckiger Tisch. Aber die Platte ließ sich durch Scharniere hochklappen und mit Schrägleisten feststellen, bis sie fast senkrecht stand. Dazu gehörte noch ein langes, die ganze Fläche bestreichendes Lineal, das auf und ab geführt werden konnte und dabei immer waagerecht lag.

Knobelsdorff schob und schwenkte und schraubte. Er nickte zufrieden. Das also war der neue Zeichentisch. Nun konnte es ernsthaft losgehen mit der Arbeit! Bisher hatten ihm ein einfacher Schreibtisch und ein Reißbrett auf der Malerstaffelei genügt. Doch um die Gartenfassade von 52 Fenstern Länge für Monbijou und den Schloßflügel von 39 Fenstern für Charlottenburg zu entwerfen, brauchte er besseres Rüstzeug. Auch sein altes kleines Malatelier reichte dazu nicht aus. Knobelsdorff hatte eine andere Wohnung mit mehreren Stuben und Kammern in der Leipziger Straße gemietet, an ihrer Nordseite, zwischen Jerusalemer und Markgrafenstraße. Nach hinten hinaus ging der Blick auf Gärten, nach vorn auf eine der schönsten Straßen Berlins. Denn die Leipziger Straße gehörte zum älteren Teil der Friedrichstadt, der schon vor 35 Jahren angelegt worden war. Er war nicht so nüchtern, uniform wie die durchweg gelb angestrichene neue Friedrichstadt bis zum Halleschen Tor hinunter, die der verstorbene König Friedrich Wilhelm hatte bauen lassen.

Draußen wurde es lebhaft. Knobelsdorff und die beiden Arbeitsleute traten an die Fenster. Blau und rot zog es im Marschtritt vorüber, die Gewehre geschultert, Kompanie hinter Kompanie, und nebenher gingen Offiziere und Korporale mit Bajonetten, um Desertionen zu verhindern. So rückten die Truppen ins Feld. Dann trappelten eine Unmenge Packpferde heran, Bagagekaleschen folgten, Kutschen für höhere Offiziere. Schwere Bronzekanonen rumpelten auf eisenbeschlagenen Rädern über das Kopfsteinpflaster, dem Leipziger Tor entgegen.

»Sie sagen, es ginge nach Halberstadt«, bemerkte der Tischlergeselle. »Mit die Richtung stimmt et ja, aber sonsten, wer weeß? Ick hab auch schon welche beis Oranienburger Tor rin und nachs Kottbuser Tor rausmarschieren sehn.«

Knobelsdorff zuckte die Achseln.

Niemand wußte genau Bescheid. Es sah aus, als sei das gesamte preußische Heer in verworrener Kreuz- und Querbewegung begriffen.

Jetzt rasselten die kleinen Feldgeschütze und Mörser vorbei, Pulverwagen, Fahrzeuge mit Kanonenkugeln, und zuletzt folgten zahllose Magazinwagen, deren Inhalt gewölbte Planen verbargen.

»Da fahren sie unser Brot davon!« rief der junge Möbelträger, »und das kostbare Mehl und Getreide! Wie soll das nun diesen Winter wieder werden, wo schon im vorigen die Leute beinahe verhungert sind! Au wei, dat gibt eine Not! Werden wohl gar noch müssen von purem Wasser leben, bis wir elendig umkommen allesamt! Und kein Verdienst nich, die Bauarbeit liegt, un die Wollarbeit liegt, weil daß es Krieg gibt. Und wo dann einer will auf den Straßen oder an den Türen um ein Almosen bitten, wird er eingespunnt von wegen verbotenen Betteln!«

»Wie ich sehe, hat Er doch Arbeit«, sagte Knobelsdorff und wies auf den Zeichentisch.

»Das? Is das Arbeit, Lastentragen, mal hier ne Stunde for fünf Pfennig, mal dort ne Stunde for fünf Pfennig? Da können zwei Tage vergehen, ehe daß ich einen Groschen zusammen hab! So'n Tischlergeselle wie der hier verdient jeden Tag seine fünf Groschen! Und ist noch nich mal mit zufrieden.«

»Wärst du auch nicht«, meinte der Geselle, »wenn du dafor von morgens sieben bis abends sieben beim Meister tätst schuften müssen!«

»Streitet doch nicht!« mahnte Knobelsdorff. »Hauptsache, daß Arbeit da ist. Und für die wird gesorgt. Vor dem Neuen Tor soll ein Opernhaus gebaut werden. Vorher müssen wir den alten Festungsgraben verlegen. Da werden viel Erdarbeiten nötig.«

»Na, jetzt im Winter?« fragte der junge Lastträger mißtrauisch.

»Im Frühjahr fangen wir zeitig an.«

»Bis dahin bin ich längst verhungert.«

Knobelsdorff überlegte. Der Bursche tat ihm leid. Sein offenes Wesen gefiel ihm. Für Monbijou und Charlottenburg waren ungelernte Arbeiter ausreichend vorhanden. »Im Schloß wird ein kleines Theater errichtet. Vielleicht kann ich dort noch einen Hucker brauchen, der Ziegel und Kalk schleppt und Schutt abkarrt – «

»Mach ick! Wann? Jetzt gleich?«

Knobelsdorff zögerte. »Es ist nur eben – die Pläne sind noch nicht fertig. Weiß Er was? Bleib Er bei mir! Hier bei mir im Haus. Ich habe niemanden, der mir hilft. Ich kann nicht alles selbst machen, Holz hacken, Öfen heizen, Wasser holen, Botengänge besorgen – kann Er mit Pferden umgehen?«

»Allens! Es lernt sich allens.« Der Bursche strahlte. »Ei, da wär ick ja übern Winter versorgt!«

»Na gut. Wollen sehen, wie Er sich anstellt.« Die Hausglocke gellte. »Lauf Er, mach Er auf, da kommt schon Besuch!«

Der junge Mensch eilte. Der Tischlergeselle empfing einen Groschen Trinkgeld und ging. Dann trat Jordan in das erste der leeren Zimmer. »Hier finde ich Sie, armer Freund!«

Knobelsdorff ging ihm erfreut entgegen. »Es ist kein Grund zum Bedauern. Alles sehr schön hier, sechs Stuben, ein Alkoven, eine Küche, Speisekammer, Keller und Holzschuppen, Stallung für zwei Pferde nebst Heuboden – einen Moment, warten Sie, ich will sehen, ob ich schon einen Stuhl für Sie finden kann!«

Er lief mit langen Schritten zurück.

Jordan wartete und lächelte mitleidsvoll. Es war kümmerlich zu sehen, wie der begabte Künstler, im Alltagsleben ganz unpraktisch, jetzt ratlos nach einem Stuhl suchte, in Winkel und hinter Türen schaute und schließlich in einer entfernten Kammer um Hilfe rief, weil das Schloß hinter ihm zugeschnappt war.

Jordan befreite ihn. »Lassen Sie doch den Stuhl! Sagen Sie mir lieber, wie das hier werden soll. Wer wird für Sie sorgen? Warum sind Sie nicht in Ihrer alten Wohnung geblieben? Die guten alten Wirtsleute haben Sie doch sehr gut betreut.«

Knobelsdorff legte Jordan die Hand auf den Arm. »Der französische Architekt Gabriel hat zwei große Ateliers, eins in Paris und eins in Versailles, und beide sitzen voll Zeichner und Mitarbeiter.«

»Schon gut. Aber wer soll hier wirtschaften? Eine Frau müßte her. Heiraten Sie!«

Knobelsdorff kniff die Lippen zusammen. »Dieses Haus soll ein Künstleratelier werden.«

»Mon Dieu, ich bitte Sie!«

»Sehen Sie sich doch um im Berliner Adel und Bürgertum! Geheiratet wird zur Erhöhung von Stand und Besitz, und die Geldgier nimmt keine Rücksicht auf Ehe, Familie oder gar Liebesgefühle. Außerdem, man weiß nie, wie man es trifft, soll ich mich in endloser Aufregung, Unordnung und Zänkerei aufzehren?«

Knobelsdorff hustete und hielt sich das Taschentuch vor den Mund.

Jordan erschrak. »O pardon, mein Freund! Ich wollte Sie nicht alterieren. Bitte beruhigen Sie sich! Ich meine es nur gut. Jeder Mensch sieht, daß Sie in diesem Haus nicht allein bleiben können und Hilfe brauchen.«

»Werde ich mir schon verschaffen«, sagte Knobelsdorff, sich die Lippen tupfend. »Einen jungen Burschen habe ich bereits. Alles wird sich finden. Notfalls gebe ich eine Zeitungsannonce auf.«

»Viel Glück, lieber Freund! Ich wünsche Ihnen besten Erfolg. Zählen Sie immer auf meinen Beistand. Doch nun zum eigentlichen Zweck meines Besuchs. Ich soll sie fragen, ob Sie heute abend aufs Schloß zur Maskerade kommen.«

Knobelsdorff winkte mit beiden Händen energisch ab. »Habe ich noch nicht deutlich genug gesagt, was ich von dieser Gesellschaft halte? Ein Maskenfest, und die Truppen marschieren!«

»Ebendarum. Der König fährt diese Nacht vom Fest direkt zur Armee, unbemerkt von der Öffentlichkeit.«

»So?« fragte Knobelsdorff. »Das böse Gewissen?«

»Könige haben kein Gewissen, wo es um Krieg geht«, sagte Jordan. »Da gilt nur Klugheit, Geschick und Glück.«

»Und in welche Himmelsrichtung zielt diese extraordinäre Klugheit?«

»Zur schlesischen Grenze.«

---

»So ist es nun endlich gewiß.«

»War es von Anfang an. Alles andere war Verschleierungstaktik.«

»Und das sagen Sie mir erst heute?«

»Der König hatte mir Schweigen geboten«, entschuldigte sich Jordan. »Erinnern Sie sich an seine Schrift, von der in Rheinsberg gemunkelt wurde, ‚über den gegenwärtigen politischen Zustand Europas'? Ich hatte sie korrigiert und durfte darüber nicht sprechen. Darin steht schon, daß nach dem Tode des Kaisers Krieg und Verwirrung eintreten würden. Denn das Haus Habsburg wolle das Deutsche Reich in eine festgefügte Erbmonarchie verwandeln, während Frankreich überall Zwietracht säe, um alle Staaten Europas zu schwächen und seinerseits zu einer Weltmonarchie zu gelangen. Von den einzelnen größeren und kleineren Fürsten aber wolle jeder für sich seine Macht erweitern – ja, er müsse es, denn es sei das Grundprinzip aller Herrschaft.«

Knobelsdorff schüttelte sich. »Bleiben Sie mir vom Leibe mit solch teuflischer Philosophie! Ich erkenne den Verfasser des ‚Antimachiavelli' nicht wieder.«

»Die Krone ist eben stärker als der Mensch, der sie trägt. Und die Krone fordert jetzt von ihm, Preußen unter die großen Mächte Europas zu versetzen. Diese Bahn ist von seinen Vorfahren vorgezeichnet seit hundert Jahren: Gebietsvergrößerungen, Königtum, ein mächtiges Heer – und nun wieder Gebietserweiterung, weil das zerrissene Königreich mit der Riesenarmee nicht bestehen kann. Es ist zu arm, es braucht Zuwachs und Abrundung und wird mit der Zeit immer weiterschreiten, da es keine natürlichen Grenzen hat. Preußen ist, um ein Gleichnis aus Ihrem Metier zu gebrauchen, wie ein von vornherein unvollkommen und auf unsicherem Grunde erbautes Haus, das fortwährend Stützungen und Ergänzungen nötig hat, wenn es bewohnbar bleiben soll.«

Knobelsdorff nickte stumm. Das Bild leuchtete ein. »Und jetzt«, fuhr Jordan fort, »geht es zunächst einmal auf Schlesien los. Schon der alte Kurfürst Friedrich Wilhelm, den wir nur noch von Schlüters Reiterdenkmal her kennen, hatte Erbansprüche auf das schlesische Herzogtum Jägerndorf erhoben und einen Kriegsplan entworfen, der aber nie zur Ausführung kam, weil die Mittel nicht reichten. Der Urenkel hat nun Soldaten und Geld und benutzt den Augenblick europäischer Wirrnis, eine reiche Provinz mit blühendem Landbau und kräftigem Leinengewerbe sich anzueignen, da sie dem Haus Hohenzollern bedeutende Steuer- und Handelseinkünfte bringen wird.«

»Das sind Räubermethoden!« rief Knobelsdorff. Und abermals, wie stets wenn er sich erregte, überfiel ihn der alte Husten und zwang ihm das Taschentuch an den Mund.

Dann ließ er die Hände sinken.

Was nützte es, wenn er sich mokierte. Er besaß nicht die Kraft, die marschierenden Truppen aufzuhalten.

Jordan blickte ihm in die Augen. »Sie werden den König nicht mehr sehen. Er läßt Ihnen durch mich sagen, Sie sollen während seiner Abwesenheit die befohlenen Bauten rüstig fördern und über den Fortgang ihm recht häufig und detailliert ins Feldlager schreiben.«

Draußen rasselten immer noch die Kolonnen vorüber. Jetzt waren es Wagen mit Wein- und Bierfässern, Schanzkörben und Faschinen, Offiziersbagage mit Kisten und Truhen, mit Feldbetten, Wäschesäcken und kleinen eisernen Öfen.

Die beiden waren ans Fenster getreten. »Es wird dunkel«, sagte Jordan, »das Fest beginnt bald.«

»Gehen Sie nur!« erwiderte Knobelsdorff frostig. »Und bestellen Sie dem König – «

»Er vertraut Ihnen ohnehin, daß Sie alles aufs beste ausrichten werden.«

»Bestellen Sie Seiner Majestät, Seine Untertanen seien vollkommen glücklich und vergnügt, wie es der Erlaß zum Regierungantritt verkündet hat.« –

Zu dem einen Zeichentisch kam ein zweiter, ein dritter, ein vierter, später auch noch ein fünfter. Am ersten in einem separaten Zimmer machte Knobelsdorff seine Entwürfe in der ihm eigenen Manier, keine technischen Konstruktionen, sondern malerische Ansichten von Gebäuden, hauchzart in winzigen, kurvigen Strichelchen hingesetzt. Keine Kontur war lang ausgezogen, oft blieb sie punktiert oder nur als Kante einer Schattenschraffur erkennbar. Aber die Plastik von Säulen, Mauervorsprüngen oder Fenstervertiefungen war in eigentümlichen Helldunkelkontrasten deutlich zu sehen. Wie Traumvisionen sahen Knobelsdorffs Zeichnungen aus, und trotzdem konnte Bauführer Horst im Nebenraum nach ihnen ohne weiteres klare, saubere Aufrisse in kräftigen, gleichmäßigen Linealstrichen ausführen. Zwei Zeichengehilfen fertigten nach Knobelsdorffs Vorskizzen exakte Grundrisse an, auf denen Erdgeschoß, Hauptgeschoß, Dachgeschoß, Längs- und Querschnitte und zahlreiche Details in vergrößertem Maßstab für die Bildhauer und Maurerpoliere zu sehen waren.

Das Haus füllte sich immer mehr. Regale für Zeichenrollen und Stichvorlagen bedeckten die kahlen Wände. Neben Knobelsdorff im Hinterzimmer saß Rechnungsführer Finke über Etatsaufstellungen, Baugelderverteilung und Materialbuchungen, darum der »Buchfink« genannt zum Unterschied vom »Kupferfink«, einem zwanzigjährigen Kupferstecher und Architekten namens Füncke, der als besonderer Kenner antiker Baukunst am fünften Zeichentisch die Entwürfe zum Opernhaus bearbeitete. Hohe Kachelöfen, mit Holz oder Torf geheizt, verbreiteten behaglichere Wärme als zugige Schloßkamine, im Hof hörte man den jungen Tagelöhner mit der Axt für Feuerungsnachschub sorgen, ein altes Ehepaar mit einer Magd hatte im Erdgeschoß die Hauswirtschaft übernommen, und so blieben für Knobelsdorff selbst nur der Alkoven zum Schlafen und eine kleine Kammer zum Aufbewahren der Kleidung übrig. Mehr brauchte er nicht, ein Wohnzimmer fehlte. Statt dessen war, auch nach hinten gelegen, ein gut ausgestattetes Empfangszimmer vorhanden, das schon bei Jordans unvermutetem Besuch vermißt worden war. Es sollte in der Folgezeit kaum einen Tag unbenutzt bleiben.

Als die Fenster zugefroren waren, erschien ein untersetzter, blonder Mann und zog tief den dreieckigen schwarzen Filzhut: »Bon jour, monsieur! Meine Reverenz zu machen.«

»Nahl!« rief Knobelsdorff erfreut. »Seid Ihr's wirklich? Willkommen in Berlin. Habt Ihr schon Quartier?«

Der Bildhauer hatte während seiner langen Abwesenheit im Ausland französische Umgangsformen angenommen. Er sagte nicht »Euer Hochgeboren« und nicht »Euer Gnaden«, sondern »Monsieur«. »Ich bin im Gasthof zum ‚Roten Adler' abgestiegen, ein paar Schritte weiter in der Leipziger Straße.«

»Der ‚Schwarze Adler' am Köllnischen Fischmarkt soll besser sein, aber auch teurer. Bleibt einstweilen dort! Wir werden für Euch schnell eine Wohnung gefunden haben. Es gibt leerstehende Häuser mehr als genug.«

»Bitte bemühen Sie sich nicht, Monsieur!« sagte Nahl mit einem eigenartig aufwärts gerichteten Blick seiner graublauen Augen. »Ich brauche nur eine Stube für mich allein. Meine Frau, mein vierjähriges Töchterchen und meine ganze Werkstatt habe ich vorläufig in Straßburg zurückgelassen. Der Sicherheit halber, verstehen Sie bitte! Man weiß ja nicht – «

»Ihr meint, weil Krieg ist. Macht Euch darum keine Sorgen! Es wird trotzdem gebaut. Wir sind eifrig an der Arbeit. Überzeugt Euch!«

Nahl legte den dunkelgrauen Überwurf ab und stand ihm nun in einem zitronengelben Rock gegenüber. Das weiße Hemd darunter war an den Handgelenken mit violetten Schleifen zusammengebunden. Er folgte Knobelsdorff ins Atelier und grüßte dort mit höflichen Verbeugungen nach allen Seiten. Knobelsdorff führte ihn zum Arbeitsplatz eines der beiden Gehilfen. »Wir haben vier Baustellen«, sagte er. »Dies ist Schloß Charlottenburg.« Nahl beugte sich über den stark verkleinerten Grundriß. Er war sauber mit der Reißfeder ausgezogen, die Mauerstärken mit Wasserfarbe getuscht, Fenster- und Türöffnungen weiß gelassen. Klar und übersichtlich zeigte sich eine Schloßanlage französischer Art, ein Wohnbau mit zwei Seitenflügeln dreiseitig um einen Hof gruppiert, den sogenannten Ehrenhof oder Cour d'honneur, der eintreffende Gäste mit repräsentativen Schaufassaden empfing. Die Rückseite des Mittelteils, des Corps de logis, lag zum Garten hinaus. An das Corps de logis schloß sich westwärts ein langgestreckter dritter Flügel an, die Orangerie, und setzte die Gartenfront fort. So weit reichte der alte Bau aus der Zeit von König Friedrichs Großmutter Sophie Charlotte, auf dem Plan lichtgrau ausgetuscht. Als Gegenstück zum Orangerieflügel war nun, durch bräunliche Tusche kenntlich gemacht, und in gleicher Länge und Tiefe wie dieser, nach Osten gegen Berlin hin ein weiterer Bauteil angefügt, der die Wohnung des Königs aufnehmen sollte. Wohlgefällig betrachtete Nahl den schönen, symmetrischen Grundriß des Ganzen: ein Hufeisen mit zwei gestreckten Flügeln zur Gartenseite entlang.

»Und hier der Frontalaufriß des neuen Flügels!« erklärte Knobelsdorff ein anderes Blatt. »Ihr seht, einfacher geht es kaum. Keinerlei Verzierungen, tief herabgezogene Fenster mit Brüstungsgittern davor. Nur das Mittelrisalit trägt einen Balkon auf sechs toskanischen Säulenpaaren. Ionische Doppelpilaster setzen das Motiv oben fort, und auf dem Dach stehen sechs Kugelvasen von antiker Form. Edle Ausgewogenheit in griechischer Anmut spricht für sich selbst und braucht keine Verbrämung.«

»Monsieur«, sagte Nahl voll Bewunderung, »in Paris würden Sie damit Triumphe feiern!«

»Ihr übertreibt!« wehrte Knobelsdorff ab. Aber die Anerkennung eines weitgereisten Künstlers freute ihn doch.

»Das angenehme Verhältnis und zierliche Ebenmaß der Glieder sind die einzigen wahren Zieraten in der Baukunst. Schwache, angeklebte Ornamente, die keine Last zu tragen haben, halten nur das Regenwasser zurück und beschleunigen den Verfall des Gebäudes.«

»Sehr wahr gesprochen! Ich freue mich sehr, daß unsere Ansichten so gut übereinstimmen, Nahl! Ihr werdet mir gewiß beipflichten, wenn ich die reinen, klaren Formen nun auch auf die Innendekoration übertrage.« Knobelsdorff wies auf einen zweiten Plan. Er zeigte den neuen Flügel allein in vergrößertem Maßstab mit Aufteilung der Räume und sauberer Beschriftung. An den alten Mittelbau schloß sich die Wohnung des Königs mit einer Anzahl Gemächer an, dann kam ein großer Speisesaal, ein langgestreckter Festsaal in Form einer Galerie und am Ende des Flügels noch ein Konzertzimmer und drei kleinere Räume. »Den großen Speisesaal«, sagte Knobelsdorff, »würde ich gern mit Doppelsäulen ausschmücken. Die Galerie wird dafür zu schmal sein. Ich schwanke, ob ich Halbsäulen an den Wänden oder nur flache Pilaster verwende.«

»Pardon, Monsieur, das macht man heute nicht mehr! Elemente der Außenarchitektur in die Räume hineinnehmen, gleichsam nach innen gewendete Palastfassaden, als ginge man auf Straßen, das ist Großväter-, Urgroßvätermanier.«

»So!« Vor knapp vier Jahren, aus Italien zurückkehrend, hatte Knobelsdorff Friedrichs Schnörkelvorliebe Großvätergeschmack gescholten. Nun wollte ihn einer belehren, daß gerade das, was Knobelsdorff für neuzeitlich hielt, noch viel veralteter war?

»Mille fois pardon, Monsieur!« bat Nahl mit aufwärts gerichtetem Blick. »Anstelle der Säulen und Pilaster benutzt man heutzutage das sogenannte Rahmenwerk, hohe leichte Rahmen aus dünnen Stableisten. Die Rahmen brauchen nichts einzuschließen, sie sind nur zur Aufteilung der Wandflächen da.«

Knobelsdorff winkte einem der Gehilfen: »Rheinsberg!« Die Mappe mit Schefflers Dekorationsentwürfen für die Rheinsberger Zimmer war sofort gefunden.

»Alors, Monsieur, da haben Sie ja schon das Rahmenwerk!« rief Nahl. »Aber die Ausführung ist nicht dernier cri. Die Ecken stoßen zu hart aneinander. Die plumpen C-Kurven, die hier und da vermitteln sollen, sind flach und wirken wie angeklebt. Ich möchte Ihnen ein anderes sehr schönes Ornament empfehlen. Es ist gefällig, geschmeidig, unendlich variabel und vor allem ganz neu. Ich habe es auf meiner Reise in Süddeutschland schon gesehen, aber nördlich des Mains noch nicht. Wenn Sie wünschen, Monsieur, werde ich Ihnen Vorlagen zeigen. Ich habe sie im Gasthof in meinem Koffer.«

Nahl ging und kam schon am nächsten Tag wieder, diesmal nicht als gelber Kanarienvogel, sondern im einfachen braunen Alltagsgewand, mit einer großen Mappe unter dem Arm. Sie enthielt neben eigenen Entwürfen eine umfangreiche Ornamentstichsammlung des französischen Architekten Meissonier.

»Der Erfinder des neuen Ornaments, der Rocaille«, erklärte Nahl. »Man nennt es auch Muschelwerk, denn es stammt von der Kammuschel her, einem Meerestier, das man in Frankreich als Leckerbissen verzehrt. Diese Muschel hat unsymmetrische Schalen. Strahlenförmige Grate ziehen gegen die Ränder, die augenförmige Verzierungen zeigen.«

Knobelsdorff schwieg. Er zog nur die Augenbrauen in die Höhe und dachte an seinen Aufenthalt in Paris. Seine Miene drückte Ablehnung aus.

Nahl hob den Blick. »Ich bitte Sie, Monsieur, sich nicht zu mokieren! Die Rocaille ist seit der ionischen Volute und dem Mäandermuster das bedeutendste Ornament, das die Kunst hervorgebracht hat. Meissonier hat hier ganze Motivreihen entwickelt, für Wände, Türrahmen, Spiegel- und Bilderrahmen, für Möbel, Kutschen, Krückstöcke, Porzellane und Juwelierarbeiten. Die Muschel ist plastisch. Sie tritt körperhaft aus dem Grunde heraus, ist flüssig und weich modelliert, rippig oder zackig verhärtet, hier und da ausgefasert zu Federn, Flammen – « Nahl wies mit ausgestrecktem Arm auf die Fenster: »Eisblumenstrahlen! Graziöses Spiel der Materie, in voller Bewegung erfaßt: die Idee der Freiheit, dem Auge sichtbar gemacht!«

Alle begeisterte Beredsamkeit vermochte den kritischen Knobelsdorff nicht zu betören. »Welcher Freiheit?«

»Der Freiheit des Geistes im Denken, Forschen und Schaffen, wie Voltaire und Montesquieu sie verkünden.«

Ein philosophischer Kopf, dieser Nahl, und mit seiner Eigenwilligkeit nicht eben bequem! »Also mit Muscheln wollt Ihr den Speisesaal verzieren! Etwa um den Appetit anzuregen?«

Nahl überhörte den Spott. Er blieb fest bei der Sache. »O nein, Monsieur, Sie haben mich falsch verstanden! Die Rocaille ist kein Flächenornament. Ich will sie nur sparsam an einzelnen Ecken verwenden. Sie verstärkt Kurven, verbindet Ecken, betont exponierte Blickpunkte, fügt von weit her Divergierendes aneinander. Zur Flächenverzierung haben wir erstens das Gitter- oder Nagelwerk, welches an Gartenlauben erinnert, die man aus schmalen Leisten kreuzweise zusammennagelt. Man kann damit in Stuck oder Holzschnitzerei ganze Wände bedecken, rechtwinklig oder schräg verzogen, zeltartig zugespitzt oder gewölbt oder perspektivisch verkürzt, so daß man in überdeckte Gänge zu blicken glaubt. Vergoldet machen sie einen großartigen Effekt.«

»Hm!«

»Und zweitens das Wellenmotiv. Es kann in parallelen Wogenlinien große Flächen überziehen. Wenn man die Wellenkämme in Silber erhöht, geben die Lichtreflexe einen großartigen Effekt.«

»Ich will aber keine Effekte! Ich will Ebenmaß, Klarheit, Stille.«

Nahl klappte die Ornamentsammlung zu. »Nun gut, Monsieur! Ich wollte Ihnen noch das Tropfstein- oder Grottenwerk zeigen, das niederhängende Zapfen nachbildet, das schräg niederfallende Quellenmotiv, das senkrecht aufsteigende Springbrunnenmotiv. Aber es hat wohl keinen Zweck. Ich habe Familie und Werkstatt in Straßburg zurückgelassen. Ich sehe jetzt, daß es richtig war.« Er packte seine große Mappe zusammen und klemmte sie unter den Arm.

Da bereute Knobelsdorff seine Schroffheit. Er hatte längst erkannt, daß Nahl von der Innendekoration mehr verstand als er selber, der Architekt. Knobelsdorff konnte ihn nicht entbehren. »Laßt mich doch das Letzte noch sehen, damit ich alles lerne!«

»Lernen wollen Sie?« fragte Nahl erstaunt. »Ich dachte, räsonieren. Bin aber von Straßburg her selbständiges Arbeiten gewohnt.«

»Sollt Ihr auch hier. Ich befürchte nur, Euer Muschel- und Wellen- und Grottenwerk könnte in Maßlosigkeit ausarten. Die Tendenz dazu hat es ohne Zweifel. Es muß gezügelt werden. Die Vernunft muß unser höchster Richter und Lenker sein.«

---

Nahl hob die graublauen Augen. Er kannte den Ausspruch, wußte jedoch nicht, woher. »Das ist wahr, Monsieur!«

»Seht Ihr, wir können beide voneinander lernen!«

»Falls man uns die nötige Zeit dazu läßt.« Nahl wiegte bedenklich den Kopf. »Was geschieht aber, wenn der König den Krieg verliert?«

»Es sieht nicht so aus«, meinte Knobelsdorff zuversichtlich. »Breslau ist eingenommen, halb Schlesien bereits besetzt.«

»Ohne Kriegserklärung ein ungeschütztes Land zu überfallen ist leicht. Doch wie wird es weitergehen, wenn der Widerstand wächst, wenn sich ein europäisches Bündnis bildet? Überall unterwegs hat man mich gewarnt, nach Preußen zu gehen.«

»Trotzdem seid Ihr gekommen. Warum?«

»Im armen Preußen, wo der verstorbene barbarische König die Künstler verjagt hatte, hoffte ich zu den Ersten zu zählen.«

»Schon geschehen, Herr – directeur des ornements!«

Nahl nahm den neuen Titel freudestrahlend und mit tiefer Verbeugung entgegen.

Den richtigen Mann an den richtigen Platz, war Knobelsdorffs Grundsatz. »Wir wollen uns nicht länger streiten«, sagte er. »Laßt uns, mag kommen was will, das arme Preußen, vornehmlich Berlin, gemeinsam mit Werken der Schönheit erfüllen, die Krieg und Tod überdauern!«

»Das ist ein Wort, Monsieur!«

»Ich bin bereit, auf die Säulen im Speisesaal von Charlottenburg zu verzichten. Flache Pilaster mögen genügen.« Knobelsdorff trat vor den Grundriß und zeichnete rasch die Mauervorsprünge ein. »Die Galerie lassen wir ohne jedes Profil. Farbiger Stuckmarmor, rot bis grünlich, soll die Wände bedecken. Ihr mögt sie dann mit Euren Ornamenten überspinnen – aber so, daß man sie sämtlich vergolden kann.«

»Alle Ornamente vergolden?« fragte Nahl überrascht.

»Alle! Auch die an der weißen Decke.«

»Eine goldene Galerie! Dergleichen hat Deutschland nicht aufzuweisen. Man denke sich das Glänzen und Glitzern bei Kerzenlicht! Ein guter Einfall!«

»Die Einfälle überlasse ich Euch, lieber Nahl. Setzt der Freiheit des Geistes mit Eurer Phantasie ein anmutiges Denkmal!«

»Stets Ihr ergebenster Diener, Monsieur!«

»Aber mit Maß, hört Ihr? Mit Vernunft! Ich passe scharf auf.«

## Das faule Artilleriepferd

Am alten Lusthaus nahe der Pomeranzenbrücke wurde eine morsche Tür zugeschlagen. Der junge Bauführer Füncke, Knobelsdorffs »Kupferfink«, hatte sie ärgerlich hinter sich zugeworfen. »Unverschämtheit!« brummte er.

Von den Kirsch- und Mandelhecken, Statuen, Grotten und Springbrunnen des einstigen Lustgartens nördlich vom Berliner Schloß war nichts übriggeblieben. König Friedrich Wilhelm I. hatte einen Exerzierplatz daraus gemacht. Nur ein Pavillon stand noch am Ende des Platzes am Ufer der Spree in der Ecke, wo der Schiffahrtskanal abzweigte, der dann am Zeughaus vorüber den Stadtteil Alt-Kölln bis zur Inselbrücke umzog.

Der Pavillon war ein verschrobenes Gebäude mit Kuppel, Nebenkuppeln und Schaufronten nach allen vier Seiten, so daß man an eine byzantinische Kirche erinnert wurde. Er hieß das Lusthaus. Aber es diente schon längst keiner Lust mehr. Seine bröckelnden Mauern enthielten die Arbeitsstellen von Künstlern, die keine eigenen Werkstätten besaßen. Nahl, Scheffler, die Brüder Hoppenhaupt arbeiteten darin. Außerdem saß dort die Bauschreiberei. Von ihr kam Füncke. »Holzköppe die!« schimpfte er vor sich hin.

An der Nordseite des Exerzierplatzes den Kanal entlang lagerte Baumaterial, das mit Kähnen hier angekommen war, Balken und Bretter in großen Stapeln, Dachziegel, Mauersteine, Sandsteinblöcke, aufrecht gestellte Platten und Kalk. Füncke ging um den sandigen Platz und überschritt auf der hölzernen Schloßbrücke den südwärts ziehenden Kanal, der hier Köllnischer Graben hieß. Jetzt hatte er zur Rechten das Zeughaus, zur Linken das Kronprinzenpalais und geradeaus vor sich die Stelle, wo einst das Neue Tor durch den Festungswall des Kurfürsten Friedrich Wilhelm geführt hatte. Wall und Tor waren seit sechs Jahren abgetragen, nur ein Wachthäuschen neben dem Zeughaus war erhalten geblieben. Aber der Festungsgraben davor war noch da, im Sommer ein flacher, übelriechender Morast, im Winter und Frühjahr dagegen breit und wasserreich, so daß man darauf mit Kähnen die älteren Stadtteile in Zickzacklinien umfahren konnte.

Die Kähne hinter dem Zeughaus sah Füncke hervorkommen, erst einen, dann einen zweiten und dritten. Sie brachten Berge von Sand aus der Jungfernheide heran, feuchten und trockenen, mit Kies oder Feldsteinen versetzten, das war gleichgültig, nur möglichst viel mußte es sein. Mit Stangen wurden sie langsam den Festungsgraben entlanggestakt, unter der wakkeligen Zugbrücke entlang, die zum Neuen Tor gehört hatte.

Dann hielten sie an, einer nach dem anderen. Baumeister Horst stand am Rande und gab das Zeichen. Zwei Dutzend Tagelöhner sprangen mit Schaufeln hinab und warfen den Sand aus den Kähnen ins Wasser. Die Männer arbeiteten, so gut sie konnten. Sie freuten sich über diese Beschäftigung, die ihnen auf lange Zeit Lohn verhieß. Und doch waren ihre Bewegungen langsam und matt, und die Frühlingssonne beleuchtete scharf ihre bleichen, eingefallenen Gesichter. Ein zweiter Hungerwinter lag hinter ihnen. In ihren baufälligen Holzhütten am Prenzlauer Tor, in der Köpenicker und Stralauer Vorstadt hatte so mancher von ihnen Weib und Kind auf faulendem Strohlager sterben sehen.

Schaufel um Schaufel klatschte der Sand ins Wasser, eine Kahnladung nach der anderen versank. Und wenn die Schiffe leer zurückfuhren, merkte man nicht einmal, daß etwas geschehen war. Wie lange würde es dauern, bis darauf ein Opernhaus stehen konnte!

Und neben dem Festungsgraben, einige Schritte stadteinwärts, wurde ein zweiter Graben gezogen, der die Wassermengen des alten aufnehmen sollte. Scharen von Tagelöhnern schütteten die abgegrabene Erde ins Wasser. Welch ein Aufwand an Erdbewegung, wenn aus dem Opernhaus wahrscheinlich nichts wurde! »Meister Horst!« rief Füncke.

Aber Horst hatte keine Zeit für ihn. Er hatte beiderseits des Festungsgrabens große Löcher ausheben lassen, viereinhalb Meter tief, aus denen unentwegt Grundwasser abgeschöpft wurde, während unten ein Mann immer tiefer grub.

»Seht her!« sagte Horst zu dem jungen Füncke. »Der Berliner Boden ist heimtückisch. Dem großen Meister Andreas Schlüter ist er übel bekommen. Hat nur neun Fuß tief gebohrt, Sand gefunden und darauf seinen Münzturm errichtet. Wußte aber nicht, daß in fünfzehn Fuß Tiefe eine Schicht Faulschlamm lag, die nachgab und den Turm zum Neigen brachte. Mein Lehrmeister Böhme war dabei und hat alles miterlebt. Das darf uns hier nicht passieren! Wie tief?«

»Achtzehn Fuß!« rief es dumpf aus der Grube.

»Gut, dann ist keine Gefahr mehr. Sand ist nach Fels der beste Baugrund. Die Schlammschicht im Festungsgraben ist ganz gering. Wenn wir fest zuschütten, brauchen wir vielleicht nicht einmal Pfähle zu rammen. Mal sehen, wie die Schüttung liegt.«

»Meister Horst, es ist – «

»Wir müssen nur aufpassen«, spann der Baumeister weiter, »daß der neue Graben breit und tief genug wird. Wenn er nicht genug Spreewasser aufnimmt, kriegen wir jedes Frühjahr in der tiefgelegenen Friedrichstadt drüben die schönste Überschwemmung. Glaubt mir, ich kenne den Boden dort! War alles mal sumpfiges Wiesengelände. Der Karpfenteich am Hallischen Tor ängstigt mich heute noch im Traum.«

»Meister Horst, es wird wohl nichts mit – «

»Aber doch, mein Junge, wir haben ja fußhoch aufgeschüttet! Der alte abgetragene Festungswall liegt unter den Häusern der Kronen-, der Zimmer- und der Kochstraße. Heda!« rief Horst über den Graben hinweg. »Achtzehn Fuß tief bohren! Das genügt!«

»Es hat ja alles keinen Zweck, Meister Horst!« kam Füncke endlich zu Wort. »Es ist kein Holz für das Opernhaus da.«

---

»Wie, was?« Horsts Gedanken tauchten aus den Tiefen der Erdschichten an die Oberfläche empor. »Kein Holz? Macht Euch nicht lächerlich, Füncke!«

»Ich war eben in der Bauschreiberei, Meister Horst! Eichenstämme, wie der Herr Oberintendant sie für den Dachstuhl des Opernhauses verlangt, gibt es überhaupt nicht.«

»Unsinn! Wer sagt das?«

»Der Holzschreiber Westphal meinte, er habe seit Jahr und Tag genügend Korrespondenz mit den königlichen Holzhöfen und Oberförstern geführt. Wurde noch frech und sagte, der Herr Oberintendant solle sich sein Opernhaus an den Hut stecken, ehe er sich vor aller Welt blamieren täte. Ich war natürlich wütend und schmiß die Tür zu. Aber was hilft's, wir müssen es dem Herrn Oberintendant melden. Habt Ihr ihn gesehen?«

»Ja, heute früh. Er wollte zum Theaterbau ins Schloß. Aber jetzt wird er wohl wieder zu Hause sein.« Horst kratzte sich den Kopf. »Teufel, das wäre eine fatale Geschichte! Ich weiß, es sollten mächtige Hölzer sein.«

»Ich suche den Herrn Oberintendanten in seiner Wohnung!« rief Füncke und eilte davon.

Unterwegs in der Markgrafenstraße verdunkelte sich der Himmel. Ein Schneeschauer wirbelte herab, und als Füncke in der Leipziger Straße ankam, war alles weiß. Der April des Jahres 1741 fing durchaus herkömmlich an. Eingeschneit war auch eine Kutsche, die vor Knobelsdorffs Wohnung hielt. Wieder Besuch! dachte Füncke. Das ging hier den ganzen Tag. Aber gerade jetzt, wie ungelegen! Er stieg die Treppe empor.

Aus Knobelsdorffs Empfangszimmer vernahm er aufgeregte, fremdartig klingende Laute, zwischen denen die ruhige Stimme des Oberintendanten nur selten hörbar wurde. Füncke trat daher in den ersten Arbeitsraum und fand hier den Zimmermeister Büring, der mit dem Daumen nach nebenan wies: »Se sind schon da.«

»Wer?«

»Die Sängerinnen for die Oper. Zwee Stück aus Italien. Und noch een Kulissenmaler.«

»Die hat Kapellmeister Graun engagiert. Du lieber Himmel, was wollen die jetzt schon hier?«

»Keene Bange nich!« sagte Zimmermeister Büring seelenruhig. »Der Herr Oberintendant wird mit die ooch fertig. Aber for uns heeßt et nu: in de Hände spucken!«

Büring hatte mit Knobelsdorff im Schloß den Kurfürsten- oder Alabastersaal besichtigt, der im Querflügel über dem Durchgang vom vorderen zum mittleren Hof lag und sich bis zur Lustgartenfront erstreckte. Dann hatten beide in Knobelsdorffs Wohnung die Holzeinbauten besprechen wollen: zwei Reihen kleine Logen, acht Bänke hintereinander im ansteigenden Parterre, Podium und Bühnenrahmen, alles sehr klein. Und da waren sie mitten im Gespräch durch die Ankunft der Italiener gestört worden. »Nu steh ick da!« sagte Büring.

»Es gibt Schlimmeres«, entgegnete Füncke hastig und berichtete von dem Holzmangel, der den Bau der großen Oper bedrohte.

»Nu man ruhig Blut!« Büring klopfte dem Zwanzigjährigen väterlich auf die Schulter. »Et jeht allens. Mal überlegen!«

Sie traten an einen der Zeichentische, wo Füncke in den letzten Tagen nach Bürings Angaben den Dachstuhl des großen Opernhauses in Längs- und Querschnitten dargestellt hatte. Ein kompliziertes System von gegeneinandergelehnten Streben, senkrecht hängenden Balken und zwischengefügten Spannriegeln sollte die Decke über Zuschauerraum und Bühne freitragend von oben her halten. Die Spannweite von 24 Metern erforderte außerordentlich starke Hölzer.

Zimmermeister Büring hatte 490 Eichenstämme von 12 und 7 Metern berechnet, sämtlich 70 Zentimeter stark, sowie 1290 gleichstarke Kiefernstämme von 7 bis 18 Meter Länge.

»Ein ganzer Wald!« sagte Füncke.

»Einer?« rief nebenan ein Zeichengehilfe. »Da werden wohl mehrere Wälder fallen müssen.«

»Hm!« machte der Zimmermeister. »Ich hab schon gehört, es soll schlecht in die Wälder aussehen. Allens braucht Holz, die

Hausleute fors Heizen, die Bauleute fors Bauen, alle Handwerke for ihr Gerät und Ware, die Köhler for Holzkohle-Brennen, und Holzkohle brauchen die Schmiede und Hammerwerke, Erzgießereien und Glashütten, Töpfereien und Ziegelöfen.«

»Aber das wächst doch wieder nach«, warf Füncke ein.

»Tja, was glaubt Ihr, wie lange das dauert, bis so 'ne Eiche ranwächst wie die hier? Ein Menschenalter! Wenn sie überhaupt wächst. Die Eicheln fressen die Schweine fast ratzekahl weg, und was doch ansamt, wird von Schafen und Rindern und Pferden verbissen oder zertrampelt, denn die alten Dorfweiden sind zum Herrenland geschlagen. Und wenn so ein Schößling trotz allem zum Baum aufwächst, wird er vorzeitig geschlagen, weil die Waldbesitzer immer Geld brauchen. Die Kiefern werden alle paar Jahre ganze Landstriche weit von Raupen verheert. So hab ich mir's sagen lassen, jawoll.«

Füncke blickte ratlos auf das Reißbrett. »Wenn das so ist, muß man wohl doch eine andere Bauweise anwenden, die weniger Holz verlangt.«

»Na bitte, junger Mann!« erwiderte Büring gereizt. »Wenn Ihr et besser wißt als een oller grauköppiger Zimmermeester, ick hab nischt dagegen.« Er griff nach seinem schwarzen Dreispitzhut.

»Was ist denn, Meister? Ich habe doch bloß gefragt.«

»Baut Ihr man een Sprengwerk und stützt die Decke von unten her! Da sind keene Hängebalken nich nötig, aber man sieht dafor ooch die Streben.« Büring wandte sich zum Gehen.

Füncke wollte ihn zurückhalten. »Meister, ich bitte Euch, laßt doch mit Euch reden!«

»Oder stellt hohe Säulen mitten in den Zuschauerraum, wo die Leute nischt mehr von die Bühne sehen! Da braucht Ihr noch weniger Holz. Aber mir laßt dabei aus't Spiel!«

Er wäre verärgert davongegangen, wenn nicht in diesem Augenblick Knobelsdorff aus seinem Empfangszimmer getreten wäre. Sein Gesicht strahlte. »Lob und Preis dem Kapellmeister Graun!« rief er. »Er hat uns einen Theateringenieur geschickt. Voilà, Signor Giacomo Fabris aus Venedig!«

Der Vorgestellte sah nicht wie ein Italiener aus. Er war mittelgroß, dunkelblond. »Buon giorno, signori!« sagte er etwas unsicher. »Deutsch Jakob Faber. Vater, Mutter deutsch!«

Knobelsdorff, lebhaft wie jedesmal, wenn ihn ein neuer Gedanke bewegte, rief begeistert: »Nun wissen wir doch, wie wir das Parterre heben können!«

»Parterre?« Fünckes Gedanken schwebten noch in der Dachkonstruktion. Ah, richtig, das Parterre im Zuschauerraum des Opernhauses sollte bis zur Höhe der Bühne emporgeschraubt werden können, damit ein einziger großer Festsaal für Bälle und Maskeraden entstand!

»Wir werden es nicht mit mannsdicken Schraubenwinden machen«, verkündete Knobelsdorff, »auch nicht mit langen Hebeln, sondern mit Ketten, die über Walzen laufen und Gegengewichte tragen. Die Walzen werden an beiden Enden mit Kurbeln gedreht, vielleicht von drei bis vier Arbeitern an jeder Kurbel. Das wird im einzelnen noch zu berechnen sein. Versteht Ihr? Während sich der Parterreboden hebt, senken sich die Gewichte.« Er lachte: »Und mir fallen meine Sorgen vom Herzen mit dieser Lösung!« Knobelsdorff wurde ganz lustig und wollte Wein kommen lassen.

Aber jetzt sprach Füncke zu ihm von der Holznot. Meister Büring zeigte sich wieder besänftigt und wiederholte seine Betrachtungen. Währenddessen schauten die beiden Sängerinnen Signorina Laura und Signorina Farinella unter schwarzen Spitzentüchern beleidigt zur Tür herein, da man sie offensichtlich vergessen hatte.

Es wurde viel hin- und hergeredet. Alle erwarteten, der Oberintendant werde mit energischen Befehlen Abhilfe schaffen. Knobelsdorff aber ging nachdenklich auf und ab. Was hatte er zu befehlen? Er konnte seinen Baukondukteuren Anweisungen geben, den Künstlern, Handwerkern, Tagelöhnern, die er vertraglich gedungen hatte. Doch keiner Behörde konnte er Vorschriften machen, keinem Minister, keinem Kammerpräsidenten in den Provinzen, keinem Generalpächter auf den Domänenämtern, keinem Landrat in den Kreisen oder Ortskommissar in den Städten, keinem Oberförster, nicht einmal den Holz- und Bauschreibern im Lusthaus an der Pomeranzenbrücke.

Das, worum Knobelsdorff schon in der Audienz bei Friedrichs Regierungsantritt andeutungsweise gebeten hatte, eine amtliche Stellung im Staat – sie war ausgeblieben. Er stand mit seinen vielen Mitarbeitern ganz isoliert da, fast wie ein Privatmann, nur eben im Dienste des Königs, der jedoch abwesend war. Was tun?

»Wir müssen das Holz im Ausland kaufen!« schlug Zimmermeister Büring vor.

»Und wovon bezahlen?« Nein, dazu reichten die Baugelder nicht, die Knobelsdorff zur Verfügung hatte. Ihm blieb nur eines übrig: das Generaldirektorium, den Rat der Minister um Holzbeschaffung zu bitten und sich dabei auf des Königs Befehl zum Bau einer Oper zu berufen.

»Bitten!« Füncke lachte. »Das gibt Nachforschungen, Berichte, Rückfragen, Rapporte die Instanzen hinunter und wieder hinauf, und wir können hier wohl bis zum jüngsten Tag warten.«

»Wir werden nicht warten!« sagte Knobelsdorff plötzlich streng. »Wir werden mit Signore Fabris die technische Ausstattung festlegen, die Heizung, die Regenmaschine, die Schwebevorrichtungen, Versenkungen, zugfreie Anordnung der Türen, darauf die Approbationspläne sauber ausführen, die großen Polierrisse für den Rohbau anfertigen, mit genauen Maßangaben aller Ecken und Winkel nach Zoll und Strich, daß die Maurer danach arbeiten können, und Vorzeichnungen für sämtliche Einzelheiten in starker Vergrößerung, für Hängewerkverzahnung, Gebälke, Säulenquerschnitte und Kapitäle, Profile der Tür- und Fenstergewände, die Ornamente im Zuschauerraum, die Statuen und Reliefs an den Außenfronten, und zuletzt werdet Ihr, Füncke, das alles in Kupfer stechen und einen ansehnlichen Bildband zusammenstellen! Versteht Ihr mich? Zum Warten haben wir keine Zeit!«

»Jawohl! Nein! Gewiß, Euer Hochgeboren!« stotterte Füncke eingeschüchtert und klappte wie ein Taschenmesser zusammen. Die Zeichengehilfen, die grinsend dabeistanden, sprangen an ihre Reißbretter.

»Perdoni, Signore, dove si mangia bene?« flötete es von der Tür her. Himmel, die italienischen Sängerinnen waren ja auch noch da!

»Was sagt sie?« fragte Knobelsdorff.

»Die Damen haben Hunger«, erläuterte Fabris.

Zur hinteren Tür schaute Rechungsführer Finke, der »Buchfink«, herein und schwenkte Papiere in der Hand. »Die Anträge auf zollfreie Einfuhr von Pirnaer Sandsteinen, Euer Hochgeboren! Bitte ergebenst um Unterschriften!«

»Wartet, ich gebe Euch gleich die Holzanforderung an das Generaldirektorium mit! Schreibe sie sofort. Und Ihr, Kupferfink, führt unsere italienischen Gäste in den ‚Roten Adler' hinüber. Da gibt's gutes Essen und Logis. Hernach bringt Ihr die Damen am besten zum Hofmarschall, der mag weiter bestimmen – vielleicht können sie in einem Konzert bei der Königin oder Königin-Witwe auftreten. Sagt auch Flötenmeister Quantz Bescheid, der leitet jetzt die Hofkonzerte! Aber vorher müßt Ihr mit mir nach Monbijou! Da werkt Bauinspektor Püschel ganz allein, wir müssen nach ihm sehen. Auf, die Sonne scheint wieder!«

»Un ick?« fuhr der Zimmermeister auf. »Ick steh nu wieder da!«

»Morgen früh, Meister Büring!« sagte Knobelsdorff eilig beim Schreiben. »Wir reden dann über die Theatereinbauten im Schloß. Verzeiht, aber ich kann mich nicht zerreißen!«

Büring nahm seinen Hut. »Je oje, is det hier een Jahrmarkt!« –

Nach solch einem Tag sank Knobelsdorff in seinem Alkoven todmüde ins Bett, zog die Vorhänge zu und wollte nichts mehr sehen und hören – auch nicht von den alten Hauswartseheleuten, die nach Befehlen fragten – nichts von der Magd, die bei dem Durcheinander die Stuben nicht fegen konnte. Mochte der Straßenschmutz liegenbleiben! Nur schlafen!

Aber es kamen auch andere Tage. Während Baumeister

Horst noch mit seinen Arbeitern bei Kälte, Schnee und Regengüssen am Festungsgraben gegen die Schlamm- und Erdmassen anging, traf Mitte April 1741 die Nachricht von einem Sieg der Preußen bei Mollwitz ein. Da waren alle Befürchtungen um Niederlage und Einstellung der Bauprojekte verflogen. Mit neuer Zuversicht beugte sich Knobelsdorff über die Akanthusblätter eines Kapitäls, das er zeichnete. Denn korinthische Säulen sollten das Opernhaus zieren, der prächtig-repräsentative Schmuck altrömischer Prunkgebäude. Als einen großartigen Vergnügungspalast für die Hofgesellschaft wollte Friedrich das Opernhaus aufgeführt haben, mit drei ineinandergehenden Festsälen: Foyer, Zuschauerraum und Bühne. Knobelsdorff dachte sich den Bau als einen erhabenen Tempel der Kunst. Er sollte als Eingang eine Säulenfront der Straße zukehren wie das von ihm so bewunderte Pantheon in Rom.

In diesen Gedanken traf ihn der junge Bildhauer Glume an. Er hatte das Parkportal in Rheinsberg endlich fertiggestellt. Vor Freude hätte Knobelsdorff ihn fast umarmt: »Glume, wie gut, daß Ihr da seid! Ich habe Arbeit für Euch! Wie wohl mir wird, wenn ich Euch sehe! Es waren schöne Tage in Rheinsberg, so ruhig, so friedlich, so unbeschwert, wenn auch nicht ganz ohne Sorgen für Euch, aber doch nicht so gehetzt und überbürdet für mich wie hier. Ich bitte Euch, bewahrt mir Eure Treue! Ich brauche sie.«

Es klang wie ein Hilferuf. Glume verstand ihn. Er lächelte freundlich und liebenswürdig wie immer: »Selbstredend! Dazu bin ich da.« Und Glume ließ sich sogleich nach Monbijou schicken.

Knobelsdorff aber fühlte sich für eine Weile nach Rheinsberg zurückversetzt, als er am Zeichentisch saß, neben sich das Werk Palladios, des Altmeisters der Architektur. Wieder wie damals berechnete er Höhe, Stärke und Abstand der Säulen. Und wiederum konnte er sich nicht in die klassischen Regeln finden. Die Höhe des Opernhauses mit seinen vier Reihen Logen im Innern verlangte für die äußeren Säulen die bedeutende Länge von zehn Metern.

---

Dann ergaben jedoch die Maße Palladios einen zu weiten Abstand, der die Harmonie der ganzen Vorderfront störte. Also schob Knobelsdorff die sechs Säulen ein wenig zusammen und beließ nur in der Mitte vor der Tür den vorgeschriebenen Zwischenraum von zweieinhalb Säulendurchmessern –

Es klopfte schon wieder. Konnte man nicht eine einzige Stunde unbehelligt arbeiten?

Jordan schaute lächelnd herein. Er hatte einen seltsamen Brief vom König bekommen. Nach der Schlacht bei Mollwitz waren die Österreicher abgezogen, Friedrich hatte ganz Schlesien besetzt. »Mein lieber Herr Jordan«, hatte er geschrieben, »mein süßer Herr Jordan, mein sanfter Herr Jordan, mein guter, mein milder, mein friedliebender, mein allerleutseligster Herr Jordan! Ich melde Ihrer Heiterkeit . . .«

Was sollte ein hochgebildeter Mensch wie Jordan von solch kindischen Äußerungen des Siegestaumels halten? Er sagte es nicht. Er war auch nicht deswegen gekommen. Er hatte Knobelsdorff etwas auszurichten. »Wie geht es Ihnen, mein Freund?« begann er behutsam, da er den Architekten so stark beschäftigt sah.

Knobelsdorff deutete auf die soeben beendete Skizze: »Unser Opernhaus Vorderseite! Sieht aus wie mit freier Hand hingeworfen, nicht wahr? Niemand erkennt, wieviel mühselige Rechenarbeit dahintersteckt.«

»Das ist wunderbar!« Jordan erstaunte. »Eine herrliche Tempelfront!«

»Ein griechisches Peristyl. Erstmalig in Deutschland. Die Säulen sind fast so hoch wie die am römischen Pantheon. Aber, halt – Füncke!« rief Knobelsdorff. »Kupferfink.«

Der junge Baukondukteur eilte aus dem großen Arbeitsraum herbei. »Herr Oberintendant?«

»Seht her! Die Säulen am Pantheon sind aus ägyptischem Granit. Den haben wir aber nicht. Unser Pirnaer Werkstein ist bedeutend weicher. Ich fürchte, so große Säulen aus Sandstein werden auf ihren schwachen Füßen nicht lange stehenbleiben. Schon gar nicht, wenn sie noch den schweren Giebel mit Statuen und Reliefs tragen sollen.«

»Oh«, wandte Füncke bescheiden ein, »wenn man sie mit Eisenstangen im Mauerwerk fest verankert –?«

»Bravo, Füncke!« rief Knobelsdorff. »Den Gedanken hatte ich eben auch. Dann macht mir mal eine Detailzeichnung! Aber die Anker müssen ins Steingebälk eingelassen werden, man darf sie von außen nicht sehen! Längenmaße berechnen!«

Knobelsdorff ließ sich aufatmend auf den Stuhl fallen. »Wieder ein Problem gelöst!« sagte er froh.

Jordan beugte sich zu Knobelsdorff. »Mein Freund, wollen Sie das nicht dem König schreiben? Er läßt Sie darum ersuchen.«

Knobelsdorff sah unwillig auf. »Was soll ich schreiben?«

»Alles. Von der Arbeit am Opernhaus, am kleinen Schloßtheater in Charlottenburg, wie sie vorwärtsgeht.«

»Was gibt es da groß zu schreiben? Glaubt er, die Bauten schießen wie Pilze aus dem Boden? Man sieht ja noch gar nichts. Er hat keine Ahnung, wie mühsam die Vorbereitungen sind, ehe wir überhaupt richtig anfangen können!«

Jordan nickte ermunternd. »Nun, dann schreiben Sie das doch dem König! Aber nicht steif und trocken. Etwas anschaulich und amüsant, wie er es gern hat.«

»Soll ich gar noch zum Dichter werden?« rief Knobelsdorff. »Ein Architekt hat den Kopf voller Zahlen. Die Basis solch einer korinthischen Säule allein besteht aus nicht weniger als zwölf Wülsten, Hohlkehlen, Ringen. Zwölf verschiedene Durchmesser, zwölf verschiedene Höhen sind zu berechnen und zeichnerisch zu fixieren.«

»Sehen Sie, das wäre schon etwas, was Seine Majestät interessieren würde. Er wünscht, daß die Beschreibung jedes Säulenteils von Charlottenburg vier Quartseiten umfaßt.«

Das war eine starke Zumutung. »Vier Seiten! Ist er des Teufels? Woher soll ich die Zeit dazu nehmen?«

»Lieber, Bester!« begütigte Jordan freundlich. »Sie müssen den König verstehen! Die Strapazen des Feldzugs, die langen dunklen Winterabende im Quartier, ein so reger Geist – da kreisen die Gedanken um Zukunftspläne und Wünsche, da greift die Phantasie der Realität voraus, sieht träumend schon fertig, was erst im Entstehen begriffen. Und er liebt seine Bauten, er schreibt: ‚Ich bin wie ein Kind in diesen Dingen. Das sind meine Puppen, mit denen ich spiele' – Bitte bleiben Sie ruhig, mein Freund!«

Knobelsdorff war empört aufgesprungen. »Bauwerke sind keine Puppen zum Spielen! Bauen ist zuerst demütiger Dienst an der Schönheit, und danach ernste, aufopfernde Arbeit!« Er hustete, das Taschentuch vor dem Mund.

»Mein Gott!« seufzte Jordan bestürzt. »Ich hätte es Ihnen nicht sagen sollen! Sie haben ja recht. Aber stillen Sie sein Verlangen, ich bitte Sie, schreiben Sie ihm von den Bauten! Mit welcher Ungeduld er ihre Vollendung herbeisehnt, beweist sein Wunsch, Schloß Charlottenburg schon in diesem Herbst fertiggestellt zu sehen.«

»Ausgeschlossen!« brach Knobelsdorff heftig los. »Wie denkt er sich das? Lassen sich etwa zwei reich ausgestattete Säle, ein Treppenhaus und dreizehn Zimmer im Handumdrehen wie eine Bretterscheune zusammennageln? Glaubt er, ich hätte einundzwanzigtausend Mann zur Verfügung wie er, um damit ein paar Vorposten über den Haufen zu rennen? Marschieren und schießen lassen, gleichgültig wieviel dabei liegenbleiben – ja, das ist leicht! Aber so kann man nur zerstören, nicht aufbauen!«

Jordan war erschrocken zurückgewichen. Besorgt verfolgte er Knobelsdorff, der hustend mit fleckigen Wangen und schweren Schritten, unter denen die Dielen bebten, im engen Raum umherstürmte, bis er mit dem Fuß an einen Stuhl stieß, der polternd umfiel.

Füncke stürzte herein: »Ist etwas geschehen?« Jordan hatte den Stuhl schon aufgehoben. Knobelsdorff sank darauf nieder. Ein heftiger Hustenanfall erschütterte seinen Körper. Auf dem Taschentuch zeigten sich hellrote Tupfen.

Füncke sprang hinter den Stuhl und suchte den Leidenden zu stützen. Knobelsdorff ließ den Kopf zurücksinken in Fünckes Hände und schloß die Augen. »Winter und Frühjahr, immer dasselbe«, ächzte er, »im Sommer wird's wieder besser.« Dann sagte er mit schwacher Stimme: »Füncke, ruft alle zusammen! Wir müssen nach Charlottenburg. Nahl, Glume, Scheffler, die Hoppenhaupts – Meister Pesne, die Kunstmaler Dubois, Harper und Höder, alle sollen mitkommen! Wir wollen an Ort und Stelle besprechen, wie wir am schnellsten fertig werden.

Damit alles Hand in Hand geht und keiner dem anderen im Weg ist.«

»Nehmen Sie sich nicht zuviel vor!« mahnte Jordan. »Sie müssen sich schonen.«

Merkwürdig, jeder sagte das! Offenbar war ihm sein Zustand vom Gesicht abzulesen. Als Knobelsdorff in Charlottenburg ankam, zeigte sich sogar der alte Kastellan Dauen besorgt. Er meinte: »Das ist nicht gut for Euer Hochgeboren, das lange Rumstehen in die kalkfeuchten Räume.«

In der Tat sah es recht unwirtlich aus. Der neue Schloßflügel war erst im Rohbau fertig. Noch fehlten Türen, Wandbekleidung, sogar manche Fenster. Es roch nach Mörtel und frischem Holz, es zog, und die Füße gingen auf rauhem Blindfußboden, der später das Parkett tragen sollte. »Ein paar Tage werde ich es schon aushalten«, warf Knobelsdorff gleichmütig hin.

»Wollen Euer Hochgeboren nicht wenigstens hier übernachten? Die eineinhalb Stunden Wagenfahrt auf die Sandwege hin und zurück, und das jeden Tag, das ist doch zu anstrengend for Euer Hochgeboren. Und for die anderen Herren auch.«

»Können wir im Schloß unterkommen?«

»Nu, is man schlecht«, antwortete der Kastellan. »Es sind überall noch die Handwerkers drin. War ja bald dreißig Jahre nicht mehr benutzt, höchstens zu königliche Familienfeste, und allens kaputt und verwittert.«

»Gibt es hier keinen Gasthof?«

»Gibt's schon, mehrere sogar, aber niemand drin. Seit der prachtliebende hochselige König Friedrich der Erste gestorben und kein Hof zu Charlottenburg mehr gehalten, ist hier rein gar nischt mehr los und die ganze neue Stadt mit ihre sechzehnhundert Einwohner total auf den Hund gekommen.

Allens verarmt und verbauert – ah, da ist ja die Tochter vom Küster!« Der Kastellan stieß ein Fenster zu ebener Erde auf und rief hinaus: »Lotte! Lotteken, komm doch mal her!«

»Schon da!« antwortete das Mädchen mit einer weichen Altstimme und klapperte in Holzpantinen und grauen Wollstrümpfen über den zerfahrenen Vorplatz heran. Das braune Unterkleid fiel auf die halben Waden nieder, der blaue Überrock hing bauschig um die Hüften gerafft. Ein Lodentuch lag auf den Schultern, das dunkelblonde Haar war von einer grauen Leinenkappe bedeckt.

Sie trat ans Fenster, wie Knobelsdorff sie im Schloßpark von Rheinsberg gesehen hatte, dort aber im Maskenkostüm und geschminkt. Hier rötete natürliche Frische die Wangen des achtzehnjährigen Mädchens. Und im Henkelkorb lagen, als sie den Deckel hob, keine Riechfläschchen oder Puderquasten, sondern drei junge Katzen.

»Ei, Lotteken, sind die for mir?« fragte Dauen erfreut.

»Für den Herrn Hofgärtner Saltzmann oder für Euch, hat der Herr Vater gesagt.« Das Mädchen sprach ganz unbefangen und strahlte den alten Dauen an.

»Oh, ich nehm ihnen gern«, sagte der Kastellan. »Hier im Schloß wimmelt's von Ratten und Mäuse. Könnt ihr denn soviel entbehren?«

»Stücker fünf waren's«, antwortete das Mädchen vergnügt. »Eins hat der Kater gefressen, und eins haben wir behalten. Das langt.«

Knobelsdorff beugte sich zum Fenster hinaus über den Korb mit den drei kleinen, graugescheckten Fellkugeln. »Reichlich vierzehn Tage alt«, sagte er, »das ist früh im Jahr.«

Die anderen ließen ihre Entwürfe und Pläne auf den Brettern über Böcken ruhen und drängten sich lächelnd ans Fenster, Glume rief: »Das ist allerliebst!«

Knobelsdorff hob eines der drolligen kleinen Geschöpfe aus dem Korb und hielt es hoch. Das Geschick, mit dem er es anfaßte, nötigte dem alten Dauen ein Lächeln der Anerkennung ab: »Euer Hochgeboren verstehen damit umzugehen.«

Und ob er es verstand! Wie oft hatte er kleine Katzen in der

Hand gehabt – damals, auf dem Gut des Vaters! Kindheitserinnerungen wurden in Knobelsdorff wach, an junge Hunde in der Kiste, an quiekende Ferkel, an Kälber, die mit rauher Zunge an der Hand saugten – eine ziegelgeflasterte Küche mit schwarzem Rauchfang über dem Herd und zirpenden Heimchen – Wiesen und Obstgärten – dann hinter der Hecke versteckt, Dorfmädchen mit Maikäfern oder Kletten beworfen – am Bachufer hingestreckt, Stöcke ins Wasser tauchen und schwarze Krebse, die ihre Scheren daran festklemmten, aus den Schlupflöchern in der Böschung ziehen. Eine ganze Welt stieg aus der Tiefe der Erinnerung, während das Kätzchen auf seiner Hand hing.

Und das Mädchen strahlte über die runden Wangen: »Wollen Euer Hochgeboren auch eins?«

»Nee, nee, Lotteken«, lachte der Kastellan. »Zweimal veräußern, das geht nu nicht! Was soll denn der Herr Obergeneralbauintendant auch damit!«

Das Mädchen blickte die Künstler hinter dem Fenster der Reihe nach an. »Sind das die Herren Quartiergäste?«

»Ei«, rief Dauen. »Woher weißt du das?«

»Vom Markt. Wir hätten ein Obdach.«

»Da schlag doch das Wetter mang! Eben sprachen wir noch davon, und nu kommst du schon mit eins an!«

»Aber es wird dem Herrn General Hochgeboren vielleicht nicht gut genug sein.«

»Bleibt mir mit dem General vom Leibe!« lachte Knobelsdorff und legte die kleine Katze in den Korb zurück. »Ich habe es bloß bis zum Hauptmann gebracht.«

»Na das geht ja noch«, meinte Lotte erleichtert. »Dann lauf ich mal gleich nach Hause, Bescheid sagen. Der Herr Vater und die Frau Mutter werden sich sehr freuen.« Sie knickste und eilte davon.

»Ein liebes Ding«, sagte der Kastellan mit dem Katzenkorb in der Hand. »Ich kenn ihr nu schon von der Wiege an. Ist die Jüngste vom Küster. Die Ältere dient beim Herrn Pastor. Sehr ordentliche Leute die Eltern. Euer Hochgeboren werden Ihnen dort sehr behaglich fühlen.«

Was Lotte auf dem Markt gehört hatte, war anderen auch nicht verborgen geblieben. Ganz Charlottenburg, durch den Schloßbau und viele Gerüchte längst in gespannte Erwartung versetzt, wartete sehnsüchtig auf eine Wiederkehr der früheren guten Zeiten, auf eine glänzende Hofhaltung mit ihrer Unzahl von Bedienten, Hofbeamten und vornehmen Besuchern aus aller Welt nebst Gefolge, auf einen Aufschwung von Handwerk und Handel, auf Besetzung der leeren Häuser und Zimmer, Erhöhung der Mieteinnahmen und auf das Steigen der Grundstückswerte. Die Nachricht von der Ankunft einiger Herren vom Stande schien endlich die Schicksalswende der heruntergekommenen Stadt anzukündigen. Und so sah man meist ärmlich gekleidete Frauen zögernd auf das Schloß zukommen. Auch sie benutzten, wie Lotte den Katzenkorb, allerlei Vorwände, um sich den königlichen Gebäuden zu nähern. Eine Stellmachersfrau brachte einen Krug selbstgebrautes Braunbier für die Maurer im Schloß, eine andere suchte ihre angeblich entlaufene Ziege, eine dritte wollte um Bauholzabfälle bitten. Kastellan Dauen rief sie alle heran, und in einer knappen Stunde hatten sämtliche Künstler in nahen Bürgerhäusern Nachtunterkünfte gefunden. Lotte aber war mit ihren flinken Beinen die erste am Platze gewesen und hatte sich den Herrn Oberintendanten geangelt.

Küster Schöne war ein gescheiterter Student der Theologie, der im Schulamt hängengeblieben war. Immerhin hatte er seiner Tochter mehr Kenntnisse und eine gewandtere Sprache als ortsüblich beigebracht. Pflichtgetreu unterrichtete er die Kinder der Bürger, spielte die Orgel, läutete die Glocke, zog die Rathausuhr auf, betreute nebenher die alte Kirche des eingemeindeten Dorfes Lütze, alles für 34 Taler im Jahr und einige Haufen Brennholz und war trotzdem noch froh, auf diese Weise der Soldatenwerbung entgangen zu sein. Sein kleines Haus lag an einem runden Platz um die neue Stadtkirche, und aus dem Oberstübchen konnte man nach hinten hinaus den Wald sehen, der Charlottenburg nahe im Süden begrenzte.

Wohlig streckte sich Knobelsdorff nach einem Pökelfleischgericht abends ins saubere Bett. Erfrischt wachte er auf, wenn Lotte mit einem fröhlichen »Guten Morgen!« das Zimmer betrat, um den Kachelofen zu heizen. Und ließ sie dann durch das geöffnete Fenster die Morgensonne herein, hörte Knobelsdorf Hühnergackern, Schweinegrunzen und das Klappern der Melkeimer aus den Hintergebäuden der Nachbarhäuser, wo die Charlottenburger Handwerker und Krämer ihre kleinen Bauernwirtschaften versorgten. All diese vertrauten Geräusche vernahm Knobelsdorff gedämpft und traumhaft wie in seiner Jugendzeit. Die Stille im Haus, das junge Grün in den Gärten, das Glockenläuten am Abend versetzten ihn in eine friedvolle, behagliche Stimmung, und er mußte sich mit Gewalt davon losreißen, als nach fünf Tagen die Aufteilung der Dekorationsarbeiten im Schloß beendet war.

Auch die freundlichen Küstersleute waren enttäuscht. Sie hatten auf einen Dauermieter gehofft und sich größte Mühe gegeben. Aber als Knobelsdorff für alles in allem drei Taler zahlte, waren sie entzückt und voller Dank, denn es war für sie mehr als ein volles Monatsgehalt. Und doch hatte Knobelsdorff nur die Hälfte von dem gegeben, was ihm in einem Berliner Gasthof abverlangt worden wäre.

»Gewiß kommen Euer Hochgeboren bald wieder«, sagte Lotte zum Abschied und knickste. »Ende Juli haben wir wieder junge Katzen.« Dabei lachte sie ihn so verschmitzt an, daß es fast aussah, als wolle sie sich über seine Tierliebe lustig machen.

Trotzdem nahm Knobelsdorff dieses Lachen, diese Natürlichkeit wie die ganze ländliche Umwelt freudig und dankbar mit auf den Weg. Sie begleitete ihn auf der Fahrt durch die lange, schnurgerade Tiergartenallee, die aber mehr einem sandigen Flußbett als einer Straße glich, so tief sanken die Räder ein. –

Knobelsdorff kehrte im Juli nicht nach Charlottenburg zurück. Alle anderen kamen nach und nach wieder: Nahl schmückte die Goldene Galerie aus, Glume den Grünen Salon, der jüngere Bruder Hoppenhaupt das Schreibkabinett. Meister Pesne begann zwei große Deckengemälde, im Treppenhaus Prometheus als Lichtspringer, im Speisesaal ein Mahl der Götter auf dem Olymp darstellend.

All diese Künstler bezogen in Charlottenburg wieder die alten Quartiere. Nur die Küstersleute warteten vergeblich auf ihren Mieter. »Das Zimmer war ihm wohl doch zu schlecht«, seufzte die Frau. Aber Lotte meinte gelassen: »Ach wo, er hat uns ganz einfach vergessen.« Sie ahnten nicht, wie oft er in Gedanken bei ihnen war.

Ein zweites Orangeriegebäude im Küchengarten von Charlottenburg, zwei Pferdeställe für eine berittene Leibgarde auf dem Platz vor dem Charlottenburger Schloß, das waren die neuesten Befehle des Königs, die Knobelsdorff durch das Generaldirektorium übermittelt wurden.

Warum, fragte sich Knobelsdorff, schrieb ihm der König nicht selbst?

Hatte er etwa keine Ruhe dazu? Aber man hatte doch nach der Schlacht bei Mollwitz nichts mehr von Kämpfen in Schlesien gehört. König Friedrich sollte sich seit Monaten in einem Lager bei Strehlen aufhalten und seine angeschlagenen Truppen neu ordnen. Jordan war zu ihm gereist und konnte Knobelsdorff keine Botschaften überbringen.

Warum also schrieb ihm der König nicht selbst?

Es gingen Gerüchte um von großen und rücksichtslosen Steuererhebungen im eroberten Land. Das Generaldirektorium gab bekannt, daß der König von nun an keine Sparsamkeit bei den Bauten mehr wünsche. Die Errichtung eines weiteren Flügels am Schloß Monbijou, Neuausstattung der Gemächer des Königs und die seiner Mutter im Berliner Schloß, die Anlage von Lustgärten in Köpenick und Schönhausen seien angeordnet worden mit dem ausdrücklichen Zusatz: Alles plötzlich und glänzend!

Wie Hammerschläge mußte Knobelsdorff diese Anweisungen von dem Kollegium der Minister hinnehmen. Er wußte nicht, wo ihm der Kopf stand. An einen Besuch in Charlottenburg war nicht zu denken. Wie hätte er jetzt auch die Ruhe gefunden, junge Katzen zu streicheln. Es ärgerte ihn, daß ihm der König nicht direkt die Befehle zukommen ließ.

---

Warum wählte er nicht diesen einfachsten und natürlichsten Weg?

Dabei hatte ihm doch Knobelsdorff mehrmals ausführlich über alle Arbeiten berichtet. Nicht alles war erfreulich gewesen, gewiß! Erst im Juli war Horst mit den schwierigen Erdarbeiten am Festungsgraben fertig geworden, so daß mit der Fundamentierung des Opernhauses begonnen werden konnte. Kapellmeister Graun war mit allen Sängern und Sängerinnen aus Venedig, Bologna, Mailand, Rom, Neapel, Brescia, Pescia und wo er sie sonst noch angeworben hatte, in Berlin eingetroffen. Dagegen war man mit der Holzbeschaffung für das Opernhausdach noch keinen Schritt weitergekommen. Amtliche Berichte der Oberförster hatten ergeben, daß in den königlichen Forsten tatsächlich keine geeigneten Bäume standen. Nun waren Zimmermeister Büring und der Holzschreiber Krüger auf Reisen gegangen, um mit behördlichen Pässen und Zwangsvorspann der Bauern die Wälder der adligen Gutsbesitzer abzusuchen.

Das alles hatte Knobelsdorff dem König geschrieben. Er hatte keine Antwort erhalten. Warum nicht?

Statt dessen war, wieder über das Generaldirektorium, seine Ernennung zum Direktor der Musik und Oper eingegangen. Knobelsdorff hatte einen Schreck bekommen. Noch mehr Arbeit! Nun hatte er nicht nur die ganze unbeschäftigte Sängergesellschaft auf dem Halse, er mußte sich auch um die Komposition und Einstudierung einer Oper für das kleine Theater im Schloß kümmern, das ebenfalls noch nicht fertig ausgebaut war. Wäre doch Zimmermeister Büring wenigstens wieder zurück!

Er kam endlich, als der Sommer zu Ende ging, aber in welchem Zustand! Krumm und lahm hinkte er ins Zimmer herein. Er hatte Kopfschmerzen, das Kreuz und alle Glieder taten ihm weh, sein Leib war voller blauer Flecken, er konnte kaum sprechen, nur einige Flüche röcheln. Er war allein, der mitreisende Holzschreiber Krüger hatte sich bei Velten ein Bein gebrochen.

»Was ist denn geschehen, Sie Ärmster?«

Aus dem geschundenen Mann war nur wenig herauszubringen. Sie waren im Galopp durch das ganze Königreich Preußen gejagt, hatten mit ihrer Vollmacht und landrätlichen Befehlen etliche Wagen und ein Dutzend Bauernpferde zuschanden gefahren, die Räder waren mehr gehüpft als gerollt – »Un for wat nu dat allens? For nischt!« Einige hundert passende Baumstämme hatten sie zwar gefunden, aber beileibe keine eintausendsiebenhundert. Es sah böse aus um das Opernhaus.

Knobelsdorff überlegte. »Dann müssen wir's eben doch im Ausland versuchen. In Sachsen, und wenn es auch da nichts gibt, in Polen.«

Also wieder Ersuchen an das Generaldirektorium um Pässe und Vollmachten! Und weil Meister Büring und Krüger reiseunfähig waren, mußte Holzschreiber Westphal fahren.

Dann erschien Jordan. Knobelsdorff umarmte ihn voller Freude. »Endlich zurück! Nach so langer Zeit! Wie geht es Ihnen? Was macht der König? Ist er mit meiner Arbeit zufrieden? Warum schreibt er nicht?«

Der Gelehrte war einsilbig und schien bedrückt. Der empfindsame Mensch hatte es im schlesischen Feldlager keine zwei Tage ausgehalten und war nach Breslau geflüchtet. Friedrich, durch seine Erfolge übermütig geworden, hatte ihn dafür mit Spott und Hohn überschüttet. »Daraus muß ich schließen«, hatte er ihm geschrieben, »daß Ihnen wenige Helden an Mut gleichkommen. Ihre Tapferkeit hat die Jungfernschaft noch. Ich mache Ihnen mein Kompliment, göttlicher und heroischer Jordan!« Das erzählte Jordan natürlich nicht. Er brachte es auch nicht übers Herz auszusprechen, was der König über Knobelsdorff geäußert hatte:

»Ich komme meiner Tage nicht mit ihm von der Stelle. Er besorgt nichts, wie ich es haben will, und ist faul wie ein Artilleriepferd!«

## Cäsar und Kleopatra

Nahls neue Wohnung war ein geräumiges Haus in der Leipziger Straße gegenüber dem »Roten Adler«. Als er und Glume die große Wagendurchfahrt betraten, kam ihm sein sechsjähriges Töchterchen die Treppe herab entgegengesprungen. »Herr Papa, Herr Papa, seid ihr wieder da!«

Nahl fing die Kleine in seinen Armen auf. »Ja, mein Herzele, endlich! Nun bleib ich hier.«

»Fahrt Ihr nicht wieder nach dem bösen Charlottenburg?«

»Nein, Lisbeth, der König hat uns alle hinauswerfen lassen. Er ist aus dem Krieg zurück und will dort Hof halten, da kann er keine Künstler und Handwerker brauchen.«

Nahl zog seinen Begleiter zu sich heran. »Das ist Meister Glume, sag schön guten Tag. Er will mal schnell mit heraufkommen und etwas ansehen. Weißt du, wir müssen jetzt nämlich ganz schnell das große Opernhaus vollenden, damit bald Theater darin gespielt werden kann.«

»Darf ich da auch mal hinein?« Das Kind schmiegte sich an den Vater.

»Natürlich. Du mußt sogar einmal hinein. Es wird wunderschön.« Nahl hob sie auf seine Arme und küßte sie ab. Er war wie vernarrt in die Kleine.

Ein paar Tage später brachte er mit zwei Gehilfen auf einem Brett das weiße Gipsmodell des Opernhauses angeschleppt.

Lisbeth klatschte in die Hände. »Darf ich damit spielen?«

»Freilich, mein Herzele, das darfst du! Es wird nicht mehr gebraucht, nachdem es der König gesehen und gutgeheißen hat. Der Herr von Knobelsdorff will es nicht mehr haben. Wo soll er auch hin damit! Du kennst doch Herrn von Knobelsdorff noch? So ein Großer, Breiter mit einem dicken viereckigen Gesicht, ja? Zu dem mußt du jetzt Euer Exzellenz sagen, wenn du ihm mal begegnest. Vergiß es nicht! Er gehört jetzt zum Generaldirektorium, hat Stimme und Rang wie ein Minister und ist Geheimer Finanz-, Kriegs- und Domänenrat geworden. Er hat viel zu befehlen im Land.«

»Da wird er wohl strenger sein als früher?« meinte Lisbeth.

Nahl lachte. »So, fandest du ihn streng? Weißt du, das sieht nur so aus. Er ist etwas kurz angebunden, weil er eine Menge Ärger und Sorgen hat. – Na komm nun, wir wollen alles hinaufbringen!«

Oben im weißgestrichenen Flur wurde das Modell auf einen Tisch gestellt. »Brich nur die Figuren auf den Dächern nicht ab!« mahnte Nahl. »Sieh mal, sie haben Namen: Apollo, Thalia, Melpomene, Euterpe, Terpsichore und so weiter, lauter Schutzfeen der Künste, die werden ich und Meister Glume und Meister Giese ganz groß in Sandstein meißeln. Viel, viel Arbeit, zwei Jahre wird's sicher dauern. – So, meine Kleine, nun kannst du fein spielen! Ist doch schön, daß wir hier soviel Platz haben, nicht? Das kommt daher, daß Papa und Mama in Straßburg gespart haben.« Er nickte seiner Frau Anna Maria zu, die, ein Schlüsselbund in der Hand, aus der Tür getreten war. »Sonst hätten wir in Berlin kein so großes Haus kaufen können. Denn bis man hier sein Geld bekommt, wird man alt und grau. Ich habe mich anführen lassen, das war mein Fehler. Als ich zum directeur des ornements ernannt wurde, glaubte ich an feste Anstellung mit bestimmtem Gehalt. Aber dann war es ein leerer Titel, ich kriege wie vorher jeden Auftrag einzeln zugeteilt und einzeln bezahlt und muß davon noch die Handwerker entlohnen.«

»Gräm dich nicht, Nahl!« sagte Anna Maria. »Es ist Friede mit Österreich geschlossen, jetzt wird gewiß alles besser. Der Krieg soll dem König ja ungeheuren Gewinn gebracht haben, man spricht von viereinhalb Millionen Talern. Schade, daß du noch in Charlottenburg warst und die große Siegesparade am Zeughaus nicht gesehen hast! Die Menschen waren alle so freudig und hoffnungsvoll – «

Es wurde November. Man sah an den Straßenecken einen Erlaß des königlichen Hofmarschallamts angeschlagen mit dem strengen Verbot, sich bei der Eröffnung des Opernhauses den Baugerüsten mit brennenden Fackeln zu nähern oder gar damit hineinzugehen. Nahl lachte, als er es in der Leipziger Straße las. Knobelsdorff war wütend.

Vor zwei Tagen noch hatte er dem König erklärt, daß an

eine Eröffnung der Oper in diesem Winter nicht zu denken sei. Und nun wurde sie über seinen Kopf hinweg einfach verfügt! Vor aller Öffentlichkeit proklamiert! Wer war denn nun Oberbauintendant und Operndirektor, er oder der Oberhofmarschall Graf von Gotter? »Ich werfe den ganzen Kram hin!« sagte Knobelsdorff, als er vor dem Opernhaus aus seiner Kutsche stieg. Sie waren schon alle da und erwarteten ihn: Baumeister Horst, Bauadjunkt Füncke, Zimmermeister Büring, Theateringenieur Fabris, die Bildhauer Nahl, Glume und Giese, Hofkapellmeister Graun. Auf allen Gesichtern war nur das eine Wort zu lesen: Unmöglich!

Knobelsdorff sah sich um. Da stand das Opernhaus, sein Werk, sein Stolz, seine ganze Liebe! Wie hatte er sich auf den Tag gefreut, da es in seiner wuchtigen Größe, in seiner edlen klassischen Schönheit sich den Augen darbieten würde! Und wie sah es nun aus? Ein mächtiger Klumpen von Baugerüsten, unförmig, mörtelbespitzt, mit Leitern und Seilaufzügen besetzt! Keine Treppen, keine Statuen, keine Reliefs vorhanden! Die Säulenvorhalle zur Lindenallee hin, das großartige und für Deutschland erstmalige griechische Tempelperistyl, überhaupt noch nicht angefangen! Das ganze Gelände ringsumher ein wüster, regendurchweichter Platz voller Balken, Bretter, Kalkbütten, Steinmetzbaracken, Ziegelsteinstapel und Sandsteinblöcke! Die Tränen konnten einem kommen bei diesem Anblick.

»Det geht allens noch«, meinte Zimmermeister Büring. »Wenn et losgeht abends um sechse, denn is et dunkel. Aber innen, Herr du meine Güte!«

Knobelsdorff hob die Hand, und sie gingen hinein..

Sie betraten das Theater durch den Seiteneingang zu ebener Erde und gelangten in das Parterre vor die Bühne, wo eine vorschwingende Scheidewand das Orchester abgrenzen sollte. Aber die Scheidewand war noch nicht da. Der riesige Zuschauerraum war fast dunkel und gänzlich von ungeheuren Gerüsten ausgefüllt. Nur schwach drang das Licht des trüben Tages durch die Seitenfenster der geöffneten Bühne und durch wenige offene Logentüren von außen herein. Aber an mehreren Stellen in unterschiedlicher Höhe schimmerten Windlaternen durch das Gewirr der Pfosten, Streben und Leitern: Die Stukkateure brachten die letzten Gipsornamente an den Brüstungen der vier Logenreihen an.

Kapellmeister Graun hob entsetzt die Arme und sah Knobelsdorff verzweifelt an: »Hier sollen wir spielen! Möchte nur wissen, warum! Wir haben doch das kleine Theater im Schloß. Die Oper ‚Rodelinde, Königin der Langobarden' hat sich dort vorigen Winter sehr gut aufführen lassen. Vor drei Monaten ist sogar ein Pariser Ballett aufgetreten. Ich verstehe nicht –«

Bauführer Horst schmunzelte: »Prinzessin Amalia war kürzlich hier. Hat erklärt, das Opernhaus sei zur Einweihung reif.«

»Daher weht der Wind!« grollte Knobelsdorff. »Nun, wenn Ihro Königliche Hoheit also entschieden haben, hat der Fachmann nichts mehr zu sagen. Schauen wir nach, was zu machen ist!«

Sie gingen außen um die Parterrelogen herum und stiegen im hinteren Teil des Zuschauerraums die Treppen zu den oberen Rängen empor. Die Umgänge waren so breit, daß sieben bis acht Personen nebeneinander gehen konnten, die Treppen waren bequem angelegt, man konnte sich in Sänften bis zum dritten Rang hinauftragen lassen.

Aber die Wände zeigten noch rohen Kalkputz.

In der Höhe des ersten Ranges schauten sie hinter der königlichen Mittelloge durch eine breite Tür in den Apollosaal. Der helle große Festraum, den Glumes vergoldete Satyrhermen zieren sollten, war noch nicht einmal im Rohbau fertig. Der Fußboden fehlte, die Decke fehlte, so daß man das Hängewerk des Dachstuhls sah, und die Wände bestanden aus unverputzten Ziegelmauern. »Muß so bleiben!« entschied Knobelsdorff und schloß die Türflügel wieder.

Ungewöhnlich groß wie das ganze Theater waren auch die Logen. Sie maßen etwa drei Meter im Geviert. Aber sie standen leer, Stühle waren noch nicht einmal entworfen. »Wir stellen einfache, gehobelte Bänke auf, sechs Fuß lang. Wieviel brauchen wir? Sagen wir einhundertfünfzig. Sofort in Eilauftrag geben, Büring!«

Knobelsdorff beugte sich über die Brüstung. Sie war nebst den Pfosten, die sie stützten, außen mit feinem schlankem Rocailleschmuck überzogen, dessen Kurven in leichte Federn und Flammen ausliefen, maßvoll und anmutig wie in der Goldenen Galerie von Charlottenburg. »Schnellstens fertigstellen, daß keine Lücken bleiben!« befahl Knobelsdorff. »Zum Vergolden ist keine Zeit mehr.«

Nahl war entrüstet. »Den Stuck weiß lassen? Aber wie sieht denn das aus! Kalt und tot!«

Knobelsdorff tröstete ihn. »Wir sind alle nicht zufrieden. Wir müssen's hinunterschlucken.«

Sie stiegen weiter empor zum zweiten und dritten Rang und endlich auf die Höhe des Gerüstes dicht unter der Decke des Zuschauerraums. Hier auf einer weitläufigen Bretterbühne arbeiteten Harper, Höder und Dubuisson an dem großem Deckengemälde nach dem Entwurf von Pesne. Hier oben herrschte leidliche Helligkeit, denn von den fünf großen Kronleuchtern waren zwei mit einigen Dutzend billigen Talglichtern besteckt. Das Gemälde aber war noch längst nicht vollendet, zum großen Teil nur in Konturen angedeutet, und der nasse Mörtelgrund zeigte die Farben in falschen Tönen. »Apollo ist grün wie ein Frosch!« lachte Nahl. »Die Besucher werden entzückt sein!«

Knobelsdorff zuckte resigniert die Schultern. »Da hilft es nichts, wir müssen die Decke verhüllen. Zeltartig, mit Leinwand, um die Seile der fünf Kronleuchter sternförmig zusammengerafft.«

Für einen Bühnendekorateur wie Fabris, der täglich mit Leinwandkulissen umging, bildetete das keine Schwierigkeit. Trotzdem schüttelte er erschrocken die Hände: »Ich nicht, Euer Hochgeboren, ich nicht! Ein Leinendach und die fünfzigkerzigen Kronleuchter dicht darunter – lieber lasse ich mich gleich hängen!«

»Wir können ja die Kronleuchter so weit herunterlassen, daß keine Feuersgefahr mehr besteht«, schlug Knobelsdorff vor, »selbst wenn die Zuschauer im dritten Rang dadurch geblendet werden. Ist die Regenanlage in Ordnung?«

»Alles, alles«, versicherte Fabris. »Schon wegen der Lichter zwischen den Holzgerüsten. Der gewölbte Kanal, der vom Festungsgraben bis unter die Bühne führt, steht voll Wasser, die beiden Pumpen mit Treträdern arbeiten, die Behälter unterm Dach sind gefüllt.«

»Dann probiert einmal! Aber nur kurz und ganz wenig, wir wollen nicht fortschwimmen!«

Es dauerte eine ganze Weile, bis Fabris die Stufen hinab und über die Hintertreppe im Rücken der Bühne auf den Boden gelangte, während die Maler eilig ihre Farbtöpfe in Sicherheit brachten. Dann aber sprühte es plötzlich aus vielen Rohröffnungen von der Decke herab auf das Bretterpodest, daß die dort Versammelten erschrocken flüchteten und riefen: »Halt, halt, genug, alle Wetter noch mal!« Doch da war es bereits wieder vorbei.

Sie stiegen nun ins Parterre hinab und von dort neben dem Orchester durch eine kleine Tür und eine Treppe hinauf zur Bühne, die in gleicher Höhe mit dem ersten Rang lag. Auch hier war der Raum von Gerüsten erfüllt. Auf ihnen arbeiteten die Kulissenmaler an den Dekorationen, denn ein besonderes Malatelier war nicht vorhanden. Der Prospekt im Hintergrunde zeigte halbvollendet den Hafen von Alexandria mit blauem Meer, der Mole und dem riesigen Leuchtturm. Auf den Seitenkulissen links und rechts sah man Palmen und Streifen von orientalischen Häuserfassaden. Diese Kulissen waren auf hohe, schmale Holzrahmen gespannt, reichten durch Schlitze im Bühnenpodium bis in den Keller hinunter und ruhten dort auf fahrbaren Schlitten in Schienen. So konnten sie leicht von der Szene weg zur Seite geschoben und fast geräuschlos im Handumdrehen durch andere ersetzt werden. Hoch über der Bühne hingen an Schnüren die Soffitten zum oberen Abschluß des Szenenbildes, meist Wolken oder Zimmerdecken vorstellend, dazwischen die Flugapparate mit ihren Eisenschienen, Seilen, Rollen und Kurbeln, während das Podium unter den Füßen in zahlreiche Bodenausschnitte zum

Heben und Versenken zerteilt war. Stolz erläuterte der Techniker Fabris die komplizierte Maschinerie, die als einziger Teil der Opernhauseinrichtung fertig war: »Wir können alles machen, was sich nur denken läßt. Wir können Schlösser aus dem Meer steigen und wieder versinken lassen. Wir können Burgen und Mauertürme unter Blitz, Donner und Trümmergeprassel sprengen. Wir können Troja brennen, Sintfluten hereinbrechen, die ganze Szene, etwa einen Saal, mit Getöse zusammenstürzen lassen. Menschen können zum Himmel auffahren, Götter zur Erde niedersteigen. Durch Spiegeleffekte können wir Gestalten mitten im Luftraum der Bühne erscheinen lassen. Die Wasserkunst erlaubt uns wirkliche Springbrunnen, rauschende Katarakte. Natürlich ist auch hier die Regenvorrichtung gegen Feuergefahr in Ordnung. Ich kann sie nur jetzt nicht vorführen, sonst werden die Kulissen verdorben. Schiebt man sie ganz zur Seite und rollt den Hintergrundprospekt hoch, so befinden sich Euer Hochgeboren in einem Festsaal mit acht korinthischen Säulen auf jeder Seite –«

»Gut, gut«, nickte Knobelsdorff abgespannt.

»– an der Rückwand zwei marmorne Najadengruppen, die aus ihren Krügen natürliche Wasserstrahlen gießen.«

»Ja doch, ich weiß. Sorgt jetzt vor allem für die Herrichtung des Zuschauerraums, malt die Kulissen fertig, und dann hinaus mit allen Gerüsten!«

»So schnell wie möglich!« verlangte Kapellmeister Graun. »Wir müssen noch tüchtig proben.«

Vom Hintereingang her kam ein Offizier über die Bühne gestampft und rief laut durch die Malerleitern: »Oberst von Buddenbrock mit einer Kompanie Leibgarde zur Stelle!«

Knobelsdorff eilte dem alten Bekannten aus Rheinsberger Tagen entgegen: »Sie hier, welche Freude! Und Oberst geworden, gratuliere! Wie lange haben wir uns nicht gesehen!« Doch dann stutzte er bei der dienstlichen Haltung des anderen. »Was sagten Sie? Leibgarde?«

»Eine Kompanie. Wartet draußen. Wohin mit den Kerls?«

Knobelsdorff zog verärgert die Stirn zusammen. »Wer hat denn das wieder angeordnet?«

»Seine Majestät, Euer Exzellenz!«

»So! Will der König die Premiere mit Soldaten erzwingen? Bitte, nur herein, gebt Feuer, und bums, die Oper beginnt!«

Alle lachten schallend, die Bauführer, die Künstler, die Kulissenmaler. Selbst vom Gerüst aus dunkler Kronleuchterhöhe klang das Gelächter herab.

Nur der Oberst lachte nicht. Er zog ein gekränktes Gesicht. Er führte nur einen Befehl aus, was gab es da zu lachen?

»Verzeihen Sie!« sagte Knobelsdorff. »Manchmal kommt es so über mich. Was sollen die Soldaten hier?«

»Bei den Opernvorstellungen Dienst tun, Exzellenz!«

»Wozu?«

Graun sagte: »In meiner Oper kommen keine preußischen Grenadiere vor.«

»Vielleicht sollen sie den Feuerschutz übernehmen«, mutmaßte Ingenieur Fabris. »Oder für Ordnung sorgen?«

Knobelsdorff schüttelte den Kopf. »Wer soll hier die Ordnung stören? Dies ist ein Hoftheater. Zutritt haben nur geladene Gäste, der Hof, Adel, Generalität, Diplomatie, Beamtenschaft, Bevorzugte aus dem Bürgerstand und angesehene Fremde. Das alles regelt das Hofmarschallamt, es gibt auch die Einlaßkarten aus. Fragen Sie dort nach, Buddenbrock! Ich selbst habe leider keine Ahnung, wozu Sie den weiten Marsch von Ruppin her gemacht haben.«

»Von Potsdam, nicht von Ruppin!«

»Aha. – Ja, wieso von Potsdam?« Knobelsdorff sah den anderen höchst erstaunt an.

»Euer Exzellenz zu melden, das Erste Bataillon Leibgarde wurde nach dem Krieg von Ruppin nach Potsdam verlegt. Leibgarde gehört an den Hof des Königs.«

Das wurde ja immer verwunderlicher! »Der König wohnt doch in Charlottenburg.«

Buddenbrock beugte sich vor und flüsterte: »Man munkelt –«

Knobelsdorff zog ihn beiseite an eines der Fenster des Bühnenhauses. »Was munkelt man?«

»Es heißt, Seine Majestät würden über kurz oder lang nach Potsdam übersiedeln.«

---

»Was sagen Sie da?« Knobelsdorff packte den Obersten an den Schultern. Er schien außer sich. All die Arbeit und Hetzerei bei der Herrichtung des Charlottenburger Flügels, der ganze ungeheure Aufwand an Fleiß, Erfindungsgabe, Kunstfertigkeit und Material, alles umsonst?

Knobelsdorff brach der Schweiß aus, er fing an zu husten, hielt sich das Taschentuch an den Mund und lehnte sich erschöpft an die Wand. »Ich kann nicht mehr!« röchelte er heiser. »Das hätten Sie mir nicht sagen sollen!«

»Um Vergebung, Exzellenz!« stammelte Buddenbrock erschrocken und versuchte den Wankenden zu stützen. »Ich wußte ja nicht – einen Stuhl!«

Er war schon da. Ein ägyptischer Thronsessel wurde hingeschoben. Knobelsdorff ließ sich nieder. »Was bedeutet das, Buddenbrock?« ächzte er. »Was wissen Sie?«

»Ich weiß nur, was in der Offiziersrunde beim Wein erzählt wird – daß Charlottenburg zu nahe an Berlin liegt – daß der berühmt gewordene König zu sehr von Fremden überlaufen wird – «

»Hm!«

»Aber der Hauptgrund ist wohl – die Königin – «

»Wie?«

»Exzellenz wissen ja, die vom Vater aufgezwungene Ehegemahlin – er kann sie nicht leiden. – Die Predigtübersetzungen ins Französische – und dann – ihr gelegentliches unverhofftes Erscheinen in Charlottenburg – mag ihn wohl an seine ehelichen Pflichten erinnern – denen er schon seit Jahren nicht mehr nachkommt.«

»Unsinn!«

»Deshalb weg von ihr – nach Potsdam – «

Knobelsdorff richtete sich auf. »Darum verläßt man doch nicht ein so kostbares Schloß!«

Buddenbrock zuckte die Achseln. »Man sagt so. Vielleicht stimmt es nicht. Aber die Leibgarde – «

»Ist ja nun hier!« Knobelsdorff erhob sich. Er verzog das Gesicht, als er den Sitz sah. »Der Thron der Königin Kleopatra – hoffentlich bringt er mir nicht weniger Glück als er

Cäsar gebracht hat. – Gehen Sie, Buddenbrock! Holen Sie sich beim Hofmarschall Order! Zu irgendwelchem Dienst im Opernhaus ist es viel zu früh, sehen Sie sich um! Wir hoffen, in zehn bis vierzehn Tagen fertig zu werden.« –

Auch dieser Termin erwies sich als falsch. Der König selbst war am nächsten Morgen im Opernhaus erschienen und hatte alle zur Eile getrieben. So kam es, daß die Sitzbänke für die Logen nicht einmal glatt gehobelt, sondern nur roh gezimmert wurden.

Am 7. Dezember 1742 um sechs Uhr abends war es soweit. Die Stunde der Eröffnung schlug. Ein heftiges Schneegestöber setzte ein, als Hunderte von Kutschen und Sänften dem Opernhaus nahten. Festlich erleuchtet strahlten die hohen Fenster weit hinaus in die flockendurchwirbelte Winternacht.

Knobelsdorff war schon seit dem frühen Nachmittag im Hause. Seinen blaugrauen, silberbordierten Galarock hatte er auf seinen Logenplatz im ersten Rang niedergelegt. In bauschigen Hemdsärmeln, silberbestickter Weste, Spitzenjabot und weißen Strümpfen ging er umher, von den Wasserpumpen im Keller bis zu den Winden für die Kronleuchter auf dem Dachboden, von den Sängergarderoben hinter der Bühne bis vor zur Königinloge in der Mitte des ersten Ranges. Er sprach mit den Bühnenarbeitern, den Beleuchtern, den Türschließern, den Musikern des Orchesters, die bereits eifrig intonierten und Läufe übten. Kapellmeister Graun, gleichfalls noch in Hemdsärmeln, beugte sich über die brusthohe Scheidewand zum Parterre und hob seinen Zeigefinger: »Hören Sie doch, Exzellenz, diese wunderbare Akustik! Das klingt im Raum bis zum letzten Platz oben im dritten Rang, und keinerlei Nachhall verunreinigt die Töne. Wir haben es ausprobiert.«

Knobelsdorff drückte ihm freudig die Hand. »Das macht der elliptische Grundriß des Zuschauerraums. Er hat den Nachteil, daß der Bühnenrahmen etwas zu eng wird und man aus den Logen nächst der Bühne schlecht sieht. Aber so habe ich es doch wohl richtig gemacht.«

Graun verneigte sich: »Ohne Zweifel! Bewunderswert!«

---

Und er blickte an den sieben korinthischen Säulen mit vergoldeten Kapitälen empor, die das Proszenium auf jeder Seite flankierten. Auf dem Gebälk saßen spielende Kinderfiguren.

Währenddessen gingen bei spärlichem Laternenlicht die Hausknechte mit Holzkohlenkästen herum und heizten die Kachelöfen noch einmal frisch an: die sechs in Nischen im hinteren Teil des Zuschauerraums – zwei im Parterre, vier im ersten Rang –, die sechs freistehenden im Bühnenhaus und einige in den Sängergarderoben und Arbeiteraufenthaltsräumen.

Noch hingen die großen Kronleuchter an ihren Seilen und schön profilierten Bronzeketten tief unten im leeren Parterre, wo sie besteckt wurden. Die starken Wachskerzen, die viele Stunden brennen sollten, waren fast fünfzig Zentimeter lang. Als es draußen dunkel geworden war und die Zeit des Einlasses nahte, wurde an jedem Kronleuchter ein Licht entzündet. Schwefelgetränkte Baumwollfäden leiteten das Flämmchen schnell von einer Dochtspitze zur anderen. Dann wurden die Kronleuchter vom Dachboden aus emporgewunden, soweit es die Leinenverhüllung der Decke erlaubte. »Wunderbar!« entzückte sich Graun an der Lichtfülle, obwohl die Logenbeleuchtung noch nicht angesteckt war.

Um fünf Uhr nachmittags wurden die Türen geöffnet. Da weder der Vordereingang noch die äußeren Seitentreppen fertig waren, konnte man nur die beiden seitlichen Eingänge zum Parterre benutzen. Dort strömten die Gäste nun herein in Hoftoiletten, Galaröcken und Paradeuniformen, klopften und schüttelten sich den Schnee ab, und wer einen Umhängemantel mithatte, mußte ihn seinem Bedienten zurücklassen, denn die Garderoben unter dem Apollosaal glichen noch finsteren Verliesen. Ganz trocken kamen nur die hinein, die sich in Sänften die Innentreppen empor bis an ihre Plätze tragen ließen.

Die Ah- und Oh-Rufe der Bewunderung rissen eine Stunde lang nicht ab. Der Eindruck war überwältigend, wenn man aus dem Dunkel der Nacht in den Lichterglanz des Theaters trat. Fünf große Kronleuchter im Zuschauerraum und drei über dem Proszenium, dazu unzählige sechs- und zehnflammige Wandleuchter in den 47 Logen, an Logenbrüstungen und Pfosten, an den Säulen des Proszeniums, im Orchester, in Gängen und auf den Treppen entfalteten mit ihren nahezu 6000 Kerzen eine so märchenhafte Pracht, daß niemand die Unfertigkeit des Gebäudes auch nur bemerkte. Knobelsdorff, der seinen Tressenrock angezogen hatte und wie ein Gastgeber die Besucher des ersten Ranges begrüßen wollte, sah sich vor Ergriffenheit dazu nicht imstande. In einem Schwächeanfall sank er auf die Bank, deckte die Hand über die Augen und unterdrückte ein Schluchzen. Eine so großartige Wirkung des Riesenraumes hatte selbst er, als sein Schöpfer, nicht erwartet. Jordan trat zu ihm: »Beruhigen Sie sich, lieber Freund! Die ungeheure Anspannung der letzten Monate, die Freude am Gelingen – ich kann Sie verstehen. Aber jetzt raffen Sie sich auf! Die Königin und die Königinwitwe kommen.« Sie erschienen soeben mit den Prinzessinnen und ihrem Gefolge in der großen Mittelloge des ersten Ranges.

Knobelsdorff wandte sich ab und trat in den Hintergrund seiner Loge zurück. Er mußte sich erst fassen. Er hörte jemand in der Nähe sagen: »Diese Beleuchtung! Was das kosten muß!«

»Warten Sie nur erst die Dekorationen und die Kostüme ab!« antwortete leise der alte Finanzminister von Boden. »Es geht in die Hunderttausende. Das alles zahlen die pommerschen und neumärkischen Städte.«

»Pardon, wieso?«

»An dreißigtausend Taler Jahreseinkünfte der Krone hatte der hochselige verstorbene König für Ausbau und Renovierung der pommerschen und neumärkischen Städte bestimmt. Seine jetzige Majestät verwenden sie auf die Oper. Nicht wahr, Herr von Knobelsdorff?«

Der Oberintendant hatte sich erhoben. Er hatte sich wieder in der Gewalt. »Ja«, sagte er, »ein annähernder Betrag fließt alljährlich in das Budget der Oper. Aber er reicht noch nicht.

Die Kerzen allein kosten jeden Abend fast dreitausend Taler. Der Sänger Pinti bekommt jährlich viertausend Taler.« Das war fast das Doppelte vom Gehalt Knobelsdorffs. Es war nicht angenehm, darüber zu reden. Mit einer Handbewegung schnitt Knobelsdorff das Gespräch ab.

Inzwischen füllte sich das Haus immer mehr. Kopf an Kopf saßen sie in den Logen. Knobelsdorffs Augen suchten Nahl, Glume, Meister Pesne. Er hatte den Hofmarschall gebeten, sie einzuladen. Als Bürger aus der Stadt hätten sie oben im dritten Rang sitzen müssen. Aber er fand sie nicht. Vielleicht legten sie keinen Wert darauf, zur bevorzugten Gesellschaft Berlins zu zählen.

Jetzt bezogen Trompeter und Pauker der Charlottenburger Garde du Corps die beiden Logen nächst der Bühne im dritten Rang. Auf dem Proszenium vor dem Vorhang postierten sich zwei Grenadiere der Potsdamer Leibgarde mit ihren hohen Blechmützen links und rechts der Bühne, die Gewehre bei Fuß. Das Rätselraten um ihre Aufgabe fand damit ein Ende. Sie sollten die militärische Macht des Königs von Preußen demonstrieren.

Es wurde sechs Uhr. Hofkapellmeister Graun in weißer Allongeperücke und rotem Schultermantel erschien im Orchester und setzte sich ans Cembalo. Um ihn gruppierten sich zwei Baßlautenspieler, ein Harfenist und zwei Cellisten, die die Rezitative begleiten sollten. Unter den zwölf Geigern sah man vier Brüder Benda. František Benda als erster Konzertmeister trug einen roten Mantel wie Graun. Quantz, Friedrichs einstiger Musiklehrer, spielte eine der vier Flöten.

Das Summen der 2000 Stimmen ebbte ab. Alles reckte erwartungsvoll die Hälse, die Bürger im dritten Rang, die Zivilbeamten im 1. und 2. Rang, die Diplomaten und Fremden in den Parterrelogen und im Parterre ohne Sitze die Offiziere. Die beiden Reihen Lehnsessel vorn dicht am Orchester, die aus dem Schloß beschafft worden waren, standen noch leer.

Da wurde die linke Parterretür aufgerissen. Alle Gäste erhoben sich. Die Militärkapellen in den Seitenlogen des dritten Rangs bliesen dröhnend einen militärischen Tusch, die Grenadiere auf dem Proszenium präsentierten die Gewehre. Der König mit seinen Generalen und Adjutanten trat ein. Er grüßte mit gelüftetem Dreispitz in das Theater und setzte sich sogleich auf den mittelsten Vordersessel.

Kaum hatte er sich niedergelassen, setzten sich auch die Besucher. Die Grenadiere nahmen die Gewehre bei Fuß. Oberhofmarschall Graf von Gotter, der Intendant der Schauspielbühne, hinter dem Stuhl des Königs stehend, gab anstelle des von der Inszenierung beanspruchten Operndirektors von Knobelsdorff das Zeichen zum Beginn. Kapellmeister Graun am Cembalo hob die Hand. Die Ouvertüre setzte mit einem Largo ein. Es folgte noch eine Fuge und ein Allegro, dann hob sich der Vorhang aus Leinwand, der mit bauschigen Stoffdraperien bemalt war.

Die erste Oper im neuen Hause, »Cäsar und Kleopatra« von Graun, hub an. Die Bühne zeigte ein Prunkgemach im Königspalast zu Alexandria. Verdeckte Talgkerzen an der Rampe erhellten die Szene von vorn, Lichter in den Kulissen von der Seite. Der Zuschauerraum blieb während der ganzen Aufführung voll erleuchtet. Der König beugte sich ab und zu vor, stützte die Ellbogen auf die Orchesterbrüstung und schaute mit erhobenem Lorgnon dem Kapellmeister in die Noten auf dem Klavier. Zuweilen klatschte er, er ganz allein, oder taktierte mit der Hand, wenn er glaubte, es besser zu können als Graun. Der alte Musikerstamm war das schon von Rheinsberg her gewohnt und ließ sich nicht stören. Die neuen Orchestermitglieder waren eingeweiht und schauten nur auf Grauns nickenden Perückenkopf. So lief alles glatt ab.

Knobelsdorff sah sich das eine Weile mit an. Dann erhob er sich und ging hinter die Bühne. Das fiel gar nicht auf, denn es herrschte sowieso ein dauerndes Kommen und Gehen. Im dritten Rang wurde es durch die unzähligen Kerzen allmählich unerträglich heiß, so daß viele Zuschauer auf den Gang hinaustraten, um Luft zu schöpfen. Dagegen bekamen die unten im Parterre kalte Füße. Außerdem verharrte der Zuschauerraum keineswegs in andächtigem Schweigen. Man unterhielt sich, machte Bemerkungen, riß Witze, spann Liebschaften an. Auch besuchte man sich hier und da gegenseitig in den Logen.

Als Knobelsdorff hinter der Bühne ankam, fiel gerade der Zwischenaktvorhang. Man wechselte möglichst oft die Szene, um die Pracht der Dekorationen zu zeigen. Gerade wurden die Leibgardegrenadiere auf dem Proszenium abgelöst. Zwei marschierten im steifen Paradeschritt vor den Vorhang, tauschten mit den dort postierten reglementmäßig die Plätze, und die beiden Abtretenden verließen ebenso starrknochig das Podium.

Es waren zwei auffallend große Leute. Knobelsdorff stutzte. Der eine kam ihm bekannt vor. Und während ringsum die Kulissen geschoben und die Versatzstücke herangerollt wurden, trat er an den Soldaten heran und fragte: »Sind wir uns nicht schon einmal begegnet?«

»Nein, Euer Gnaden!« brüllte der Grenadier wie auf dem Exerzierplatz.

»War Er nicht früher Schäfer im Mecklenburgischen?«

»Jawohl, Euer Gnaden!«

»Na also, dann war Er doch auch in Straßburg Soldat?«

»Jawoll, Euer Gnaden!«

»Exzellenz!« korrigierte Oberst von Buddenbrock, der die Ablösungen überwachte.

»Jawoll, Euer Exlenz!« wiederholte der Grenadier. Gegen die lose hängenden Seitenlocken und den Dreispitz von damals gaben ihm die akkuraten Schläfenrollen und die hohe Blechmütze ein weit imponierenderes Aussehen.

»Hat er nicht damals einen Fußfall vor dem König getan und um Pardon gebeten?«

»Jawoll, Euer Exlenz!«

»Und wer hat sich zu Ihm gebeugt und Ihn aufstehen geheißen?«

»Ein Offizier, Euer Exlenz!«

»Ich war das!«

»Jawoll. Euer Exlenz!«

---

»Erkennt Er mich nun?«

»Nein, Euer Exlenz!«

Na, aus dem hatten sie eine Drahtpuppe gemacht! Knobelsdorff sah sich nach Buddenbrock um.

»Er wird es vergessen haben«, meinte der Oberst. »Es liegt viel dazwischen. Das erste Bataillon Leibgarde hat bei Mollwitz den Hauptangriff ausgehalten. Hat mit höchster Bravour gefochten. Hat von achthundert Mann volle sechshundertzwanzig verloren! Ist nur eine Kompanie übriggeblieben.«

Knobelsdorff sah dem Grenadier ins Gesicht, der stramm stand und keine Miene verzog.

»Er ist noch einmal davongekommen.«

»Jawoll, Euer Exlenz!«

Die Kulissen rollten, die Seilzüge der Soffitten schnurrten, und durch den Vorhang klang von fern das Stimmengewirr der Tausende herein, vermischt mit dem klagenden Intonieren der Instrumente.

Das große Opernhaus, für eine Million Taler angeblich aus dem hinterlassenen Schatz König Friedrich Wilhelms, in Wirklichkeit jedoch aus den Steuern und Kontributionen Schlesiens errichtet, schien vom Stöhnen derer erfüllt, die dafür geopfert worden waren.

DRITTES BUCH

# SANSSOUCI

# Das Göttermahl auf dem Sandberg

An einem Sonnabend im August des Jahres 1743 gingen zwei Bauern aus Bornstedt vom Markt in Potsdam nach Hause. Es war fast Mittag geworden, ehe sie Hühner und Tauben, Eier und etwas Gemüse abgesetzt hatten.

»Dat ward ümmer schandlichter!« brummte Jakob Rietz.

»Wat?« fragte Thomas Stolpe und nahm den leeren Geflügelkorb in die andere Hand.

»Dat mit de sächsische Händlers. Allens bringen se billiger uff'n Marcht.«

»Je nun, dat ward ümmer mehr Volks in de Stadt, un dat Volks will freten, un de sächsische Grenze is man gleich hinter Ferch.«

»Allens kömmt billiger uff'n Marcht, Fleesch, Federviech, Botter – «

»Hest du Botter?« Stolpe zog die zusammengepreßten Lippen breit.

»Ick? Nee.«

Sie schwiegen. Die Kiepen auf den Rücken, die Körbe im Arm, so liefen sie mit Holzpantinen in ihren kurzen grauen Jacken und mit Schlapphüten die lange, kopfsteingepflasterte Pflugstraße entlang. Beiderseits reihten sich zweistöckige Bürgerhäuser aneinander, alle weiß verputzt mit orangefarbenem Balkenwerk, alle mit einem Giebelstübchen im Dachgeschoß. Jedes war mit vier bis sechs Soldaten belegt, die müßig aus den Fenstern des oberen Stockwerks lehnten und Pfeifen rauchten oder mit Spinnrädern auf der Straße saßen und Wolle spannen zur Aufbesserung ihres kargen Soldes von drei Talern im Monat. Andere wuschen ihre rohleinenen Gamaschen, die nach zehn Schritten schon schmutzig waren und doch stets blitzsauber aussehen sollten. Uniformstücke aller Art hingen auf Stühlen und Stangen zum Trocknen vor jedem Haus.

Die beiden Bauern achteten weder auf diese Straßenzierde noch auf das Menschengewimmel deutscher, polnischer, holländischer, englischer, schwedischer oder französischer Nationalität.

Sie waren seit Jahren an solche Laute aus Handwerker- und Soldatenmündern gewohnt. Sie strebten nach Hause.

Sie stießen am Ende der Pflugstraße auf die übermannshohe Stadtmauer, an der alle hundert Schritt ein Posten stand, um auf Deserteure und Zollschmuggler zu achten. Auch das Brandenburger Tor wurde von einem starken Soldatenpikett bewacht. Seine enge Durchfahrt konnte jeweils ein Wagen passieren, der vom Torschreiber gründlich nach akzisepflichtigem Handelsgut durchsucht wurde. Im übrigen sah das Tor fast genauso aus wie das Jägertor und trug ebenfalls vergoldete Granatenflammen und Kanonenrohre.

Die beiden Marktbauern mit ihren leeren Körben konnten das Tor ohne Anruf durchschreiten. Sie liefen auf dem sandigen Weg weiter, der außen an der Stadtmauer entlang auf den hohen Mühlenberg zuführte. Seine aufgerissene Südseite leuchtete ihnen als städtische Lehmgrube im prallen Sonnenschein schon von weitem entgegen.

Als die Stadtmauer im rechten Winkel abschwenkte, erreichten die beiden den großen Sumpfgürtel, der weit draußen am Fuß eines Höhenzuges die Stadt Potsdam in großem Bogen umzog. Sein Wasser sammelte sich in einem Kanal, der der Grenzgraben hieß. Die Bauern überschritten ihn auf der Dämmchenbrücke. Thomas Stolpe blieb stehen, setzte den Korb ab, nahm den Hut vom Kopf und wischte sich mit dem Handrücken den Schweiß von der Stirn. Ein kühler Hauch stieg von links aus der sumpfigen Niederung auf. Der Grenzgraben teilte sich und durchzog in zwei Armen eine lange Kette von Wiesen bis zu den dunklen Eichen- und Kiefernwäldern des Rehgartens und der Pirschheide. Die Senken standen selbst jetzt im Hochsommer unter Wasser, die Erhebungen leuchteten in saftigem Grün. Vorn auf der Dämmchenwiese, nahe am königlichen Küchengarten, weideten schwarzbunte Kühe.

Stolpe grinste, gab dem anderen einen Rippenstoß und setzte das unterbrochene Gespräch mit der Frage fort: »Du hest keene Botter nich? Wo is sei blewen?«

»Döskopp!« entgegnete Jakob Rietz unwirsch. »Da dröwen, da leiht min Botter!« Er meinte damit nicht die Kühe, sondern die Wiese, die mit ihrem fetten Graswuchs satt herüberblinkte.

»Din Botter?« lachte Stolpe. »I, wat de nich seggst!«

»Tu man nich so! Din Botter leiht daneben.«

»Ick seh nischt von Botter.«

»Na, kiek mal jenau hin!« widersprach Rietz. »Is dat de Wiese, wo uns de oll König wegnahmen hätt? Oder is se't nich?«

»Se is et«, nickte Stolpe.

»Na also! Un is et vielleicht nich woahr, dat de oll König hätt Milk drinken wulln, un hätt bi sin Küchengarten ne Meierei inricht mit acht ostfriesische Käuh?«

»Woahr is.«

»Un hätt de Wiese, wo uns Bornstedtern jehört, zu's Amt Potsdam jeschlagen, Zaun drum jezogen, Grenadier als Wachtposten hinstellt, damit sin ostfriesische Käuh friedlich weiden kunnt?«

»Tod un Deibel, 't is woahr!« rief Stolpe grimmig. »Achtundvierzig Morgen Wiese, einfach wegnahmen, ohne Entschädigung, keen Jeld nich und keen annere Weide nich als Ersatz, goar nix nich, un keen Beschwerde un keen Bittschrift hätt da wat nützt!«

»Süh«, sagte Rietz, »so is dat kamen, dat wir keen Futter

hätt for unse Käuh, un dat wi mößt unse Käuh verköpen. Un dorüm heww ick keen Botter, un du hest keen Botter, denn unse Botter, dat is dat Futter da up de Wiese. Siehste ihr nu?«

»Ich seh ihr un werd ihr ook ümmer sehen bis an min Dod.«

»Ja, wenn't man wat helfen tät!« seufzte Rietz.

Bekümmert, noch immer sehnsüchtige Blicke zurück auf die saftgrüne Wiese werfend, setzten die beiden ihren Weg fort. Es ging sanft aufwärts. Die Sumpfzone war durchquert, das Dämmchen lief in einen sandigen Feldweg aus, der sich über eine Senke zwischen dem Mühlenberg und dem Wüsten Berg langsam emporschlängelte. Buschwerk und Erlengesträuch zu beiden Seiten versperrten den Ausblick. Früher hatten vom Wüsten Berg die hohen Wipfel mächtiger Eichen herniedergeschaut. Die beiden Bauern konnten sich ihrer noch gut entsinnen. Aber dann hatte das Potsdamer Große Waisenhaus, dem ganz Bornstedt und auch der Eichenberg gehörte, die alten Bäume fällen lassen und das Holz in den Öfen verfeuert. Seitdem – es war an die vierzehn Jahre her – war der Berg kahl geblieben und hieß nur noch der Wüste Berg. Seine Kuppe konnten die beiden Bauern wegen dem Strauchwerk nicht sehen.

Aber das Dickicht lichtete sich. Es hatte Feuchtigkeit aus der Sumpfniederung gezogen, nun hörte es nach und nach auf. Der Weg nach Bornstedt führte auf der höherliegenden Bodenschwelle hinter dem Wüsten Berg herum. Als die Bauern seine Rückseite erreicht hatten, blieben sie erstaunt stehen. »Wat's dat?« Ein buntes, niegesehenes Bild bot sich dar. Auf der unbewachsenen Höhe des Wüsten Berges wimmelte es von farbig gekleideten Menschen. Offiziere in blauen Uniformen, Kavaliere in roten, grünen und gelben Röcken, Bediente in betreßten Livreen liefen durcheinander. Tische und Stühle schienen, von jenseits auf die Kuppe heraufgeschleppt, wie aus der Versenkung emporzusteigen. Eine lange Tafel wurde zusammengestellt, weiße Tischtücher ausgebreitet. Teller, Gläser und Flaschen wurden aus Körben gehoben, und über allem schwirrte lebhaftes Stimmengewirr und lautes Gelächter.

»Kiek doch mal!« sagte Jakob Rietz.

»Ich kieke un kieke un kann't doch nich glöwen«, antwortete Thomas Stolpe.

»Na, dat is'n Ding!«

»De König, de jungsche, wahrhaftigen Jottes! Die Nees hett nur eener!«

»Wat wull hei denn da?«

»Mittageten, sühste doch, oller Dussel!«

»Uff'n Wieste Barg? Nee, varrickt!« Rietz schüttelte mißbilligend den Kopf. Das Mittagsmahl nahmen vernünftige Menschen zu Hause in der Stube oder Küche ein, aber nicht auf einem Berg! Doch dann kamen Erinnerungen. Hatte nicht schon der »olle«, vor drei Jahren hochselig verstorbene König hier draußen getafelt, nicht auf der Höhe zwar, aber drunten im Tal in seinem kleinen Lusthaus am Küchengarten bei weit geöffneten Fenstern? Da war es hoch hergegangen, wie die Leute erzählten, bei Bier und Tabak mit Kegelschieben und Armbrust- und Büchsenschießen nach Scheibe und Vogelstange über die Gemüsebeete hinweg, und dreißig prächtig gekleidete Mohren hatten dazu mit Trommeln und Pfeifen Musik gemacht.

Die beiden Bauern ahnten nicht, daß auf der Höhe ähnliche Gedanken umgingen. Dort stand König Friedrich auf spärlichem Graswuchs, zwischen Wegerich, Ginster und Heidekraut, und er dachte zurück an die Zeit, da er als verschüchterter vierzehnjähriger Kronprinz die derben Vergnügungen seines Vaters mitmachen mußte. Der Prinz verabscheute das dröhnende Gelächter, die rohen Soldatenwitze, den Qualm und das Seidelschwenken, das Preisschießen, wobei man einen lebenden jungen Bären aus dem Hof im Potsdamer Stadtschloß gewinnen konnte, dann aber nicht recht wußte, was man mit dem Tier anfangen sollte.

Er hatte sich, als alle wie gebannt nach dem anderen Ende des Gemüsegartens auf die Scheibe starrten, heimlich davongeschlichen und den Berg erklommen, den zuerst eichenbewachsenen, später kahlen – natürlich nicht allein, sondern mit einem vertrauten Pagen, denn ein Kronprinz von Preußen durfte nie ohne Begleitung frei durchs Gelände streifen! Er stand oben, atmete die frische Luft, ließ sich den Wind um den Kopf wehen und genoß die Aussicht! Er hatte auch versucht zu zeichnen, aber seine ungeübte Hand war außerstande gewesen, das großartige Panorama auch nur andeutungsweise wiederzugeben.

Nun stand er nach vielen Jahren als Einunddreißigjähriger wieder oben, während die Tafel gedeckt wurde, und hielt das gestielte Lorgnon vors Auge. Zwar war der Blick nach den Seiten durch mühlenbesetzte Berge behindert. Links drehten vier und rechts drei Windmühlen ihre Flügel. Und hinterwärts zogen sich reizlose, abgeerntete Felder des Gutes Bornstedt bis an den Höneberg hinauf, der noch höher war als der Wüste Berg. Aber nach vorn, gegen Süden, öffnete sich breit eine lichtüberglänzte Fernsicht. Man sah die Stadt Potsdam mit ihren drei Kirchen und dem hölzernen Rathausturm. Man blickte über Gärten und kleine Häuser an der Straße nach Brandenburg hinweg auf die breite Havel, zur Insel Tornow, die inmitten hellglitzernden Wassers lag, bis weithin nach Caputh und den dunklen Höhen der Ravensberge mit ihren welligen Linien, die luftblau im Dunst verschwammen. Vorn aber, dicht am Fuß des Berges, lag eine Wiese mit Armbrustschießstand und Vogelstange. Ein Weg führte geradeaus auf kleinen Holzbrücken über zwei Wiesengräben zu König Friedrich Wilhelms altem Lusthaus. Es war von einfachster Bauart, zum Teil nur aus Fachwerk errichtet, und seitlich angefügt war ein zweiter Schießstand für Büchsenschützen, von wo aus man den Küchengarten der Länge nach übersah. Hier hatte der verstorbene König zwischen Spargelbeeten und Obstbäumen Erholung gesucht. »Mein Marly« hatte er ihn genannt zum Hohn auf Ludwigs XIV. Lustschloß Marly-le-Roi bei Versailles, das damals für den Inbegriff allen Luxus und Prunkes gegolten hatte.

Von dort hatte Friedrich heute das Mittagsmahl heraufbringen lassen. Es waren dieselben Gerichte wie zur Zeit seines Vaters, Fisch, Wildbraten, Braunschweiger Würste,

Salat. Aber wie unvergleichlich schöner als unten in der Schwüle des sumpffeuchten, mückenerfüllten Talgrundes war es hier auf der Höhe! Man fühlte sich wie auf dem Olymp –

Wer hatte soeben das Wort Olymp ausgesprochen? Oberstleutnant von Buddenbrock von der Potsdamer Leibgarde oder Generalfeldzeugmeister Graf Schmettau oder der König selbst? Es gehörte nicht viel Phantasie zu diesem Vergleich. Alle Herren hatten schon im neuen Speisesaal des Schlosses Charlottenburg unter Pesnes großem Deckengemälde gesessen, das die zum Mahl versammelten Götter darstellte. »Dort waren wir unterm Olymp, jetzt thronen wir auf ihm!« rief General von Kalckstein. Alle lachten und erhoben die Gläser.

»Eh bien, messieurs«, schlug Friedrich gutgelaunt vor, »répartirons les rôles!« Wer sollte den Jupiter vorstellen? Kein anderer als der liebesfrohe, verschwenderische Oberhofmarschall Graf Gotter, der schon vor dem Krieg als Gesandter in Wien durch seine massiven Drohungen den Namen »Jupiter tonans«, donnernder Jupiter, erhalten hatte. Den Apollo mußte natürlich der König selbst spielen, auf Pesnes Deckenbildern trug er ja Friedrichs Züge. Mars war Feldmarschall Graf Schwerin, der Sieger von Mollwitz, Merkur der wendige, vielseitige Generaladjutant von der Goltz. Die Rolle des Meerbeherrschers Neptun blieb beim Mangel eines preußischen Admirals an dem eitlen Oberzeremonienmeister von Pöllnitz hängen. Für den Weingott Bacchus aber fand sich kein anderer als der Baron von Bielfeld, der in Rheinsberg nach einem Gelage die Treppe hinuntergerollt und liegengeblieben war, bis ihn am Morgen die Kastellansfrau mit einem Besenstiel geweckt hatte.

Man erinnerte sich daran, man lachte, die Stimmung wuchs. Nur die Göttinnen fehlten in der olympischen Tafelrunde. »Mais pourquoi?« fragte Friedrich. Er residierte jetzt in Potsdam, fern von Berlin, unbehelligt von der alten und der jungen Königin und den Prinzessinnen des hohenzollernschen Hauses nebst ihrem Schwarm von Hofdamen, Kammerfrauen und -fräulein. Das Stadtschloß war hergerichtet. Ein großer

Umbau war zwar vorgesehen, Knobelsdorff saß schon über den Plänen, aber die politische Lage erforderte Sparsamkeit und Ergänzung des Heeres. Der Friede war unsicher, Österreich kämpfte in Süddeutschland im Bündnis mit England und Sachsen gegen Bayern und Franzosen. Friedrichs Angriff auf Schlesien schien eine Lawine ins Rollen gebracht zu haben.

Vorläufig aber saß er in Potsdam in einigermaßen wohnlich ausgestattetem Hause, hatte Ruhe vor unbequemen Besuchern und dem intriganten Weibervolk und fühlte sich wohl so.

Wozu also Göttinnen? Der Vergleich mit dem Göttermahl auf dem Olymp hinkte, in mehrfacher Hinsicht. Hatte man je gehört, daß unsterbliche Götter Krebse und Rehrücken verzehrt hätten? Und dann der Wein! Fad und sauer, gewiß ordinärer märkischer Landwein, exportiert und als Rheinwein zurückgekehrt!

Friedrich verzog die Lippen, setzte das Glas ab und blickte über die Landschaft. Schade, daß der Potsdamer Weinbau durch die strengen Winter vor und im Kriege vollständig ruiniert worden war! Der Urgroßvater, Kurfürst Friedrich Wilhelm, besaß große Winzereien bei Bornstedt, Bornim, Geltow, Caputh, in Saarmund, Gütergotz, Golm und bei Werder. Sie befanden sich in bestem Zustand und lieferten hohe Erträge. Er hatte in seiner Kindheit gehört, daß seine Vorfahren auf ihren Weinbergen zuweilen Erholung gesucht und kleine Feste gegeben hatten in eigens dazu errichteten Lusthäuschen und anliegenden Gärten. Sollte das nicht wieder möglich sein?

Friedrich sah sich um. Jetzt glitt sein Blick nicht in die Ferne, sondern über die Tafelrunde. Aber es war niemand darunter, der über Weinbau hätte Auskunft geben können. Stallmeister von Eckardt als Aufseher des Küchengartens Marly und der anstoßenden Meierei wußte zwar etwas von einer primitiven Orangerie und einem Melonentreibhaus zu berichten, hatte jedoch von Weinpflanzungen keinerlei Ahnung. Man würde den Hofgärtner heraufrufen müssen. Er sah die beiden gaffenden Bauern auf dem Bornstedter

Weg am Fuße des hinteren Bergabhangs stehen. Vielleicht wußten sie ein wenig Bescheid über die Zeiten, da der Weinbau im Lande gedieh. –

Thomas Stolpe und Jakob Rietz waren nicht aus Neugier so lange stehengeblieben. Sie hatten inzwischen eifrig beratschlagt. Wie eine Fügung des Himmels erschien es ihnen, daß sie den König so nahe vor sich sahen, bei einer Beschäftigung, in der er ihnen nicht entgehen konnte, und offenbar in bester Laune. Jetzt war der Zeitpunkt gekommen, ihn wegen der enteigneten Wiesen anzugehen!

»Wart man noch, bis hei fertig is mit eten!« sagte Jakob Rietz.

»Nee, denn is hei weg«, meinte Thomas Stolpe. »Komm, los, jetz glik!« Und sie setzten Körbe und Kiepen am Wegrand ab und nahmen die Schlapphüte in die Hände.

Rietz zögerte noch. »Wat willste denn seggen? Werd man nich utverschamt, sowat lid hei nich!«

»I, wo werd ik! Majestät, werd ik seggen, holten tau Gnaden, et is man nur, dat wi beswert sind von wegen de Botter – «

»Dussel du! Nich von wegen de Botter, wat denkt hei da woll? Von wegen dat Wiesewachs mußte seggen, un wegen de Käuh, wo wi müßt verköpen!«

»Ah, joa, dat is gaud!«

In diesem Augenblick kam ein livrierter Lakai den sandigen Hang herab auf sie zu, winkte und befahl sie zum König.

Die beiden Bauern erschraken. Daß die Majestät, auch wenn sie Herrscher von Preußen war, nicht Gedanken lesen könne, war ihnen klar. Aber was wollte er? Etwas Gutes gewiß nicht. Wollte er sie davonjagen lassen, weil sie den Herren beim Essen zusahen? Das hatte ihnen niemand verboten. – Wollte er sie zu Soldaten machen? Sie waren als eingeborene Hufesassen von jeder Werbung eximiert und außerdem olle Knacker. – Sollten sie Handdienste leisten? Vielleicht gar Geschirr abräumen oder die Tische und Stühle forttragen? Da würden sie sich kräftig wehren! Sie zinsten dem Gute Bornstedt, das dem Großen Waisenhaus in Potsdam gehörte, und kein fremder Herr hatte ihnen etwas zu befehlen, schon gar nicht hier auf Bornstedter Grund und Boden!

So folgten sie denn der Aufforderung zögernd, mißtrauisch und voller Zweifel, ob ihrer bäuerlichen Ungewandtheit. Je höher sie stiegen, um so schwerer wurden ihnen die Füße in ihren Holzpantinen. Endlich standen sie an der Tafel dicht vor dem König, und er hatte ganz verflucht blitzblaue, durchdringende Augen. Sie verneigten sich und drehten die Hüte.

»Wer seid ihr?« fragte Friedrich.

»Bauern von dat Gut Bornstedt!« erwiderte Thomas Stolpe und blickte dem König erwartungsvoll ins Gesicht.

Klug geantwortet, dachte Jakob Rietz, das ist besser als Namen, die nichts besagen!

»Wißt ihr mit Weinbau Bescheid?«

Die beiden sahen sich verblüfft an. Die Frage kam völlig unerwartet. Sie brachte ihr ganzes Gedankenkonzept aus den Fugen. Was sollten sie antworten. Sagten sie ja, mußten sie womöglich irgendwo Weinstöcke setzen. Sagten sie nein, dann zumindest ins Dorf rennen und einen Kundigen holen –

Friedrich hatte nicht die Geduld, ihre Überlegungen abzuwarten. »Kann man hier wohl einen Weinberg anlegen?« forschte er weiter.

Stolpe schaute den Abhang hinunter. »Hier? Nee!«

Klug, dachte Rietz, nein sagen ist immer gut.

»Aber es ist doch schöne Sonnenseite!«

»Joa, dat is hei.«

»Auf dem Sand geht's natürlich nicht«, sagte der König. »Aber wenn man gute Erde aufträgt?«

Aha! Jetzt kommt's! dachte Rietz. Nu paß Achtung! Erde auftragen? Wir nicht!

Thomas Stolpe jedoch machte einen kühnen Gedankensprung, den Rietz aufs höchste bewunderte. »Dat geiht nich!« erklärte Stolpe.

»Die Erde da unten, die jehört uns! Hätt uns de oll König Majestät schon de Wiesen un Hütung wegnahmen un nix for gewen – nu ok noch de Erde von, dat is tau ville.«

Nun war es heraus, ganz zwanglos und ohne Drucksen. Stolpe war nicht wenig stolz auf sein diplomatisches Geschick und sah sich herausfordernd um. Die Verblüffung war jetzt auf Friedrichs Seite. Seine eigene Fragedisposition war es, die aus dem Gleis geriet. »Was?« fuhr er auf. »Was for Wiesen?«

»Na, die bi dat Dämmken da!«

»Weggenommen? Ohne Entschädigung? Mein Vater? Das ist rein unmöglich!«

»Is aber man woahr«, bekräftigte Rietz.

»Eckardt!« rief der König.

Der Stallmeister war mit drei Sprüngen zur Stelle.

»Majestät befehlen?«

»Was ist das hier for ne curieuse affaire?«

Stallmeister von Eckardt zuckte geringschätzig die Achseln.

»Uralter Tratsch, längst erledigt, schon nicht mehr wahr.«

»Wat, nich woahr?« brauste Stolpe auf.

»Maul gehalten!« sagte Friedrich leise und ganz nebenher, ohne die Bauern anzusehen.

»Es ist wohl einmal«, berichtete Eckardt weiter, »vor ungefähr sechzehn, siebzehn Jahren ein Gerede gewesen, daß Bornstedter Bauern sich beschwert hätten über die Einziehung von Wiesen zur Meierei, welche des hochseligen Königs Majestät damals haben einrichten lassen. Es war indessen nicht auszumachen, ob die besagten Bauern an den Wiesen wirklich ein Hütungsrecht besessen. Ist vielmehr anzunehmen, daß die Bauern genannte Wiesen irgendwann einmal eigenmächtig in Nutzung genommen und nun darauf pochen. Daher denn des hochseligen Königs Majestät auf deren Lamentieren gar nicht zu antworten geruht haben. Sind rechte Aufrührer und Rebellen, reden und räsonieren viel, trachten ständig danach, ihre Grenzen zu erweitern, pflügen in die Heiden hinein, sind aber nicht zu Hause, wann es ans Arbeiten gehen soll, und ruinieren nur die Felder.«

Stolpe und Rietz verschlug es den Atem. Sie standen erstarrt, obwohl es in ihnen kochte.

»Im übrigen«, schloß der Stallmeister, »ist die ganze Geschichte längst verjährt, und hat seit gewiß fünfzehn Jahren kein Hahn mehr danach gekräht und niemand mehr Einspruch erhoben.«

»Stimmt das?« blitzte Friedrich die Bauern an.

»Je, wat hätten wi noch sollen daun?« stammelte Stolpe.

»So lange Zeit nicht mehr protestiert?«

»Wi daun et ja nu!« wehrte sich Rietz.

Der König aber entschied gelassen: »Da ihr die Wiesen schon über fünfzehn Jahre lang habt entbehren können, ohne euch darüber zu mokieren, sind wir auch jetzt keineswegs gewillt, euch deshalb ein Äquivalent zu geben. Geht heim, ihr Rackers!«

Zögernd, ungläubig, immer noch auf ein letztes Wort hoffend, zogen sich die beiden zurück. Sie sahen, wie der König ihnen den Rücken zukehrte, sein Glas ergriff und lachend einen französischen Satz sprach. Der Stallmeister machte eine fortscheuchende Armbewegung. Sie wandten sich um und stiegen den Abhang hinunter.

»Bestohlen un denn noch beschumpfen!« grollte Jakob Rietz. »Nu bliewt allens, wie't is.«

Thomas Stolpe aber ballte drunten am Bornstedter Wege drohend die Faust:

»Dat bliewt nich, wie't is! Nix up de Welt bliewt, wie't is! Goahr nix!«

Der König hörte es nicht. Hofgärtner Müller war unterdessen vom Marly-Küchengarten heraufgekommen. Er hatte sich rasch seinen blauen Sonntagsrock übergezogen und den Degen der Kunstgärtnerzunft umgeschnallt. Den Dreispitzhut drehte er nicht wie die Bauern zwischen den Händen. Er trug ihn kavaliersmäßig unter den Arm geklemmt. Selbstbewußt und schon ergraut stand er da und gab in sicherer Rede erschöpfend Auskunft. Weinbau, warum solle er nicht möglich sein? Die Mühlenberge links und rechts seien zu des hochselig verstorbenen Königs Majestät Zeiten auch Weinberge gewesen. Allerdings könne auf dem ausgelaugten Sandboden kein Wein gedeihen, höchstens etwas Hafer. Doch wenn man gute Muttererde auftrage – keinen sauren Schlamm aus den Gräben, der wäre nur schädlich, sondern schweren mecklenburgischen oder magdeburgischen Boden – und wenn man ihn dann in Stufen anlege, damit er vom Regen nicht fortgespült wird, wie das in vielen Weinbauländern geschehe – so müsse es gehen. Freilich bestehe immer die Frostgefahr. Doch habe er sich schon gedacht, wenn man Orangen und Melonen hinter Glas ziehe, müsse man wohl auch Weinstöcke unter Fenstern anlegen können – »Assez!« winkte Friedrich ab. »Glaub Er ja nicht, daß Er mir kann an die Nase rumführen! Wie die Bauern da!«

»Zu Gnaden, Euer Majestät, wie könnt ich mir unterstehen!«

»Ich werde einen kommen lassen, der die Sache versteht. Später mal, wenn's an die Zeit ist. Im Moment kein Geld.«

»Wie Euer Majestät befehlen.« Bestürzt trat der Hofgärtner einen Schritt zurück.

Auch die Herren an der Tafel sahen sich betroffen an. So mißtrauisch hatte sich der König noch nie gezeigt. Bedrückten ihn politische Sorgen? Man mußte die gute Laune auffrischen! Bielfeld erhob sich und rief mit betonter Lustigkeit: »Nous voilà sans souci comme à Rheinsberg!«

Recht hatte er! Ohne Sorge sollte man sich auf solch herrlichem Fleckchen Erde fühlen! Und war nicht wirklich etwas Rheinsberger Atmosphäre zu spüren? Ausblick auf See und Wälder, ländliche Stille, Freunde an der Tafel, französischer Esprit im Gespräch, alles weitab von Staatsgeschäften und Hofgewimmel, fern von Berlin, Charlottenburg, selbst vom Stadtschloß in Potsdam –

Friedrich schaute noch einmal durch sein Augenglas.

Der Weg vom alten Marly her über die beiden Grabenbrücken zum Armbrustschießstand, er zielte genau auf die Höhe, wo Friedrich jetzt saß. Er könnte die Achse für die künftige Weinberganlage bilden, die Achse auch für eine Treppe, über die man bequem heraufsteigen könnte – etwa zu einem Winzerhäuschen, wo man Schutz fände vor unverhofften Gewittergüssen. Damit würde sich eine natürliche und reizvolle Ergänzung zum Lusthaus des Vaters ergeben. Man mußte sich fragen, weshalb der Herr Vater nicht selbst auf diesen Gedanken gekommen war. Ein Weinberg mit Stufen und Glasfenstern, eigentlich eine gute Idee!

Hofgärtner Müller trat wieder vor. »Mit Verlaub, Euer Majestät, die Fenster dürften selbstverständlich nicht im Halbkreis der Rundung des Berges folgen. Sie müßten in gerader Front der Sonne zugekehrt stehen. Soll ich eine Skizze anfertigen?«

»Nein!« wies ihn der König zurück. »Das muß Knobelsdorff machen. Wo steckt er überhaupt wieder? Er war doch heute morgen in Potsdam. Warum ist er nicht hier? Nie wird er fertig, wann er soll, und nie ist er da, wenn man ihn braucht. Ennuyant!«

## Das Haus im Grünen

Knobelsdorff ritt durch den Berliner Tiergarten, begleitet vom Oberjägermeister Graf Schlieben. Das Unterholz lichtete sich, Birken und Kiefern traten zurück, ein Zaun versperrte den Weg. Das Ende des einstigen Wildreviers war erreicht.

»Da ist es«, sagte Knobelsdorff.

Vom Pferd aus konnte man über den Zaun hinwegschauen. Ein sumpfiges Stück Wiese lag vor ihnen, mit Buschwerk und Erlen besetzt. Dahinter zog sich ein aufgeschütteter Weg, von Kopfweiden eingesäumt, durch ödes, nasses Gelände weit gegen den Grunewald hin: der Kurfürstendamm.

Der Oberjägermeister betrachtete nur die nahe Umgebung jenseits des Zauns. »Gebüsch zur Deckung, Wiese, etwas Wasser, was will man mehr?« sagte er. »Hochwald ist nicht nötig. Ja, hier kann man gut eine Fasanerie anlegen. Lassen Sie es einhegen, sorgen Sie noch für Wildbeerensträucher, und Sie werden sehen, die Tiere gedeihen.«

»Danke!« nickte Knobelsdorff. »Ich dachte es gleich. Dann werde ich dem König entsprechend berichten.«

Sie ritten zurück. Knobelsdorff schaute hinauf in die Kronen der alten Eichen. Der Tiergarten war längst kein fürstliches

Wildrevier mehr. Er bildete ein verwahrlostes Gemisch von Baumwuchs, Wiesen und Mooren, durchzogen von schnurgeraden Durchhauen, auf denen man einst die Fangnetze für die Jagd aufgestellt hatte und die darum Gestelle hießen. Aber es waren keine Hirsche und Rehe mehr da, und die Gestelle waren wieder zugewachsen. Die Reiter bückten sich unter überhängenden Zweigen. Ein großer Park sollte aus dem Tiergarten werden, so wollte es der König nach einem lange gehegten Plan, damit die Fahrt nach Charlottenburg ein Vergnügen werde.

Die Pferdehufe polterten über eine Holzbohlenbrücke des Landwehrgrabens. Ein alter Nebenarm der Spree schlängelte sich durch Bruchwald und sumpfige Wiesen, teilte sich in zahlreiche kleine Wasserläufe und drang mit halbüberwucherten Rinnen und morastigen Tümpeln in den Tiergarten ein.

Knobelsdorff hielt an. »Das kann auch nicht so bleiben«, sagte er, zog eine Karte aus der Satteltasche und begann zu skizzieren. »Ich werde ausheben und aufschütten lassen, damit hübsche Teiche und Rasenufer entstehen mit Wegen rundum.«

Schlieben hatte Bedenken: »So weit vom Hauptweg entfernt, wozu? Der König wird die Anlagen niemals zu sehen bekommen, wenn er sechsspännig nach Charlottenburg kariolt. Falls er überhaupt noch hinfährt, da er doch jetzt in Potsdam wohnt!«

Knobelsdorff schüttelte lächelnd den Kopf. »Wenn man so dächte, lieber Schlieben, könnte man die Hände in den Schoß legen. Was wird aus meinem ersten Bauwerk, dem Tempel in Ruppin? Er steht verlassen und verfällt. Was ist aus Rheinsberg geworden? Kaum vollendet, steht es leer. Die Königswohnung im Berliner Schloß ist noch nicht fertig. Charlottenburg, welcher Aufwand an Kunstfertigkeit und Fleiß, auch noch nicht fertig, und nun? Wozu, fragen Sie? Das große Palais gegenüber der Oper wird vielleicht nie gebaut werden. Wozu also meine Pläne, meine Entwürfe zum großen Schmuckplatz, zum Forum Fridericianum, zur

Akademie der Wissenschaften, zu einem deutschen Theater, wenn Potsdam Hauptresidenz wird? Wozu? Alles umsonst, nicht wahr?«

Der Oberjägermeister erschrak. »Exzellenz – nein!«

»Sehen Sie, lieber Freund, so darf man eben nicht denken! Ich arbeite nicht nur für den König. Ich baue für jeden, der Augen hat, und in griechischer Einfachheit, die jeden erfreut. So habe ich es von Anfang an gehalten. Schon bei dem kleinen Tempel in Ruppin. Er wird nicht mehr benutzt. Aber verlassen ist er nicht. Denn jeder, der ihn sieht im Amaltheagärtchen hinterm Wall, der freut sich. So habe ich es auch in Rheinsberg gehalten. Jeder Fischer, der heute auf dem Grienericksee vorüberfährt, sieht die Türme und die Kolonnade und hat sein Wohlgefallen daran. So ist es beim Opernhaus, das die Welt nun endlich zu sehen bekommt, da nach und nach die Gerüste fallen –«

»Ein wunderbares Gebäude!« sagte Schlieben. »Das schönste in ganz Berlin!«

Nicht nur das, dachte Knobelsdorff und lächelte vor sich hin. Sie waren weitergeritten. Einsamkeit war um sie und tiefe Stille. Kein Vogel sang. Nur der Specht hämmerte, und Amseln schlüpften raschelnd durchs Unterholz. Knobelsdorff dachte an die Besuche, die er in den letzten Wochen erhalten hatte. Architekten aus Dresden, Paris, aus Italien waren bei ihm gewesen, fremde Maler und Bildhauer, auch Schauspieler und Musiker, die nach Moskau reisten, und alle hatten erklärt, das Berliner Opernhaus sei das schönste Bauwerk der neueren Zeit, das sie je gesehen. Sie hatten sich Knobelsdorffs Pläne und Aufrisse zeigen lassen, um auch die Rückseite und Seitenpartien, die noch nicht freistanden, eingehend zu studieren. Der bekannte Valeriani hatte versichert, alles sei im Geist der Antike und Palladios empfunden. Form und Ebenmaß seien dem üblichen weit überlegen.

»Das Opernhaus hat Euer Exzellenz Ruhm begründet«, sagte der Oberjägermeister.

Knobelsdorff, bescheiden wie er war, antwortete nicht. Er sagte vielmehr: »Nur das ist wirklich ein Kunstwerk, dem man das höchste Streben und die Aufopferung aller Kräfte ansieht. Dies ist hier wirklich geschehen. Wenn nur nicht alles so schnell gehen und billig sein müßte! Statuen aus Draht, Stroh und Gips sind, wenn auch in Nischen wettergeschützt aufgestellt, alles andere als rühmenswert.«

»Nun, daran haben Exzellenz keine Schuld«, tröstete der Oberjägermeister.

»Nein, gewiß nicht«, antwortete Knobelsdorff. »Aber es ist bitter zu sehen, wie Millionen für die Feldzüge verausgabt werden, während die Bauten stocken und die Hebung des allgemeinen Kunstsinns unterdrückt wird. Aber lassen wir das!« Knobelsdorff machte mit der Hand einen Strich durch die Luft. »Für den Tiergarten habe ich jedenfalls Gelder im Generaldirektorium durchsetzen können. Und ich will den Bewohnern Berlins eine Stätte der Erholung schaffen, die nicht nur die Lungen, sondern auch Auge und Herz erfrischt – mag der König die Anlagen zu sehen bekommen oder nicht.«

Gefällte Bäume lagen umher. Die Reiter erreichten die große Charlottenburger Allee, die sich vier Kilometer lang schnurgerade durch den Tiergarten hinzog. An einem Ende waren in der Ferne die gedrungenen Türmchen des Brandenburger Tores zu sehen, am anderen tauchte die Allee ins Dunkel des Charlottenburger Waldes. Sie war bedeutend verbreitert worden. Die alten, schiefgesunkenen Laternenpfähle aus der Zeit König Friedrichs I. waren verschwunden, junge Linden säumten den Weg. Sechs Wildgestelle mündeten von allen Seiten in die Allee und bildeten einen Stern. Auch sie gedachte Knobelsdorff in Alleen umzugestalten. Den Platz um den Stern aber wollte er mit verschnittenen Hecken umgeben und mit acht Buchenpyramiden und Statuen schmücken. Er zeigte Schlieben seinen Plan, auf dem bereits alles verzeichnet war. »Wir haben Zeit«, sagte er. »Was heute nicht wird, geschieht morgen.« Hier hetzte niemand, hier drängten keine Termine, hier gab es keinen Ärger mit Behörden und säumigen Materiallieferanten, hier schaltete Knobelsdorff unbeschränkt und frei, wie es sein Empfinden ihm eingab, und der Oberjägermeister führte die Anordnungen ohne Widerrede aus.

Knobelsdorff sah sinnend in die Runde. Wie friedvoll war diese Stille. Wie gern weilte Knobelsdorff unter hohen Bäumen und dem freien Himmel. »Ich beneide Sie«, sagte er zu Schlieben. Der Oberjägermeister verstand ihn nicht. »Haben Exzellenz wieder Ärger gehabt?« fragte er verwundert.

Er hätte den Mund halten sollen. Denn nun war es plötzlich wieder da, was im Frieden des Waldes vergessen schien, und ein Magenkrampf ließ Knobelsdorff im Sattel zusammensinken. Das Potsdamer Stadtschloß stand wieder vor ihm, die ungefüge Lustgartenfront mit vorgerücktem Mittelteil und die zwei Eckbauten mit den plumpen Türmchen. Und König Friedrich sah zu Knobelsdorff auf und wünschte Vorschläge »pour un palais magnifique«, später einmal, wenn Geld da wäre. Knobelsdorff visionärer Blick hatte sofort die Möglichkeiten erkannt: in der Mitte und an den Seiten drei Tempelfronten mit Säulen wie am Opernhaus.

Friedrich hatte den Kopf geschüttelt. Säulen vor der Front? Da könne man ja aus dem Fenster nicht nach der Seite sehen! Knobelsdorff hatte überlegen gelächelt. Er war ja seit jeher der Lehrer in Kunstfragen, Friedrich der Schüler. Ob denn ein königliches Residenzschloß zum Hinausschauen oder zum Anschauen da sei, ein Ausguck oder ein Vorbild edler Schönheit für jeden, der Augen habe?

Über französischen Kupferstichen war lange hin- und hergeredet worden, bis schließlich der König den Krückstock auf den Boden gestoßen und auf deutsch gerufen hatte: »Ich verstehe genausoviel vons Bauen wie Er!«

Da hatte es freilich nichts mehr zu diskutieren gegeben. Knobelsdorff hatte sich stumm verneigt, war gegangen und hatte nicht am Mittagsmahl auf dem Sandberg bei Bornstedt teilgenommen. Daß er dort vermißt und mit neuen Aufgaben bedacht wurde, hatte er erst einige Tage später erfahren.

»Fühlen sich Exzellenz nicht wohl?« fragte Schlieben besorgt. Knobelsdorff richtete sich auf. »Danke, es geht schon wieder. War weiter nichts.« Er hatte noch mit den Tagelöhnern sprechen wollen, die er vom Opernbau her kannte. Aber er spürte eine Mattigkeit in den Gliedern, daß er es unterließ. Nicht reden, nicht reden hören, nur schweigen und geruhsam durchs stille Gehölz reiten, das labte ihn. »Kommen Sie!« sagte er. »Wollen mal sehen, ob sich ein Durchblick auf die Spree schaffen läßt.« Und sie ritten weiter über den Stern hinaus, wieder eins der alten verwucherten Gestelle entlang.

Plötzlich hörte die Laubdämmerung auf. Ein schmaler Graben versperrte den Weg, den die Pferde aber sofort übersprangen. Dann jedoch mußten die Reiter sie zurückreißen, sonst wären die Hufe in die zertrümmerten Glasfenster einiger Frühbeete getreten.

»Was ist das?« fragte Knobelsdorff und sah sich um. Er blickte über Gemüsebeete und spärliche Baumpflanzungen hinweg auf grünes Wiesengelände. Es reichte bis an die Spree, die von Treidelkähnen und kleinen Segeln belebt war. Drüben weideten Kühe, Gärten breiteten sich aus, und der lange Waldsaum der Jungfernheide zog sich weit um den Horizont. Ganz in der Ferne waren der Kirchturm und die Schloßkuppel von Charlottenburg sichtbar.

»Das ist ja wunderbar hier!« sagte Knobelsdorff bewegt.

In Schauen versunken, ließ er den Zügel los.

Doch schnell griff er wieder zu. Ein kleiner schwarzhaariger Mann kam zwischen den Beeten zeternd herbeigelaufen und fuchtelte mit den Händen. »Alte-là, alte-là, nix nix, messieurs! C'est une plantage ceci, attention, attention!«

»Kurios!« lachte Knobelsdorff. »Seit wann sprechen Gärtner französisch?«

»Retournez les chevaux, messieurs!« rief der Mann. «Weg, weg mit Pferd! Is verbott, mit Pferd traverser die Grabe! Is Plantage ici, allez-vous en, vite vite!«

»Was schreit Er denn so?« fragte Knobelsdorff etwas ungehalten. »Wer ist Er überhaupt? Wie kommt Er dazu, hier im Tiergarten eine Gärtnerei anzulegen?«

»Is privilège á établir une plantation de meuriers, privilège du roi, for Mulbeerböm, Seidewürm, comprenez-vous?«

»Gestatten Exzellenz eine Erklärung«, sagte der Oberjägermeister. »Es handelt sich um protestantische Flüchtlinge aus Orange in Frankreich, welche des Hochseligen verstorbenen Königs Majestät vor bald dreißig Jahren hierselbst angesiedelt haben, hüben und drüben vom Spreefluß. Sie sollten Maulbeerbäume pflanzen und Seidenraupen züchten, damit deren kostbares Produkt im Inland erzeugt werden könne.«

»Ach, diese kümmerlichen Sträucher sind Maulbeerbäume!« wunderte sich Knobelsdorff. »Ich hielt sie für Erlen.«

Schlieben zuckte lächelnd die Achseln. »Sie gedeihen auf unserm märkischen Boden nicht«, sagte er. »Eine ganze Reihe von Pflanzern haben ihr Glück hier versucht. Aber keiner hat es länger als zwei bis drei Jahre durchgehalten. Alle haben bankrott gemacht.«

Knobelsdorff besah sich die dunkelgrünen Strauchgewächse näher. »Wo sind denn die Seidenwürmer?«

»Nix, weg. All swarz worden, tous tombez par terre, maustot.« Er solle getrost französisch sprechen, verlangte Knobelsdorff. Wie er denn heiße.

Er hieß Pierre Antoine Meunier und fuhr sich verzweifelt in die Haare. »Je suis ruiné, je suis perdu!«

»Wieder einer«, bemerkte Schlieben. »Das wird hier nie etwas.« Knobelsdorff deutete auf die Beete, die voller Gras und Löwenzahn und Hederich standen. Warum er sich denn nicht auf den Gemüsebau lege, wenn die Seidenzüchterei ständig fehlschlage. Meunier faßte sich an die Schläfen. O mon Dieu, kein Geld! Nichts, um Pflanzen und Samen zu kaufen, nichts, um Gehilfen zu bezahlen!

Nun, dann müsse er eben Kredit aufnehmen.

Er bekomme doch keinen, klagte Meunier.

Wie, bei einem Gartenland von solcher Größe? Knobelsdorff sah sich kopfschüttelnd um. Wieviel betrage es?

Achtzehn Morgen, behauptete Meunier.

Das konnte stimmen. Knobelsdorff besaß einen sicheren Blick für Grundstücksgrößen und -preise. Dieses hier war gewiß seine 1500 Taler wert. Und darauf sollte der Besitzer keinen Kredit erhalten?

»Crédit, crédit!« rief Meunier und legte beide Hände um

seinen Hals. Kredit bis hierher habe er, er müsse ertrinken! »Ecoutez!« Er deutete auf ein niedriges Fachwerkhaus, das sich unter einem Schilfdach duckte, von einigen baufälligen Schuppen umgeben. Von dort erscholl das schrille Gezänk zweier Frauenstimmen.

Die Reiter stiegen ab und führten ihre Pferde vorsichtig den Mittelweg des Gartens entlang auf das Haus zu. Dort gewahrten sie Meuniers Frau Loiselette, klein, schmächtig und in Tränen aufgelöst. Vor ihr stand eine umfangreiche Weibsperson, die beim Anblick der beiden Herren sogleich ihre dicken Arme in die Hüften stemmte. »Nanu, jeht det hier schon wieder los?« schrie sie. »Aber nich ohne mir! Euer Gnaden kennen mir nich? Euer Gnaden werden mir kennenlernen! Ich bin die Witwe Ziegler un will mein Jeld wiederhaben!«

»Nous sommes insolvables«, weinte Madame Loiselette.

»Isch nix spreken mit les messieurs-là!« rief Meunier und fuchtelte mit den Händen. »Nix Wörtken spreken, nix nix!«

»Er schwindelt«, schrie die Witwe Ziegler hochrot im fleischigen Gesicht. »Ick hab et doch deutlich mit eejene Oojen jesehen, wie er jetuschelt hat mit Euer Gnaden. Een oller verfluchter Liegner is er! Ejalweg will er vakoofen, janz dusemang heimlich vakoofen un mir betriejen, der Mußjeh, damit ick mein Jeld nich wiederkrieg. Dreizehnhundert Taler, Euer Gnaden, is det vielleicht een Pappenstiel? Ick paß aber uff. Mir jeht er nich durch de Lappen, so een Kujon!«

»Unsinn!« sagte Schlieben ungeduldig. »Heimlich verkaufen, ein durch königliches Privileg überlassenes Grundstück, das gibt es ja nicht. Da hat das Französische Oberdirektorium mitzureden, die Kurmärkische Kriegs- und Domänenkammer, das Amt Mühlenhof und ich als Oberjägermeister auch, und überdies ist das Hypothekenbuch zur Eintragung da. Kommen Sie, Exzellenz, wir wollten den Tiergarten inspizieren, aber keine Privatzänkereien anhören!«

»Warten Sie!« Knobelsdorff zögerte und schien nachzudenken. Dann fragte er die aufgeregt schnaufende Witwe: »Monsieur Meunier schuldet Euch also Geld?«

Sie nickte gewichtig. »Kapital, Zinsen un acht Jroschen Jahreszehnt an den Keenig, allens aus meine Tasche, det reicht mir. Un nu is Schluß!«

»Er kann nicht zahlen?«

»Der Faulpelz, der Lüderjahn!« zeterte die Witwe Ziegler. »Ick frage, wovon? Is doch allens verloddert un verkommen, det janze Jelände! Kennt bloß noch Karnickel züchten dahier. Ick werde det Jrundstick vasteigern lassen, da hilft nu keen Betteln un Barmen nich mehr. Soll ick in Mond kieken uff meine Jahre?«

»Das soll Sie nicht!« antwortete Knobelsdorff. »Aber es ist doch jammerschade, ein so schönes Fleckchen Erde und so viel Ärger und Zank: Wie glücklich könnte hier einer sein, der in Ruhe ein zurückgezogenes Leben führen will. Vielleicht ließe sich eine Lösung finden.«

»Exzellenz?« sagte Schlieben voller Bedenken, da ihm eine Erkenntnis aufging.

Die Witwe Ziegler hatte noch schneller begriffen. Ihre breite Körperfülle sank mit einem Knicks zu Boden. »Scheen Dank, Euer Gnaden! Zu Diensten, Euer Gnaden! Hab ick doch wieder 'n richtigen Riecher jehabt! Bin ick akkerat uff'n rechten Moment herjekomm. Wenn Euer Gnaden koofen wollen, ick will ooch nischt ieberfordern. Mit sechzehnhundert Talers runde Summe, da wär allens mit Zehnt un Zins un Zinseszins mit bezahlt.«

Schlieben lachte. »Sechzehnhundert! Sie tut ja, als sei Sie die Eigentümerin hier und könne Preise diktieren! Für solch eine Kate und einige hundert Maulbeerstrünke, bedenken Sie, Exzellenz!«

Knobelsdorff nickte gelassen.

»Das Haus ist nichts wert, die Plantage nicht viel. Ich will es mir überlegen.«

Nach der Stadt zu war die Gärtnerei von einem Zaun begrenzt, der vom Rand des Tiergartens bis zum Spreeufer reichte. Nahe dem Haus war ein Pförtchen im Zaun. Hier führte Knobelsdorff sein Pferd hinaus und stieg in den Sattel. »Au revoir!« winkte er zurück.

---

Schlieben folgte ihm. »Haben Exzellenz wirklich die Absicht, sich hier anzukaufen?« fragte er ungläubig.

»Vielleicht«, antwortete Knobelsdorff unbestimmt.

»Dann möchte ich aber raten, sich in keinerlei Verhandlungen einzulassen und ruhig die Versteigerung abzuwarten.«

»Kein übler Vorschlag.«

Sie ritten langsam durch lichten Baumbestand der Flußaue, die noch zum Tiergarten gehörte. Aus ihr würde sich durch geschickte Wegführung und wohlüberlegte Anpflanzung viel machen lassen. Knobelsdorff hatte wieder die Karte zur Hand und begann zu zeichnen. Die Gärtnerei schien er schon vergessen zu haben.

Aber der Oberjägermeister kam darauf zurück. »Gewiß wäre es für Exzellenz sehr erholsam und Ihrer angegriffenen Gesundheit dienlich, wenn Sie sich hier draußen einen Zufluchtsort schaffen könnten – fern vom Trubel des Hofes, der wimmelnden Geschäftigkeit der Bauplätze und der Unruhe Ihrer überlaufenen Ateliers in der Leipziger Straße.«

Knobelsdorff lachte. »Gut gesprochen, Schlieben! Klingt wie Horaz. Beatus ille qui procul negotiis – «

»Ich meine es ernst, Exzellenz! Und dann die Nähe des Tiergartens, wo die Verschönerungsarbeiten viele Jahre anhalten werden! Ein großer Park wächst nicht so schnell wie ein Opernhaus.«

»Das stimmt.«

»Nur, wenn Exzellenz in der Tat ein zurückgezogenes Leben zwischen Bäumen und Blumen zu führen gedenken – zum vollkommenen Glück und Wohlergehen würde noch immer das Beste fehlen: eine Frau.«

Knobelsdorff seufzte. »Das alte Lied! Alle sagen das. Jeder liegt mir damit in den Ohren. Das Glück, das Glück! Ein einziger Mensch auf der Welt weiß wirklich, was mein Glück bedeutet.«

»Ah!« Der Oberjägermeister horchte hoch auf. »Eva von Kleist?« Knobelsdorff sah ihn spöttisch an. »Sie brauchen wohl Stoff für den Hofklatsch, wie?«

»Pardon!« stotterte Schlieben erschrocken.

---

»Ich habe sie porträtiert. Ihrem Bruder zuliebe, den ich von meiner Dienstzeit her kenne. Weiter nichts. Aber ihr wittert da gleich wieder eine pikante Affäre!« Knobelsdorff wendete das Pferd und entfernte sich durch den Wald.

Mit langem Gesicht sah ihm der Oberjägermeister nach. »Solch eine Unhöflichkeit war noch nie da!« murmelte er.

Er ist wie alle anderen! dachte Knobelsdorff aufgebracht, während er zwischen geborstenen Eichen und breit verästelten Kiefern zum Stern zurücktrabte. Man brauchte nur einmal mit einer Weibsperson ein paar Worte zu wechseln, gleich begannen sie hinterm Rücken zu tuscheln! Sie grinsten und stießen sich mit den Ellbogen an, zuallererst die, die als Freunde galten! Sie erörterten ausführlich die körperlichen Eigenschaften und die Erfahrungen, die andere damit gemacht hatten! Sie rechneten eifrig die Zahl der Morgen an Grundbesitz zusammen, die Talersummen des Schatzvermögens, die Erbschaften, die in Aussicht standen, und das Ergebnis war dann eine gute oder schlechte Partie, die gelobt oder mißbilligt wurde! Widerwärtig!

Ausgerechnet Eva von Kleist! Wenn Knobelsdorff sie in sein Haus führte, würde er anbauen müssen, um ihre zahllosen Verehrer samt Dienerschaft unterzubringen. Sein Haus würde wie ein Bienenstock summen, die Wohnung in der Leipziger Straße wäre ein stiller Winkel dagegen!

Als Knobelsdorff die Charlottenburger Allee erreicht hatte, gab er dem Pferd die Sporen. Im Galopp sprengte er den langen, geraden Sandweg dahin, daß der Staub aufflog – nicht nach Berlin, sondern nach der entgegengesetzten Seite.

Am Zaunsetzerhaus waren Tiergarten und Allee zu Ende. Knobelsdorff ritt schräg über das Lietzower Feld, ritt langsamer, klopfte dem Pferd auf den Hals.

Dann leuchteten rote Dächer, der Charlottenburger Stadtkirchturm tauchte auf. Knobelsdorff passierte den Schlagbaum, wo die Akzise erhoben wurde, ohne Halt und erreichte durch stille Seitenstraßen, ohne das Schloß zu berühren, das Häuschen des Küsters Schöne. Dort stieg er ab und band das Pferd an einen Zaunpfahl. Er trat ins Haus, und schon strich ihm etwas Graugescheddes um die Füße. Es hatte wohl wieder junge Katzen gegeben.

»Die Ehre, Euer Hochgeboren!« Die Küstersfrau sank zum Knicks in die Knie, der Mann beugte sich vor und machte einen Kratzfuß, indem er mit der rechten Fußspitze seitwärts ausscharrte. Lotte im halblangen braunen Unterkleid kam auf Holzpantinen zur Hintertür in den Flurgang geschlurft und brachte einen Korb Birnen herein. »Ihr seid wieder da, wie freue ich mich!« rief sie mit ihrer weichen Altstimme und strahlte Knobelsdorff an. Er gab allen die Hand.

Die Mittagszeit war schon vorüber. Ein paar Eierkuchen mit Speck lehnte Knobelsdorff ab. Er wolle nur kurze Zeit bleiben und sich ein wenig erholen.

»Ach ja«, meinte die Frau, »das haben Euer Hochgeboren auch gar zu nötig!«

»Gehen wir in den Garten«, lachte Lotte. »Da gibt's Pfirsiche, die ersten von unsern jungen Bäumchen.«

Es war alles einfach, herzlich und selbstverständlich. Knobelsdorff saß auf der schmalen Bank, lehnte den Rücken gegen die Stallwand, die warm war von der Sonne, und blickte in Beerensträucher und Stangenbohnen. Die Zeit stand still.

»Ihr wart lange nicht da«, sagte Lotte.

»Wirklich? Mir ist, als sei es erst gestern gewesen.«

»Ja, gestern vor einem Jahr etwa!«

»Nicht möglich! Weißt du das genau?«

»Ich kann's Euch vorrechnen«, lachte Lotte. »Ende April vor zwei Jahren hab ich Euch kennengelernt, drüben beim Kastellan Dauen.«

»Das war ein guter Tag!« seufzte er.

»Da habt Ihr fünf Tage bei uns gewohnt.«

»Ja, während der Vorbesprechungen für die Innendekoration im Schloß.«

»Dann seid Ihr fortgegangen.«

»Bin aber oft wiedergekommen.«

»Zweiundvierzigmal.«

»Alle Wetter! So oft?«

Lotte schüttelte den Kopf. »Es war recht selten. Es gab

viele, viele Tage, da kamt Ihr nicht. Bis zum Juli vorigen Jahres. Dann bliebt Ihr überhaupt fort.« Sie neigte das Gesicht.
Er ergriff ihre Hand. »Die Arbeiten im Schloß waren vorläufig abgeschlossen. Ich fand keine Muße herzukommen. Aber vergessen hab ich dich nicht.«
Sie sah ihn an. »Was habt Ihr so lange getrieben?«
»Ich mußte das Opernhaus ausbauen, die Vorstellungen besorgen – bis zum letzten Februar, jetzt macht es zum Glück der Baron von Sweerts – Monbijou und das Berliner Schloß mußte ich herrichten, Gärten in Köpenick und Schönhausen anlegen, den Tiergarten neu gestalten, Pläne für den Umbau des Potsdamer Schlosses machen, neuerdings einen Weinberg bei Bornstedt entwerfen, Porträts malen, Privathäuser für Berliner Bürger skizzieren, seitdem das Opernhaus allgemeinen Beifall gefunden, Kamine, Vasen, Spiegel, Türen, Wagen zeichnen –«
»Wagen?« fragte Lotte ungläubig.
»Karossen meinetwegen, wenn du das besser verstehst. Für den Hof und so weiter.«
»Ihr seid doch Baukünstler, denk ich.«
»Ich muß alles können. Auch ein goldenes Taferservice für den König, Teller, Schüsseln, Terrinen, Bestecke, Salzfässer.«
Sie schlug die Hände zusammen. »Alles aus purem Gold?«
»Wert eine Million dreihunderttausend Taler. Der König hat seines Vaters Goldschatz einschmelzen lassen. Die Goldschmiedekosten werden durch ausgebrochene Edelsteine gedeckt. Aber ich mußte die Muster zeichnen.«
»Dann habt Ihr freilich keine Zeit für uns«, sagte sie mutlos.
»Ich würde mehr Zeit haben, wenn du mir näher wärst.«
Sie erschrak. Ihre Hände krampften sich über den Knien zusammen. Sie wandte den Kopf ab.
Plötzlich sprang sie auf. »Wie meint Ihr das?« fragte sie.
Er wollte sie zu sich heranziehen. Aber sie wehrte ab. »Hör zu!« sagte er. »Ich will mir ein schönes Stückchen Land kaufen, zwischen dem Tiergarten und der Spree. Dort will ich mir ein kleines Haus bauen lassen, ganz im Grünen, ganz für mich allein. Und vielleicht eine kleine Meierei dazu mit eini-

gen Kühen, die auf dem Wiesenland weiden können. Im Garten werden wir Obst und Gemüse und Blumen ziehen – «

»Wir?« fragte sie zornig und fuhr herum. »Wer wir?«

Er lachte. »Da hab ich mich doch wirklich verplappert! Du mußt wissen, ganz mutterseelenallein kann ich dort natürlich nicht hausen. Ich muß jemanden haben, der mir hilft. Und da habe ich mir gedacht, weil du doch so klug und geschickt und fleißig bist – ob du mir vielleicht die Wirtschaft dort führen könntest – «

In ihren Augen blitzte es auf. »Wenn es das ist, das geht!« Sie setzte sich wieder. Knobelsdorff umarmte sie. Diesmal ließ sie es, ohne sich zu wehren, geschehen. Er sagte: »Es wird noch einige Monate dauern. Französisches Zensiten-Terrain ist schwer zu erwerben. Und bis das Haus fertig ist, kann es Frühjahr werden. Wirst du auch auf mich warten und nicht davonlaufen, unterdessen?«

Sie lachte. »Meine Eltern sind schon aufs Fortlaufen gefaßt. Gehe ich weg, gibt meine Schwester ihren Dienst beim Herrn Pastor auf und kommt nach Hause zurück.«

Er war stutzig geworden. »Ihr habt bereits davon gesprochen?« Sie errötete und schlang die Arme um seinen Hals. »Wir wußten doch längst, daß Ihr mich einmal holen würdet!«

Der Instinkt dieser einfachen Leute war wirklich frappant!

Noch mehr hätte Knobelsdorff gestaunt, wenn er die Eltern gehört hätte, als er sich verabschiedet hatte. Lotte war im Waschhaus, sie hörte es auch nicht.

»So ein Glück!« sagte die Mutter und legte die Hand an die Wange. »Nee, so ein Glück! Nu sind wir aus alle Not.«

Der Küster wiegte bedenklich den Kopf. »Wenn er sie bloß nicht heiraten tut!«

»I, wo wird er! Der denkt jar nicht dran.«

»Tät auch der Lotte schlecht anstehen«, meinte der Vater. »Einen hochgeborenen Herrn heiraten, das gehört sich für unsereins nicht. Ich tät's nie erlauben.«

»Man keene Angst nich! Was denkste, was dem de vornehme Verwandtschaft uff'n Kopp spucken tät, wenn se das erfährt! Nee, nee. Aber Mätresse, da kann ihm keener was wollen.«

---

»Mätresse ist sehr gut«, nickte Küster Schöne. »Mätresse kann jedes brave Mädel werden, ohne sich was zu vergeben.«

»Na siehste, Schöne, denn wärn wir uns widder mal eenig! Nee, so ein Glück ooch!«

## Fünfzig Stück Maurergesellen

Groß und wuchtig stand das Opernhaus im September 1744 in kantigen Umrissen da. Scharf zeichneten sich Licht und Schatten in den Profilen der großen Fenster, in den Rillen der Reliefs und der Pilaster und auf den Säulen der Dachbalustrade ab. Das kupfergedeckte Dach war von unten nicht zu sehen. Die Statuen der Musen, Grazien und antiken Dichter ragten hell in den mattblauen Himmel. Alles war fertig, die Gerüste waren verschwunden. Hinten und an der Langseite nach dem verlegten Festungsgraben zu wurde am Erdgeschoß noch die Verkleidung mit rohbehauenen Quadern vollendet.

Das Gebäude lag ringsherum frei. Tausend Kutschen hatten bei den Vorstellungen im letzten Winter davor halten können. Aber schon hatten sich in der Umgebung eine Unmenge Buden angesiedelt, roh zusammengeschlagene Hütten, große und kleine, regellos vor- und zurückspringend aneinandergereiht, in allen Farben und vollgepackt mit Obst und Gemüse, Würsten und Branntweinflaschen, Knöpfen, Bändern, Häubchen und Täschchen, Dosen und Blumen aus Stoff und Papier. So drängten sie sich um das Opernhaus, versperrten die Brücke am einstigen Neuen Tor und die Zufahrtsstraßen und bildeten für alle Betrachter ein Ärgernis. Der Monumentalbau der Oper, ein Wahrzeichen gediegenen Wohlstandes, sah sich umringt von der Armut des Volkes, das den Handel zum Lebensunterhalt nötig hatte.

Aber eines Tages drang von der Behrenstraße her eine Abteilung Soldaten zwischen den Buden hervor. Aha, dachte Hofmaurermeister Naumann und steckte den Schurzzipfel auf, jetzt geschieht endlich was gegen die miserablen Trödelkoben!

Doch die Soldaten stürzten sich nicht auf die Buden, sondern rückten gegen das Opernhaus vor und suchten es zu umzingeln. Kaum sahen das die Maurer, warfen sie die Kellen hin und rannten nach allen Seiten davon. »Soldaten! Nu nischt wie weg!«

»He, wat soll dat?« rief Meister Naumann und ließ den Schurz fallen. »Wollt ihr woll dableiben, ihr Halunken!«

Die Angst der Leute war begreiflich. Mitte August war der König zu seinem zweiten Krieg gegen Österreich aufgebrochen. Es hieß, die Kaiserin Maria Theresia habe sich mit England und anderen Staaten verbündet, um Schlesien zurückzuerobern. Ihr Heer stehe aber zur Zeit noch am Rhein im Kampf gegen Frankreich und sei dort gebunden. Wenn also Friedrichs Präventivkrieg auch schnellen Erfolg verspreche, so waren dazu noch Soldaten nötig und noch viel mehr als Ersatz. Daher lebten in jenen Wochen alle jungen Männer im Königreich Preußen in ständiger Furcht vor gewaltsamer Rekrutierung.

Aber deshalb brauchten die Maurer vom Opernhaus nicht davonzulaufen. Meister Naumann suchte sie wieder heranzuwinken. Wußten die Dummköpfe nicht, daß Berlin seit langem von jeder Soldatenwerbung eximiert war?

Auf einmal lachte er lauthals. Schau an, es war gar kein königliches Truppenkommando! Es war nur ein Stadtwachtmeister, von einer Militärpatrouille begleitet! Eine Polizeiaktion also, sie schien sich nun doch gegen die Buden zu richten.

»Na, Gevatter«, sagte Naumann gemütlich, »jeht ihr uff Rattenfang?«

Der Stadtwachtmeister war ein alter Sergeant aus Friedrich Wilhelms I. Schule und unzugänglich für respektlose Scherze. Er drehte seinen martialischen Knebelbart und forderte streng: »Hol Er seine Gesellen!«

Der Maurermeister hob die Achseln: »Keene nich da!«

»Hab ihnen ebent noch jesehn!«

»Tatsächlich?« Meister Naumann sah sich suchend um. »Denn muß ihnen reeneweg der Deibel jeholt ham.«

»Mach Er keene faule Witze!« schnauzte der Wachtmeister. »Hol Er stantepeh Seine Jesellens, sonst muß ick Ihm selbst arretieren!«

Der Maurermeister kratzte sich am Kopf unterm schwarzen Dreispitz. »Det wär mir inkommode. Was is denn los?«

»Det weeß Er selbst sehr jenau! Er hat Order, zehn Stick Jesellens nach Potsdam uff'n Weinberg zu schicken, un hat nich pariert.«

»Ach, da beißt der Floh!«

»Nu muß ick die Exekution vornehmen.«

»Immer sachtemang!« sagte Meister Naumann. »Ick hab keene Jesellens for Potsdam übrig.«

»Bomben und Jranaten, der Keenig hat et befohlen!«

»Un mir hat der Keenig befohlen, keene Jesellens nich abzujeben! Werden allesamt hier jebraucht.«

Der Wachtmeister stutzte. »Det kann doch nich meeglich sind! Wir ham doch man bloß een Keenig.«

Naumann lachte. »Vielleicht ham wa zwee! Wie sieht er denn aus, wo Euch den Befehl hat jejeben?«

»So'n Kleener, Dünner. Heeßt Kircheisen un is Stadtpräsident von Majistrat Berlin.«

»Und meiner is een Jroßer, Dicker. Heeßt Knobelsdorff un is Oberbauintendant von janz Preußen. Wer hat nu recht?«

Der Wachtmeister sah sich verlegen nach seinen Soldaten um.

»Ja, ick weeß et nich. Am besten, ick arretier Ihm erst mal. Denn wird sich ja zeigen, wo da wat nich stimmt.«

Aber das ließ sich Hofmaurermeister Naumann nicht bieten. Er war kein schüchterner Untertan. Er beschäftigte sechzig Gesellen, die ungelernten Handlanger nicht gerechnet, besaß Einfluß in der Zunft, Ansehen in der Bürgerschaft, Geld im Säckel und wußte sich mit dem Hoftitel hoher Protektion sicher. Er widersetzte sich und fing kräftig an zu schimpfen. Seine Gesellen kamen aus ihren Verstecken hinter Theatertreppen und Buden hervor und unterstützten ihn. Der Lärm schallte über den ganzen Opernplatz, so daß die Passanten stehenblieben und ein Menschenauflauf entstand, der gegen die barsche Obrigkeit drohend Partei ergriff.

Der Stadtwachtmeister war hilflos. Er kam nicht zum Ziel, aber unverrichteterdinge abzuziehen ging ihm gegen die Ehre. Schon wollte er einen Mann seiner Patrouille nach Verstärkung schicken, da erklärte sich Meister Naumann bereit, zum Geheimrat Kircheisen mitzukommen und den Wirrwarr zu klären, aber freiwillig und zehn Schritte hinter der Polizeieskorte, wie ein Spaziergänger, der zufällig denselben Weg hatte.

Dem Stadtwachtmeister war gar nicht wohl in seiner Haut, als er notgedrungen seine Soldaten um sich scharte und über die Brücke am Neuen Tor zum Schloß abmarschierte. Er hatte vor einer Rebellion das Feld geräumt, und das bedeutete für ihn dasselbe wie für einen Feldherrn eine verlorene Schlacht. Immerhin, noch hatte der Feind nicht gesiegt. Dieser Kujon von Maurermeister ging ihm nicht durch die Lappen. Ein Befehl: »Kehrt, marschmarsch!«, und er hatte ihn wieder!

Gemütlich schlenderte Maurermeister Naumann hinterdrein, blieb ab und zu stehen, sprach unterwegs ein paar Worte mit diesem und jenem Bekannten und tat so, als gehe ihn das Polizeiaufgebot nichts an. Er traf auch den Baumeister Horst, der ihm riet, auf jeden Fall den Oberintendanten von Knobelsdorff zu informieren, und sich sogar selbst anbot, schnell zu ihm in sein neues Sommerhaus am Tiergarten hinauszufahren, da er sowieso wegen mangelnder Lieferungen des Rüdersdorfer Kalkbruchs einiges mit ihm zu besprechen habe.

»Det kennte kapabel sind«, meinte Naumann, und Horst schwang sich in sein einspänniges Wägelchen mit dem Sitz aus grünem Korbgeflecht und trabte die Lindenallee hinunter.

Wohlig lehnte er sich zurück. Wenn er ehrlich war, mußte er sich gestehen, daß er die Fahrt nicht nur aus Pflichtgefühl unternahm. Der Weg durch den Tiergarten war schön und erholsam und er kam selten dorthin. Die jetzigen Baustellen,

Kadettenhaus in der Neuen Friedrichstraße und Neuer Packhof, lagen am entgegengesetzten Ende Berlins.

Und wie hatte sich der Tiergarten jedesmal verändert, wenn Horst ihn wiedersah! Der alte Wildzaun ringsumher war verschwunden. Immer neue Durchsichten waren entstanden. Alte Bäume, vom umwucherten Unterholz befreit, zeigten in schönster Gruppierung die Pracht ihres hundertjährigen Wuchses. Neue Alleen öffneten sich, von seltenen Akazien eingefaßt. Labyrinthische Wandelgänge, von verschnittenen Taxushecken dunkel umsäumt, schützten verliebte Paare vor neugierigen Blicken.

Von der Hauptallee führte jetzt ein gerader Weg schräg zu Meuniers einstiger Gärtnerei. Der Zaun mit dem Pförtchen war noch da. Auch die Hütte mit dem Schilfdach stand noch, und der Gärtner wohnte darin. Aber daneben, etwas mehr zum Tiergarten hin, war ein neues kleines Haus emporgewachsen, einstöckig, mit gebrochenem Dach und vier Fenstern nebst Mitteltür in der Front. Kleine Luken zeigten, daß es unterkellert war.

Alle Fenster standen offen, die Zimmer schienen noch leer und unbewohnt.

Doch da hörte Horst drinnen ein Scharren und Stoßen. Er trat ein und stieg drei Stufen empor. Der Hausflur ging durch von vorn bis hinten. Links waren zwei Türen, rechts zwei Türen, alle geöffnet. Horst blickte ins erste Zimmer.

Da stand auf niedrigem Podest, denn die Zimmer waren nicht hoch, der alte Hofmaler Pesne mit Farben und Pinsel und malte über der Seitentür einen antiken Tempel – das römische Pantheon schien es zu werden! An der Stubendecke aber schwebten unter lichtblauem, leichtbewölktem Himmel zartfarbige Kindergestalten. Sie streuten Blumen auf die künftigen Bewohner herab. Horst rührte sich nicht von der Stelle. Das Bild gefiel ihm. Er hatte von der Neigung des Bauherrn zu einer schöner Charlottenburger Küsterstochter gehört. Und nun hatte Knobelsdorffs alter Lehrer das Heim der beiden so ausgeschmückt, wie es der Freund wünschte.

Pesne wandte den Kopf. Doch er ließ sich nicht stören.

»Sucht Ihr den Oberintendanten?« fragte er, ohne Horst zu erkennen. »Er ist im Garten.«

Horst durchquerte den Hausflur und trat zur Hintertür hinaus. Der Garten befand sich in völliger Umgestaltung. An Stelle der Gemüsebeete und schlechten Maulbeerbäume waren junge Obstbäume gesetzt worden. Am Rande des Tiergartengrabens entstanden Blumenbeete, die schon Margeriten, Löwenmaul und Brennende Liebe trugen. Dort verhandelte Knobelsdorff mit dem Gärtner Meunier.

Knobelsdorff kam dem Besucher entgegen und sah sehr zufrieden und heiter aus. »Wird das nicht schön hier?« fragte er und deutete mit der Hand in die Runde. »Diese Wiese da gehört auch dazu. Dort werden nächstes Jahr Kühe weiden.«

»Oh, ein großes Grundstück!« lobte Horst.

»Und billig erstanden. Für dreizehnhundertundfünf Taler in der Zwangsversteigerung erworben. Allerdings mit der hypothekarischen Beschränkung, daß ich hier keinen öffentlichen Bierausschank betreibe.« Er lachte.

»Bin auch nicht hergekommen«, scherzte Horst, »um meinen Durst zu löschen. Hatte unterwegs sogar große Bedenken, ob ich Euer Exzellenz willkommen sein würde.«

»Im allgemeinen schätze ich unverhoffte Besuche nicht. Dazu ist die Stadtwohnung da. Hier möchte ich meine Ruhe haben. Aber ein Freund ist stets gern gesehen. Hoffentlich bringt Ihr mir etwas Gutes.«

Das war nun leider nicht der Fall. Horst berichtete von der Bedrängnis, in die der Hofmaurermeister Naumann geraten war, und bat um Rat.

»Dem Mann geschieht unrecht«, entschied Knobelsdorff ohne Zögern. »Die Sache muß geklärt werden.« Er war sofort bereit, in Horsts kleinem Wagen zur Stadt zu fahren. Zur Rückfahrt wollte er dann eine Droschke nehmen. –

Im Königlichen Schloß zu Berlin waren seit der Zeit Friedrich Wilhelms I. alle Behörden vereinigt. Der stockbewaffnete König hatte so seine Beamten stets im Auge gehabt.

In dem riesigen Gebäude war Raum genug für das General-, Ober-, Finanz-, Kriegs- und Domänen-Direktorium des

Königreichs Preußen, und für die Kurmärkische Kriegs- und Domänenkammer als Provinzialbehörde. Hier hatte auch der Stadtpräsident von Berlin seinen Amtssitz, der vom König eingesetzte Ortskommissar, der die Funktion der ehemaligen städtischen Selbstverwaltung versah.

Der Geheime Kriegs- und Domänenrat Kircheisen saß klein und schmal auf seinem hohen Stuhl. Der Sitz war so hoch, daß die Füße in der Luft hingen. Das gepuderte Haar steckte in einem schwarzseidenen Beutel über dem Nacken. Trotzdem war sein brauner Tuchrock von Weizenmehl weißgrau bestäubt. Auch die Spitzenkrausen an Kehle und Handgelenken waren nicht gerade sauber. Ein Stehpult mit Sitzbock stand hinter ihm am Fenster. Kircheisen war jedoch kein Schreiber, er war Präsident. Seine schmalen, knochigen Hände lagen vor ihm auf den Knien und hielten eine silberne Schnupftabaksdose. »Tjä«, hüstelte er, »im Räsonieren ist Er wohl groß, wie? Aber Order parieren will Er nicht. Wohin soll der preußische Staat kommen, wenn die Leute nicht mehr parieren? Auf den Hund, sag ich Ihm!«

»Det mag schon sind«, antwortete Hofmaurermeister Naumann. »Parieren muß sind, sag ick ooch. Un et macht ja ooch mächtigen Spaß, det Parieren. Aber der Spaß hört mir uff, wenn man nich kann vor Lachen.«

»Das ist nicht zum Lachen!« krähte Kircheisen aufgebracht. »Die Kurmärkische Kammer hat den Berliner Magistrat angewiesen, daß jeder Maurermeister ein Drittel seiner Gesellen nach Potsdam abgeben soll. Das wären in Seinem Fall zwanzig Stück. Und wenn ich Ihm nun befohlen habe, nur zehn Stück Gesellen herzugeben, dann ist das eine besondere Gunst und Gnade, für die Er mir kniefällig danken muß. Nun? Will Er oder soll ich die Exekution durchführen?«

»Nee!« sagte Naumann und wischte sich mit dem Handrükken den Schweiß von der Stirn. Das endlose Hin- und Herreden in der kahlen Amtsstube machte ihn mürbe. Fast eine Stunde schon stand er hier. Lange konnte er nicht mehr aushalten.

Da ging die Tür auf. Knobelsdorff trat ein. Seine große,

kräftige Gestalt, sein sicherer Schritt, das natürlich fallende braune Haar, im Nacken durch eine schwarze Schleife zusammengehalten, der Blick seiner Augen – das alles brachte sofort einen Hauch von Leben in den öden Raum.

Er grüßte und fragte lachend: »Na, Kircheisen, haben Sie wieder Ärger? Ich bitte Sie, es ist schönster Sommer! Im Winter bleibt immer noch Zeit dazu.«

Schockiert über solch formlose Anrede fuhr Kircheisen auf. Mit steifen Beinen rutschte er von seinem hohen Stuhl, sah aber kaum größer aus als vorher. »Hier muß durchgegriffen werden!« schnarrte er. »Ganz energisch! Es liegt eine Kammerverfügung vor, wonach ich bis zum neunundzwanzigsten September fünfzig Stück Maurergesellen beschaffen soll. Das ist schwer genug. Überall fehlt es an Leuten. Aus der Provinz sind viele Maurer als Soldaten ins Feld gezogen. Noch mehr sind beim forcierten Festungsbau in Neiße beschäftigt, aus Berlin allein einhundertfünfzig Stück. Und die übrigen sind auch noch obstinat!«

»Na, das ist alles nicht so schlimm«, meinte Knobelsdorff leichthin.

Kircheisen starrte ihn entgeistert an. »Ein Befehl von oben, offene Rebellion – nicht schlimm?«

»Nehmen Sie's nicht so tragisch!« beschwichtigte Knobelsdorff. »Ich habe gestern mit Baudirektor Diterichs gesprochen –«

»Mit wem? – Ah, mit dem Kirchenmann!«

»Diterichs hat nicht nur Kirchen gebaut, sondern auch das Prinzessinnenpalais neben der Oper, wenn ich daran erinnern darf. Ein tüchtiger Baumeister schon unter dem vorigen König. Er hat mein volles Vertrauen. Er baut jetzt nach meinen Plänen die Weinbergterrassen bei Bornstedt, wo die genannten Maurer benötigt werden. Mit ihm habe ich verabredet, daß es durchaus genügt, wenn jeder Maurermeister einen oder zwei Gesellen nach Potsdam schickt.«

»Det klingt schonn anners!« bemerkte Hofmaurermeister Naumann.

»Halt Er Sein Maul!« fuhr Kircheisen ihn an. Dann faltete

er die mageren Hände. »Wie können Exzellenz insgeheim privat eine Abrede treffen, wenn doch die Kriegs- und Domänenkammer – fünfzig Stück Maurergesellen – ich muß mich strikt an die Vorschrift halten.«

»Ach, wissen Sie, Kircheisen, die Vorschrift! Vorschriften sind manchmal sonderbar. Da gibt es zum Beispiel eine ältere Kabinettsorder Seiner Majestät, nach der vom Opernhaus, vom Schloßausbau, vom Kadettenhaus und Neuen Packhof kein einziger Maurer abgezogen werden darf, weil der König diese Bauten besonders beschleunigt haben will.«

»Na also!« rief Naumann. »Da bin ick ja dranne!«

»So nun auch wieder nicht, Naumann! Er hat ja gehört, daß der Weinberg dem König ebenso wichtig ist. Wir müssen uns gütlich einigen.«

Kircheisen blieb der Mund offenstehen. Einigen? Mit einem Aufrührer, der ins Loch gehörte? Die Staatsordnung wankte. »Das gibt es nicht! Befehl ist Befehl.«

Knobelsdorff überhörte den Einwand. »Einen Gesellen wird Er doch entbehren können, Naumann?«

Der Maurermeister wiegte den Kopf. »Eeenen, nu ja, nu schonn.«

»Und wenn Er ein Beispiel gibt, werden Seine Zunftgenossen gewiß nicht nachstehen.«

»Det wäre dreiste meglich.«

»Sehen Sie, Kircheisen, es geht! Und besser, als mit gewaltsamer Exekution.«

Der Stadtpräsident kniff die dünnen Lippen zusammen. Da hatte er sich jahraus, jahrein mit Kabinettsordern und Kammerverfügungen abgequält, und nun kam einer dahergeschneit und warf alle Zuständigkeiten übern Haufen. Hier stand er, der Geheime Kriegs- und Domänenrat Kircheisen, und dort der Geheime Kriegs- und Domänenrat von Knobelsdorff. Aber der andere war Mitglied des Generaldirektoriums und stand eine Stufe höher im Rang. Ihm mußte man sich wohl fügen.

»Auf Ihre Verantwortung, Exzellenz!«

»Selbstverständlich! Dazu bin ich ja Oberintendant sämtlicher königlichen Bauten in ganz Preußen – mit Weisungsrecht!«

»Zu dienen, Exzellenz!« Kircheisen verbeugte sich. Dann klappte er hilflos mit den Armen. »Aber die fünfzig Stück Maurergesellen –«

»Fünfundzwanzig tun's auch«, antwortete Knobelsdorff, schon halb in der Tür. »Vor allem schnell und nicht erst in einem halben Jahr!«

Giftig sah Kircheisen ihm nach. Er fand es unerhört, daß ihn der Oberintendant so vor dem Handwerksmeister blamiert hatte. Die Autorität war untergraben! Es galt, sie sofort wiederherzustellen. Mit rücksichtsloser Energie nahm er die Angelegenheit in die Hand, schnauzte und hetzte die Schreiber und Boten herum und brachte auch wirklich in wenigen Tagen die fünfundzwanzig Maurergesellen zusammen.

An einem schönen Herbstmorgen trafen sie sich zum Abmarsch auf dem Achteckmarkt am Leipziger Tor. Aber zwei waren nicht erschienen. Die anderen warteten noch eine Weile, wurden ungeduldig und zogen los. Die Torwache wollte sie nicht durchlassen. Auf ihrer Order stand, daß fünfundzwanzig Maurergesellen nach Potsdam befohlen und dem Obristen von Meyerinck »zu verabfolgen« seien. Der Herr Stadtpräsident Hochwohlgeboren werde der Wache die Hölle heiß machen, wenn die nur dreiundzwanzig als auspassiert melde. Er werde Durchstechereien argwöhnen und die ganze Wachmannschaft ins Loch stecken lassen.

»Na, denn nich, liebe Tante!« meinten drei Gesellen und machten kehrt.

Der Wachhabende aber, ein bärbeißiger Korporal, verfiel auf die rettende Idee. Er zählte die Maurer mit brüllender Stimme: »Eins zwei drei vier –« und gelangte, sieh da, bis fünfundzwanzig. »Fünfundzwanzig sind's!« schrie er. »Und wer mir dagegen räsoniert, kriegt fünfundzwanzig übergezogen!«

Da konnten sie endlich abmarschieren.

In Schöneberg gab es guten Landwein. Zwei betranken sich so, daß sie liegenblieben. Die übrigen achtzehn zogen weiter.

---

In Steglitz stahlen sie Äpfel und gerieten in eine Schlägerei. Ein Geselle wurde so schwer verletzt, daß er nicht mehr gehen konnte.

Die Zehlendorfer Kirche war schon recht schadhaft. Ein alter Maurer, der selber nie Meister geworden war, freute sich ungemein über die unerwartete Hilfe, die auf der Straße entlanggezogen kam. Drei Gesellen versprachen sich auf dem Lande ein freies und nahrhaftes Leben ohne Zunftschranken und blieben da. Die restlichen vierzehn wurden in der Parforceheide von einem Unwetter überrascht. Alle stoben auseinander und suchten Schutz unter alten Eichen und Holzstapeln, in hohlen Baumstämmen und Köhlerhütten. Als sie sich wieder sammelten, waren es nur noch zwölf. Zwei blieben spurlos verschwunden. Vielleicht hatten sie die Tippelei satt und sich einem der zahlreichen Teeröfen zugewandt, wo es warm war und immer Arbeit gab.

Es machte auch wirklich keinen Spaß, in nassen Kleidern stundenlang weiterzuwandern. Auf der Kohlhasenbrücke über das Teltower Fließ hielt ein Planenwagen mit Kornsäcken. Ein Strang war gerissen. Wer konnte es einem armen Maurergesellen verdenken, wenn er beim Reparieren half und zum Lohn dafür ein Stück mitfahren durfte? Wohin, das blieb ein Geheimnis zwischen dem Fuhrmann und ihm.

So langten von den »fünfzig Stück Maurergesellen«, die dem Geheimrat Kircheisen so viel Kopfzerbrechen bereitet hatten, schließlich nur elf in Potsdam an. Mit Mühe fragten sie sich zum Haus des Obristen von Meyerinck am Stadtkanal durch. Dort öffnete eine Magd. Als sie die beschmutzten Gestalten mit gezogenen Hüten und durchfeuchteten Haaren erblickte, und gleich elf Mann hoch, da schrie sie laut auf und knallte die Tür zu.

Aber die draußen läuteten und klopften beharrlich weiter. Nach einer Weile ging oben ein Fenster auf. Die Obristin von Meyerinck steckte den Kopf mit der bänderumschlossenen Haube heraus und rief: »Wir geben nichts!«

Die Gesellen erwiderten, sie kämen aus Berlin und seien zum Herrn Obristen befohlen.

»Herr Obrist ist ausgeritten!« scholl es aus der Rüschenhaube herab.

Dann wollten sie warten. Sie müßten ein Nachtlager haben, denn es werde bald Abend. Und Hunger hätten sie auch.

Was sollte die Frau von Meyerinck mit den elf fremden Maurern anfangen? Sie schickte sie zum Kastellan Boumann aufs Schloß. Der könne vielleicht welche brauchen.

Das königliche Stadtschloß in Potsdam sah ganz neu aus in seinem frischen Verputz, besaß aber noch die alte Gestalt aus der Zeit König Friedrichs I. Ein massiger dreistöckiger Mittelbau wandte sich dem Lustgarten zu und entsandte zwei niedrige, einstöckige Flügel aus Fachwerk gegen den Alten Markt. An ihren Enden standen zwei Wachthäuser links und rechts von einem zierlichen Säulenportal mit einer schwebenden Göttin darauf, die als Wetterfahne diente.

Durch dieses Portal wurden die Gesellen von einem Wachtposten in den Schloßhof geleitet. Sie sollten warten, bis der Kastellan Boumann gefunden sei. Da es aber recht lange dauerte und ihre Beine müde waren, wurden ihnen vom Posten gestattet, in einem der beiden Wachthäuser auf einer Bank zu rasten. Da saßen sie nun eng zusammengedrängt und staunten die großen Soldaten mit ihren hohen Blechmützen an. Es waren junge, kräftige Leute, jünger meist als die Maurergesellen. In Berlin sah man nur ältere Jahrgänge Posten stehen und an den Toren sogar Invaliden.

»Ihr lebt woll jut hier«, sagte einer der Gesellen. »Von Krieg merkt ihr woll nischt, wa?«

Der Grenadier sah sie geringschätzig an. Was sie denn schon wüßten! Noch nie was gehört – wie? – vom Leibbataillon, von den großen Verlusten bei Mollwitz im Ersten Schlesischen Krieg. Sie hätten ihre Pflicht für den König getan, jetzt seien nur sechzig Mann Leibwache mit ins Feld gezogen. Die übrigen würden geschont. Nun könnten mal andere ihre Köpfe hinhalten. »Na«, meinte er schließlich gutmütig, »wullt je wat eten? Brot, Käse, Bier?«

Es war alles da, und sie langten zu. Und dann hockten sie wieder und warteten.

---

Inzwischen saßen im Schloßflügel in einem Zimmer zu ebener Erde der Kastellan Boumann, der Kriegs- und Domänenrat Neubauer und der Geheime Kämmerer Fredersdorf zusammen an einem Tisch. Sie spielten Karten, tranken das dünne, hellgebe Potsdamer Bier, rauchten aus langen Tonpfeifen und sprachen über den Krieg, der nach der Besetzung Prags nicht mehr recht fortgehen wollte.

»Habt Ihr denn nichts gehört, Herr Kämmerer?« fragte der Kriegsrat. »Ihr steht doch am ehesten mit dem königlichen Hauptquartier in Verbindung.«

Geheimkämmerer Fredersdorf, der einstige Kammerdiener Friedrichs, fühlte sich sehr geschmeichelt, daß man ihm Informationen zutraute, die anderen unzugänglich waren. Aber er bedauerte: »Wenig, sehr wenig, so jut wie nichts. Das letzte, wo ich jehört habe, is man bloß: kein feindliches Heer in Böhmen, keine Schlacht nich, aber Regen und Schlamm, verlassene Dörfer, leere Scheunen, keiner bringt Lebensmittel ran. Un ringsum östreich'sche Husarenschwärme, lassen nichts durch, keine Briefe, keine Kuriere nich.«

»Wo steht denn die preußische Armee?«

»An die östreich'sche Jrenze.«

»Na, dann wird sie ja bald in Wien einmarschieren.«

»Wollen's hoffen.« In Wirklichkeit wußte Fredersdorf viel mehr: daß der König sich schon im vollen Rückzug nach Schlesien befand, daß Verpflegung und Trinkwasser ganz und gar ausgegangen, die Kleidung der Soldaten zerrissen, Ruhr, Typhus, Fleckfieber wüteten – daß Desertionen von nie gekanntem Maß geschahen – 17 000 Mann – ganze Kompanien samt ihren Offizieren waren zum Gegner übergelaufen – das Heer war keine Truppe mehr, nur noch ein Haufen zerlumpter streunender Marodeure.

Aber das brauchte Fredersdorf ja nicht jedem auf die Nase zu binden. Das blieb hohen und höchsten Herrschaften vorbehalten, die sich für solche Neuigkeiten erkenntlich zeigten!

Wer waren denn diese beiden hier? Kastellan Boumann, ein Maurermeister aus Amsterdam, vom verstorbenen König Friedrich Wilhelm I. zum Bau des Holländischen Viertels nach Potsdam berufen und jetzt Schloßverwalter – Kriegsrat Neubauer, königlicher Ortskommissar von Potsdam mit einem Horizont, der kaum über die Stadtmauer hinausreichte! Dafür, daß sie Fredersdorf im Kartenspiel drei Taler gewinnen ließen, hatten sie mehr als genug erfahren! Fredersdorf nahm einen tiefen Zug aus dem Holzkrug.

In diesem Augenblick wurden die elf Berliner Maurergesellen hereingeführt. Kaum hatte Kriegsrat Neubauer erfahren, worum es sich handelte, und die recht zerknüllte und durchweichte Order gesehen, als er mit der Faust auf den Tisch schlug und schrie: »Schon wieder welche? Na nun aber Schluß! Als ob wir hier in Potsdam nicht selbst genug Maurer hätten! Wir brauchen keine hergelaufenen Lümmel!«

Die Gesellen begannen zu murren. Und Boumann sagte: »Na na!« Er war selbst einmal Maurergeselle gewesen. Er glättete das Schriftstück auf dem Tisch und meinte: »Es liegt doch offenbar eine Anordnung der Kurmärkischen Kammer vor.«

»Ach was!« wetterte Neubauer. »Ich weiß schon, da steckt wieder der Diterichs dahinter. Hat sich in Berlin und beim König eingeschmeichelt, will alle Aufträge an sich reißen! Was hat der hier in Potsdam Weinbergterrassen zu bauen, wenn schon ein tüchtiger Baumeister da ist, der nicht nur ein Holländisches Viertel, sondern die ganzen neuen Stadtteile bis zum Brandenburger und Jägertor hin entworfen hat!«

»Stimmt!« nickte Boumann. Das Lob ging ihm glatt herunter. Auch ihn wurmte es, daß ein Berliner Baumeister die neuen königlichen Aufträge erhalten hatte. »Undank ist der Welt Lohn.«

»Damit gebt Ihr Euch zufrieden?« flüsterte Neubauer gereizt nach einem Blick auf die Gesellen. »Ich nicht. Ein Halunke ist dieser Diterichs! Drängt sich nicht nur selbst in den Vordergrund, schiebt auch noch die Potsdamer Künstler und Handwerker beiseite! Hat einem gewissen Glume die Skulpturen am Orangenhaus im Lustgarten übertragen, und der hiesige Bildhauer Schoenewitz und Steinmetz Angermann dürfen gewissermaßen aus Gnade drei hölzerne Dachfenster und einige Säulenkapitäle beisteuern! Ist das recht und billig?«

»Auf keinen Fall!« pflichtete Boumann bei.

»Und zum Bau der Weinbergterrassen hat der Diterichs die Berliner Maurermeister Baeger und Schnepmüller hergeschickt mit einem Haufen Gesellen, angeblich weil die Potsdamer Meister zu teuer wären. Da kann ich nur lachen!«

»Je nun«, meinte Boumann, »was kann man dagegen tun?«

»Das will ich Euch sagen«, fuhr Neubauer hitzig fort. »Ich werde ohne Umstände nach dem Privileg und der Potsdamer Verfassung handeln. Ich werde den Berliner Maurermeistern die Werkzeuge beschlagnahmen lassen, wenn sie sich unterstehen sollten, nur einen einzigen Gesellen mehr bei den Weinbergterrassen einzustellen! Ich kann nicht zulassen, daß Auswärtige den Potsdamern Lohn und Brot wegnehmen. Das ist kraft meines Amtes meine Schuldigkeit.«

»Wenn aber Baudirektor Diterichs –« wandte Boumann vorsichtig ein, »wenn Herr von Knobelsdorff –«

»Keiner sitzt angegossen im Sattel. Wir haben dann immer noch einen König. Was meinen Sie, Herr von Fredersdorf?«

Der Kämmerer fühlte sich durch die adlige Anrede höchst geehrt. Er wiegte lächelnd den Kopf. »Allerdings, der König –«

»Kommen Sie, machen wir noch ein Spiel!« drängte Neubauer. »Sie gewinnen gewiß.«

»Wat wird denn nu?« Die elf Gesellen wurden ungeduldig.

»Geht heim!« sagte Baumann. »Ihr seid überflüssig.«

Sie meuterten. »Dunnerschlag! Sieben Stunden Marsch un keen Nachtlager nich?«

Boumann sprach ihnen gut zu: »Es gibt in Potsdam ein Baugewerk und eine Schenke für wandernde Maurergesellen. Ist gar nicht weit. Da könnt ihr übernachten.«

So standen sie endlich wieder draußen, kochend vor Empörung. Es dämmerte schon.

»Wat nu? Wolln wir ihnen die Fenster einschmeißen?«

»Nicht doch, die Wache!«

»Denn wolln wir brüllen!«

»Man nich, die Wache!«

»Ick weeß: wir warten bis morjen und lauern un vertobaken ihnen, alle drei!«

»Jeht nich, in Potsdam steht an jede Ecke 'ne Wache.«

»Na, denn wolln wir wo Feuer anlejen.«

»Haste denn Feuer?« – Nicht einmal das hatten sie.

»Mensch, ick hau um mir!«

»Die annern warn schlau, die haben sich unterwejens verkrümelt.«

»Siehste, ick sag et ja immer, det Sprichwort heeßt: Ehrlichkeet is am dümmsten!«

## Ungeziefer und Spione

In einer Dezembernacht des Jahres 1744, als ganz Berlin in tiefem Schlaf lag, flammten an der Spreeseite des Schlosses zwei Fackeln auf. Aus einer niedrigen Rundbogentür, die man sonst nie geöffnet sah, traten Männer in seltsamer ungarischer Tracht und schleppten eilig hochbeladene Körbe die Stufen zum Wasser hinab in einen bereitliegenden Kahn.

Es regnete in Strömen, und das war gut. Das Rauschen übertönte das Klirren und Klappern im Innern der Körbe. Kein später Bummler ließ sich bei solchem Wetter am anderen Ufer auf der Burgstraße sehen, und die Bewohner hatten die Fensterläden fest gegen die Regenschwaden geschlossen, die von Westen gegen die Hausfronten wehten.

Am Kai stand ein Mann im Dreispitz und Regenumhang. Darunter schaute die Spitze des Degens hervor. Aufmerksam wie ein Feldherr in der Schlacht stand er aufgerichtet da und überwachte den heimlichen Transport. »Schnell, schnell!« mahnte er.

Und die zwölf Männer hasteten aus dem Schloß zum Kahn und vom Kahn wieder zurück ins Schloß und schleppten, daß ihnen der Schweiß von den Stirnen lief. Sie trugen nicht nur Körbe voll schwerer blinkender Metallgegenstände, sondern auch große funkelnde Spiegelrahmen, Tische, Kronleuchter, den zerlegten silbernen Musikantenchor aus dem Rittersaal und Speiseplatten von Wagenradumfang. Es mußte alles gut vorbereitet gewesen sein, denn trotz der Unmenge von Stükken ging die Verladung sehr schnell vonstatten. Die kleine Rundbogentür schloß sich wieder, die Fackeln erloschen, nur eine Windlaterne im Schiff blieb erhellt, und der Kahn legte ab. Die zwölf Männer in ungarischer Tracht fuhren mit. Am Bug stand der Mann im Dreispitz und Regenumhang, hochaufgerichtet, machtbewußt, denn hinter ihm lag der Silberschatz der Hohenzollern im Schiff, und Millionenwerte waren in seine Hand gegeben. Der Kahn glitt lautlos hinaus in die Regennacht.

»Setzen sich Euer Gnaden man lieber!« sagte der Spreeschiffer mit der langen Stange. »Kann sind, daß wir bei die Dusternis anstoßen tun, wenn wir beim alten Lusthaus an die Pomeranzenbrücke in den Kanal inbiejen.«

Aber der Mann im Dreispitz mit den Millionen zu seinen Füßen ließ sich keine Ratschläge geben. »Paß Er man auf Ihm selber auf!« antwortete er brüsk. »Ich jebe schon auf mir alleene acht.«

Der Kahn blieb im Stadtgebiet. Er fuhr um den Lustgarten herum und gelangte in den Köllnischen Graben auf die andere Seite des Schlosses. An der Schleusenbrücke ging der Regen in nassen Schnee über, und es bedurfte der ganzen Erfahrung des Schiffers, um bei solch schlechter Sicht an der Unterwasserstraße genau vor der königlichen Münze anzulegen.

Dort wurde der Transport schon erwartet. Eine Tür ging auf, Fackeln leuchteten in der Dunkelheit, und die zwölf Männer schleppten die Körbe und die sperrigen Silbersachen ins Haus. Dann wurden sie entlassen und trotteten naß und durchfroren zurück ins Schloß, um nach kurzem Schlaf wieder ihren Dienst als Hoflakaien in ungarischer Heiduckentracht anzutreten.

Der Mann im Dreispitz und Regenumhang blieb in der Münze. Dort wurden sämtliche Stücke gezählt, gewogen und aufgeschrieben. Die Arbeit dauerte bis in den Morgen. Endlich sagte der Münzmeister: »Wenn alles eingeschmolzen wird, kann man eineinhalb Millionen Taler daraus prägen.« Der Mann im Dreispitz nickte zufrieden, ließ sich die Ablieferung quittieren und begab sich nun ebenfalls ins Schloß. Es schneite noch immer, aber der Himmel wurde schon hell.

Der Mann im Dreispitz betrat das Schloß durch das zweite Portal vom Schloßplatz her, stieg die Treppe zum ersten Obergeschoß empor und übergab Mantel und Hut einem Heiducken, der schon wieder auf war. Dann durchschritt er zwei kahle, unausgebaute Räume, die Vorzimmer und Audienzzimmer werden sollten, und gelangte nach Anklopfen in ein rundes Gemach, das nur ein einziges Fenster nach der Spree hinaus besaß. Dort saß der König bei Kerzenlicht am Schreibtisch. Ihm gegenüber stand Knobelsdorff. Was, der auch schon hier, dachte der Eintretende ärgerlich.

Der König wandte sich nach ihm um. »Na, Fredersdorf, allens gut gegangen?«

»Jawoll, Euer Majestät!«

»Hat keiner was gesehen?«

»Niemand, Euer Majestät! War zappenduster.«

»Hast du gut gemacht, Fredersdorf! Wär eine Blamage, wenn nächste Woche in allen Zeitungen von Europa stehen tät: Der König von Preußen ist am Ende, hat schon sein Silber in die Münze geschickt.«

Geheimkämmerer Fredersdorf rollte warnend die Augen.

»Nanu!« sagte Friedrich. »Knobelsdorff kann allens hören. Der schweigt wie das Grab.«

Der Oberintendant verbeugte sich kurz und stumm.

»Zeig her, Fredersdorf!« winkte Friedrich und nahm die Quittung entgegen. »Was sagt der Münzmeister? Anderthalb Millionen? Reicht immer noch nicht for den Krieg fortzusetzen. Die Landstände müssen noch anderthalb Millionen vorschießen. Nachher mal Finanzminister Boden herholen!«

Fredersdorf verneigte sich und ging. Aber bevor er das Zimmer verließ, warf er Knobelsdorff einen hämischen Blick zu, der besagte: Du magst dir wunder wie groß dünken mit deiner Königsfreundschaft und deinen Bauten – solche Werte, wie heute durch meine Hände gegangen sind, hast du dein Lebtag noch nicht beisammen gesehen!

Der König wandte sich Knobelsdorff zu. Friedrich trug jetzt wie sein Vater den dünnen preußischen Militärzopf. Sein Gesicht sah ernst aus. Die angespannten Kaumuskeln, die an den Wangen hervortraten, zeigten an, daß er häufig die Zähne zusammenbiß.

Knobelsdorff fand das begreiflich. Der mißglückte böhmische Feldzug des Jahres 1744 war einer Niederlage gleichgekommen. Alle Pläne waren zunichte geworden. Österreich war nicht geschlagen. Die Absicht, das Haus Habsburg durch einen bayrischen Kaiser und eine Vereinigung der kleineren deutschen Fürsten von der Vorherrschaft im Deutschen Reich auszuschließen, war fehlgeschlagen. Der Kaiser war gestorben, die Frankfurter Fürstenunion zerfallen. Dagegen hatten Österreich, England, Holland, Sardinien und Sachsen ein Bündnis zur Rückeroberung Schlesiens geschlossen, und Preußens Verbündeter Frankreich, von den Mätressen und Beichtvätern Ludwigs XV. gelenkt, verzögerte die versprochene Hilfe. Schon waren österreichische Truppen wieder in Oberschlesien und die Grafschaft Glatz eingerückt. Preußen war in die Defensive gedrängt. Das alles wußte Knobelsdorff. Er glaubte auch eine Veränderung im Wesen des Königs zu bemerken. Der spielerische Leichtsinn von einst, die Ruhmbegierde um jeden Preis, der Übermut schien verflogen. Die Selbstherrlichkeit war einer gewissen Freundlichkeit gegen Untergebene gewichen.

»Bitte nehmen Sie doch Platz!« sagte er höflich auf französisch. »Man darf nicht zu schwarz sehen. Beten Sie für meinen glücklichen Stern! Ich will entweder meine Stellung behaupten, oder ich will, daß alles zugrunde gehe und der preußische Name mit mir begraben werde.« Er lehnte sich zurück und sah düster vor sich hin.

Knobelsdorff setzte sich auf einen Polsterstuhl an der Wand und schwieg verlegen. War er herbestellt worden, um sich solche Stimmungsbekenntnisse anzuhören? Voller Unbehagen ließ er seine Blicke durch den Raum schweifen. Kritisch betrachtete er die blaßgrüne Holztäfelung mit aufgelegten Goldornamenten – Rocaillen, Palmbäumen, Blumengehängen –, den Kamin aus schlesischem Marmor, die vier eingelassenen Wandspiegel, die das Licht des Fensters vervielfältigten, besonders aber die kuppelförmige Decke in Stuck, die mit ihren Rippen entfernt an das römische Pantheon erinnerte.

Friedrichs Augen folgten der Wölbung. »Es ist schön geworden, nicht wahr?« fragte er, wiederum auf französisch.

Knobelsdorff antwortete ebenso: »Nahl ist der fähigste Dekorateur, den wir haben.« Trotzdem hatte Knobelsdorff mit seinem feinen Stilgefühl manches auszusetzen. Das ganze Dekor erschien ihm noch unausgewogen. Über den Türen drängten sich Palmwipfel und Strahlensonnen zu sehr zusammen, die Rocaillen wirkten stellenweise zu groß, ihre Flammen züngelten zu unruhig, an der Decke lasteten die Gittermotive zu schwer. Es war ihm alles nicht klar, nicht fein und nicht zart genug. Man mußte noch strenger, noch zuchtvoller mit den Ornamenten umgehen! Dem König aber gefiel das Zimmer offenbar sehr. Ob es nicht fast wie das Rheinsberger Turmgemach aussehe, fragte er, nur viel glänzender, königlicher? Ob Knobelsdorff sich noch der schönen, sorglosen Jahre in Rheinsberg entsinnen könne, als man im erlesenen Freundeskreis tanzte und philosophierte, Theater spielte und musizierte, Mathematik und Literatur studierte, zeichnete und schrieb, und als man den Freuden der Tafel nicht abgeneigt war?

Gewiß, auch Knobelsdorff dachte oft daran zurück, weniger an die Genüsse als an die Hochstimmung des Entwerfens, an die beglückenden Stunden ersten Schaffens und an das Einvernehmen mit seinem kronprinzlichen Auftraggeber.

Friedrich lachte leise. »Wissen Sie noch, wie ich Ihnen einen gebrochenen Hals angedichtet habe statt eines gebrochenen Arms? Jugendtorheit! Ein Jordan oder Stille hätte mir so etwas vielleicht übelgenommen. Sie nicht, Knobelsdorff! Sie haben mich immer verstanden.«

---

Er streckte ihm die Hand hin. Knobelsdorff trat heran und ergriff sie. Mit wehmütigem Lächeln drückte sie der König und seufzte: »Ach, es war unsere schönste Zeit! Vorbei, vorbei! Wir werden wohl nie mehr nach Rheinsberg kommen. Es liegt zu weit ab. Ich habe es meinem Bruder Heinrich geschenkt. Sie wissen ja, ich habe ihn zu meinem Nachfolger ernannt. Möge er sich in Rheinsberg auf seinen schweren Regentenberuf vorbereiten, wie ich es tat. Vielleicht tritt der Fall schon bald ein.«

»Aber Majestät! In ihrem Alter von dreiunddreißig Jahren – «

Friedrich hob abwehrend die Hand. »Sie kennen das nicht, Knobelsdorff! Ich bin schon zweimal hart am Tode vorbeigekommen, vor Oppeln und bei Pleß. Aber ich weiß einen Ort, der mir noch lieber ist als Rheinsberg, und wo ich begraben sein will: auf meinem Weinberg bei Potsdam. Dort auf der obersten Terrasse habe ich mir eine Gruft mauern lassen.«

»Davon weiß ich ja gar nichts!« rief Knobelsdorff erstaunt.

»Aber Diterichs weiß es.«

Knobelsdorff schüttelte den Kopf. »Ich glaubte, Majestät wollten ein Winzerhäuschen errichtet haben. Und nun eine Gruft?«

»Nicht an der gleichen Stelle. Mehr seitlich am Bergrand. Die Hügelmitte bleibt frei.«

Knobelsdorff fand wenig Gefallen daran. Er hatte eine schöne Anlage entworfen mit sechs gemauerten Terrassen, mit Rundbogennischen, die 168 Weinstöcke aufnehmen und mit Glasfenstern versehen sein sollten zum Schutz gegen Fröste. Und der Schmuck des Weinbergs sollte auf seinem Gipfel ein Winzerhaus sein, an seinem Fuße ein Blumenparterre mit Springbrunnen und fünf Reihen Kastanienbäumen an beiden Seiten.

Eine Gruft aber, die zum Bau eines Mausoleums verführen konnte, paßte als seitliches Nebenzentrum ganz und gar nicht in sein Konzept.

Der König bemerkte Knobelsdorffs stumme Ablehnung. »Nehmen wir die Sache nicht wichtiger, als sie ist«, sagte er.

»Säße ich noch in Rheinsberg, ich würde mir dort im Park eine Ruhestätte erwählen. Aber Rheinsberg existiert nicht mehr für mich, und so will ich denn an meinem neuen Lieblingssitz beigesetzt werden.«

Was war das? Lieblingssitz? Meinte Friedrich das alte Marly-Lusthaus des Vaters oder das Winzerhäuschen?

»Kein Winzerhäuschen. Ein Schloß, ein Weinbergschloß!«

Noch ein Schloß? Nach der Residenz in Berlin, nach Charlottenburg, nach dem Potsdamer Stadtschloß, dessen Umbau noch kaum begonnen hatte, nun ein viertes?

Aber während Knobelsdorff noch seine Überraschung bezwang, erblickte seine Phantasie schon das Schloß auf der Weinbergshöhe, breit hingelagert, mit Rundbogenfenstern, gleichsam eine siebente Terrasse, und nicht zu hoch, nur einstöckig auf niedrigem Untergeschoß aus Quadern – in der Mitte jedoch eine griechische Säulenhalle wie am Opernhaus, nur etwas kleiner und aus karrarischem Marmor – blendend weiß würde sie weit hinausleuchten über das Land und die Havelseen – schwierig die richtigen Proportionen zu finden, aber es mußte der schönste Bau des Jahrhunderts werden!

Der König war aufgestanden und vor einen Spiegel getreten, der einen Wandschrank verdeckte. Dort suchte er eine Weile und zog ein paar kleine Blätter hervor, die er mit der Feder bekritzelt hatte.

Da zeigte sich, daß Friedrich schon selbst recht genaue Vorstellungen von seinem Weinbergschloß besaß. In den vielen öden Stunden des Feldlagers mußte er oft darüber nachgedacht haben. Er hatte in laienhaften Strichen ohne Lineal einen Grundrißentwurf gezeichnet, auf dem die Terrassen – der Einfachheit halber nur drei –, das Blumenparterre und das Fontänenbassin zu sehen waren, wie Knobelsdorff sie nach der ersten Besprechung angegeben hatte. Oben aber war schon das Schloß mit all seinen Räumen zu erkennen.

Mit raschen Worten erläuterte Friedrich die Skizze. Er hatte mehrere von den zahlreichen Lehr- und Vorlagebüchern französischer Architekten studiert. Er war über die neuesten Erkenntnisse in der Schloßbaukunst unterrichtet und warf mit Fachausdrücken um sich, die außer Knobelsdorff niemand verstanden hätte.

Eine »maison de plaisance« wollte er haben, kein aufwendig-repräsentatives »château«, sondern ein Lustschlößchen zum eigenen Vergnügen.

»Gut!« nickte Knobelsdorff. Für Prunk war er nicht, und eine große Schloßanlage hätte auf dem Weinberg keinen Platz gehabt. Diterichs hatte schon für die Terrassen den Berghang durch Aufschüttungen verbreitern und mit Mauern seitlich abstützen müssen.

Die Räume wünschte Friedrich als »appartement double« angeordnet, zwei Reihen von Zimmern hintereinander, die Hauptgemächer an der Gartenfront, die Nebengelasse an der Hofseite gelegen.

Überhaupt wollte er die ganze französische Bauweise nach der Mode der Zeit angewendet wissen, alles schön und bequem, ohne Treppen, sämtliche Zimmer in einem Stockwerk, die Fenster tief hinabgehend und als Türen zum Garten ausgebildet, die Innentüren nahe der Fensterwand, damit die seitlichen Wandflächen nicht unterbrochen würden, und in »enfilade« angelegt, um die ganze Flucht der Räume durchblicken zu können.

Knobelsdorff nickte. Das alles waren selbstverständliche Dinge für ihn, die man nicht des langen und des breiten zu erörtern brauchte. Doch eins war nicht selbstverständlich: War überhaupt Geld für ein neues Schloß da? Den Silberschatz in die Münze zu schicken schien nicht das Zeichen günstiger Finanzlage zu sein.

»Oh, quand même!« rief Friedrich vergnügt. Zunächst habe das Weinberggelände so gut wie gar nichts gekostet. Er habe dem Gut Bornstedt dafür andere Flurstücke gegeben, die Bornstedt schon vorher in Pacht gehabt hätte. So sei nur die Pachtsumme zu streichen gewesen, siebzig Taler im Jahr, eine Kleinigkeit. Und im übrigen habe Knobelsdorff wohl gehört, daß Friedrich im Frühjahr das Fürstentum Ostfriesland geerbt habe, ein unerwarteter Glücksfall. Der preußische Finanzminister von Cocceji sei hingereist und habe die

Steuern dort von 24 000 auf 52 000 Taler jährlich emporgeschraubt. Die kämen nicht in die Kriegskasse. Unvorhergesehene Einnahmen dürfe man zu außergewöhnlichen Ausgaben verwenden, so habe es Friedrich von seinem Vater gelernt. Die 52 000 Taler jährlich reichten für zwei Schlösser aus, das Potsdamer Stadtschloß als Winterquartier und das Weinbergschloß als Sommersitz.

Knobelsdorff erschien diese Rechnung bei der unsicheren Kriegslage und der allgemeinen Finanznot recht bedenklich. Doch Geldangelegenheiten waren wohl das letzte, in das ein Oberbauintendant dem König hineinzureden hätte.

Inzwischen hatte der König in lebhafter französischer Rede seine Skizze weiter erläutert. Der eine Flügel des Weinbergschlosses sollte an der Gartenseite drei Gästezimmer enthalten für Freunde, die Friedrich wie in Rheinsberg um sich versammeln wollte, und dahinter sollten sich drei Dienerkammern befinden. Den anderen Flügel wollte der König selbst bewohnen. Er brauchte dazu nicht viel Räume: ein Empfangszimmer, ein Musikzimmer, ein Arbeitszimmer mit halboffenem Alkoven zum Schlafen und hinter dieser Flucht an der Hofseite eine schmale Galerie für Gemälde und Büsten.

Am Ende dieses Flügels aber hatte Friedrich ein kreisrundes Gemach gezeichnet, eine Bibliothek, wie er sagte, einen Raum zum Lesen, Studieren und Dichten, dem Rheinsberger Turmzimmer ähnlich – doch behaglicher, wärmer, intimer als das runde Arbeitszimmer, in dem sie jetzt saßen.

Die Bibliothek sollte nur einen einzigen Zugang haben, nämlich vom Arbeitszimmer hinter dem Alkoven vorbei. Friedrich wollte hinübergehen können, so oft es ihm beliebte, ohne von jemandem gesehen zu werden. Er wollte sich dort einschließen, kein Mensch sollte ihn stören. Er wollte allein sein mit seinen Büchern, ganz hingegeben der Philosophie und der schönen Literatur.

Das Rheinsberger Turmzimmer auf den Weinberg bei Bornstedt versetzt! Friedrich erging sich in schwärmerischer Begeisterung.

Wie erhebend mußte es sein, dort auf dem Berg zu sitzen

mit weitem Blick über Havelseen und ferne bewaldete Rücken.

»Ein Jupitertempel!« rief Knobelsdorff, da sich die Gedanken des Königs mit seinen eigenen Vorstellungen berührten. »Wohnung eines Herrschers über irdische Länder und in den Gefilden des Geistes! Ein antikes Peristyl, Marmorstufen hinanführend, Marmorsäulen, festlich korinthische Kapitäle!«

Der König hob ruckartig den Kopf. In seinen Augen stand jähes Befremden. »Tempelfront? Wo?«

»Hier, als Mittelbau zwischen den beiden Flügeln.« Knobelsdorff deutete auf die Zeichnung. Aber da sah er schon, daß Friedrich etwas ganz anderes wollte. Offenbar hatte sich der König an die Regeln französischer Architekten gehalten, etwa an Briseux oder Pigage, die für den Mittelbau einer »Maison de plaisance« ein rechteckiges Vestibül an der Hofseite vorschrieben und an der Gartenseite einen runden oder ovalen »salon«, der etwas aus der Front heraustreten sollte. Eine solche Anordnung war auch auf Friedrichs Zeichnung zu finden.

Der König setzte sich wieder, lehnte sich zurück und nötigte auch Knobelsdorff in einen Sessel. Und dann begann er zu erzählen.

Einst in Ruppin, als er im Gärtchen hinter dem Wall mit Offizieren in einer Sommernacht zechte, war in der Weinlaune eine Idee aufgekommen, ein scherzhaft phantastischer Traum. Sie glaubten unter einer riesigen umgestülpten Punschbowle zu sitzen wie unter einem Dach, und die Punschbowle wurde ringsherum von zwölf Satyrn getragen, gehörnten, spitzohrigen Waldgeistern aus dem Gefolge des Weingottes Bacchus – vielmehr waren es eigentlich die Hermen vom Dresdener Zwinger gewesen, die in ihm, dem sechzehnjährigen Kronprinzen, einen unauslöschlichen Eindruck hinterlassen hatten.

Diese Vision aus weinseliger Stimmung einmal in Stein verwirklicht zu sehen, war nunmehr Friedrichs Wunsch. In Ruppin, wo Geld und Bildhauer fehlten, hatte Knobelsdorffs

Vorliebe für das Klassische einen Rundtempel mit acht toskanischen Säulen daraus gemacht. In Rheinsberg war das Projekt nochmals aufgetaucht, aber durch Friedrichs Regierungsantritt nicht ausgeführt worden. Und im Apollosaal des Opernhauses hatten die Satyrn, allerdings ohne die umgestülpte Punschbowle, ihren Platz bekommen.

Jetzt sollte der Gedanke endlich Wirklichkeit werden. Gab es einen sinnvolleren Platz als die Gipfel eines Weinbergs? Friedrich war stolz auf seinen Einfall. Seine Hände formten in der Luft den aus der Schloßfront hervortretenden runden Salon, die umgestülpte Punschbowle als Kuppel darüber, die erhobenen Arme der Satyrn, die sie stützen sollten. Und gespannt forschte er in Knobelsdorffs Gesicht.

Der preßte die Lippen zusammen. Auf seiner breiten Stirn erschien eine steile Falte. Er schwieg. Aber seine steife Sitzhaltung drückte eisige Ablehnung aus.

»Nun?« fragte der König. »Finden Sie das nicht reizend?«

Er fand es keineswegs reizend. Eine Punschbowle als architektonisches Motiv fand er einfach geschmacklos. »Dégoûtant«, sagte er.

»Aber warum denn, mein lieber Freund?« entgegnete Friedrich sanft. »Sie müssen die Sache von der heiteren Seite ansehen! Gut, wenn Sie eine Tempelfront für unentbehrlich halten – ich will Ihnen gern entgegenkommen. Stellen Sie sie meinetwegen als feierlichen Eingang zum Vestibül an die Hofseite. Sehen Sie, hier!«

Er griff nach der Feder und tupfte rasch sechs winzige Punkte auf seine Zeichnung, womit er die Säulen andeuten wollte.

»Aber die Gartenseite will ich fröhlich, voll Lebenslust haben. Ich will lachen, zumindest lächeln können, wenn ich heraustrete und die spaßigen Gesellen am Hause erblicke, paarweise zwischen den Fenstern in launigem Spiel begriffen, an der Front der beiden Schloßflügel entlang.«

Für Knobelsdorff war die Baukunst kein launiges Spiel. Sie bedeutete ernsthaftes Streben nach Vollkommenheit in Linie und Form, die bei den alten Griechen in schönster Harmonie ausgebildet war. »Ich habe Euer Majestät schon oft dargelegt, daß die Dresdener Architektur veraltet und unmodern ist. Man wird lachen über die Satyrn, gewiß. Aber nicht, weil sie spaßig anzuschauen sind, sondern weil sie dem aufgeklärten Empfinden in unserm Zeitalter der Vernunft wie verstaubte Perücken aus Großvätertagen erscheinen. Begreifen Majestät doch endlich die Gegenwart!« Knobelsdorff schüttelte die zusammengelegten Hände beschwörend vor seiner Brust. Aber plötzlich begann er zu husten und griff hinter sich in den Rockschoß nach seinem Taschentuch. Das alte Winterleiden machte sich wieder bemerkbar.

Der König zog seine Schnupftabaksdose und nahm eine Prise des schwarzen Pulvers. Die Gegenwart lag für ihn auf den Schlachtfeldern Schlesiens und Böhmens. Er hatte Armeen kommandieren gelernt und war nicht mehr bereit, sich von irgend jemandem Vorschriften machen zu lassen. Er sagte nur freundlich: »Sie müssen sich schonen, mein Bester! Ich mache es Ihnen ja leicht. Ich sage Ihnen genau, wie der Bau werden soll, und Sie brauchen nur noch die exakten Zeichnungen anzufertigen oder sogar bloß anfertigen zu lassen. Welcher andere Architekt hat es so bequem? Urteilen Sie selbst!«

Knobelsdorff kämpfte noch mit dem Husten.

»Ich lasse Wein kommen!« sagte Friedrich, ging zur Tür und rief dem Heiducken draußen einen Befehl zu. Dann kam er zurück, setzte sich wieder und nahm seine Skizze in die Hand. Er ging aber auf die Satyrn nicht mehr ein, sondern fuhr fort zu erläutern: »Meine Zeichnung ist ungenau. Es sieht hier so aus, als sollte die oberste Terrasse so breit wie die unteren sein. Ich will sie aber bedeutend geräumiger haben, mindestens vier- bis fünfmal so breit, einen großen Vorplatz, damit man dort bequem auf- und abwandeln und Orangen in Kübeln aufstellen kann.«

»Das geht doch nicht, Majestät!« antwortete Knobelsdorff ungeduldig. Der Hustenanfall hatte ihn angegriffen. »Das Schloß muß so nahe wie möglich an die Terrassenkante heran, sonst kann man es von unten nicht recht sehen. Ich habe die genauen Maße des Weinbergs und den Steigungswinkel nicht zur Hand. Ich kann aber aus dem Gedächtnis sagen, daß bei fünffacher Breite des Vorplatzes nur etwa die halbe Höhe der Fenster von unten her sichtbar sein wird.«

»Und was schadet das?«

»Die Verhältnisse werden verzerrt. Der ganze Bau erscheint dann gedrückt, das Dach zu massig und schwer. Es soll aber in ausgewogener Gestalt eine Freude für jeden sein, der ihn sieht.«

Der König lachte. »Ich will gar nicht gesehen werden! Und noch weniger für jeden, wie Sie sich ausdrücken. Odi profanum vulgus, sagt Horaz, ich hasse das gemeine Volk. Ich will allein sein. Ich baue für mich und niemanden sonst.«

Der Muskateller kam, starker roter Süßwein aus Roussillon.

»Stärken wir uns!« sagte Friedrich. »Wir haben es beide nötig. Ich hatte mir unsere Aussprache harmonischer vorgestellt.«

Knobelsdorff fand das auch. Er trank in kleinen Schlucken und sann einem Ausweg nach.

»Man könnte vielleicht«, überlegte er, »das Untergeschoß so hoch aufführen, daß man wenigstens das obere Stockwerk von unten ganz sehen kann.«

Doch jetzt stellte sich heraus, daß Friedrich kein oberes Stockwerk haben wollte. Das Schloß sollte einstöckig, ebenerdig sein wie ein Bauernhaus. Das Auf und Ab der Treppen war ihm zuwider. Er wollte bequem in den Garten hinaustreten können. »Tout commode«, nannte er es.

»Einige Treppenstufen werden sich nicht vermeiden lassen«, wandte Knobelsdorff ein, »da das Gebäude unterkellert werden muß.«

»Ich will keinen Keller haben!« beharrte Friedrich. »Monbijou ist auch nicht unterkellert. Charlottenburg ebenfalls nicht.«

»Monbijou ist alt und unmodern«, widersprach Knobelsdorff, »in Charlottenburg liegen die Wohnräume im Obergeschoß. Kälte und Feuchtigkeit dringen nicht empor.«

»Kälte?« fragte der König. »Ich will das Weinbergschloß im Sommer bewohnen. Und Feuchtigkeit? Auf dem Hügel?

Dort ist es doch so trocken, daß einem der Sand durch die Finger rieselt.«

»Herrgott noch mal!« rief Knobelsdorff ungeduldig und schlug die Hände zusammen. »Es wächst doch Gras, Ginster, Löwenzahn und Wegerich! Wovon, frage ich. Jeder Halm braucht Wasser. Majestät würden die Ablehnung meines Vorschlags bereuen. Ich habe mein Sommerhaus im Tiergarten auch unterkellert.«

»Wer soll auf dem Weinberg wohnen, ich oder Sie?«

»Zum mindesten muß man das Schloß mit flachen Kappengewölben unterziehen, damit der Fußboden nicht auf dem bloßen Sand liegt.«

»Gibt nur Schlupfwinkel für Ungeziefer«, nörgelte Friedrich.

»Je nun, das kann überall eindringen.«

»Und für Spione!«

Knobelsdorff sah den König starr an. War das Scherz oder Ernst? Wollte er ihn zum Narren halten? Für alberne Verschrobenheiten gab er sich nicht her!

Knobelsdorff erhob sich. Ein neuer Hustenanfall hinderte ihn am Sprechen. Vornübergebeugt, das Taschentuch an den Mund gepreßt, wankte er zur Tür.

Friedrich rief ihn zurück. Es sei längst nicht alles besprochen. Noch sei nichts gesagt von der Kolonnade, die freistehend mit doppeltgestellten Säulen den Hof umgrenzen solle. Knobelsdorffs vielbewunderte Rheinsberger Erfindung, jetzt solle sie in korinthischer Ordnung und halbrund den Raum abschließen wie vor der Peterskirche in Rom. Denn einen Hofraum, eine cour d'honneur, müsse das Weinbergschloß nach französischer Bauregel erhalten, obwohl man keine der Straße entgegenstrebende Seitenflügel anfügen könne wegen der Kleinheit des Gipfels. Die Straße, das sei hier der Weg zum Dorf Bornstedt, an Feldern und Windmühlen vorüber, alles ganz ländlich und naturnah – das müsse Knobelsdorff doch gefallen, der selbst die Natur so liebe. Und von der Straße werde dann eine kurze steile Rampe die Auffahrt zum säulenumringten Hof bilden. Die Hoffront könne Knobelsdorff dann gern in strengen antiken Formen errichten, wie er es wünsche –

Knobelsdorff stand an der Tür, die Klinke noch in der Hand. Ein Zwittergebilde sollte er aufführen, die eine Seite nach seinen Vorstellungen, die andere im veralteten Stil? Welche Zumutung!

»Und über dem Hofportal vielleicht noch eine zweite Kuppel«, schlug Friedrich vor.

Alles Unsinn! »Sire, nur einer kann Architekt sein!«

»Aber mein lieber Knobelsdorff! Warum können wir es nicht beide sein im Gedenken an unsere glücklichen Rheinsberger Jahre, in der Hoffnung auf ihre Wiederkehr! Wenn es Ihnen zuviel Mühe macht, brauchen Sie nicht alles selbst auszuarbeiten. Ihre Zeichner können die Risse anfertigen, Diterichs kann den Bau leiten, er macht ja die Weinbergterrassen auch zu meiner Zufriedenheit. Aber es muß einer dasein, der meine Ideen in exakten Entwürfen festhält. Und das können nur Sie, weil Sie Rheinsberg kennen. Ist es Ihnen so recht?«

»Sire, mit Verlaub, es ist mir nicht recht!« stieß Knobelsdorff mühsam hinter dem Taschentuch hervor. »Kein Strich an dem ganzen Projekt ist mir recht!« Er verbeugte sich kurz und verließ das Zimmer.

Friedrich sah ihm verdrossen nach. »So etwas von Starrsinn!« Fredersdorf war eingetreten und hatte das letzte mit angehört. Beflissen beugte er sich zum König herab: »Mit Verlaub, Euer Majestät, Kastellan Boumann in Potsdam wäre ein fähiger Architekt, sehr eifrig und Euer Majestät treu ergeben –«

»Boumann!« polterte Friedrich auf deutsch. »Was ist denn Boumann! Ein simpler Maurer, ein Handlanger!«

Fredersdorf hob bedeutsam die Achseln. »Wenn einer nie was Rechtes zu tun kriegt –?«

»Meinst du?« Friedrich blickte auf. »Na ja, kann schon sein. Soll sich mal ans Potsdamer Stadtschloß machen. Da liegen Knobelsdorffs Pläne schon fertig vor, da kann er nichts dran verderben. Mal sehen, was er kann. Bestell ihn mal her! Aber das Weinbergschloß, nee! – Na, Knobelsdorff wird sich schon noch besinnen. Paß auf, morgen ist er wieder da!« –

Er war am nächsten Morgen nicht wieder da. Statt dessen kam die Nachricht, daß Knobelsdorff erkrankt sei.

## Der Tröster

Knobelsdorff fühlte sich matt und leidend. Fröstelnd ging er im Hof hinter dem Haus in der Leipziger Straße auf und ab, während sein Wagen angespannt wurde. Die Brust schmerzte beim Atmen.

Langsam schritt er durch den verschneiten Garten. Hinten am Zaun blieb er stehen und schaute hinüber. Er sah die Rückseite des anderen Reihenhauses, das zur Kronenstraße gehörte und leer stand wie manches andere in der Friedrichstadt.

Die Bauwut des verstorbenen Königs hatte sie bis zum Hallischen Tor erweitert.

Das leere Haus, das er jetzt sah, und jenes in der Leipziger Straße, in dem Knobelsdorff zur Miete wohnte, hatte ihm der König kürzlich geschenkt.

Zwei Häuser auf einmal, welch eine Kundgebung königlichen Wohlwollens! Tat Friedrich der Streit um das Weinbergschloß leid? Oder wollte er seinen Oberintendanten gefügig machen?

Grübelnd stand er am Zaun. Was sollte er tun? Die Hand zurückstoßen, die sich zur Versöhnung bot? Wer hatte dem König hinterbracht, daß Knobelsdorff oft zu dem leeren Haus hinübergeblickt hatte? Wie oft hatte er schon daran gedacht, es zu mieten! Nicht für sich, ihm genügte eine Kammer für Kleider und ein Alkoven zum Schlafen, während die übrige Wohnung von Zeichnern und Schreibern besetzt und mit Aktenregalen angefüllt war. Aber für Lotte hätte er gern ein paar Räume gehabt. Das Sommerhäuschen am Tiergarten war im Winter zu kalt. Sie hauste nun wieder bei ihren Eltern in Charlottenburg, wo sie sich kaum noch heimisch fühlte. Und Knobelsdorff vermißte sie sehr in seiner Nähe, gerade in den Wintermonaten, wenn sein Befinden so übel war. Das Hausgeschenk kam wie ein Glücksfall zur rechten Zeit.

Wie aber sollte er sich dem König gegenüber verhalten?

Knobelsdorff überlegte, wie er das neue Haus einrichten würde. Das Gebäude in der Leipziger Straße würde nur für Ateliers und Büros zur Verfügung stehen, den Zaun müßte man entfernen, eine Durchfahrt für den Wagen müßte geschaffen werden –

»Et is anjespannt, Euer Exlenz!« rief der Kutscher. Die beiden Rappen scharrten schon ungeduldig.

Die neuartige, zweisitzige Halbberline sah mit ihrem viereckigen, völlig geschlossenen Wagenkasten nicht sehr elegant aus, war aber für ungünstiges Wetter recht praktisch und fuhr sich in ihren hochgeschwungenen stählernen Federn weich und bequem.

Über eine dünne Schneedecke rollte er die Leipziger Straße hinunter, bog in die Wilhelmstraße ein und hielt auf dem Wilhelmsmarkt vor dem Hause des alten Hofbildhauers Glume, des einstigen Gehilfen Andreas Schlüters. Der ältere der beiden Bildhauersöhne, den Knobelsdorff suchte, Friedrich Christian, war nicht daheim. Er sollte sich in der Werkstatt am Brandenburger Tor aufhalten. Knobelsdorff fuhr also zu ihm.

Das Brandenburger Tor in Berlin bestand aus zwei massigen Pfeilern, auf denen sich Skulpturengruppen von Adlern und Wappenschilden erhoben. Zwei vergoldete Königskronen zierten die Spitzen. Die Tordurchfahrt war so eng, daß nur ein Wagen passieren konnte. Auf beiden Seiten standen Wachthäuser für die Torwächter und Akziseschreiber. Rechts davon an der Innenseite der Mauer befand sich ein großes Fachwerkgebäude, das wie ein Wagenschuppen mit mehreren Toren aussah. Das Bretterdach war geteert, die Reihe der kleinen Fenster lag hoch. Das war die Werkstatt des jungen Bildhauers Friedrich Christian Glume.

Knobelsdorff trat durch eine kleine Seitentür und gelangte

in eine winzige Kammer, die als Schreibstube diente. Holzregale ringsherum waren mit Papieren und Zeichnungen vollgestopft. Eine gußeiserne Platte an der Wand, die zu einem Ofen im Nebenraum gehörte, genügte als Heizung.

Glume saß am Klapptisch unter einem Seitenfenster, warf den Zeichenstift hin und sprang auf. »Oh, Exzellenz, welche Ehre!« Er stand da in Kniehosen und kurzer Jacke, lächelte freundlich und neigte den Kopf ein wenig zur Seite, was jedem seiner Worte eine gewisse Herzlichkeit gab.

Knobelsdorff reichte ihm die Hand. Schon die Nähe dieses liebenswürdigen Menschen erfreute ihn. »Wie geht's, Meister Glume?«

Der Bildhauer schob ihm den Schemel hin. Eine andere Sitzgelegenheit war nicht da. »Wenn's gefällig wäre?«

Knobelsdorff dankte. »Wie lange arbeiten wir schon zusammen, Meister Glume?«

»Nun – seit Ruppin und meinen ersten Gartenskulpturen mögen es sieben bis acht Jahre sein.«

»Und haben uns immer gut verstanden.«

»Nie, Exzellenz! Das macht die gleiche Einstellung zur Kunst.«

»Es ist wahr. Eure Figuren haben das, was mir gefällt.«

Glume nickte. »Ich liebe den Rausch und die Ekstase nicht, wie süddeutsche Bildhauer sie heute noch darstellen. Leider aber kann man nicht immer so, wie man möchte.«

Knobelsdorff sah ihn an. Das war das große Problem, mit dem er sich selbst seit Tagen herumschlug! »Wer zwingt Euch, etwas zu schaffen, was Ihr nicht mögt?« fragte er.

»Belieben Exzellenz mir zu folgen!« antwortete Glume und öffnete eine schmale Tür.

Sie betraten einen mächtigen Raum von der Größe und Höhe eines Festsaals, der aber dicht vollgestellt war von Gerüsten, Leitern, von Statuen in schwarzgrauer und grellweißer Farbe, von Bottichen, Eimern und Haufen knetbaren Materials, so daß man sich nur langsam und mit großer Vorsicht bewegen konnte.

Es roch durchdringend nach Firnis, erdigem Ton und durchnäßtem Stroh. Durch die hochliegenden Fenster fiel das Tageslicht schräg von oben fast schattenlos herein, und aus dem Balkenwerk des offenen Dachstuhls hingen Ketten, Seile und Flaschenzüge herab. Die hantierenden Gehilfen waren in der Menge der Gegenstände kaum zu entdecken. Nur ab und zu hörte man in einer entlegenen Ecke ein Hämmern und Brechen, wenn eine Gipsform zerschlagen wurde.

»Obacht, Exzellenz!« An die Wand gelehnte Bretter standen im Weg. Daneben lag in einer flachen Mulde ein schwarzer, muskulöser Männerarm halb versunken in Gips, ein Geselle bestrich die Gipskante mit Öl und goß dünnen, weißen Brei darüber, bis das Tonmodell des Arms ganz verschwunden war.

»Er gehört zu den Ringerfiguren für die Potsdamer Lustgartenkolonnade«, erläuterte Glume. »Sehen Sie hier auf dem Wandbrett die Wachsmodelle im Kleinen! Es sind eine ganze Menge. Die besten wähle ich aus und forme sie dann über Eisenskeletten originalgroß in Ton. Das ist bei den verschlungenen Gliedern der Ringerpaare nicht leicht, man muß die Körperteile einzeln in Gips abgießen, wie Exzellenz hier sehen. Das Anfügen an den Torso ist dann bei richtigem Verfahren nicht schwer.«

»Viel Arbeit hat ein Bildhauer«, sagte Knobelsdorff. »Erst ein kleines Wachsmodell – «

»Skizze nennen wir das.«

» – dann ein großes Tonmodell, davon einen Gipsabguß und hernach erst die Ausarbeitung in Stein.«

»Ja«, rief Glume lebhaft, »ein Bildhauer muß sich sputen! Aber dann macht es auch Freude. Man hat immer etwas Fertiges, Festes geschaffen – nicht nur eine Zeichnung wie der Architekt, die sich erst nach Monaten oder gar Jahren in Stein verwandelt«, setzte er mit einem Seitenblick auf Knobelsdorff hinzu.

»Und dann kann man auch gleich die Rechnung aufsetzen!« warf Knobelsdorff zurück.

»Jawohl, aber die bleibt dann wieder Monate oder jahrelang liegen, bis sie bezahlt ist.« Sie lachten beide.

Knobelsdorff betrachtete die kleinen Wachsmodelle. Er wußte, daß Glume im Voranschlag für die acht Ringer, Gladiatoren und Schleuderer zweitausendsechshundert Taler berechnet hatte. Knobelsdorffs ganzes Jahresgehalt betrug nur zweitausendvierhundert. Allerdings hatte der Bildhauer Material und Gesellenlöhne zu zahlen.

»Sind sie nicht schön?« sagte Glume. »Nahl macht noch vier Ringer dazu und der neue Bildhauer Ebenhech zwei Gladiatoren. Hoffentlich werden sie auch so natürlich in der Bewegung wie meine. Ich habe mich bemüht, den besten Vorbildern aus der Antike nachzueifern. Dieser hier zum Beispiel, erinnert er nicht an den berühmten Borghesischen Fechter in Rom?« Glume schob und drehte die Figuren herum. »So müssen sie stehen. Man denke sich die Kolonnade mit doppelt gestellten Säulen hinzu. Dazwischen wirken sie dann wie Bilder in Rahmen. Eine herrliche Erfindung, die Exzellenz da gemacht haben, diese freistehenden Kolonnaden! Ich habe sie schon in Rheinsberg immer wieder bewundert.«

Wie liebenswürdig klang dieses rückhaltlose Lob aus dem Munde des jungen Bildhauers, ganz frei von Künstlerneid, das war Wohlwollen und ehrliche Begeisterung.

Knobelsdorff blickte nachdenklich vor sich hin. »Rheinsberg, das war etwas anderes. Dort hatte die Kolonnade einen architektonischen Sinn. Sie bildete einen gedeckten Wandelgang von Turm zu Turm. Am Potsdamer Stadtschloß wird es nur eine Halbkolonnade sein, eine Längshälfte bloß. Sie deckt nichts, hat gar keine Tiefe, sie wird wie ein großes Geländer aussehen.«

»Natürlich, sie soll ja den Lustgarten abgrenzen!«

Knobelsdorff schüttelte den Kopf. »Ich frage mich, ob es dafür nicht ein gar zu großer Aufwand ist. Ein Bauwerk muß seinem Zweck entsprechen, nicht mehr und nicht weniger. Das fordert die Vernunft. Ein bloßes Geländer darf nicht zur Prunkfassade werden. Und die edle Säule soll ein Gebäude festlich oder weihevoll erhöhen, doch zum Zaunpfahl ist sie zu schade. Aber der König will es nun einmal so haben.«

Glume hörte den bekümmerten Ton heraus. »Lassen sich Exzellenz darum keine grauen Haare wachsen!« tröstete er. »Kommen Sie, ich wollte Ihnen eigentlich etwas anderes zeigen!«

Langsam wanden sie sich zwischen den Arbeitsplätzen hindurch. Hier bauten zwei Mann nach einer Wachsskizze mit Zirkel, Maß und Lot eine große Kaskaden- und Flußgöttergruppe in Ton für die Havelkolonnade auf, dort wurde von der Tonfigur eines Kindes die Gipsform in mehreren Schalen vorsichtig abgenommen und über einem Wasserbottich von hängengebliebenen Tonresten sorgfältig gereinigt. In einer Ecke war hinter einer Zeltplane das helle Picken des Meißels zu hören. Dort übertrug ein Geselle das Gipsmodell eines Gladiators in Sandstein, und der Vorhang schützte die übrige Werkstatt vor Staub und Splitter. Am Ende des großen Raumes aber, zur besseren Überschaubarkeit fünf Meter im Umkreis freigehalten, ragte die kolossale Gruppe von drei wildbewegten Pferden in dunklem Ton hoch empor.

»Aha!« sagte Knobelsdorff. »Das Glanzstück des Ateliers!«

»Für mich ein Alptraum«, entgegnete Glume.

Das mittlere Pferd mit dem Reiter bäumte sich, das rechte stieg auch. Das linke, von einem muskulösen Wärter gehalten, schlug hinten aus. Die Mähnen flatterten, die Satteldekken glitten herab, die Nüstern waren in höchster Erregung gebläht, die Tiere schienen im nächsten Augenblick übereinanderzustürzen.

»Nahls Komposition!« nickte Knobelsdorff. »Man sieht es sofort.« Die Plastik war für die alte Orangerie am Potsdamer Lustgarten bestimmt, die von Diterichs zu einem Marstall umgebaut wurde. Der Plan zur Fassade stammte von Knobelsdorff selbst.

Darum wunderte sich der junge Bildhauer: »Daß Exzellenz den Entwurf zu einer solchen wirren Pferdegruppe genehmigen konnten!«

»Es ist nur schmückende Zutat. Auf der Höhe des Daches gegen den Himmel gesehen, wird sie wie ein großes Ornament wirken, warum also Nahl da nicht freie Hand lassen, dem directeur des ornements? Die Linien des Bauwerks selbst wird sein Entwurf nicht stören.«

»Ob der Beschauer aus solchem Chaos von Bewegungen die einzelnen Gestalten herausfinden wird?« zweifelte Glume.

»Nahls Stärke beruht im Dekorativen. Man soll jeden Künstler das schaffen lassen, was ihm am meisten liegt.«

»Na, mir liegt diese Exaltiertheit nicht«, erklärte Glume offenherzig. »Ich hätte ruhige Gestalten nach Art der antiken Rossebändiger vom Kapitol oder Quirinal hingesetzt.«

»Und trotzdem seid Ihr eifrig an der Arbeit, wie ich sehe.«

»Ich muß ja. Es läßt einem keine Ruhe. Als Nahl mir die Zeichnung gab, dachte ich erst: das ist unausführbar. Dann habe ich sie meinem Vater gezeigt, und er sagte: Wenn du den Auftrag ablehnst, wird jeder glauben, er sei dir zu schwierig, du könntest es nicht. Aber das ginge gegen die Ehre des Handwerks. Ein rechter Bildhauer muß alles können. So hat mein Vater gesprochen.«

»Also um der Ehre willen schafft Ihr gegen Eure Überzeugung?«

Glume zögerte keinen Augenblick mit der Antwort. »Ich suche das nach meiner Überzeugung Beste daraus zu machen.«

Er trat dicht an das Modell der Gruppe heran, bückte sich und zog das eine Seitenpferd zur Seite. Es stand über Rollen auf einer festen Platte aus dicken Bohlen. Der Leib des Tieres und die erhobenen Beine wurden durch Eisenstangen gestützt. Auch die flatternden Strähnen der Mähne und des Schweifes ruhten auf dünnen Außenstreben, damit der weiche Ton nicht herunterfiel.

»Das alles war mühsam genug«, erläuterte Glume, zwischen den Pferdekörpern herumzeigend. »Das Gipsmodell wird noch schwieriger werden. Die Steinskulptur endlich wird dann nur halten, wenn bester Pirnaer Elbsandstein verwendet wird. Aber das machen wir erst im Frühjahr draußen im Freien unter einem Schutzdach. Hier drinnen schädigt der Steinstaub die Lungen. Schauen Sie, Exzellenz, wie jeder Muskel am Schenkel und jede Ader am Halse ganz naturwahr zu sehen ist.

Das ist wahre Kunst nach der Art Meister Schlüters. So hat sie mein Vater einst bei ihm gelernt und mir beigebracht. Andere Bildhauer, wie etwa Ebenhech oder Giese, hätten auch Pferde zustande bekommen, aber nicht solche wie diese hier.«

Er reckte den Arm empor und strich über die kalten Nüstern des Pferdekopfes. »Deshalb habe ich die Arbeit sofort übernommen, auch wenn mir der Entwurf nicht besonders gefiel. Ich war es meiner Ehre schuldig.«

Glume hatte sich in Eifer geredet. Ein Hustenanfall Knobelsdorffs ließ ihn plötzlich verstummen. Besorgt betrachtete er den Oberintendanten, der den Husten zu unterdrücken suchte, die Lippen zusammenpreßte und das Taschentuch zog. Glume trat schnell zwischen den Pferdemodellen heraus. »Die Luft hier tut Exzellenz nicht gut, der Gipsstaub, die feuchten Ausdünstungen des Tons, die Gerüche. Wir gehen wohl besser wieder in meine kleine Kammer.«

Behutsam führte er Knobelsdorff am Arm durch die Werkstatt zurück. Um ihn abzulenken, sprach er unaufhörlich weiter: »Exzellenz dürfen nicht glauben, ich sei Nahl übelgesinnt. Die Pferdegruppe macht eine Ausnahme. Sonst verstehe ich mich mit ihm sehr gut. Wir kommen ja beide aus der Schule Andreas Schlüters. Zum Beispiel die Köpfe auf den Schlußsteinen über den Fenstern des Marstalls, da bin ich mit Nahl völlig einig. Er hat ähnliche schon in Straßburg gefertigt. Hier sind es Kriegerköpfe, die auf die exerzierenden Soldaten im Potsdamer Lustgarten blicken sollen – den Schlüterschen Masken am Zeughaus entsprechend –, jedoch keine sterbenden, sondern lebende Krieger. Denn damals –« Und er erzählte ausführlich, wie Schlüters Kriegermasken in den Hof des Zeughauses verbannt wurden, weil die Öffentlichkeit nicht das schaurige Leiden und Elend des Krieges sehen sollte. Die Generale hatten Lähmung der Kampfesfreude und Fahnenflucht der Soldaten befürchtet. –

»Lieber Meister Glume«, preßte Knobelsdorff heiser hervor, als sie im Schreibstübchen angelangt waren, »das Verstecken der Masken im Hof damals hat die Massendesertionen des letzten Feldzugs nicht verhindern können. Kriegerköpfe am

Potsdamer Marstall werden den Grenadieren beim Drill im Lustgarten kaum größeren Mut einhauchen können. Es ist alles nur spielerische Dekoration – seine Puppen hat der König einmal meine Bauten genannt.«

Die Worte klangen so müde und verzweifelt, daß Glume erschrak. Er hatte den Oberintendanten noch nie so erlebt. Rührte das von der Krankheit her? Oder von einer tiefen Unzufriedenheit, weil der Architekt außer dem Opernhaus immer nur Um- und Ausbauten ausführen durfte? Er tat Glume leid.

Aber mühsame Bildhauerarbeit eine spielerische Dekoration zu schelten war doch etwas arg! »Exzellenz haben die Köpfe im Entwurf selbst gebilligt!«

»Schon gut!« Knobelsdorff saß wieder auf dem Schemel, stützte das Kinn in die Hand und senkte die Augen. »Habt Ihr nicht selbst einen Sitz?« fragte er. »Ich muß etwas mit Euch besprechen.«

Glume holte einen zweiten Schemel herbei. Knobelsdorff blätterte zerstreut in den Zeichnungen und Materialrechnungen auf dem Klapptisch. »Eigentlich hatte ich Euch etwas fragen wollen. Aber Ihr habt mir die Antwort wohl schon im voraus gegeben.«

Er berichtete hastig von Friedrichs Plan eines Weinbergschlosses.

»Wie schön!« rief Glume. »Ein Schloß, ein Neubau? Endlich wieder etwas Ganzes!«

Knobelsdorffs Stimme klang matt. Das werde nichts Ganzes. Eine umgestülpte Punschbowle als Kuppel, Satyrhermen in vorgestriger Schwulstmanier fast unvermittelt ohne Sockelgeschoß in den Sand gestellt, die Front in den Hintergrund des Hügels versenkt und derlei Schrullen mehr.

»Oh!« bedauerte Glume und neigte den Kopf zur Seite, was ihm einen Ausdruck gefühlvoller Teilnahme gab. Die Parallele zu seinen Marstallpferden leuchtete ihm sofort ein. »Wenn Exzellenz nein sagen, was geschieht dann? Wird der Schloßbau ausfallen?«

Knobelsdorff mußte das verneinen.

---

»Oder werden Seine Majestät die Absonderlichkeiten aufgeben?«

»Kaum. Der König ist der Bauherr.«

»Wenn das Schloß also dennoch gebaut wird, wollen Exzellenz es einem anderen überlassen, der es nur schlechter machen kann! Wäre doch schade um allen Aufwand an Kosten, Künstler- und Handwerkerfleiß!«

Das klang überzeugend. Trotzdem war ihm nicht leichter ums Herz. »Was Ihr die Ehre des Handwerks nennt, gerade das steht bei mir auf dem Spiel.«

»Aber nicht doch, Exzellenz! Ich kann mir nicht vorstellen, daß irgendein Bauwerk Ihrer Schöpfung nicht Ehre einlegen würde. Nehmen Exzellenz die Wünsche des Königs doch einfach als Gegebenheit hin! Stellen Sie sich vor, die Grundmauern seien schon von einem anderen gelegt, ganz an den hinteren Hügelrand gerückt, und die Kuppel stände seit Jahren halbfertig da, und die Satyrhermen hätten bereits ihre Plätze bezogen – von einem Bildhauer gemeißelt, der sie trotz feinster Ausführung im Detail doch im Ganzen nur als ornamentales Beiwerk behandelte und die edlen klassischen Linien des Baukörpers nicht im geringsten störte –«

Der Feuereifer des jungen Künstlers nötigte Knobelsdorff ein Lächeln ab. »Ihr freut Euch wohl schon auf die Arbeit?«

»Von mir ist jetzt nicht die Rede. Aber wer weiß denn heute, ob nicht das Weinbergschloß dereinst als Euer Exzellenz allerschönstes und berühmtestes Werk gelten wird?«

Knobelsdorff lächelte. Er stand auf und sagte sinnend: »Versuchen könnte man es schon. Mal zusehen, was sich daraus machen läßt.«

»Das Beste, was sich überhaupt denken läßt, werden Exzellenz daraus machen, gewiß!« meinte Glume zuversichtlich.

»Und Ihr werdet mir beim Dekor helfen?«

»Natürlich, wer sonst? Satyrn sind mir schon vom Opernhaus her vertraute Burschen. Aber sie sollen viel schöner werden als dort im Apollosaal. Vor dem Weinbergschloß sollen Exzellenz vergessen, daß sie Ihnen einmal ein Ärgernis waren!«

»Ihr seid ein lieber Mensch, Glume! Wahrlich, Ihr habt mich gestärkt und getröstet. Ich danke Euch. Erwartet also meine Aufrißzeichnung der Fassade, daraus Ihr die Gruppierung der Satyrhermen erkennt!« Er drückte dem jungen Bildhauer die Hand, ging hinaus und bestieg seinen wartenden Wagen. »Nach Charlottenburg!« Von dem Geschenk des Königs hatte Knobelsdorff kein Wort verlauten lassen. Es bedrückte ihn nicht mehr. Nach der klärenden Aussprache mit Glume fühlte er sich wieder im Einklang mit sich selbst. Nun aber war es Zeit, daß Lotte Schöne von den beiden Häusern erfuhr.

Im Städtchen Charlottenburg herrschten Aufregung und Gewimmel. »Das Schloß brennt!« hieß es. Knobelsdorff trieb den Kutscher zur Eile an. Jedoch beim Eintreffen war das Feuer bereits gelöscht. Es waren nur im älteren Teil des Gebäudes einige Zimmer zerstört, die man sowieso bald hätte renovieren müssen.

So fand Knobelsdorff, nachdem er den Schaden besichtigt und das Nötigste angeordnet hatte, noch Zeit für Charlotte. Er konnte am Küsterhaus vorfahren und mit ihr sprechen.

Sie klapperte in Holzpantinen die Stiege hinauf in ihre Kammer und kehrte in spitzen Schuhen, Samtkappe, engem Mantel und Pelzmuff zurück, ein Kleiderbündel unter dem Arm. Sie wollte gleich mitfahren nach Berlin.

»Aber Lotte, das Haus in der Kronenstraße ist fünfundfünfzig Jahre alt, arg verwohnt, schadhaft, kalt und zugig! Es muß erst hergerichtet, zumindest geheizt und gesäubert werden.«

»So, und wer macht das?« Sie legte den Kopf auf die Seite und lachte Knobelsdorff an.

»Dafür kann man Leute bekommen.«

»Und wer leitet und beaufsichtigt sie? Du etwa, Georg? Willst du dich hinstellen und deine Arbeit liegenlassen?«

Er überlegte. »Du kannst unmöglich in das unwirtliche Haus einziehen! Es fehlt auch Mobiliar und Gerät.«

»Kein Bett?« fragte sie.

»Doch, eine alte Bettlade mit Vorhängen und Stroh ist da. Aber es werden wohl Mäuse darin sein.«

»Mit denen werde ich mich schon vertragen!« lachte sie unbekümmert.

Knobelsdorff zuckte die Achseln. Ihrer handfesten Tüchtigkeit war nicht beizukommen.

»Komm, laß mich mitfahren!« bat sie. »Gib mir die Schlüssel und etwas Geld, und ich bringe das Haus in Ordnung, daß du staunen sollst! Wenn du mir noch ein paar Handwerker besorgst, brauchst du dich um nichts zu kümmern. Und jetzt nimm mich mit!«

»Also los!« sagte er überwunden.

Küster Schöne, noch kleiner und dünner geworden, geleitete sie zum Wagen. Er verneigte sich tief, seine grauen Haare fielen ihm ins Gesicht. »Sehr verbunden, daß Eure Exzellenz Hochgeboren sich meiner Tochter so freundlich annehmen! Ist Gold wert, das Mädel, ein Edelstein!«

Das kann man wohl sagen, dachte Knobelsdorff und zog sie an sich.

Aber dann fuhr er sie doch nicht zur Kronenstraße. Er setzte sie im Sommerhäuschen am Tiergarten ab. Dort fand Lotte zwar auch keine behagliche Wärme, aber doch wenigstens für die Nacht ein ordentliches Bett und Betreuung durch Gärtner Meunier und seine Frau. Von dort konnte Lotte am nächsten Morgen notfalls zu Fuß in ihr neues Stadtheim gelangen. Knobelsdorff selbst blieb nicht bei ihr. Eine Nacht in den winterkalten Zimmern wäre ihm übel bekommen. Und er mußte am folgenden Tag nach Potsdam fahren, um das Terrain für das Weinbergschloß anzusehen, ehe er mit den Entwürfen begann. –

In Potsdam fand er den Baudirektor Diterichs ganz am Ende der langen Mauer, die den Lustgarten an der Seite nach der Garnisonkirche hin abschloß. Hier nahe der Havel errichtete Diterichs eine neue Orangerie, während die alte am Nordrand des Platzes zum Marstall umgebaut wurde. Eine dünne Schneedecke hemmte die Außenarbeiten. Einstweilen wurde drinnen mit Ziegeln gepflastert.

»Nun, Diterichs, wie geht's?« fragte Knobelsdorff in seiner freundlichen ruhigen Art. »Kommt Ihr gut vorwärts?«

Der Baudirektor, sonst immer mitteilsam und gefällig, benahm sich diesmal merkwürdig wortkarg. »Unter solchen Umständen?« entgegnete er mürrisch. »Da ist die Freude weiß Gott gering.«

»Was ist denn?« fragte Knobelsdorff verwundert. »Habt Ihr immer noch keine Bildhauer für den Vasen- und Puttenschmuck auf der langen Mauer gefunden?«

»Keine zu kriegen.« Diterichs sah gar nicht auf.

»Versucht es noch einmal. Ich kann Glume unmöglich noch mehr aufbürden. Der Gute arbeitet sich tot. Jetzt stehen schon wieder neue Aufgaben vor ihm.«

Diterichs zuckte gleichgültig die Achseln. Zwei Ladungen Ziegelsteine trafen ein. Der Baudirektor zeigte, wo sie hinkommen sollten.

»Laßt das jetzt!« sagte Knobelsdorff. »Ich möchte mit Euch zum Weinberg fahren.«

»Weinberg? Wozu? Da ist alles fertig. Nur die Glasfenster sind noch nicht drin.«

»Kommt nur! Ihr werdet schon sehen, wozu.«

Sie gingen an den Gerüsten des neuen Marstalls vorüber. Am Stadtschloß war der Ostflügel an der Havelseite im Bau. Der stadtwärts gelegene Westflügel war noch nicht angefangen. Diterichs, der stets bereitwillig den Fortgang der Arbeiten zu erklären pflegte, lief gesenkten Kopfes und schweigend zu Knobelsdorffs Wagen. Auch während der Fahrt blieb er wortkarg und antwortete nur widerwillig auf Knobelsdorffs Fragen.

»Seid Ihr krank?«

»Ich bin nicht krank«, antwortete er mürrisch.

Sie fuhren den Bornstedter Weg hinaus, hielten hinter dem Weinberg und stiegen hinauf. Ein kalter Wind wehte auf der Höhe. Knobelsdorff zog den schwarzen Umhängemantel fester um sich und schaute hinunter. Der Tag war trübe und grau, die Havelseen tintenfarbig.

»Ungemütlich hier!« sagte Knobelsdorff fröstelnd.

Er konnte die Anlage der sechs Terrassen mit einem Blick übersehen. Er hatte sich beim Entwurf bemüht, ihrer Form im Grundriß eine möglichst elegante Schwingung zu geben. Und Diterichs hatte die Hügelböschung in der Mitte abgraben und zur Verbreiterung nach den Seiten hin aufschütten lassen. So hatte der Weinberg an der Südseite eine bedeutende Breite bekommen, wie man sie vorher niemals erwartet hätte. Und die Terrassen waren nicht ausgebuchtet wie ein natürlicher Abhang, sondern in den Hügel hineingebogen, während sich ihre Flanken in sanfter Kurve der Sonne parabolisch entgegenstreckten, wie der neuberufene Weingärtner Krutisch geraten hatte. An den Außenseiten waren die Terrassen von mäßig ansteigenden Rampen begrenzt, und Stützmauern sicherten sie dort gegen die tiefere Umgebung ab. Die breite Mitteltreppe aber, die in bequemer Steigung die sechs Terrassen hinanführte, lag mit ihren 120 Stufen aus Pirnaer Sandstein schon fertig da und verbreiterte sich auf jedem Absatz von neuem zu schöngeschwungenen Voluten.

»Sehr gut!« nickte Knobelsdorff befriedigt, indem er sich alles bei Sonnenschein und prangend von Grünwuchs vorstellte. »Das habt Ihr vortrefflich ausgeführt, Diterichs!«

Aber der Baudirektor äußerte zu dem Lob kein Wort.

Knobelsdorff wandte den Terrassen und der weiten Aussicht den Rücken und blickte über die Kuppe des Hügels, die schon geebnet war. Nur rechts an der Seite bemerkte er einen kleinen, flachen Erdhügel. Er sah wie ein schneebedeckter, vergessener Schutthaufen aus.

»Was ist denn das?«

»Die Gruft.«

»Ah, richtig, die Gruft für den König! Er hatte es eilig damit. Habt Ihr sie eingewölbt?«

»Ein Kreuzgewölbe«, antwortete Diterichs einsilbig, »daneben führt eine Steintreppe hinunter. Der Einstieg ist mit Brettern bedeckt. Die Erde muß sich noch setzen, bevor wir planieren –«

»Mit Brettern bedeckt? Das wird ja nicht lange halten.«

Diterichs hörte einen Vorwurf heraus und zuckte mürrisch die Achseln. »Von Seiner Majestät selbst so angeordnet. Rechnen wohl mit baldiger Benutzung.«

---

Knobelsdorff schüttelte den Kopf. »Dann würde sich doch der König kein Schloß hier oben bauen.«

»Ein Schloß?«

Knobelsdorff legte dem anderen die Hand auf die Schulter. »Ja, Diterichs, das Neueste! Deswegen bin ich hergekommen. Ihr müßt die Bergkuppe noch einmal genau vermessen. Ihr sollt nämlich Bauführer sein. Kann ich auf Euch rechnen?«

Diterichs' Gesicht hellte sich auf. Er strahlte auf einmal. Als Knobelsdorff die Hand von seiner Schulter nahm, griff er nach ihr. »Selbstverständlich, gern, Exzellenz! Ja, jetzt wird mir alles klar!«

»Habt Ihr etwas geahnt?«

»Nicht das geringste, Exzellenz! Aber nun weiß ich, warum Boumann die Bauleitung am Stadtschloß übernommen hat. Und ich glaubte, Exzellenz seien unzufrieden mit mir und hätten mich ablösen lassen. Verzeihen Exzellenz!«

Knobelsdorff trat einen Schritt zurück. »Moment mal, was redet Ihr da!«

»Bitte sehr um Entschuldigung! Meine üble Laune – es tut mir sehr leid –«

»Wovon sprecht Ihr denn? Was ist mit Boumann?« Knobelsdorff traute seinen Ohren nicht.

»Herr Geheimkämmerer Fredersdorf«, äußerte Diterichs offen, »überbrachte mir vor ein paar Tagen den Befehl Seiner Majestät, Boumann solle das Stadtschloß weiterbauen. Ich –«

Die Worte hatten eine unerwartete Wirkung. Knobelsdorff fuhr Diterichs heftig an: »Warum habt Ihr mir das nicht vorhin gesagt!«

»Ich glaubte, Exzellenz wüßten –«

»Nichts weiß ich!« brauste Knobelsdorff auf. »Warum habt Ihr Euch das gefallen lassen? Warum habt Ihr mich nicht sofort in Kenntnis gesetzt? Was fällt Fredersdorf ein, Befehle an meine Mitarbeiter zu übermitteln? Er zahlt Gelder aus der Privatschatulle des Königs – gut, soll er machen! Aber wie kommt er dazu, in den Baubetrieb einzugreifen? Das ist eine Anmaßung, unverschämt!«

»Der König selbst –« wandte Diterichs verdutzt ein.

»Bisher war ich es«, schalt Knobelsdorff weiter, »der Künstler und Baumeister einsetzte oder abberief! Das gehörte laut Bestallung zu meinen Befugnissen. Wenn dies dem König nicht mehr recht ist, soll er zuerst mich absetzen! Mag er sein verteufeltes Weinbergschloß selber bauen. Hab sowieso keine Lust dazu. Den Bau weit vom Hügelrand zurückschieben! Da ist kein Platz mehr für einen Säulenhof! Es muß zumindest eine sechsspännige Kutsche vorfahren und wenden können. Na bitte, wie denn? Muß ja alles erst aufgeschüttet werden. Die Halbkreiskolonnade muß auf hohen Stützmauern gegen den Bornstedter Weg hinausgerückt werden. Unendliche Mühe und Arbeit! Der ganze Berg bekommt nach und nach einen ganz anderen Umriß.«

Sprachlos stand Diterichs vor diesem Ausbruch des Unwillens. Seine Augen suchten Knobelsdorffs herumfahrendem Zeigefinger zu folgen und einen ungefähren Begriff von dem Projekt zu gewinnen, von dem er noch keine Ahnung hatte.

»Ein Schloß«, meinte er unsicher, »eigentlich kein schlechter Gedanke. Würde sich gut ausmachen hier oben.«

»So!« Jetzt war Knobelsdorff der Wortkarge und Gekränkte, während Diterichs unbekümmert weiterspann: »Dann wird das alte Marly-Lusthaus im Tal überflüssig. Es ist auch weiß Gott häßlich. Und ragt überdies auf den Weg vor, der im Zug der Terrassentreppen geradeaus über die beiden Grabenbrücken bis zur Gärtnerstraße durchgeht. Hab schon während der Terrassenbauten daran gedacht, daß man es abreißen muß. Und aus den beiden Wiesengräben müßte man einen einzigen breiten machen, ihm einen gefälligen bogeförmigen Verlauf geben und die Ufer sauber mit Sandsteinplatten einfassen. Eine Zugbrücke könnte dort den Eingang zum Gartenparterre bilden. Da braucht man kein Tor oder verschließbares Gitter gegen fremden Zutritt. Was halten Exzellenz von meinem Vorschlag?«

»Vorschlag?« fragte Knobelsdorff abwesend. »Ja, wenn es ein Vorschlag gewesen wäre! Ich hätte mich vielleicht gar nicht sehr dagegen gesträubt, obwohl ich Boumanns Fähigkeiten nach seinen Potsdamer Reihenhäusern für recht mäßig halte. Als Bauleiter nach fertigen Plänen mag er immerhin brauchbar sein. Aber über meinen Kopf hinweg zu verfügen – «

Jetzt brach Knobelsdorffs Husten wieder aus und erschütterte seinen Körper so, daß er wankte und sich auf Diterichs stützen mußte.

»Exzellenz, um Himmels willen!« rief Diterichs erschrocken. »Sprechen wir doch nicht von Boumann! Es hat ja nichts auf sich, ich bin nicht beleidigt. Neben dem neuen Schloßbau wird mir das Stadtschloß zuviel. Hätte ich doch nicht davon angefangen! Kommen Sie, Exzellenz! Der kalte Wind hier oben kann Ihnen den Tod bringen. Schnell in den Wagen!«

Behutsam geleitete er den Erschöpften über die Hügelkuppe auf den Bornstedter Weg hinunter zu der geschlossenen Kutsche. Er half ihm hinein und gab acht, daß Knobelsdorff sich fest in die Felldecke hüllte. »Sitzen Exzellenz gut?« fragte er besorgt.

Und während der Fahrt über die Dämmchenbrücke meinte Diterichs: »Exzellenz brauchen sich nicht mehr herzubemühen. Die Jahreszeit ist zu schädlich für Sie. Wenn die Pläne fertig sind, komme ich nach Berlin und wir besprechen alles. Das übrige besorge ich dann schon. Ich weiß ja, wie Exzellenz es haben wollen.«

Knobelsdorff schwieg und atmete heftig.

»Und wenn Verhandlungen mit Seiner Majestät nötig werden«, erklärte Diterichs weiter, »die Euer Exzellenz peinlich sind – ich nehme sie Ihnen gern ab.«

Knobelsdorff aber flüsterte mühsam: »Schon gut, Diterichs! Noch lebe ich!«

## Der Familienrat

Nun ging alles sehr schnell.

In wenigen Tagen fertigte Knobelsdorff die Entwürfe an – Grundriß, Aufriß der Vorder- und Hinterfront, perspektivische Ansicht – und ließ sie durch seine Zeichner Füncke und Friedel in Feder und Tusche ausführen.

Am 13. Januar 1745 erging aus Berlin eine Kabinettsordner zur Erbauung des Weinbergschlosses. Am 15. Januar legte Diterichs schon den Materialanschlag dazu vor:

---

| | |
|---|---|
| 71 000 | *Kubikfuß Sandsteinwerkstücke zu Säulen, Gebälk, Satyrhermen, Stufen, Balustraden, Statuen, Vasen,* |
| 800 | *Havelkähne Kalksteine,* |
| 600 000 | *gute rote Mauersteine,* |
| 220 000 | *Glindower Mauersteine,* |
| 36 000 | *schwarze Rathenower Dachsteine,* |
| 350 | *dito Hohlsteine,* |
| 5 200 | *Pferdekarren Kalk,* |
| 550 | *Tonnen Gips,* |
| 120 | *Stück extraordinär starkes und* |
| 720 | *Stück gewöhnliches starkes Kiefernbauholz,* |
| 900 | *Rüststangen,* |
| 900 | *eichene Tischlerbretter,* |
| 2 160 | *kieferne dito,* |
| 1 440 | *Schalbretter zum Dach,* |
| 900 | *Rüstbretter,* |
| 720 | *kieferne Spundbretter,* |
| 900 | *Latten.* |

---

Lotte sah Knobelsdorff über die Schulter, als er die Aufstellung überprüfte. Staunend las sie die Zahlen: »Das wird ja ein großes Schloß!«

»Nein, ein kleines«, belehrte er sie, »mit nur wenigen Zimmern. Nicht einmal Keller und Dachgeschoß wird es haben. Die Nebenräume kommen in niedrige Seitenflügel, die sich in Richtung des Hauptbaues anschließen, weil nach hinten hinaus kein Platz ist – rechts die Dienerschaft, links Küche und Stall.«

»Dafür soviel Steine?«

»Das sind nicht viele. Für das Opernhaus haben wir fast drei Millionen gebraucht.«

»Oh!« rief sie. »Das ist unvorstellbar. Wie kann man das alles vorher wissen?«

---

Er legte den Arm um sie. Er war glücklich, sie bei sich zu haben.

»Das wird berechnet«, sagte er, »nach Länge, Breite, Höhe und Stärke der Mauern. Ein Baumeister muß das können. Man spart jetzt übrigens nach französischer Regel Material, wo man kann. Man macht die Wände so dünn wie möglich. Man verwendet zur Innendekoration viel Gips statt Stein, und Kuppeln baut man nicht mehr aus mächtigen Blökken wie die alten Römer, sondern in leichten Holzkonstruktionen mit Bretterverschalung und Stuckverkleidung. So auch die Kuppel des Weinbergschlosses. Die meisten Leute halten nur die Gestalt für Kunst, die sie am fertigen Bauwerk sehen. Aber wie unter der Außenhaut alles durchdacht, aufgeführt und zusammengesetzt ist, daran denken sie nicht.«

Sie befanden sich in einer notdürftig hergerichteten Stube in Knobelsdorffs Haus in der Kronenstraße. Die gelben Wände waren verräuchert, die Dielen abgetreten, das Mobiliar höchst dürftig außer einem hübschen, geschweiften Schreibsekretär, den Lotte in einer Nachlaßversteigerung eilig erstanden hatte. Aber sie besaßen endlich ein Wohnzimmer, das es im Haus in der Leipziger Straße nicht gab, und sie waren allein. Noch wußte niemand in Berlin von diesem neuen Besitz.

Das Gebäude war ein Normalhaus der Friedrichstadt, zweistöckig, unterkellert, mit ziemlich flachgeneigtem Dach, fünf Fenstern im Obergeschoß und vieren im Erdgeschoß nebst einer Tür.

Die Fassade zeigte keinerlei Schmuck.

Drinnen die einläufige Treppe war steil und eng, ein Flurgang von der Haustür zum Hof war vorhanden. Das Wasser mußte von einer Straßenpumpe geholt werden, die im Winter mit Stroh umhüllt war.

Es war nicht ideal, und es sollte auch nicht so bleiben. Die Pläne für einen Umbau hatte Knobelsdorff schon entworfen. Vor allem sollte eine schöne, geschwungene Treppe angelegt werden, wie Knobelsdorff sie in manchen reichen Berliner Bürgerhäusern gesehen hatte. Vorerst aber war er glücklich, daß Lotte bei ihm war und sein Junggesellendasein ein Ende hatte.

Freilich dauerte es nicht lange, da rückten die Zimmerleute und Maurer an, und mit der Stille war es vorbei. Knobelsdorff mußte wieder sein Arbeitszimmer in der Leipziger Straße beziehen, und Lotte blieb allein in der Kronenstraße. Sie konnten sich nur hin und wieder gegenseitig besuchen.

Inzwischen hatte sich aber in Berlin allerlei über Knobelsdorffs beide Häuser und ihre Bewohner herumgesprochen. Was draußen in einem Winkel am Tiergarten niemand zu sehen bekam, das konnte in der dichtbevölkerten Friedrichstadt nicht verborgen bleiben.

Und so erschienen eines Tages im Frühling vier Offiziere unterschiedlichen Alters bei Lotte, als sie gerade Späne und Mauerschutt im neuen Treppenhaus zusammenfegte.

Es waren, wie sich bei der gegenseitigen Vorstellung zeigte, der 83jährige Oberst und Kommandeur des von Creutzschen Regiments Kaspar von Knobelsdorff in strohfarbener Uniform, der Hauptmann Alexander von Knobelsdorff, vormals Page des Kronprinzen Friedrich in Rheinsberg, der Kürassierleutnant Karl Ludwig von Knobelsdorff und der Hauptmann im Regiment Prinz Heinrich, Maximilian von Knobelsdorff. Dieser letzte war der Bruder des Architekten, der Oberst ein Onkel, die beiden anderen waren Vettern.

Lotte erschrak heftig über den vornehmen Besuch und schämte sich der schwarzen Mägdeschürze und der Holzpantinen. Sie glaubte zuerst an einen Scherz, als sie viermal den Namen Knobelsdorff hörte, doch faßte sie sich schnell und verwies die Herren in die Leipziger Straße. Sie sah ihnen nach, wie sie hintereinander durch Hof und Garten stelzten, und hielt die Hand an die Wange. Ihr war nicht wohl zumute. Die vier hatten spöttisch gelächelt. Einer hatte Madam zu ihr gesagt, der andere Demoiselle, der dritte Mamsell. Aber der Alte hatte sie nur »Jumpfer« genannt.

Sie fanden sich alle vier in Knobelsdorffs schönem Empfangszimmer ein. Sie betrachteten wohlgefällig die weißlakkierten, geschwungenen Möbel, die Kupferstiche an den

Wänden, den runden Ofen mit Bilderkacheln und fanden, daß der Herr Bruder und Vetter, obwohl er nur Maler sei, doch recht splendid wohne.

Als Knobelsdorff eintrat, begrüßten sie ihn mit gemessener Höflichkeit. Der Kürassierleutnant zog den schweren Schleppsäbel an sich, die beiden Hauptleute boten kameradschaftlich die Hand, der Oberst, auf seinen Krückstock gestützt, zeigte herablassende Würde.

Die fünf Knobelsdorffs kannten einander alle. Sie hatten sich aber in den letzten Jahren selten gesehen. Daher blickte sie der Architekt ziemlich erstaunt der Reihe nach an und fragte sich, weshalb sie wohl so plötzlich und so zahlreich vor ihm standen? Sie sagten, sie hätten gehört, daß er leidend sei. Und da nun der Feldzug in Schlesien demnächst wieder eröffnet werde, wollten sie sich noch schnell nach seinem Befinden erkundigen, ehe sie wieder zu ihren Regimentern eilten und sich dem Kugelregen aussetzten.

Donnerwetter, die lieben Verwandten zeigten besorgte Teilnahme. Sie kamen auf die Kriegslage zu sprechen und zweifelten nicht daran, daß es noch in diesem Jahr gelingen werde, dem impertinenten Österreich den Fuß auf die Gurgel zu setzen. Freilich sei es eine Schande, wie das verbündete Frankreich in welscher Infamie seine Verpflichtungen nicht erfülle und, statt den Preußen zu Hilfe zu kommen, fern in den Niederlanden seine eigennützigen Annexionsgelüste verfolge.

Und das Bündnis zwischen Österreich, England, Holland und Sachsen sei eine Perfidie, aber die glorreiche preußische Armee werde die verfluchte Koalition niederschmettern mit Bravour, immer mit die Bajonetter in die Kanaille hinein wie bei Mollwitz.

»Die Situation ist ernst, es steht schlecht um Preußen«, sagte Knobelsdorff und dachte an die Königsgruft auf dem Weinberg.

»Um so besser!« rief der alte Oberst. »Um so mehr Ehre!«

Knobelsdorff schüttelte den Kopf. »Die Vernunft erkennt in einer Überzahl von Gegnern keinen Vorzug.«

»So!« Der Oberst stieß seinen Krückstock auf den Boden.

»Und sagt die Vernunft auch, wie man der Übermacht contrecarrieren soll? Das sagt sie nicht. Da helfen nur schneidige Attacken.«

Bruder Maximilian beugte sich vor. »Mon cher frère war von klein auf anderer Ansicht als Familie und Standesgenossen.«

»Ja, ein schwarzes Schaf war er immer schon!« rief Kürassierleutnant Karl Ludwig.

»Ein Sonderling sozusagen!« fügte Hauptmann Alexander hinzu.

»Ich weiß«, sagte Knobelsdorff lächelnd, »Einsiedler, wunderlich, eigensinnig, unbelehrbar, töricht, faul, grob – und so weiter. Nur eins hat mir noch niemand vorgeworfen: daß ich leichtfertig wäre.«

»Und gerade das scheint bei meinem lieben Bruder neuerdings einzutreten«, sagte Maximilian.

»Was soll das!« Knobelsdorff sah ihm starr ins Gesicht.

»Was ist mit dem Frauenzimmer, von dem man sagt –« platzte der Kürassierleutnant heraus. Seine weiße Hutfeder wippte.

Der Oberst machte eine Handbewegung und bedeutete ihm zu schweigen.

Er begann vorsichtig: »Sehen Sie, lieber neveu, ich muß nun hinaus und meine alten Knochen aufs Schlachtfeld schleppen, bliebe aber wohl gern bei Weib, Kindern und Enkelkindern auf meinen schönen Gütern. Sie dagegen haben keine Familie, haben nichts zu verlieren und bleiben daheim. Ist das gerecht vom Schicksal? Warum heiraten Sie eigentlich nicht?«

Diese Frage hatte Knobelsdorff seit vielen Jahren von allen Seiten an die hundert Male gehört. Er war ihrer gründlich überdrüssig. »Sie langweilen mich, teurer Oheim!«

»Zu wenig Verkehr in der Hautevolee? Keine Connaissancen?«

»Nein, keine«, antwortete Knobelsdorff barsch.

»Aber viele Bekanntschaften unteren Standes, wie?«

»Allerdings! Künstler, Handwerker, Tagelöhner. Das bringt meine Tätigkeit mit sich.«

»Jeder Beruf führt zu Kontakten mit Leuten aus dem niederen Volk«, verkündete der Oberst hochtrabend. »Auch wir Offiziere müssen uns notgedrungen mit gemeinen Soldaten und allerlei Gesindel abgeben. Das heißt aber nicht, sich mit ihnen auf du und du zu stellen. Man muß immer die Distance wahren, cher neveu!«

Knobelsdorff fühlte Zorn aufsteigen. »Ich habe in den acht Jahren meines Wirkens große Hochachtung vor meinen Mitarbeitern bekommen. Es sind sehr gebildete oder zumindest äußerst geschickte und fleißige Leute. Ich sehe nicht den geringsten Grund, vor ihnen in irgendeine Distance zu retirieren.«

»Voilà!« lächelte der Kürassierleutnant spöttisch.

»Gehört zu diesen Kreisen gebildeter und geschickter Leute«, fragte der Oberst, »auch eine gewisse Jumpfer, so Sie in Ihr Haus aufgenommen haben, lieber Neveu?«

»Wir meinen die in Holzpantinen und schwarzer Schürze«, ergänzte Bruder Maximilian.

»Es ist mein Haus!«

»Naturellement, lieber Bruder! Und jeder kann sich Domestiken, Knechte und Mägde halten, soviel er will. Es fragt sich nur, was daraus wird.«

»Das geht niemanden etwas an!«

»Pardon, cher neveu! Im Falle die Domestiken sich familiär machen – «

»Demoiselle Charlotte ist keine Domestike!« rief Knobelsdorff scharf.

»Nun, was dann?« fragte der Kürassierleutnant lauernd.

»Ich sehe mich nicht verpflichtet, darauf zu antworten! Was soll das Verhör?« Knobelsdorff wußte nun, daß die vier durchaus nicht gekommen waren, nach seinem Wohlergehen zu fragen, sondern daß dies eine Art Familienrat derer von Knobelsdorff war, und zwar Lottes wegen. Man konnte gespannt sein.

»Es gibt drei Möglichkeiten, lieber Bruder«, sagte Maximilian. »Entweder ist besagte Frauensperson deine Magd oder Köchin oder Haushälterin, mithin Domestike, was du abstreitest und uns auch nicht interessieren würde. Denn es steht jedem frei, sich Personal zu halten, soviel er will. Oder sie ist deine Amante oder Mätresse, oder wie du es nennen magst, also deine Geliebte. Nun, wer hat keine? Auch dagegen wäre nichts einzuwenden, da sie keinerlei Rechte an dich hätte.«

»Es besteht aber die Gefahr – « der alte Oberst hob warnend den Zeigefinger.

»Eben, verehrter Herr Onkel!« nickte Maximilian. »Darauf wollte ich gerade kommen. Es könnte daraus leicht, wie man schon oft erlebt hat, der dritte Fall entstehen, nämlich, daß die gedachte Demoiselle eines Tages deine Epouse oder Ehegattin würde – «

»Wer spricht von Heirat!« brauste Knobelsdorff auf.

»Niemand, lieber Bruder, keine Menschenseele! Bis jetzt jedenfalls nicht. Ich zweifle auch nicht daran, daß dein Standesbewußtsein jeden Gedanken an eine legale Verbindung ausschließt. Indessen, was wird nächsten Monat oder nächstes Jahr geschehen? Könnte sie dich nicht umgarnen?«

»Frau von Knobelsdorff zu werden, das lockt!« bemerkte der Oberst.

»Unsinn!« rief Knobelsdorff. »Ihr kennt sie nicht.«

Alexander lachte. »Wir kennen die Welt. Besser als Sie, lieber Cousin, der Sie immer ein Einsiedler waren!«

»Trotzdem kann ich nicht gestatten, daß Sie über eine nahestehende Person urteilen! Ihr niedrige Motive unterschieben.« Knobelsdorff hustete.

»Aber davon ist keine Rede, verehrter Cousin! Bitte beruhigen Sie sich! Die Person interessiert uns gar nicht.«

»Na, das wollen wir nicht sagen!« rief der alte Oberst. »Mir ist das höchst schockant. Es wäre besser gewesen, der cher neveu hätte sich nicht mit solch ordinärem Frauenzimmer eingelassen.«

»Ja, lieber Bruder«, sagte Maximilian, »das ist deine unglückliche Veranlagung, dein Hang nach unten, den unser seliger Vater schon oft mit Schmerz hat konstatieren müssen. Du hast lieber mit den Dorfkindern gespielt als mit den Brüdern und Vettern.«

---

»Sieh an, das ist interessant«, meinte der Oberst. »Das wußte ich nicht. Das erklärt freilich vieles. Daher also hat sich der cher neveu, statt dem adligen Beruf eines Offiziers treu zu bleiben, einem bürgerlichen Metier zugewandt, das Hinz und Kunz auch kann. Fühlt sich, wie wir hörten, bürgerlichen Individuen freundschaftlich attachiert. Baut auch am liebsten auf bürgerliche Manier, was man am Opernhaus feststellen kann. Ein Jammer ist das! Mit unserem guten alten Namen!«

Knobelsdorff lachte. Hang nach unten! Er zählte immerhin zur Hofgesellschaft und durfte sich seit Jahren als Freund des Kronprinzen und Königs betrachten.

»Ich wüßte nicht, wie man dem Namen Knobelsdorff mehr Ehre antun könnte als mit ansehnlichen Bauten, die vielleicht Jahrhunderte überdauern.«

»Schön und gut«, entgegnete der Oberst. »Aber der Stamm soll auch überdauern. Unser Name muß rein, unser Wappenschild fleckenlos bleiben. Das erkläre ich hier apodiktisch als derzeitiger Seniorchef der Familie!« Der Krückstock stieß krachend auf den Fußboden. »Akzeptieren Sie diese Entscheidung als offiziell, cher neveu!«

Stolz stand der Alte da. Er wußte hinter sich alle anderen Mitglieder des Geschlechts: Johann Tobias von Knobelsdorff auf Kunzendorf, Liesdorf, Niederherzogswalde und Streitelsdorf, Ernst von Knobelsdorff auf Pirnich, Langenheinersdorf und Sprottischdorf, Siegfried von Knobelsdorff auf Ebersdorf und Liebenzig, Hanko von Knobelsdorff auf Kleinlobisch, Zeisdorf, Rückersdorf und Hirschfeld, Friedrich Wilhelm von Knobelsdorff auf Gürbigsdorf, Leisersdorf, Schönfeldt, Mose, Loinewitz und Leipe, Adolf von Knobelsdorff auf Kapatschitz, Krolkwitz und Hammer. Es waren zum Teil sehr reiche und angesehene Leute, einer besaß dreizehn Güter.

In ihrem Namen sprach der Oberst: »Wir wollen die Jumpfer nicht in der Familie haben, basta!«

Knobelsdorff ging mit langen Schritten auf und ab, er spürte die aufsteigende Erregung und war empört über die hochfahrende Art, mit der man ihn, den berühmten Architekten, zurechtwies. »Die Demoiselle wird euch nicht aufgedrängt werden!« schrie er zornig.

Der Oberst nickte gewichtig. »Ihr Wort, lieber neveu? Dann wäre die Sache erledigt.«

»Auf eins möchte ich noch hinweisen«, fügte Bruder Maximilian hinzu. »Wenn du die unebenbürtige Person dennoch ehelichst, gehst du eine Mesalliance ein, ein Disparagium nach Standesrecht. Das hat zur Folge, daß weder die Frau noch die Kinder in den Adel eintreten, mithin niederen Standes bleiben, auch keine Stamm-, Fideikommiß- oder Lehnsgüter von dir erben können, es sei denn, die Nächsterbberechtigten verzichteten auf ihre Ansprüche gleich von vornherein im Ehekontrakt – wodurch eine morganatische Ehe zur linken Hand möglich würde. Auf einen solchen Verzicht kannst du jedoch bei deinen Geschwistern keinesfalls rechnen.«

»Ah!« rief Knobelsdorff gedehnt. »Darum geht's also! Wegen der Erbschaft seid ihr hier. Ihr wollt die Güter haben, die mir einmal zufallen könnten. Nehmt sie euch, prügelt euch drum! Ich brauche sie nicht. Ich führe kein Haus, meine Ansprüche sind bescheiden. Was ich brauche, verdiene ich mir auf bürgerliche Weise, wie ihr es nennt, als Baumeister, oder, wenn ich einmal nicht mehr in Gunst stehen sollte, als Maler durch eigene Arbeit. Denn ich habe – im Gegensatz zu Euch – ich habe etwas gelernt!«

In diesem Augenblick ging die Tür auf. Lotte erschien. Sie trug ein altrosa Kleid über einem Rock mit breiten blauen und gelben Längsstreifen, ein blaues Seidenband um den Hals und auf den braunen Haaren ein weißes Spitzenhäubchen mit blauer Schleife. Der tiefe, viereckige Brustausschnitt war von einer Spitzenkante umsäumt. Auch aus den halblangen Ärmeln sahen Spitzen hervor. Sie bewegte sich ganz sicher und ungezwungen und nicht die Spur verlegen, nachdem sie nun die Scheuerkleidung abgelegt hatte. Und sie sagte mit einem charmanten Lächeln – die Herren glaubten nicht recht zu hören – sie sagte: »Messieurs, permettez-moi de vous offrir un verre de vin!«

Der Sommer zusammen mit Monsieur Meunier und Madame Loiselette, den Gärtnersleuten im Tiergartenhäuschen, war offensichtlich von Nutzen gewesen.

Hinter ihr brachte eine Magd ein Tablett mit Gläsern und eine silberne Weinkanne herein.

»Parbleu!« rief der alte Oberst und stieß seinen Krückstock auf. »Bomben und Granaten, der Herr Neveu macht wohl doch ein Haus!«

Der Kürassierleutnant stellte die hohen Reiterstiefel auseinander, zog die weißen Stulpenhandschuhe aus und ergriff ein Glas. »Es ist uns viel Honneur und Pläsier, die Connaissance einer so aimablen Demoiselle gemacht zu haben, ehe wir uns dem Kugelregen aussetzen. A votre santé!«

»D'accord!« sagte der Oberst und trank.

»Was aber nichts an der Rechtslage ändert«, fügte Bruder Maximilian bissig hinzu.

»Es gibt keine Rechtslage«, entgegnete Knobelsdorff kühl. »Damit wäre wohl unser Gespräch beendet.«

Die anderen fanden auch, daß nun nichts mehr zu sagen war, und zogen stumm die Hüte zum Abschied. Dann polterten sie die Treppe hinunter, von der Magd geleitet.

Knobelsdorff schloß Lotte in die Arme. »Das hast du großartig gemacht!«

»Ja? Ich wollte sie necken, weil sie so hochmütig waren.«

»Du hast sie kräftig blamiert und dich als Hausfrau gezeigt.«

»Fühl mich auch so.«

»Du bist es wirklich und sollst es bleiben. Niemand soll auf dich herabsehen.«

Sie blieben allein im halbausgestatteten Haus in der Kronenstraße. Tagelang sahen sie kaum einen Menschen.

Nur beiläufig nahm Knobelsdorff zur Kenntnis, daß der König am 15. März 1745 nach Schlesien abgereist sei und daß Baudirektor Diterichs am 14. April den Grundstein zum Schloß auf dem Weinberg gelegt habe.

Aber dann machte sich die Wirklichkeit wieder breit.

»Herr Baudirektor Diterichs«, meldete die Magd.

»Ich will niemand empfangen!«

»Et wär man sehr dringend, sagt er. Et wär wat passiert.«

Abb. 1. *A. Pesne:* Georg Wenzeslaus von Knobelsdorff.
Kopie auf Porzellan.

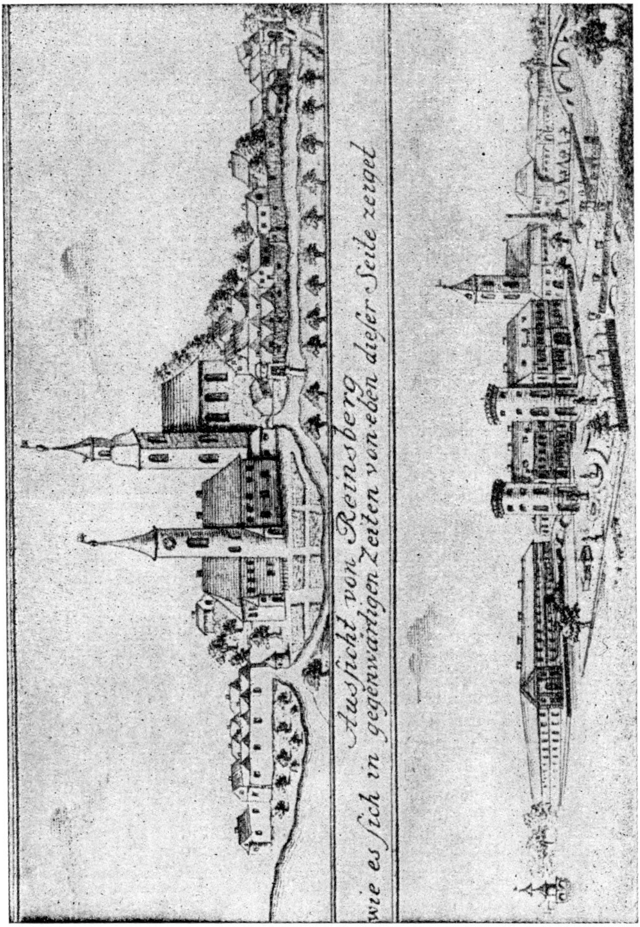


Abb. 2. *G. W. Wolff nach K. W. Hennert:* Ansicht von Rheinsberg. Kupferstich, 1777.

Abb. 3. *A. Pesne: Selbstbildnis.* Gemälde, um 1750.

Abb. 4. *G. W. von Knobelsdorff:* Märkische Landschaft. Skizze, um 1740.

Abb. 5. *G. W. von Knobelsdorff:* Kronprinz Friedrich (II.) von Preußen. Gemälde, um 1738.

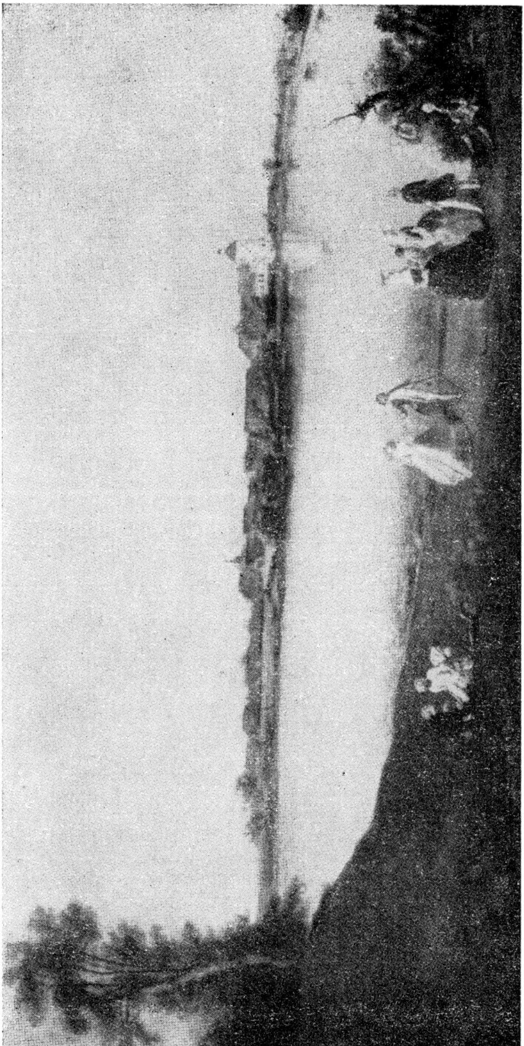

Abb. 6. *G. W. von Knobelsdorff:* Rheinsberg. Gemälde, um 1735.

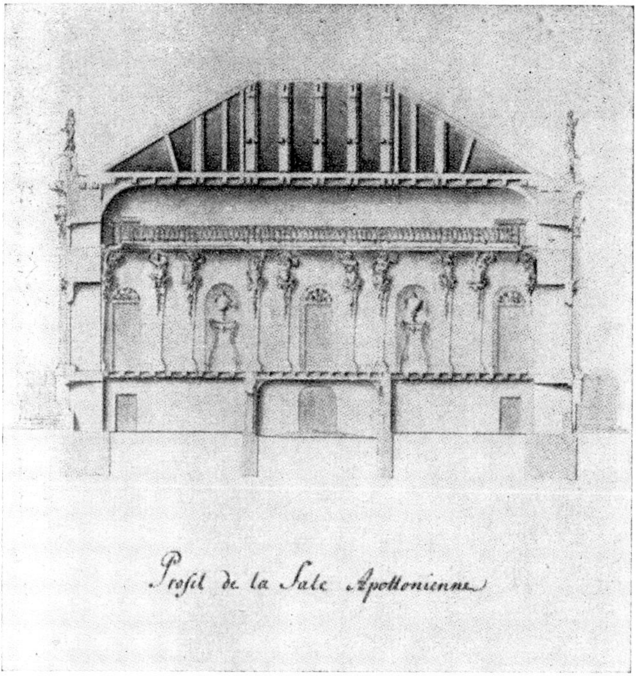


Abb. 7. *G. W. von Knobelsdorff:* Profil des Apollosaales. 1742.

Abb. 8. *J. G. Füncke* (auch Fünck oder Fink): Ansicht des Opernhauses in Berlin. Radierung, um 1745.

Abb. 9. *G. B. Probst:* Sanssouci, Terrassen und Schloß, Südseite. Kupferstich, nach 1750.

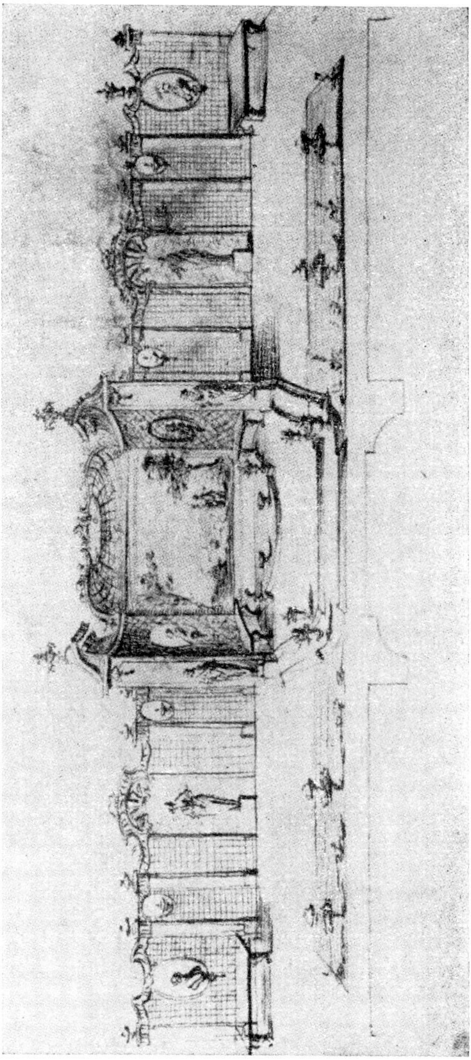

Abb. 10. *J. A. Nahl (?):* Nicht realisierter Entwurf für die Gartengestaltung von Schloß Sanssouci. Vor 1746.

Abb. 11. *C. F. Schleuen:* Blick auf die Hofseite von Schloß Sanssouci. Kupferstich, um 1770.

Abb. 12. *J. A. Nahl (?):* Ornamententwurf für die Innenausstattung des Stadtschlosses Potsdam. Vor 1746.

Abb. 13. *G. W. von Knobelsdorff:* Sophie Charlotte Schöne, Gemälde, um 1748.

Abb. 14. *D. Chodowickie:* Die Zelte im Tiergarten. Radierung, um 1772.

Abb. 15. *A. Pesne:* Jordan. Gemälde, um 1738.

Abb. 16. *G. B. Probst:* Park Sanssouci von West nach Ost, Detail. Stich, um 1750.

»Ein Unglück?« Knobelsdorff erschrak.

Diterichs stand auf der neuen, geschwungenen Treppe, wagte sich nicht weiter und machte einen verstörten Eindruck.

»Vielmals um Vergebung, Exzellenz! Es ist aus.«

»Was heißt das? Kommt herein!«

»Pardon, will nicht stören. Muß es aber melden.«

»Was denn? Sprecht endlich!«

»Abgesetzt!«

»Wie?«

»Königliche Kabinettsorder vom 25. April aus dem Feldlager an die Kurmärkische Kriegs- und Domänenkammer – hier, ich hab mir alles notiert: Der Baudirektor Diterichs soll gar nichts mit meinen Bauten in Potsdam zu tun haben, sondern alle Bauten sollen lediglich durch Kastellan Boumann geführt werden. Unterzeichnet: Friedrich.«

Einen Augenblick schwieg Knobelsdorff betroffen. »Wie kommt das?« fragte er dann. »Was war los?«

Diterichs hob bekümmert die Schultern. »Ich hab mir nichts zuschulden kommen lassen«, beteuerte er. »Ich habe immer mein Bestes getan, alles pünktlich und akkurat erledigt.«

»Aber es muß doch ein Grund vorliegen.«

»Ich kann mir nur einen denken.«

»Heraus damit!«

Diterichs fuhr sich über das Haar. »Der Kriegsrat Neubauer in Potsdam – er hat mir schon voriges Jahr Scherereien gemacht wegen der Künstler und Handwerksmeister und Maurergesellen, die ich aus Berlin herangezogen hatte. Dann hat er großen Lärm geschlagen wegen der Maueranker. Ich hatte sie der Billigkeit wegen aus Abbrüchen gekauft, und er behauptete, ich schädige dadurch das Potsdamer Schmiedehandwerk. Auf seine Beschwerde bei der Kurmärkischen Kammer bekam er aber einen scharfen Verweis. Deshalb ist er wohl giftig auf mich. Denn jetzt hat er mich abermals angeschwärzt, weil ich verabsäumt hätte, die Dachsteine für das Weinbergschloß rechtzeitig zu bestellen. Es waren für diesen Zweck schwarze vorgesehen – «

»Ich weiß«, nickte Knobelsdorff. »Sie sollen zur Kupferbedeckung der Kuppel passen, die nach kurzer Zeit schwarz oxydiert.«

»Nicht meine Schuld, Exzellenz, daß wir keine bekommen. Ich habe sofort im Januar den Ziegeleipächter Zenner in Mögelin beauftragt, schwarze Dachsteine zu brennen. Er lehnte jedoch ab, weil er noch sechzigtausend blaue Dachsteine für das Potsdamer Stadtschloß zu liefern habe und nicht noch mehr schaffen könne. Ich wandte mich daher an die Rathenower Ziegelscheune, die erst vor zehn oder elf Jahren einen ganz neuen Brennofen bekommen hat. Es stellte sich aber heraus, daß der Pächter den Ofen abgerissen und das Material an einen Verwandten verkauft hat, der sich daraus ein Häuschen gebaut – «

»Schlamperei!« schalt Knobelsdorff. »An allen Ecken und Enden wird der Staat bestohlen und betrogen!«

»Ja, ich – « Diterichs schlug sich an die Brust. »Ich war's nicht, Exzellenz!«

»Das behauptet auch niemand.«

»Vielleicht doch, Exzellenz! Zumindest wird mir die Schuld zugeschoben, daß auf Befehl der Kurmärkischen Kammer jetzt erst ein neuer Ziegelofen gebaut werden muß, während das Brennen von schwarzen Dachsteinen längst schon in Gang sein müßte.

Der Kriegsrat Neubauer findet da wieder mal Grund zum Stänkern und hat sich hinter den Geheimkämmerer Fredersdorf gesteckt, um seinen Freund Boumann in eine vorteilhafte Position zu schieben. Ich hab es nicht schriftlich, Exzellenz, ich sehe aber das Facit: Diterichs ist abgesetzt, und Boumann leitet nun alle Bauten in Potsdam. Ein sauberes Komplott!«

»Und ein Schlag gegen mich!« Knobelsdorff ging mit langen Schritten auf und ab. »Ihr mögt Euch beim Beschaffen bester Kräfte und bester Werkstoffe Feinde gemacht haben – es ist nicht das Wesentliche. Ich sehe jetzt klar, es geht gegen mich. Denn Euch und Horst habe ich immer am liebsten mit der Ausführung meiner Pläne betraut, Horst in Berlin und Euch in Potsdam. Ihr habt mich immer am besten verstanden. Ihr wißt auch, daß ich mit dem König oft Differenzen in Baufragen hatte. Er wollte es häufig anders haben als ich, weil er nicht den Blick und das Verständnis des Architekten besitzt. Das verlangt auch niemand von ihm, ein König kann nicht alles wissen. Er sollte sich doch wenigstens beraten und sich etwas sagen lassen! Aber nein, er hört nicht auf mich! Er mißtraut mir, nimmt mir meinen treuesten Mitarbeiter, ersetzt ihn durch eine Bedientenseele, um sich die Ausführung der eigenen Ideen zu sichern und die meinigen zu verfälschen – um über mich hinweg seinen Kopf durchzusetzen. Wie habe ich mich seit Rheinsberg immer bemüht, ihm die Antike zu erschließen und den Schwulst zu verleiden! Und nun muß ich sehen, wie er mir despotisch in die Parade fährt! Das ist bitter, das ist sehr bitter! – Aber ich werde nicht aufgeben! Ich werde, auch wenn mein Einfluß dahinschwindet, weiterbauen, solange ich kann!«

## Die abgeschlagenen Köpfe

Erzähl!« bat Lotte, als Knobelsdorff nach dreimonatiger Abwesenheit wieder vor ihr stand.

»Erzähl du zuerst!« sagte er.

»Na, hier war der Deibel los. Du hast viel verpaßt. Hättest Bürgerwehrgeneral werden können.«

»Und bin immer noch Hauptmann.« Lächelnd sah er auf seinen dunkelblauen Uniformrock, auf die silberdurchwirkte Offiziersschärpe an den Hüften und auf die Kniehosen aus weißem Tuch.

»Daß du nur heil aus dem Krieg zurück bist!« Sie umfaßte ihn, ließ aber sogleich wieder los, als seine weißgrauen Schläfenlocken bei der Berührung zu rutschen begannen. »Als Bürgerwehrgeneral hättest du deine schönen braunen Haare behalten können.«

»Als preußischer Offizier auch!« lachte er. »Ich hätte sie nur nach dem jetzigen Armeereglement tüchtig mit Schmalz einsalben, in Rollen drehen, zum dünnen Zopf flechten und mit der Puderquaste voll Weizenmehl stäuben müssen – eine ab-

17*

scheuliche Schweinerei, die mir zuwider ist. Da war die Perücke besser. Sie ist zwar viel teurer, aber sauber und trocken.«

»Du siehst damit zehn Jahre jünger aus«, sagte Lotte. Und dann erzählte sie, wie Ende November, als der König seine Siege bei Hohenfriedberg und Soor errungen und sein Heer nach Schlesien in die Winterquartiere geschickt hatte, plötzlich alarmierende Nachrichten vom Anmarsch der Österreicher und Sachsen auf Berlin sich verbreitet hätten.

»Ich hörte es auf dem Köllnischen Markt. Zuerst machten die Leute lange Gesichter und glaubten es nicht. Denn wenn der Feind geschlagen war, wie konnte er auf Berlin losgehen? Aber dann wurden die Gerüchte immer zahlreicher. Fünfhundert Pferde sollten schon für den Hof zur Flucht nach Stettin bereitgestellt sein. Der Stadtkommandant ließ die Bürger mit Gewehren aus dem Zeughaus bewaffnen, alle Arbeiter mußten Schanzen und Gräben um die Stadt ziehen, Holzgerüste für Schützen wurden hinter den Mauern gebaut, Brustwehren errichtet, Kanonen aufgefahren. Ich kann dir sagen, da war was los! Komisch war aber, daß man gar nichts mehr von der anrückenden Armee erfuhr. Bis eines Abends – ich holte mir Lampenöl bei deinen Hausleuten in der Leipziger Straße – da ging draußen ein Geschrei los: Alarm, Alarm, Feindio, Feindio! Ich lief hinaus, da rannten sie alle wie die Verrückten und riefen, der General Grün ziehe im Sturmmarsch heran – «

»Grünne, ein Österreicher«, verbesserte Knobelsdorff.

»Meinetwegen, egal! Und da schleppten sie schon bei Fackelschein Kisten und Körbe aus den Häusern und rein in die Wagen – das waren alle, die schon auf Flucht vorbereitet waren – und ich rannte, um die Sachen zu packen, und wollte nach Charlottenburg zu meinen Eltern. – Die ganze Nacht war ein Holpern und Rollen von Reisewagen und Karren und Fuhr- und Packwagen und den nächsten Tag auch noch, und alle Tordurchfahrten waren verstopft. Ich hatte keinen Wagen und bekam keinen und erst recht keine Pferde und war ganz verzweifelt, daß ich nicht wegkam. Ich wollte mich schon zu Fuß auf die Socken machen, aber bei dem Wetter – «

»Lotte!« lächelte Knobelsdorff. »Hast du dich so von der Panik mitreißen lassen? General Grünne hat die Mark überhaupt nicht betreten.«

»Ja, das hörten wir hinterher auch und waren sehr froh über den preußischen Sieg bei Kesselsdorf. Warst du dabei?«

»Nein, ich – «

»Sei froh!«

Knobelsdorff hob die Stimme. »Lotte, ich habe das Schlachtfeld von Soor in Böhmen gesehen. Am ersten Oktober war ich dort, einen Tag nach dem Kampf. Und ich sage dir: das Schlimmste im Krieg ist nicht der Kanonendonner, das Gewehrknattern, der Pulverrauch, das Geschrei, sind nicht die verstümmelten und ausgeplünderten Leichen, nicht die brennenden Dörfer.

Das Entsetzlichste sind die Verwundeten, die sich in Schlamm und Blutlachen wälzen, stöhnen und schreien, bis in die Nacht hinein, und niemand bringt ihnen Hilfe – «

Knobelsdorff seufzte auf, schob die Perücke zurück und fuhr sich mit dem Taschentuch über die feuchte Stirn.

Lotte sah ihn voller Teilnahme und Verständnis an.

»Ich kam ins Lager von Soor. Das heißt, es war gar kein Lager, es war ein Kampieren auf freiem Feld und in Bauernhütten, denn das Zeltlager bei Staudenz war während der Schlacht von ungarischen Husaren überfallen, ausgeplündert und verbrannt worden. Ich fand den König in einem Forsthaus am Königswald ohne Geld, ohne Tafelsilber, ohne Kleidung zu Wechseln. Die Flöte, die Hunde, Bücher, Landkarten, die Korrespondenz, meine Briefe an ihn, das Schreibzeug, alles war weg. Nur einen Bleistift hatte er. Nicht einmal Brot war da, es mußte erst in den umliegenden Dörfern beschafft werden. Und da saß er nun und wollte mit mir über die Bauten reden, wozu er mich ja auch eigens hatte ins Feld kommen lassen – über das kleine Theater im Potsdamer Stadtschloß und über das Weinbergschloß – Sanssouci soll es heißen, wie er einst Rheinsberg genannt hat – Sanssouci, Sorgenfrei – ich bitte dich, Lotte – Sorgenfrei und ringsum nichts als Leiden und Qualen! Wie er da nur an so etwas denken konnte!«

»Vielleicht wollte er sich von den Bildern der Schlacht befreien?«

»Ja, magst recht haben. Ich fand ihn trotz des Sieges in trüber Stimmung. Jordan und Keyserlingk waren im Sommer gestorben. Er nannte mich – etwas übertrieben – den einzigen und letzten der alten Rheinsberger Getreuen und bat mich, ihn nicht auch noch zu verlassen. Aber als er sich nun in Erinnerungen verlor und die Wiederkehr jener Tage ersehnte und sein Los beklagte, da sagte ich in Gedanken zu ihm: Sie haben dich alle gewarnt, die Lebenden und die Toten, und du hast nicht auf sie gehört und das ganze Unglück selber heraufbeschworen! – Und wie er dann anfing, mit seinem Bleistift auf abgerissene Zettel zu zeichnen, um die verlorenen Pläne zu rekonstruieren – da schämte ich mich fast, in dieser Umgebung von dem Weinbergschloß zu sprechen.«

Sie strich mit einer Bewegung eine Haarlocke aus der Stirn. »Was solltest du denn anderes tun? Es ist dein Beruf.«

»Eben. Aber in diesem Augenblick schmerzte mich das. Es kam mir wie Frevel vor, mitten in der Not und in dem Elend.«

»Nee, Georg, das ist Unsinn!« erklärte sie resolut. »Wenn alle denken wollten wie du, müßte sich jeder Waffenschmied für einen Schuft halten, jeder Schneider, der Hofuniformen macht, jeder Lakai, der in Schlössern Speisen aufträgt. Denn sie dienen alle dem Krieg oder dem Vergnügen der Herren.«

»Nun, ich habe jedenfalls genug gesehen. Der Krieg ist ein Mittel, die Menschen ins Elend zu stürzen, und als Offizier trägt man dazu bei. Ich hätte kein ruhiges Gewissen bei diesem Beruf.«

Knobelsdorff hatte in den Tagen auf dem Rückmarsch nach Schlesien noch viel mit dem König über Einzelheiten der Bauten gesprochen. Immer wieder hatte er sich über Friedrichs Eigensinn ärgern müssen. Besonders für das neue »Sanssouci« wollte der König jede Kleinigkeit selbst bestimmen. –

»Er macht lauter dummes Zeug«, sagte Knobelsdorff. »Vor allem mit der vertrackten Tür vom Arbeitszimmer zur Bibliothek.«

»Vertrackten Tür?« fragte Lotte.

»Wirklich, eine Aufgabe wie die Quadratur des Kreises. Der König will aus seinem Arbeitszimmer ungestört, ungesehen in die runde Bibliothek gehen können. Begreiflicher Wunsch. Aber zwischen beiden liegt die Alkovennische zum Schlafen. Die darf nicht durchbrochen werden. Auch verständlich.

Ein Alkoven soll schließlich ein abgeschlossenes Kämmerchen und kein Durchgang sein. Ich schlug vor, den Alkoven auf die andere Seite des Arbeitszimmers zu legen. Das will er nicht, das würde die Passage zum anstoßenden Musikzimmer sperren. Also bleibt nur die Möglichkeit, einen Korridor hinter dem Alkoven herum zur Bibliothek zu führen. Aber nun entsteht das Problem: Wie gelangt man ungesehen durch einen Korridor, ohne einen Bedienten zu treffen oder sonstwen? Denn der Korridor fängt an der Tür des Arbeitszimmers an, und das wird von allerlei Schreibern und Sekretären zum Rapport betreten.«

Lotte wußte einen einfachen Ausweg: »Zwei Türen.«

»Dazu ist kein Platz.«

»Ach so. Ja, wie dann?«

»Der König meint, zwei halbe Türen: eine geteilte Tür. Die eine Hälfte führt zum stockfinsteren Gang in die Bibliothek, die andere zum äußeren Korridor für Lakaien und Besucher.«

»Glänzend!« rief Lotte.

»Aber stell dir doch vor, was das für schmale Durchgänge werden! Da bringt ein Kammerdiener kaum ein Kaffeetablett hindurch.«

»Und wie wollt ihr's nun machen?«

Knobelsdorff zuckte lächelnd die Achseln. »Quadratur des Kreises, unlösbar!«

»Verrückt!«

»Siehst du, das ist das richtige Wort! Mit solchen Marotten mußte ich mir den Kopf zermartern, während sich ringsherum das dezimierte und erschöpfte Heer durch Regen und Schlamm nach Schlesien quälte und die Kriegslage trotz der zwei großen Siege immer bedrohlicher wurde. Denn immer noch gab es intakte österreichische und sächsische Armeen, die Russen begannen aufzumarschieren, der preußische Kriegsschatz enthielt nur noch zweitausend Taler, und der König faßte schon den Gedanken, notfalls ins neutrale Ausland zu flüchten.«

»Na, da hat er wohl wieder Komödie gespielt«, meinte Lotte ungerührt. »Und vielleicht eine französische Elegie dazu gedichtet, wie?«

»Ich weiß es nicht. Er fuhr dann ganz frohgemut nach Berlin, die Truppen zogen nach Schweidnitz. Ich folgte langsam und besichtigte inzwischen einige schlesische Schlösser, Grafenort, Brieg, Oels, Liegnitz. Ich wollte noch nach Carolath und Saabor, das Schloß wird augenblicklich im neuen Rocaillestil ausgeschmückt, ich hätte es gern gesehen. Ich kam nicht mehr hin. In Liegnitz fand ich die ganze schlesische Armee zusammengezogen, der König erschien wieder am fünfzehnten November und nahm mich abermals mit in den Krieg, diesmal nach Sachsen.«

»Ich denke, es war kein Geld mehr da?«

»Doch. Die märkische Ritterschaft hatte ihm eineinhalb Millionen Taler geliehen. Sie hatte Angst bekommen vor einem feindlichen Einmarsch mit Plünderung und Ausfouragierung ihrer Güter. Es war zur selben Zeit, als ihr in Berlin vor dem General Grünne ausreißen wolltet.«

»Und ihr wart so weit weg!«

»Na, du weißt ja, wir trafen vor Görlitz bei Katholisch-Hennersdorf auf die Sachsen und schlugen sie. Der dritte Sieg, und immer noch war der Krieg nicht zu Ende. Wir zogen weiter über Bautzen nach Westen. Es wurde kälter, das Wetter war schlecht. Ich wollte heimkehren, denn der König fand kaum noch Zeit, sich mit mir über Baupläne zu unterhalten. Aber da gab er mir während des Marsches am zwölften Dezember noch einen besonderen Auftrag. Ich sollte die berühmte Porzellanmanufaktur in Meißen ausplündern.«

Sie lachte.

»Sei nicht albern, Lotte! Mir war gar nicht wohl dabei.«

»Du und plündern! Der gutmütigste und rechtschaffenste Mensch auf der Welt! Das kann ich mir nicht vorstellen.«

»Kriegsrecht, Lotte! Wertersatz für die verlorene Bagage bei Soor. Ich weigerte mich, machte Ausflüchte, schützte meine Krankheit vor. Aber der König behauptete, ich sei der einzige in seinem Gefolge, der dazu das nötige Kunstverständnis besitze. Er befahl mir, und da half es nichts.«

»Mußtest du eine Attacke reiten?«

Knobelsdorff mußte lächeln. Meißen war schon von der preußischen Elbarmee auf dem Marsch gegen Dresden besetzt und durchschritten worden. Als er in seinem Wagen durch verschneites Gelände hügelauf und hügelab auf vereisten Wegen herannahte, sah er bereits von weitem auf den spitzen Türmen der Albrechtsburg die preußische Fahne wehen. Er fuhr am 14. Dezember bei schneidender Kälte über die gedeckte Elbbrücke hinein in die winklige Stadt und meldete sich beim preußischen Besatzungskommandanten, der ihm ein Quartier im Gasthof »Zum goldenen Ring« verschaffte.

Dort gönnte sich Knobelsdorff nur eine kurze Rast und fuhr dann sogleich die steile Straße zum Schloßberg hinauf. Der preußische Wachtposten auf der zinnenbewehrten Schloßbrücke salutierte, Knobelsdorff stieg aus dem Wagen, blickte etwas ratlos auf die mächtige Westfassade des Doms, die sich mit ihrem spitzen Maßwerk weit in den Schloßhof vorschob, und auf die vielen großen und kleinen Gebäude, auf die Baracken und Schuppen am Rand des Burgplateaus, das den Eindruck eines großen, rings geschlossenen Marktplatzes machte.

Der begleitende Offizier begann zu erläutern. Die Albrechtsburg auf der Höhe über Stadt und Strom war einst Festung, Fürstenschloß, Bischofssitz und Dom in einem gewesen. Die abgeschiedene Lage und leichte Bewachung machten sie zur Wahrung eines wichtigen Staatsgeheimnisses vorzüglich geeignet. Der Umfang der Baulichkeiten erlaubte die Einrichtung einer großen Fabrik. Deshalb hätte in ganz Sachsen nicht leicht wieder ein so günstiger Ort für die königliche Porzellanmanufaktur gefunden werden können.

Rechts am Dom entlang führte der Zugang zum Tor in den engen Bischofshof. Links neben dem Dom lag der sogenannte Innere Schloßhof, vorn quer durch eine Mauer mit Durchfahrt zwischen zwei Steinpfeilern verschlossen und durch ein Wachthäuschen gesichert. Die sächsische Milizwache war durch preußische Musketiere ersetzt. Sie traten unter Gewehr, als Knobelsdorff mit dem Ortskommandanten nahte, und öffneten die knarrenden Torflügel. Ein Meisterstück der Baukunst fesselte Knobelsdorffs Blick: ein Turm, der durch seine offenen Spitzbogenarkaden eine Wendeltreppe mit hohler Spindel sehen ließ. Aber wo war der Eingang zur Manufaktur? Der ganze Schloßhof, der äußere wie der innere, schien ausgestorben.

Schließlich trat seitwärts aus dem Portal zu einer kleineren Wendeltreppe ein Mann in grünem Feiertagsrock, verneigte sich tief und stellte sich als der Inspektor der Manufaktur vor. Er dürfe niemanden hineinlassen, stotterte er, es sei alles verschlossen. Auch sei von den Obermeistern, den Formern, Brennern, Malern, den Aufsehern und Kontrolleuren keiner zugegen, alle waren sie geflüchtet aus Furcht vor Arretierung und Deportation nach Berlin, da sie die Geheimnisse der Porzellanherstellung bei ihrem Eide nicht preisgeben dürften. Und der Ortskommandant meinte dazu, das sei wohl auf Anweisung der sächsischen Regierung geschehen, die Leute hielten sich gewiß in der Stadt verborgen. Ob man sie herbeischaffen solle, man werde sie schon ausfindig machen.

Nein, Knobelsdorff wollte keine Menschen verschleppen, sondern Porzellan beschlagnahmen. Aber er drohte dem Inspektor mit Arrest, falls er nicht sofort alle Türen öffne, und erklärte die gesamten Warenbestände für konfisziert. Und zur Bekräftigung winkte er ein paar Soldaten der Wache heran.

Der Inspektor beugte sich der Gewalt, trat zur Seite und gab die Tür frei. Führen wollte er die Eindringlinge nicht.

Mochten die verhaßten Preußen sehen, wie sie sich in den Gängen und Sälen zurechtfanden! Aber dann kam er doch mit.

Unter hallenden Kreuzrippen- und Sterngewölben von kunstvoll gotischer Bauart schritt Knobelsdorff durch die Säle und Kammern des alten Fürstenschlosses. Er sah im Untergeschoß den Lagerraum für Kistenholz und Moosverpakkung, den Schüttkeller für die weiße Porzellanerde, für Ton, Quarz und Feldspat. Er erzwang gegen hartnäckigen Widerstand die Öffnung der eisernen Tür zum streng verbotenen Schlämmgewölbe, wo die Porzellanmasse aufbereitet wurde, zu den Brennhäusern mit den riesigen, jetzt erkalteten Öfen für den Verglühbrand, den Gutbrand zur Sinterung der Glasur und den Muffelbrand zur Aufschmelzung der Malereien. Werkstücke aller drei Fertigungsstufen waren am Boden, auf Tischen und in Regalen liegengeblieben, hier lauter Teller und Schalen, dort Reihen kleiner Figuren von Hofkavalieren und Damen und anderswo nichts als Degen-, Messer- und Gabelgriffe sowie Stockkrücken, jeweils in großen Stückzahlen. Offenbar stellte die Manufaktur ihre Artikel in Serien her. Da der Inspektor erklärte, die fertiggebrannte Ware sei noch nicht nach Güte sortiert, sah Knobelsdorff von einer Beschlagnahme ab. Er verlangte nur erste Wahl.

Dann ging er im oberen Stockwerk durch die Formerstube, den Bossiersaal und die Malersäle, wo noch die Farbtöpfe, Pinsel, Näpfe und Tiegel verlassen umherstanden. Knobelsdorff, an seine hellen Zeichenstuben gewöhnt, wunderte sich über die schlechte Beleuchtung der Arbeitsplätze in diesen Spitzbogengewölben mit ihren tiefen Fensternischen. Auch die hohen Regale, die alle Wände bedeckten und selbst die Mittelpfeiler umgaben, nahmen viel Licht weg.

Um so erstaunlicher erschienen die künstlerischen Leistungen, die hier vollbracht wurden. An den geschweiften Formen der Riechfläschchen, Schnupftabaksdosen und Leuchter war die Rocaille zu sehen, die Nahl zur Raumdekoration in Berlin eingeführt hatte. Die Muschelgestalt hatte sich also auch schon des Porzellans bemächtigt.

---

Doch Knobelsdorffs Maleraugen wurden weit mehr von einigen Dutzend Kaffeegeschirren gefesselt. Sie waren mit aufgemalten Blumen, Früchten, Vögeln, Schmetterlingen und Käfern geziert. Er nahm ein Stück nach dem anderen in die Hand, hielt es ans Licht und betrachtete es genau. Welch leuchtende Farben! Welche Naturtreue! Was für zierliche, genaue Zeichnungen!

Der Inspektor wollte ihm das Gebäcktellerchen aus der Hand nehmen. Er fürchtete wohl, daß der Preuße etwas absehen könne.

»Etwas Besseres habe ich noch nie gesehen!« sprach Knobelsdorff vor sich hin.

Der Inspektor lächelte überlegen. »Nu ja, da sehn Euer Gnaden, unser junger Malernachwuchs! Hat sich vom alten chinesischen Dekor losgesagt. Bevorzugt jetzt deutsche Blumen und Tiere. Hier sogar mit Schlagschatten in Hellgrau: Die Biene scheint über der Fläche zu schweben. Muß aber noch in den Muffelbrand. Ersuche Euer Gnaden untertänigst, nischt einzustecken!«

Knobelsdorff dachte nicht im entferntesten daran, etwas einzustecken. Er hielt noch immer den kleinen Teller. Doch seine Gedanken waren weit weg.

Rheinsberg, wie lange lag das schon zurück? Dort hatte es eine französische Seidentapete gegeben, die mit Vögeln bemalt war. In der Geschäftigkeit der Jahre hatte er sie vergessen. Jetzt, beim Anblick der Porzellane, tauchte sie wieder auf.

Vögel, Käfer, Schnecken, Schmetterlinge und Spinnen, dazu Gartenblumen und Früchte als Wanddekoration! Wäre sie nicht viel schöner als Nahls abstrakte Rocaillen, Gittermuster, Wellenzüge, Grotten- und Fontänenmotive?

Das Potsdamer Stadtschloß und das Weinbergschloß Sanssouci waren im Herbst im Rohbau fertiggestellt. Sanssouci mußte schon unter Dach sein. Die Innenausstattung konnte beginnen. Gab es für ein ländliches Gartenpalais einen schöneren Schmuck als Bilder der umgrenzenden Pflanzen- und Tierwelt? So bezog man die Natur ins Bauwerk ein.

---

Aber Nahl als directeur des ornements war ein schwieriger Mann. Er würde seine eigenen Entwürfe durchsetzen wollen. Allerdings hatte er auch im Charlottenburger und Berliner Schloß schon vereinzelt vergoldete Laubgehänge verwendet. Vielleicht würde er sich zugänglich zeigen. –

Der Manufakturinspektor streckte die Hand nach dem Porzellanteller aus. Knobelsdorff winkte den nachfolgenden Soldaten: »Weiter!«

Aber wie brachten die Porzellanmaler ihre erstaunlich genauen Wiedergaben zustande? Studierten sie lebende Blumen und gefangene Tiere? Im Vorübergehen fielen Knobelsdorff einige Regalfächer voller Bücher und Mappen auf. Der Inspektor stellte sich breit davor. Das war verdächtig. »Tretet beiseite!« sagte Knobelsdorff.

Der Inspektor streckte abwehrend die Arme aus. »Streng geheim, Euer Gnaden!«

»Zur Seite, sag ich! Zeigt her!«

Sieh an, da lagen die schönsten Kupferstichwerke botanischen und zoologischen Inhalts mit ausgezeichneten handkolorierten Abbildungen heimischer und exotischer Lebewesen! Es war ein Genuß, diese farbenprächtigen und haarscharf gestochenen Tafeln zu betrachten. Hier also waren die Vorbilder für die bewundernswerten Blumen, Vögel und Kerbtiere auf dem Porzellan. Sogar der hellgraue Schlagschatten neben der Biene war da. Knobelsdorff fand auch Sammlungen von Landschaften und Hafenbildern, von Jagdszenen und Skulpturen, sie mochten in die Hunderte gehen. Aber er legte sie nach flüchtigem Einblick zurück ins Regal. Er hatte genug gesehen.

Er ging weiter und gelangte endlich ins Hauptlager der Manufaktur. Es war ein großer, hoher Saal mit gewölbetragenden Mittelpfeilern. Knobelsdorff hatte hier eine Fülle der verschiedensten Geschirrmuster, Figuren, Tierplastiken, Tafelaufsätze und kleinen Gebrauchsgegenstände erwartet.

Statt dessen erblickte er ringsherum auf den Regalen und am Boden einen wahren Wald von Vasen. Auf der einen Seite standen hohe, schlanke Stücke von chinesischer Form, sogenannte Flötenvasen, wie der Inspektor erklärte. Sie waren 60 Zentimeter hoch. Die andere Seite des Raumes füllten weiße Vasen mit neuartiger Modellierung. Sie waren dicht an dicht mit weißen Schneeballblüten besetzt, die die Grundform des Gefäßes fast ganz verdeckten. Verstreut waren farbige Vögel und Insekten daraufgemalt. Die Vasen waren in zwei Größen vorrätig, 40 und 70 Zentimeter hoch, sämtlich erste Wahl. Sie bildeten die letzte Produktionsserie, wie der Inspektor erklärte, und waren für die Leipziger Ostermesse bestimmt.

So, und andere Artikel waren nicht da? Kein zweites Lagergewölbe vorhanden? Nein, nichts, alles übrige befände sich in der Verkaufsniederlage am Neumarkt in Dresden.

Darauf ordnete Knobelsdorff die Beschlagnahme des Meißener Lagers an. Er befahl, den Lagerhalter und den Buchhalter herbeizurufen, um den Bestand der etwa 800 Vasen genau festzustellen und ihren Wert anzugeben. Dazu verlangte er Kistentischler, Packer und Lagerarbeiter zum Abtransport. Das Gewölbe ließ er solange von Soldaten bewachen. Dann begab er sich, durchfroren vom Aufenthalt in den kalten Räumen der Burg und ermüdet vom langen Stehen, in seinem Gasthaus zur Ruhe.

Am nächsten Tag wurde es lebhaft in Meißen. Der König von Preußen mit seinem Heer traf ein. Den Hauptteil legte er auf dem rechten Elbufer in Quartier. Vierzehn Bataillone rückten in die Stadt Meißen ein. Knobelsdorff meldete die Konfiskation von Porzellan im Werte von 42 666 Talern.

Friedrich hörte kaum zu. Er hielt einen Brief in der Hand. Der sächsische Hof erkannte seine Lage als aussichtslos an und war bereit, Frieden zu schließen. Friedrich las ihn triumphierend vor, aber plötzlich schraken die Anwesenden zusammen. Dumpfes Dröhnen klang durch die Luft und nahm ständig zu. »Eine Kanonade!« rief der König. »Da ist eine Schlacht im Gange!« Es konnte nur die Elbarmee sein, mit der er sich in Meißen hatte vereinigen wollen, die aber schon gegen Dresden vorausmarschiert war. Sie war offenbar auf die Hauptmacht der Sachsen gestoßen.

Es gab einen überstürzten Aufbruch. Die Kavallerie mußte sofort satteln, die Infanterie ins Gewehr treten. Friedrich selbst ritt mit hundert Husaren eilig davon. Knobelsdorff sah sich plötzlich allein in der Gaststube. Die Ohren gellten ihm noch vom Lärm und Geschrei. Er trat ans geöffnete Fenster. Frostluft drang herein. Er hörte die Truppen abmarschieren. Die Stadt wurde wieder still. Aber das ferne Dröhnen dauerte fort. –

Hier wurde Knobelsdorff in seiner Erzählung unterbrochen. Lotte fragte: »Hört man Kanonendonner sehr weit?«

»Es war nicht weit, nur so weit wie Potsdam von Berlin. Von der Albrechtsburg aus kann man die Türme von Dresden sehen, und nahe bei Dresden liegt Kesselsdorf. Dort wurde die Schlacht geschlagen. General Grünne, der euch Berlinern so viel Angst eingejagt hatte, war zurückbeordert worden und kämpfte auf sächsischer Seite mit. Es war der vierte preußische Sieg in diesem zweiten schlesischen Krieg. Und nun wurde endlich Frieden.«

»Das war ein Trubel hier in Berlin, als der König ankam! Die Bürgerwehr bildete Spalier, und die jungen Kaufleute ritten ihm zu Pferd entgegen. Die Leute jubelten wie verrückt. Aber ich wußte viele, die um einen Toten weinten und andere, die Hunger hatten, weil sie nichts mehr verdienten.«

»Und du?« fragte Knobelsdorff.

»Ich stand von morgens bis abends und wartete auf dich und wurde im Gedränge beinahe erdrückt. Aber du kamst nicht mit. Als es dunkel wurde und alle Häuser illuminiert wurden, ging ich traurig nach Hause.«

Er umarmte sie. »Das tut mir leid! Aber ich weiß nicht, ob ich mich in diesem Triumphzug wohl gefühlt hätte. Zuviel Schreckliches hatte ich vorher gesehen. Mir war es ganz recht, daß die Verpackung der Meißner Vasen so lange währte. Zweiundfünfzig großmächtige Kisten wurden es, ausgepolstert mit Moos und Häcksel und Stroh. Am zweiundzwanzigsten Dezember ging der Transport endlich ab, auf requirierten sächsischen Bauernwagen, unter dem Schutz einer berittenen Eskorte. Ich in meiner Kutsche hinterher, ich mußte ja aufpassen, daß nichts passierte oder verschwand. Ich kann dir sagen, das war eine Reise! Im Schneckentempo und mit fortwährendem Halten, weil bei den elenden Karren immerzu etwas entzweiging. Das neue Jahr begrüßten wir im stockdusteren Baruther Forst, wir hatten wegen Radbruchs kein Gasthaus erreichen können. Die ganze Kolonne stand still.«

Knobelsdorff lehnte sich zurück und drückte die Hand gegen die Brust. Der lange Bericht hatte ihn sichtlich angegriffen, und seine Augen wurden matt.

»Fühlst du dich nicht wohl?« fragte sie.

»Ach, Lotte«, sagte er müde, »ich habe dir alles so erzählt, als ob mir die ganze Reise nichts ausgemacht hätte. Es war aber doch anstrengend, tagsüber im Wagen und nachts in unbequemen Quartieren. Und es hat Tage gegeben, besonders am Anfang, als noch kein Frost herrschte, da kam ich morgens vor Erschöpfung kaum vom Lager hoch, und der Husten quälte mich gar zu schlimm. Hier ist mir wohler.«

»Ja, nun bist du hier und bleibst hier. Ich bin glücklich, daß ich dich wiederhabe. Wir müssen noch auf das neue Jahr anstoßen. Auf daß es dir Glück bringen und deine Wünsche erfüllen möge. Es ist Frieden, alles wird besser werden.«

»Sans souci«, nickte Knobelsdorff, »möge es ein Jahr werden ohne Sorge!« –

Doch schon das erste Wiedersehen mit dem König verstimmte. Friedrich war mit der Porzellanbeute nicht zufrieden. Was sollte er mit so vielen Vasen? Verkaufen, natürlich, das konnte man immer! Aber er hatte doch schöne Meißner Tafelservice erhofft, mit denen er prunken konnte.

Dann verlangte er von Knobelsdorff Medaillenentwürfe auf die Siege von Hohenfriedberg und Soor. Das war Knobelsdorff nach seinen Kriegseindrücken äußerst zuwider. Er rührte keinen Finger. Er ließ sie von seinem Zeichner Andreas Krüger ausführen, einem verkannten und angefeindeten Talent, das er an sich gezogen und zum Freund gemacht hatte.

Ein dritter Mißklang entstand bei einem Besuch zusammen

mit dem König in Potsdam. Das Stadtschloß war außen nahezu vollendet. Kastellan Boumann, von Friedrich hinter Knobelsdorffs Rücken zum Bauleiter berufen, zeigte stolz seine Leistung. War er nicht ungemein fleißig gewesen? Hatte er nicht das königliche Vertrauen verdient, im Gegensatz zu dem abgesetzten Diterichs und dem Herrn von Knobelsdorff.

Knobelsdorff betrachtete die kräftige Maurergestalt, die ein Subalternenkomplott in den Vordergrund geschoben hatte, mit Unbehagen. Sicher, Boumann war rührig gewesen. Aber was hatte er gemacht? Rings um das Schloß hatte er über sämtlichen Fenstern des ersten Stockwerks Köpfe anbringen lassen. Von künstlerisch minderwertiger Arbeit, starrten sie ausdruckslos nach allen vier Himmelsrichtungen, 103 an der Zahl!

»Solch eine Dummheit!« rief Knobelsdorff.

»Mais pourquoi donc?« fragte der König gekränkt. Das schroffe Urteil über seinen neuen Günstling ärgerte ihn.

Boumann stand davor in halber Verbeugung mit hängenden Armen und schielte unsicher zu dem berühmten Architekten. »Euer Königlichen Majestät zu Gnaden«, sagte er mit seinem harten holländischen Akzent, »Kriegerköpfe, dachte ich, zum Ruhm von Euer Majestät glänzenden Siegen und Höchstdero glorreicher Armee.«

Dem König schien das kein übler Gedanke. Knobelsdorff aber, der vom Krieg nichts mehr hören mochte, fuhr den Kastellan an: »Wer hat Euch erlaubt, die Köpfe anzubringen?«

»Halten zu Gnaden«, stotterte Boumann, »ich wollte den Potsdamer Bildhauern und Steinmetzen auch einmal Arbeit verschaffen. Warten dieselben doch schon gar lange darauf, dieweil der Herr Oberintendant Exzellenz ständig Berliner Künstler bevorzugen.«

»Weiß wohl, warum«, schalt Knobelsdorff. »Schund ist das hier! Mein Entwurf zeigt keine Fensterköpfe.«

»Aber am Marstall sind doch welche!« beharrte Boumann.

Knobelsdorff sagte: »Quod licet Jovi, non licet bovi«, was Boumann zum Glück nicht verstand. »Nahls Köpfe am Marstall haben noch einigen Sinn. Sie stellen antike Krieger dar, die den Soldaten unseres Jahrhunderts bei Waffenübungen zuschauen. Aber das Schloß hier sieht nicht wie die Residenz eines christlichen Königs aus, sondern wie der Serail eines orientalischen Sultans, an dem abgeschlagene Menschenköpfe in Massen zur Schau gestellt sind.«

»Um Gottes willen!« stammelte Boumann entsetzt.

Friedrich schob die Unterlippe vor und schwieg. Dann hieb er mit dem Krückstock durch die Luft.

»Wieder runterschlagen die Köppe!«

Der Kastellan erschrak. »Alle?«

»Fünf am mittleren Lustgartenrisalit können bleiben«, entschied Knobelsdorff, »die übrigen müssen ab.«

Boumann wischte sich den Schweiß von der Stirn. Wie soll ich das meinen Meistern beibringen? dachte er. Ich bin blamiert! Der König bemerkte die Verlegenheit seines treu ergebenen Dieners. »Na, sag Er den Leuten man ruhig, ich hätt's erst gewollt und denn wieder nicht. Mir macht das nichts aus. Einmal hü, einmal hott, ich bin's aus dem Feld so gewohnt. Bezahlt sollen sie's kriegen.«

Aber die schonungslose Kritik war Friedrich doch nahegegangen. Mit Knobelsdorff sprach er kein Wort mehr.

## Die Bacchanten

Die Strahlen der Morgensonne lagen auf den roten Giebeln des Holländischen Viertels in Potsdam. Die weißen Fensterrahmen, die grünen Läden und Türen erfreuten mit ihrer Sauberkeit jeden Tag den Mann, der in aller Frühe zur Arbeit ging.

Bildhauer Friedrich Christian Glume trat aus seinem neuerworbenen Haus in der Holländischen Straße. Die Aufträge für Sanssouci und das Stadtschloß hatten sich gehäuft und verlangten seine Anwesenheit auf Jahre hinaus.

Er war durch den Ankauf eines Hauses Potsdamer Bürger geworden und brauchte die ständigen Anfeindungen und Quertreibereien der brotneidischen eingesessenen Bildhauer und des Ortskommissars Kriegsrat Neubauer nicht mehr zu fürchten. Endlich hatte er seine vielen Zeichnungen und die Ton-, Gips- und Wachsmodelle, die den Transport schlecht vertrugen, in Kammern und Schuppen jederzeit bei sich.

In den Nächten träumte Glume von seiner Arbeit. Manchmal war ihm, als hörte er Handpauken, Flöten und die hellen Glockentöne des Cymbals. Er sah Frauen und Mädchen in hellen, leichten Gewändern.

Es ist die mythische Zeit, die Götter wandeln noch auf der Erde, Odysseus durchirrt die Meere, und der trojanische Flüchtling Äneas hat Italien erreicht. Die Sonne der Heroen ist im Sinken begriffen, die Nacht der Dämonen steigt herauf.

Die Frauen und Mädchen Etruriens tragen Weinlaubkränze, Rehkalbfelle und efeuumwundene Stäbe mit einem Fichtenzapfen an der Spitze als Phalluszeichen. Jetzt entzünden sie Fackeln, düster lodert ihr Schein an den Stämmen der Steineichen hinauf.

Der Tanzschritt der Frauen und Mädchen wird wilder und ausgelassener, die wachsende Dunkelheit verbirgt die Lüsternheit in den Gesichtern. Sie feiern die Bacchanalien, das Fest des Weingottes Bacchus am 17. März. Einen Bock führen sie mit sich, um ihn dem Gott zu opfern, zur Strafe der Kreatur, die den Weinstock abfrißt, und zur Beschwörung der zeugenden Fruchtbarkeit.

Schwarz ragen Zypressen vor dem erblassenden Himmel, Pinien breiten ihre Kronen aus. Laut schallt der Chor der Bacchantinnen. Sie werfen die Körper vor und zurück, ihre Augen spähen begehrlich in den Schatten zwischen den Stämmen.

Wen suchen sie? Wo ist Bacchus, der Gott des seligen Rausches, mit seinem nackten, weichen Körper auf dem von Panthern gezogenen Wagen, den Becher schwingend, neben ihm hängend ellenlange mauretanische Trauben?

Schon knacken dürre Zweige, das Gras raschelt, tappende Schritte nahen. Fahle Gestalten huschen durch den Hain, mit kurzen struppigen Bärten die einen, bartlos die anderen, das Haar ungekämmt. Sie sind unbekleidet, sie haben dünne

18*

Pferdeschweife am Steiß und an den Händen lange, schmutzige Nägel. Ihre Hälse sind kurz, ihre Nasen stumpf. Die Augen stehen schief, die Ohren sind zugespitzt, über der Stirn keimen kleine Hörner. Geduckt schleichen sie heran. Aus ihren breiten, groben Mündern ertönt der Gesang der Böcke. Die Satyrn sind es, die Waldgeister aus dem Gefolge des Bacchus. Der Gott ist nicht mehr weit. Ekstatisch taumeln die Bacchantinnen ihnen entgegen.

Und Glume, zwischen Traum und Halbschlaf, greift nach ihnen, fängt sie allesamt ein und bannt sie an die Gartenfront des Schlosses Sanssouci.

Glume schritt rasch aus. Der Weg nach Sanssouci war weit. Er ging an der übermannshohen Stadtmauer entlang, passierte sie durch das bewachte Jägertor, dessen Tierskulpturen sein Auge immer wieder entzückten, und wanderte jenseits des Potsdamer Grenzgrabens am Fuß einer niedrigen Hügelkette auf den Mühlenberg mit der Ratslehmgrube und dem königlichen Weinberg zu.

Wie hatte sich im letzten Herbst und Frühjahr die Gegend verändert! Alles Unterholz war beseitigt, die sumpfigen Dämmchenwiesen waren entwässert. Eine bedeutende Verbreiterung und ein neues, geschwungenes Bett hatte der Grenzgraben bekommen. Um ein Wasserbassin, zu dem nur noch die Marmoreinfassung fehlte, pflanzte Obergärtner Krutisch mit seinen Gehilfen schon Laubwände, Taxuspyramiden, Buchsbaumschnörkel und Blumenpartien nach der Zeichnung Knobelsdorffs.

Das alte Marlyschlößchen war zum großen Teil abgerissen, der Rest in Gärtnerwohnungen verwandelt. Eine Zugbrücke führte über den neuen Lauf des Grenzgrabens. Über ihre schwankenden Planken brachten Gärtner Krutischs Eselgespanne 177 Weinstöcke von der Leipziger Ostermesse, lauter ausländische Tafeltraubensorten: Blankwelsch, Rößteller, Veltliner, Rot-Welsch, Ungrisch-Leibfarb, Muskateller, die in die verglasten Rundbogennischen der sechs Weinbergterrassen eingepflanzt werden sollten. Die ebenen Freilandflächen dazwischen waren bereits im Herbst mit niedrigem einheimischem Spalierobst besetzt worden. Der breite, von Seitenmauern gestützte Hang des Weinbergs erschien jetzt viel höher als der einstige kahle Wüste Berg.

Auch hinten am Bornstedter Weg stiegen mächtige Talutmauern in Felsenmanier empor und ließen das Halbrund des künftigen Kolonnadenhofes erkennen. Das Schloß stand mit seinem schwarzen Ziegeldach im Rohbau ohne Verzierungen da. Niedrige Seitenflügel aus rotem Backstein zogen die Anlage in die Breite. Aus dem Innern erschallten die Hammerschläge der Zimmerleute, die die Blindfußböden legten.

Glumes Arbeitsstelle lag an der Gartenfront des Schlosses. Dort leuchtete die Mittelkuppel im Glanz ihrer neuen Kupferbedeckung. Die hohen Bogenfentser waren oben von Vorsprüngen flankiert, die wie unbehauene Felsblöcke aussahen.

Wer genauer hinschaute, konnte die plumpen Umrisse von Oberkörpern erkennen, die stellenweise über das Gesims hinaufgriffen. Steinmetze hatten die grob vorgearbeiteten Blöcke beim Bau mit in die Fassade versetzt. Zur Weiterbehandlung an Ort und Stelle waren sie zum Teil von Gerüsten und Zeltplanen verdeckt. Bacchanten und Bacchantinnen wurden es. Mit ihren dicken, unförmigen Köpfen glichen sie verhüllten Gespenstern, die aus den Pfeilern herauszuwachsen und das Gebälk mit Schultern und Armen zu tragen schienen.

Kastellan Boumanns unkundiger Rechnungsschreiber bezeichnete sie, statt den Ausdruck Hermen zu gebrauchen, als Thermen, worüber Glume immer wieder lachte, denn das Wort war ganz falsch und bedeutete Bäder. Sollte man darum streiten? Lieber nicht, denn für die 36 »Thermen« waren dem Bildhauer je 42 Taler an Steinmaterial und 100 Taler an Arbeitslohn schriftlich zugesagt, insgesamt 5112 Taler, und das war ein schönes Stück Geld.

Glume ging in den westlichen Schloßflügel, der die Gästezimmer aufnehmen sollte. Rohe Wände und Decken starrten ihm entgegen, die Türen fehlten noch, es gab keinen Fußboden. Auf bloßem Sand lagen Bretter. Und auf ihnen ruhten wettergeschützt die weißen Modelle der Bacchanten, nur etwa 60 Zentimeter groß, aufs feinste in Wachs modelliert und in Gips abgegossen, in wohlgeordneten Reihen und numeriert.

Die Modelle bildeten eine wichtige Vorstufe zu ernsthafter, mühsamer Arbeit. Denn niemand konnte etwa nach bloßer Papierzeichnung auf Sandsteinblöcke losschlagen. Das hätte unfehlbar zur Demolierung geführt. Was vom Stein einmal weggehauen war, konnte nicht wieder angefügt werden. Eine kleine Vertiefung zuviel, und das ganze Werkstück war verdorben.

Glume gab einige der Modelle an seine Gehilfen aus. Sie trugen sie an ihre Arbeitsplätze auf das Gerüst. Dort übertrugen sie die Gestalt der Modelle im vergrößerten Maßstab auf die Rohformblöcke an der Wand. Sie bestimmten mit Zirkel und Zollstock zunächst die vorspringenden Teile der künftigen Skulptur, die Nasenspitzen, Stirnlocken, Ellbogen und Fingerkuppen, sie bohrten ein Loch in den Stein, bis der gewünschte Punkt gefunden war, und schlugen das Überflüssige ringsherum weg. Dann wurden die tieferen Stellen am Modell gemessen, Stirnen, Augen, Schultern, Brüste und Lenden, im Verhältnis umgerechnet und ebenfalls mit dem Punkteisen erbohrt. Zuletzt kamen die Einbuchtungen und Höhlungen an die Reihe, die Leiber rundeten sich, die Arme hoben sich vom Körper, die Köpfe traten hervor. Hell klangen die Meißel am festen Stein, gedämpft knirschten sie, wenn ein Brocken sich ablösen wollte, und unter den Gerüsten häuften sich Splitter und Schutt. Der weiche Sandstein machte ein rasches Arbeiten möglich.

Inzwischen legte der Meister an solchermaßen vorbereiteten Figuren die letzte Hand an. Wohl waren die Gestalten jetzt in ihren Umrissen deutlich sichtbar, aber die Oberfläche war nicht geglättet, die Gesichter sahen aus wie Schwämme, und nur ungestaltete Wülste deuteten die künftigen Gewandfalten und die Blüten- und Fruchtgehänge an.

Glume saß über Böcken auf einem Brett in handgerechter Höhe. Die überspannte Leinwand verwandelte den grellen Sonnenschein in ein weiches, milchiges Licht. Keine scharfen Schatten, die von morgens bis abends ständig gewechselt hätten, störten das Bild. Glume arbeitete frei, in der Rechten den hölzernen Knüppel, in der Linken das Flacheisen oder den Geißfuß. Neben sich hatte er auf der einen Seite den Geschirrkasten mit den feinen Eisen, dem eisernen Schlegel, Feilen, Raspeln und Schleifeisen, auf der anderen eine Zeichnung auf Karton, die alle Details genau angab.

So saß er und klopfte, stemmte und schabte, schnitt breite, grinsende Münder, groteske Ohren, riesige Nasen, ließ in plötzlicher Laune Warzen im Gesicht stehen und lachte hellauf über die Komik der Satyrköpfe. Schmunzelnd vertauschte er die Formen, machte Blätter zu Kopfhaaren und Achselhaare zu Weinranken und verwischte sodann die Konturen, daß niemand recht erkennen konnte, was gemeint war. Mit fanatischem Ernst dagegen formte er den mächtigen Leib des Berliner Lastträgers, der ihm Modell gestanden hatte, wiederholte ihn in immer anderen Haltungen, verfolgte mit anatomischer Genauigkeit die Muskelfunktionen und die Wölbungen der inneren Organe unter tief eingefurchten Bauchdecken. Mit sorgsam tastender Hand spürte er den Rundungen der weiblichen Körper nach, der jungen, der reifen, der überreifen mit den erschlaffenden Fettpolstern. Er vergaß auch die Ansätze der Schamteile nicht, so daß einen neugierigen Betrachter wohl die Lust packen konnte, die halbverhüllenden Überwurfzipfel herabzuziehen, um mehr zu erspähen.

Glume arbeitete höchst sorgsam und gleichzeitig ungemein schnell. Soviel Freude am Schaffen beseelte ihn, daß er den Suppentopf vergaß und das Essen erkalten ließ, das ihm die Magd aus der Holländischen Straße heraufgebracht hatte. Immer wieder verlegte er das Sitzbrett auf Böcke anderer Höhe, er stand, er kniete, er kauerte nieder, und der Steinstaub umwölkte ihn unter der Plane. Er spülte ihn mit einem kräftigen Schluck aus dem Bierkrug hinunter.

Glume meißelte unentwegt von morgens bis abends, solange das Tageslicht ausreichte, und staunend bewunderten die Gesellen die Arbeitskraft ihres Meisters, der eine unendliche Kleinarbeit an 36 Bacchanten in wenigen Monaten fertigstellte. In dem Ausdruck der Gesichter, dem Spiel der Augen und dem lockenden Lächeln der Bacchantinnen spiegelte sich noch der ausgelassene Taumel der etruskischen Bacchusnacht wider. Weinreben, Rosenranken und Oleanderzweige umrahmten die Körper, und von den Unterleibern zogen sich Laubgehänge mit dicken Trauben, Weinkannen, Schellentrommeln, Panflöten und Thyrsusstäben über die Pfeiler herab. Doch daß die ganze Festfreude nun in Stein festgebannt war, schien nicht allen legendären Teilnehmern zu behagen. Einige Satyrn blickten recht bekümmert unter ihrer Traglast auf den märkischen Sand des Vorplatzes.

»So seid ihr wenigstens zu etwas nütze!« lachte Glume zu ihnen empor. Dann winkte er seinen Gehilfen, Gerüst und Plane um ein Fenster weiterzuschieben.

»Sprecht Ihr mit Euren Figuren?« fragte der Bildhauer Kambly aus Zürich, der Dachvasen für die Hoffront meißelte und sich zwischendurch die Gartenseite besah.

Glume lächelte freundlich. »Sind ungebärdige Burschen da oben. Aber liebhaben muß man sie doch. Am Ende gehorchen sie mir aufs Wort.«

»Ja freilich«, nickte Kambly ernsthaft. »Wer so zu seinem Werk steht, dem muß es gelingen. Ihr habt da etwas Außerordentliches geschaffen.«

Glume trat weit von der Fassade zurück. Die ganze rechte Hälfte des Schlosses bis über die vorspringende Mitte hinaus war zu übersehen. Kambly sagte: »Aus der Ferne schaut alles so leicht und dekorativ aus. Als habe man Girlanden über den Fenstern aufgehängt. Aber in der Nähe, welche Fülle an Gestalten! Keine Spur von Schema, jede einzelne lebensfrisch, derb, natürlich. Und dabei so schlicht, ganz ohne Pathos und wilde Gesten, wie ich es im katholischen Süden so oft gesehen habe.«

»Das wäre mir zuwider«, entgegnete Glume.

Die übrigen Außenbildhauer am Schloß – Becker, Müller, Huber – hatten sich während der Mittagspause dazugesellt und gingen staunend an der Front entlang. Die scharfen Schatten im Sonnenlicht hoben jede Feinheit deutlich hervor. Auch der Bildhauer Giese, vom Opernbau her mit Glume befreundet, war mit einer Steigleiter erschienen und meinte bewundernd: »Eine Galerie von lauter ausgeprägten Charakteren! Etwas so Großartiges ist seit Meister Andreas Schlüters Zeiten in Preußen nicht geschaffen worden!«

Sogar der Potsdamer Bildhauer Schoenewitz, sonst schlecht auf die Berliner Konkurrenten zu sprechen, mußte zugeben: »Janz hibsch! Warum nich jleich so? Wär er man eher Potsdamscher Bürjer jeworn!«

»Schon zuviel geredet!« wehrte Glume ab. »An die Arbeit! Nach den Bacchanten habe ich noch fünf Kindergruppen für die Kuppelfenster, zehn Kindergruppen für die Risalite der Hoffront und vier Trophäengehänge an den Flügelrondells zu machen. Da heißt es sich sputen!«

»Ihr seid der fleißigste Mensch auf der Erde«, erklärte Bekker. »Wo unsereins vier oder fünf Vasen ausführt, schafft Ihr zwanzig. Es grenzt an Hexerei.«

Glume verschwand am linken Flügel unter einer Plane.

Inzwischen hatte Giese am Kuppelvorbau seine Leiter erstiegen und zeichnete über dem Mittelfenster mit Kreide große Druckbuchstaben an das Gesims: SANS, SOUCI.

Dann kletterte er herunter, trat ein paar Schritte zurück und prüfte die Wirkung der Schrift: »Gut so?« fragte er. »Oder etwas mehr auseinander? Ihr müßt sie euch in vergoldeter Bronze vorstellen, so soll ich sie modellieren und gießen.«

»Mit een Komma?« fragte Schoenewitz.

»Das ist kein Komma«, belehrte ihn Giese. »Das ist ein Trennungszeichen, wie man es braucht, wenn am Ende einer Zeile ein Wort nicht ganz hingehen will. Kanzleischreiber, Zeichner und Kupferstecher benutzen heutzutage oft diese neue Form dafür.«

»Et ist doch man bloß eene Zeile da. Zu wat denn die Trennung?«

»Ganz einfach: Damit man es leichter lesen kann.«

Schoenewitz brummte: »Na meinetwejen. Wenn et die Herren aus Berlin so sagen, muß et ja stimmen.« Giese war nämlich kein »Potsdamscher Bürjer«.

Plötzlich hörte man Lärm vom Ende des rechten Flügels.

Aus den offenen Türen der Bibliothek klang Stimmengewirr und Geschimpfe. Giese und Becker eilten hin. In ihren Werkstätten daheim hatten sie Modelle für die Bronzeornamente der Bibliothek in Arbeit. Ging's etwa darum?

In dem noch kahlen, kreisrunden Raum stand der Tischler Hülsmann zwischen hohen Leitern, Sägeblöcken und zahllosen aufrechtgestellten dünnen Brettern und war im Begriff, mit seinen Gehilfen die Wandtäfelung aus Zedernholz anzubringen.

»Das ist ein Unglück!« rief er verzweifelt. »Ein Unglück ist das! Ich muß wieder ausräumen, wird mir ja alles verdorben hier!«

Unter der Türöffnung zum dunklen Verbindungsgang nach dem Arbeitszimmer hatte sich Kastellan Boumann hingepflanzt im Vollgefühl seiner Wichtigkeit. »Majestät haben befohlen, basta!« sagte er streng.

»Aber das geht doch nicht, jetzt noch die Maurer!«

»Majestät haben befohlen! Also geht's! Majestät waren gestern hier. Majestät können durch das dritte Fenster nach hinten hinaus von Dienerschaft aus dem Nebenflügel beim Lesen und Studieren beobachtet werden.«

»Mag ja sein!« klagte Hülsmann. »Kann aber doch durch eine Gardine verhindert werden.«

»Majestät haben erklärt«, unterbrach Boumann barsch, »Majestät wollen beim Lesen und Studieren allein sein, nicht beobachtet werden. Haben befohlen, das dritte Fenster zuzumauern.«

Hülsmann war empört. »Das hätte wahrhaftig vorher bedacht werden können! Wer bezahlt mir das teure Holz für die Fensterleibung. Und die Arbeit daran?«

»Und für die Ornamente?« rief Becker. »Wir kriegen nur den Lohn für das fertige Kunstwerk!«

Boumann grinste nur und zuckte mit den Achseln.

»Und überhaupt«, bemerkte Giese, »die ganze Dekoration muß geändert werden!«

»Natürlich!« nickte Boumann kühl. »Majestät wünschen statt des Fensters einen Kamin mit Spiegel darüber.«

---

»Aber der Kamin sollte doch hier vorn in die Ecke neben die Lesenische!« Hülsmann rang die Hände.

»Da kommt ein Bücherschrank hin«, ordnete Boumann an.

»Gott o Gott, alles umbauen! Welch Durcheinander, was für ein Schmutz! Hätte ich doch nicht angefangen!«

»Kein Räsonieren, bitt ich mir aus!« sagte Boumann streng. »Abwarten gefälligst, bis neue Entwürfe da sind!«

»Fertigt Direktor Nahl welche an?« fragte Becker schnell. »Er hat doch den ganzen Raum erdacht und gezeichnet.«

»Meisterhaft!« nickte Giese.

Kastellan Boumann schien etwas verlegen. »Ich habe nach ihm geschickt, aber noch keine Antwort erhalten. Angeblich war er in seiner Berliner Wohnung nicht aufzufinden.«

»Dann muß man schnellstens Herrn Oberintendanten von Knobelsdorff benachrichtigen!« drängte Hülsmann.

»Der hat nichts mehr zu sagen.« Boumann kniff die Lippen zusammen.

»Ich meine doch!« widersprach Giese. »Er hat immer noch die Oberaufsicht.«

»Hatte sie!« betonte Boumann mit hämischen Lächeln.

»Wieso?«

»Abgesetzt.«

»Um Himmels willen, warum?«

Boumann legte die Hand an den Mund: »Soll Baugelder unterschlagen haben. Das hat ihm den Hals gebrochen.«

VIERTES BUCH

# DIE TRENNUNG

# Wieder ein Halsbruch

Komm!« bat Lotte. »Der Wagen steht unten.«

Knobelsdorff ließ die Arme sinken. »Ich finde sie nicht«, sagte er müde.

Das Baubüro in seinem Haus in der Leipziger Straße hatte sein Aussehen verändert. Alle Pläne, Modelle, Zeichnungen und Reißbretter waren weggeräumt. Auf den Tischen lagen jetzt weit ausgebreitet Kontobücher, Rechnungen, Quittungen, Werkverträge, Bestellungen, Reklamationen, Lieferscheine, der ganze unendliche Schreibkram aus zehn Schaffensjahren, vom Wiederaufbau Rheinsbergs, von Monbijou, Charlottenburg, vom Berliner und Potsdamer Schloß, vom Tiergarten und von Sanssouci. In allen Zimmern des Ateliers häuften sich die Papiere zu Stapeln, beschwert mit Linealen, Zirkeln und Reißnägelschachteln, damit nicht bei jedem Luftzug ein Schwarm von Zetteln davonfliegen konnte. Und Knobelsdorffs Zeichengehilfen, anstatt saubere Linien zu ziehen und Flächen zu tuschen, beugten sich über die Tische und suchten und blätterten unablässig.

Nur die kleine Hinterkammer des Rechnungsführers Finke war leer.

Von dort war alles herausgeholt und ans Licht gezerrt worden. Finke war plötzlich gestorben und hatte ein Chaos hinterlassen.

Knobelsdorff schüttelte entmutigt den Kopf. »Die Dachdeckerrechnung ist wirklich nicht da. Und hier steht sie doch als bezahlt verbucht.«

»Laß das jetzt!« bat Lotte nochmals, im dunkelgrünen Samtüberkleid und Häubchen, schon fertig zur Fahrt. »Es wird sich alles noch aufklären. Der Dachdecker muß ja wissen, ob er das Geld bekommen hat oder nicht.«

»Der ist auch schon tot.«

Andreas Krüger, Knobelsdorffs bester Zeichner, der ihm ein treuer Freund geworden war, beteiligte sich eifrig am Suchen und seufzte: »Wenn's nur der eine Fall wäre! Aber das nimmt kein Ende. Überall fehlen Belege, Lieferungen sind nicht eingetragen, Zahlungen nicht gebucht. Exzellenz, ich glaube, wir hören auf! Wir mühen uns vergebens.«

»Der Geheime Kämmerer Fredersdorf will Nachweise haben«, sagte Knobelsdorff. »Was nicht stimmt, fällt auf mich.«

»Soll sich nur nicht so aufpusten!« meinte Lotte. »Olle Hofschranze die! Daß ausgerechnet er jetzt eine Revision inszeniert, ist doch nichts als Intrige. Die wollen dir an den Kragen, Georg! Aber da wird nichts draus.«

»Die Demoiselle Schöne hat recht«, nickte Krüger. »Was kann schon geschehen? Es sind eben ein paar Unterlagen nicht da. Man wird es zur Kenntnis nehmen müssen, und dann ist das Unwetter vorbei.«

Aber Knobelsdorff war zu gewissenhaft. »Ich hätte alle Bücher und Rechnungen selbst überprüfen sollen.«

Krüger schlug die Hände zusammen. »Aber Exzellenz, bei der Unmenge Arbeit in all den Jahren!«

»Stichproben wenigstens.«

»Ganz unmöglich! Wozu hatten Exzellenz einen Rechnungsführer? Kein Mensch kann Exzellenz für seine Unordnung verantwortlich machen.«

»Der König denkt anders.« Knobelsdorff zog einen Brief aus der Tasche. Er war von einem Kabinettssekretär in deutscher Sprache niedergeschrieben, und darin standen die Worte: »Ich erinnere mich nicht, daß ich Euch seinerzeit davon dispensiert hätte, mit Einnahme und Ausgabe der Baugelder nicht immediate zu seyn. Da aber die Bauten unter

Eurer direction geführet und die Ausgaben fast sämtlich mit Eurer assignation versehen seyn, kann ich nicht anders, als Euch mein äußerstes Mißfallen auszusprechen, weil Ihr nicht mehr auf Ordnung und Richtigkeit gehalten. Ihr werdet jetzo selbst solches ganz unverantwortlich finden und werdet begreifen, wie penible ich deshalb bin, und daß ich nicht umhingekonnt, Euch solches hierdurch zu bezeigen. Friedrich.«

»Und was weiter?« fragte Lotte. »Ein Mann wie du erntet viel Bewunderung. Aber er muß auch damit rechnen, daß er einmal Mißfallen erregt. Das ist nun mal so.«

»Alle Baugelderanweisungen sind mir gesperrt worden.«

»Dann laß andere sich damit herumärgern! Hast du es nötig, dir Grobheiten sagen zu lassen? Du, der berühmte Architekt! Wegen ein paar Talern? Von einem, der Millionen verschleudert hat? Na, mir sollte er mal kommen! – Majestät, würde ich zu ihm sagen, Sie haben von Höchstdero hochseligem Herrn Vater einen ungeheuren Schatz geerbt! Wo ist er geblieben? Weg ist er, und Allerhöchstselbst haben obendrein noch Schulden zu machen geruht. Und suchen nunmehr mit Knausrigkeit die Verluste wieder hereinzubringen. Wollen Euer Königliche Majestät allergnädigst resolvieren sich zu schämen, einen Ehrenmann derartig zu kränken, welcher Höchstderselben das größte und schönste Opernhaus Europas und Dero sämtliche Schlösser gebaut hat und immer noch baut!«

Das ganze Architektenbüro brach in Gelächter aus. Auch Knobelsdorff schmunzelte: »Du bist einzigartig, Lotte! Aber du nimmst es zu leicht. Ich baue keineswegs ‚immer noch'. Ohne Geldzuweisungen sind mir die Hände gebunden. Ich kann nicht mehr selbständig handeln, meine Pläne nicht mehr verwirklichen. Ach, ich hatte noch so viel vor! Das Friedrichsforum – das Opernhaus war doch erst der Anfang zu einer großartigen Anlage. Nun bleibt alles auf dem Papier. Es ist aus mit dem Schaffen. Was ich fortan noch ersinnen werde – es ist immer nur Papier, Papier.« Der Husten befiel ihn wieder. Und als Knobelsdorff hinter sich griff, um das Taschentuch aus dem Rockschoß zu ziehen, da verspürte er einen plötzlichen Schmerz in der rechten Seite. Er kam ihm so unvermutet, daß er das Gesicht verzog und die Hand in die Hüfte stemmte.

»Was ist?« fragte Lotte besorgt.

»Weiß auch nicht.« Knobelsdorff atmete schwer. »Vielleicht die Galle. Wundern tät es mich nicht, wenn sie überliefe.«

»Na, überliefe!« zweifelte Lotte. »Hab noch nie gehört, daß das weh tut. Es wird wieder mal dein Magen sein. Soll ich Doktor Feldmann rufen!«

»Es läßt schon nach.«

»Bloß erst mal raus mit dir aus dieser entsetzlichen Krambude! Hier muß ja dem Gesündesten übel werden. Wir können beim Arzt vorbeifahren. Komm in den Wagen!«

Im Hof wartete die Halbberline mit den beiden Rappen davor. Der Kutscher hielt schon den geöffneten Schlag in der Hand. Da sah Knobelsdorff in der Toreinfahrt einen Mann eilig von der Leipziger Straße hereinkommen. Es war der Ornamentenbildhauer Hoppenhaupt, schon seit sechs Jahren Mitarbeiter Knobelsdorffs bei der Ausstattung der Schlösser.

»Na«, sagte Lotte verdrießlich, »nun kommen wir wieder nicht von der Stelle. Was mußtet ihr auch so lange trödeln!«

Hoppenhaupt schwenkte beide Arme. »Exzellenz!« rief er. »Wie gut, daß ich Sie sehe – und offenbar ganz wohlauf!« Er war außer Atem und sichtlich erfreut.

»Es geht so leidlich«, erwiderte Knobelsdorff.

»Ich komme gerade aus Potsdam. Die Leute erzählen sich dort, Sie hätten den Hals gebrochen.«

»Gott, wie dusselig!« rief Lotte.

Knobelsdorff lachte, obwohl ihm nicht danach zumute war. »Das hat man schon einmal von mir behauptet.«

»Ich habe es nicht geglaubt«, versicherte Hoppenhaupt.

»Dummer Klatsch, kein Körnchen Wahrheit daran!«

»Doch, etwas ist immer dran. Seinerzeit war es der Arm. Diesmal ist es schlimmer.«

»Exzellenz!« rief Hoppenhaupt erschrocken. Er ging um Knobelsdorff herum und musterte ihn von oben bis unten. »Aber man sieht nichts?«

»Es sitzt innen.«

»Um Himmels willen!«

»Malt doch nicht den Teufel an die Wand!« beschwor ihn Lotte.

»Hört nicht auf ihn. Der Herr Oberintendant nimmt immer gleich alles so schwer.«

»Oberintendant bin ich gewesen«, erklärte Knobelsdorff düster.

»I wo, keine Rede!« widersprach Lotte energisch. »Kleine Unstimmigkeit mit dem König wegen der Rechnungen. Bagatelle! Hat gar nichts auf sich.«

»Hm!« Hoppenhaupt schaute bedenklich drein. Offenbar war also doch etwas vorgefallen. Wem sollte man glauben, den Potsdamer Lästermäulern, dem Oberintendanten selbst oder der Mamsell, die bei ihm wohnte? »Will Exzellenz nicht lästig fallen«, sagte er bescheiden, »will auch nicht weiter neugierig sein. Aber man möchte doch wissen, woran man ist, nämlich mein Bruder und ich.«

»Welcher Hoppenhaupt seid Ihr eigentlich?« fragte Lotte. »Ich verwechsele Euch immer.«

»Geht anderen auch so, Mamsell! Ich bin Michael Hoppenhaupt, der ältere, und mache zur Zeit die Holzornamente an den Wänden im Konzertzimmer von Sanssouci. Mein jüngerer Bruder Christian Hoppenhaupt dekoriert dort das Arbeits- und Schlafzimmer für den König. Sehr schön macht er das, er kann mehr als ich. Er legt auf die Wandbespannung von seladongrünem Atlas ein Gitterwerk von vergoldeter Holzarbeit, darin ovale Öffnungen von Blumengehängen mit Vögeln belebt sind. Natürlich nicht alles von einerlei Goldfarbe. Wir verwenden verschiedenfarbige Grundierungen, die durch die Goldauflage durchscheinen, so daß wir dann grünes Gold, blaßgelbes, hochgelbes, rotes, graues, blaues Gold, matt oder glänzend, erzielen. Sieht herrlich aus!«

»Ach, ihr besessenen Künstler!« lachte Lotte. »Wenn ihr auf eure Arbeit zu sprechen kommt, könnt ihr kein Ende finden. Darin seid ihr doch alle gleich, der Herr Oberintendant ebenso wie Meister Glume und Meister Nahl!«

---

»Apropos Nahl!« besann sich Hoppenhaupt. »Seinetwegen bin ich gekommen.«

»Er wohnt ein paar Häuser weiter.« Knobelsdorff stieg in den Wagen.

»Ich habe schon nachgefragt. Es muß irgend etwas geschehen sein. Er ist nicht in seiner Potsdamer Mietwohnung im Holländischen Viertel an der Stadtmauer und er ist nicht hier.«

»Wir werden ja sehen«, sagte Knobelsdorff ruhig. »Kommt zu Fuß nach, Hoppenhaupt! Mein Wagen hat nur zwei Plätze.«

Lotte stieg gleichfalls ein. Nach wenigen Minuten hielt die Kutsche in der Leipziger Straße gegenüber dem Gasthof »Zum Roten Adler«. Nahls große Wagendurchfahrt stand offen. Die seitliche Glastür zur Treppe war nur angelehnt. Oben hörte man Schritte. Als Knobelsdorff den großen, weißgestrichenen Flur erreichte, wo einst die kleine Lisbeth mit dem Gipsmodell des Opernhauses gespielt hatte, trat ihm ein unbekannter Mann entgegen: »Euer Gnaden wünschen? Das Haus ist verkauft. Nur ein paar Möbel sind noch zu haben.«

»Wo ist Meister Nahl?«

»In Straßburg vermutlich. Jedenfalls hat er mir aufgetragen, alles erlöste Geld dorthin zu schicken. Ich bin sein Bruder, Perückenmacher von Profession, Euer Gnaden zu dienen! Seit kurzem in Berlin ansässig.«

Knobelsdorff erstaunte. »Wann ist Euer Bruder abgereist?«

Der Perückenmacher grinste: »Im Verlaufe des gesegneten Jahres siebzehnhundertsechsundvierzig.«

»Wird Er mir gehörig Rede und Antwort stehen!« fuhr Knobelsdorff ihn ärgerlich an.

Der andere lenkte ein. »Nun ja, ich kann's nun wohl verraten, da es schon vierzehn Tage her ist. Also Anfang Juli. Samt Weib und Kind und ganz heimlich bei Nacht und Nebel, damit's niemand merkte.«

»Geflohen? Warum?«

»Verschiedener Mißvergnügen halber.«

»Mein Gott, ich bin auch oft mißvergnügt und Ihr gewiß

ebenfalls, Meister Perückenmacher! Deshalb macht man sich doch nicht gleich aus dem Staube!«

»Hat's auch nicht gleich getan, mein Bruder, Euer Gnaden zu dienen! Hat sich fünf Jahre lang, da er zu Berlin, Charlottenburg und Potsdam tätig gewesen, gar viel Beschwernisse und Hintansetzungen müssen gefallen lassen, wie er oft klagte.«

»Zum Beispiel?«

»Ich sollte nicht darüber reden«, zögerte der Perückenmacher. »Aber jetzt ist wohl keine Gefahr mehr für ihn. Wer Euer Gnaden auch sein mögen, erzählen Sie es getrost in ganz Berlin weiter, damit alle Leute hören, wie schändlich ein Künstler in Preußen behandelt wird. Auch der König kann erfahren, daß sich nicht jeder Willkür und Unrecht gefallen läßt. Mag Seine Majestät toben und schelten und Husarenpatrouillen hinter dem Deserteur dreinhetzen, mein Bruder hat guten Vorsprung, den kriegt er nicht mehr, der ist längst im Ausland.«

»Ich verstehe noch immer nicht.«

»Was meinem Bruder geschehen ist? Erstlich ist ihm bei seiner Berufung eine leitende Stellung versprochen worden. Er hat aber nur als ein Bildhauer unter vielen anderen arbeiten und sich den Weisungen des Oberintendanten und der Bauführer fügen müssen.«

»Aha!« sagte Knobelsdorff. Das zielte auf ihn!

»Zum zweiten ist meinem Bruder ein festes Gehalt zugesagt worden, was aber nicht gehalten, vielmehr ist ihm gleich einem beliebigen Handwerker jedwede Arbeit einzeln bezahlt oder nicht bezahlt worden.«

»Nicht bezahlt? Kann doch nicht sein!«

»Ist, wie ich sage, Euer Gnaden! Hat mein Bruder mir eine Spezifikation über zweitausendsiebenhundert Taler hinterlassen, welche ich beitreiben werde. Sind darin einbegriffen zweiundzwanzig geschnitzte und stuckierte Türflügel für Schloß Charlottenburg vor vier Jahren.«

»Hat er nichts gesagt?«

»Das kennt man!« lachte der Perückenmacher. »Sobald einer

mal den Mund aufmacht, gleich heißt es: Er ist ein Aufrührer und Rebell, marsch ins Loch mit Ihm!«

»Aber nicht doch!« widersprach Knobelsdorff. »Euer Bruder war ein geschätzter Mann und hat gut verdient.«

»So, gut verdient? Für jeden Entwurf und jede Skulptur ein paar Taler. Aber was bekommt der neuberufene französische Bildhauer Adam aus Nancy? Über tausend Taler jährliche Pension, siebenhundert Taler zur Anschaffung von Werkzeug, freies Atelier, freies Material, freie Gehilfen, Bezahlung der Arbeiten nach Taxe, so Apollo und Urania für Kuppelsaal in Sanssouci je elfhundert Taler, Flora und Kleopatra auf der obersten Terrasse je tausenddreihundert Taler, kleinere Götterfiguren an der Fontäne je sechshundertfünfzig Taler.«

»Davon hab ich ja keine Ahnung!« rief Knobelsdorff betroffen, an seine eigenen 2400 Taler Jahresgehalt denkend.

»Woher sollte Euer Gnaden auch! Aber mein Bruder hat es erfahren und hat sich heftig erregt über solch schreiende Ungerechtigkeit. Und dann kam noch die Einquartierung, als sich Offiziere nach Wohlgefallen in seine Wohnungen zu Berlin und Potsdam einlogiert, ihm Werkstatt und Zimmer mit Gewalt ausgeräumt und dabei sein Werkzeug beschädigt haben!«

Knobelsdorff schüttelte erschrocken den Kopf. »Das ist doch ganz unstatthaft! Wo sind die Offiziere? Wo ist das Werkzeug?«

»Das Werkzeug, ja, das ist verkauft, ehe es ganz und gar zerstört werden konnte. Und die Herren Offiziere sind fort. Eine leere Wohnung behagt ihnen nicht, wo niemand mehr ist, der für sie kocht, wäscht, Stiefel putzt, Wein holt und Tabak besorgt. Der preußische Staat ist die Armee, und die Bürgerschaft ist nur dazu da, das Militär zu bedienen. Begreifen Euer Gnaden nun endlich, warum meinem Bruder die Geduld gerissen ist? Alle müßten es so machen, alle müßten auf und davongehen. Aber die Einwohner Preußens sind Schlappschwänze und getrauen sich nicht. Sie krümmen lieber den Rücken. Mein Bruder hat Mut gehabt. Wohl möge es ihm gehen auf Erden! Zunächst will er in Straßburg bei den Verwandten seiner Frau Zuflucht suchen, so schrieb er mir.«

Unterdessen war Hoppenhaupt nachgekommen und hatte die letzten Worte mit angehört. »Also Nahl ist fort«, sagte er. »Und was nun, Exzellenz?«

»Ja, Meister Hoppenhaupt, jetzt werdet Ihr wohl mit Eurem Bruder die Innenausstattung der Schlösser ganz übernehmen müssen!«

Der Bildhauer verbeugte sich kurz. »Hab's auch schon gedacht. Wird uns eine Ehre sein, Exzellenz! Aber die Bibliothek von Sanssouci, da muß ich Sie doch um Hilfe bitten.«

»Wozu? Nahls Entwürfe liegen vor. Habt Ihr sie nicht?«

Knobelsdorff erfuhr zu seinem Erstaunen von der Zumauerung des dritten Fensters und den Änderungen, die notwendig wurden.

Hoppenhaupt fügte hinzu: »Der König hat allergeschwindeste Ausführung befohlen, als er am neunzehnten Juli im Schloß Sanssouci zu Mittag speiste.«

Neue Verwunderung Knobelsdorffs. »Zu Mittag gespeist? Wo denn? War schon ein Zimmer fertig?«

»Nichts, Exzellenz, kein einziger Raum! Die Künstler und Handwerker mußten alle hinaus. Im kahlen, roh verputzten Kuppelsaal war die Tafel, auf dem Estrich.«

Knobelsdorff blieb ruhig und beherrscht. »Nun, das kennen wir vom Opernhaus her. Keine Geduld, alles in Eile übers Knie brechen!«

»Ist aber doch wie ein Vorwurf, daß wir nicht schneller gearbeitet haben.«

»Ja, Meister Hoppenhaupt«, sagte Knobelsdorff bitter, »es weht hierzulande ein stürmischer Wind! Mit den Allerhöchsten Wünschen Schritt zu halten ist schwer, wenn nicht gar unmöglich.«

»Richtig, Exzellenz!« nickte der Bildhauer. »Da ist zum Beispiel die Sache mit dem zugemauerten Fenster. In der Bibliothek, meine ich. Was machen wir da? Wenn jetzt ein Kamin mit Spiegel dorthin soll, muß die ganze Wand anders dekoriert werden. Das könnte nur Nahl, denn Nahl hat die Ausstattung des Raumes erdacht und gezeichnet. Aber Nahl ist fort. Würden Exzellenz wohl die Güte haben, uns einen neuen Entwurf zu geben?«

»Na, Hoppenhaupt, das könnt Ihr doch selbst!«

»Aber Exzellenz würden die Form sicherer treffen. Niemand würde merken, daß Nahl diese Wand nicht geschaffen hat, so gut würde sie sich in das Ganze einfügen.«

Da wehrte Knobelsdorff mit Entschiedenheit ab. »Meister Hoppenhaupt, ich habe sämtliche Entwürfe für die königlichen Schlösser außen und innen überarbeitet und verbessert. Ob es nun Monbijou war oder Charlottenburg oder Berlin oder Potsdam oder Sanssouci, immer kam es auf dasselbe hinaus: die ersten Entwürfe waren zu derb, die Dekoration zu überladen, die Ornamente zu aufdringlich und zu breit. Überall habe ich korrigieren und streichen müssen, bei Nahl, bei Scheffler, bei Euch, bei Eurem Bruder.«

Das wußte Hoppenhaupt sehr gut. Erst vor einigen Wochen war seine Skizze zum Konzertzimmer in Sanssouci von Knobelsdorff streng kritisiert worden. Die Motive waren zu unruhig, zu gehäuft befunden worden, der untere Abschluß des Spiegels war zu steif und die Ornamentik der Bilderrahmen zu auffällig für die Gemälde, die sie fassen sollten. Nicht die spielerische Laune ließ Knobelsdorff dominieren, sondern die maßvolle und vernünftige Einordnung in den Raum.

»Ich habe Euch aber auch«, fuhr er fort, »manche Anregung zu Neuem gegeben: naturgetreue Blumen und Ranken und Tiere wie auf dem Meißner Porzellan. Ihr habt sie ja sehr gut an der Decke in Stuck gebildet, Hasen, Hunde und Vögel und die Kreuzspinne im Netz.«

»Und zwei Fliegen!« betonte Hoppenhaupt. »Fliegen gefangen im Spinnennetz, das hat man bisher noch nirgends als Dekoration gesehen!«

Eine Pause trat ein. Dann fragte Knobelsdorff: »Warum, glaubt Ihr, kümmere ich mich um alles? Warum habe ich Pläne für die Gärten in Köpenick, Schönhausen, bei Sanssouci, für den Tiergarten in Berlin und den Potsdamer Lustgarten gemacht, obwohl ich Architekt bin? Ums Geld tue ich's nicht, denn ich bekomme keine Sondervergütung dafür. Ich tue es aus Liebe zur Sache, weil ich die Welt schöner machen will, wenigstens fürs Auge, und in einem edlen, vernünftigen Sinn nach der Art der Alten. Da ist freilich unendlich viel zu schaffen und zu verbessern – « Knobelsdorff sprach immer leiser und mit wachsender Kälte: »Aber wenn man sich für ein Ideal jahrelang müht und all seine Kräfte opfert, dann möchte man zum mindesten Anerkennung und würdige Behandlung erfahren. Doch was ist der Lohn? Undank, Unzufriedenheit, Intrigen, Zurücksetzung, Verleumdungen, ehrenwidriger Verdacht! Und da kommt Ihr noch und verlangt Hilfe wegen eines zugemauerten Fensters!«

Hoppenhaupt erbleichte. Die gedämpfte Stimme des Oberintendanten wurde unnatürlich, seine Ruhe bedrohlich, als stände ein Zornesausbruch unmittelbar bevor.

Doch nichts dergleichen erfolgte. Wie wenn es der Aufregung nicht lohne, sagte Knobelsdorff fast flüsternd in verächtlichem Ton: »Nein, Hoppenhaupt, es ist jetzt genug! Seht zu, wie Ihr selbst weiterkommt! In allen Schlössern findet Ihr genug Spiegelrahmen von Nahl, die Ihr wiederholen könnt. Nehmt meinetwegen hochwachsende Palmenbäume wie im Konzertzimmer von Sanssouci! Und wenn sie etwas derber ausfallen als die übrigen Laubgebilde der Bibliothek, dann mag sich derjenige daran stoßen, der hochbegabte Künstler nicht zu würdigen und zu schätzen weiß. Ich, Hoppenhaupt, ziehe meine Hand zurück!«

Damit wandte sich Knobelsdorff um, ließ den erschrockenen Bildhauer stehen und stieg mit schleppenden Schritten die Treppe hinunter. Seine Hand glitt am Geländer abwärts.

Unten am Wagen hielt ihm der Kellner vom »Roten Adler« ein Tablett mit einer Tasse und einem Kännchen Pfefferminztee entgegen. Lotte hatte ihn im Gasthof rasch aufgießen lassen. Knobelsdorff trank und stieg in die Kutsche. Er spürte sogleich, wie ihm wohler wurde. Ein Besuch bei Doktor Feldmann schien überflüssig. »Ich will jetzt keinen mehr sehen und hören! Endlich raus aus der Stadt, ins Grüne.«

Der Kutscher lenkte die beiden Rappen gewandt zwischen

Fuhrwerken, Karren, Reitern und Fußgängern hindurch, die palaisumsäumte Wilhelmstraße entlang. Sie fuhren über den Karreemarkt durch das Brandenburger Tor in den Tiergarten hinein.

## Die Tafelrunde

Des Königs Schlaf wurde unruhig. Der Adjutant hatte die Vorhänge zurückgezogen, wie es ihm befohlen worden war. Es war der 1. Mai 1747 morgens vier Uhr. Gerade schlug die Glocke der Garnisonkirche. Da Friedrich keine Anstalten machte, sich zu erheben, nahm der Adjutant von Bülow die bereitliegende Serviette, tauchte sie in kaltes Wasser und legte sie behutsam über das Gesicht des Königs. Sodann retirierte er aus dem Alkoven und entfernte sich auf der Stelle, denn obgleich ihm die Sache mit der Serviette anbefohlen war, konnte er doch damit rechnen, den Krückstock oder eine Schnupftabaksdose ins Kreuz zu bekommen.

Friedrich, das Gesicht unter der feuchtkalten Serviette, öffnete die Augen und sah durch das tropfende Gewebe des Tuches den dämmernden Tag im Alkoven und in der anstoßenden Bibliothek. Er vernahm das Glockenspiel und die Geräusche der Wachen, und er hörte die verhallenden Schritte des Adjutanten. Er zog das Tuch vom Gesicht und warf es auf den Fußboden, richtete sich auf und zog sich, auf dem Bett sitzend, die schwarz-samtenen Beinkleider über, dann griff er nach den Stiefeln, zog sie an, stand auf und bekleidete sich mit einem hellblauen, silberbestickten Kasakin. Jetzt schlug die Glocke der Garnisonkirche erneut. Zwei Kammerlakaien traten ein, von denen der eine sofort an den Kamin eilte, um Feuer zu schlagen, während ihm der andere die Briefe brachte. Friedrich las darin, und unterdes machte ihm der Lakai den Zopf.

Der König überflog begierig den Rapport aus Berlin. Sie waren alle gekommen, auf die er wartete. Der Braunschweiger stand vornean, Finkenstein, Seydlitz und Zieten folgten. Auch Fouqué und Stille waren eingetroffen, wie er es befohlen hatte. Haben allesamt Verrichtungen bei Seiner Majestät. Gut, sehr gut. Er ließ sich vom Lakaien eine Liste geben, die ganz am Ende des Schreibtisches lag, und sah auf die neunzehn Namen, die der Schreiber notiert hatte. Mit ihm, dem König, waren es zwanzig. Gut, sehr gut. Winterfeld war auch dabei. Und Maupertuis. Es hatte alles seine Richtigkeit. Gewiß, viele der Rheinsberger fehlten. Jordan, Keyserlingk. Alle passé. Nun ja, dem Tod konnte keiner entrinnen. Aber hier, zwischen Fouqué und Stille, hätte Knobelsdorff stehen müssen. Genaugenommen hätte sein Name hier stehen müssen. Sie werden fragen nach ihm. Nach dem Grobsack Knobelsdorff. Er kann sich aber nicht die Tafelrunde destruktionieren lassen. Das kann er nicht. Man wird darüber hinweggehen. Der Lakai brachte die silberne Schüssel mit dem Wasser. Er wusch sich und griff nach dem Hut, warf die Briefe beiseite und suchte den Küchenzettel. Er lag zuunterst, und Friedrich ergriff ihn hastig, um zu sehen, was Joyard zustande bringen wollte. Zwölf Schüsseln diesmal. Das mußte reichen. Wer sich an zwölf Schüsseln nicht satt ißt, hat auch an hundertzwanzig nicht genug.

Poulets en cannelon aux comcombres farcis au blanc à l'Anglaise. Er hat ihm schon einmal gesagt, daß die Koteletts papieren sind, wie er sie macht. Geradezu liederlich, wie er sie macht. Es soll kein kostbares Essen sein, das auf den Tisch kommt, wenn es nur delikat ist. Was schreibt er da? Zweihundert Austern? Die kosten ihn glatte acht Taler. Ein Viertel davon fressen sie in der Küche, wenn es so viele sind. Man wird die Hälfte streichen müssen, sonst wird einem das Spitzbubengesindel in den Vorzimmern zu üppig. Frische Heringe, grüne Erbsen. Gut, sehr gut. Donnerwetter, Aalpasteten. Der Joyard ist ein ausgesuchter Gourmand, daß er Aalpasteten machen läßt. Filets de Volaille à la Pompadour avec langue de bœufs et croquets. Kann bleiben. Das Weibsstück verdient mit Haut und Haaren gefressen zu werden. Sehr gut, der Joyard. Er macht sich. Das wäre erledigt. Friedrich stand auf und trat an eines der großen Fenster. Potsdam, der Alte Markt, die Stadtkirche. Aus der Bittschriftenlinde sproß ein helles spärliches Grün. Und der erste Tag im Mai lag verschüchtert auf den Dächern der Residenz, grau und klein, aber mit einem fernen, vielversprechenden Dunst. Es wird ein schöner Tag. Der erste Tag auf Sanssouci. Zumindest vom Mittag bis zum Abend. Es wird ein warmer, sonniger Tag, der in die offenen Türen von Sanssouci treten wird. Rheinsberg wird auferstehen in seiner alten Pracht. Er, Friedrich, wird sich zurückholen, was er verloren hat.

Nach der Inspektion der Truppen auf dem Paradeplatz vor dem Schloß stieg der König in die wartende Kutsche. Die Glocke der Garnisonkirche schlug halb zwölf Uhr. Als der Kutscher Pfund die Peitsche schwang, hatte Friedrich für einen kurzen Augenblick das Verlangen, auf dem Pferd nach Sanssouci zu reiten. Er sah, wie sie den Rotschimmel, auf dem er eben noch gesessen hatte, hinwegführten, und stellte sich vor, er säße auf Cäsar und ritte durch die Straßen von Potsdam nach Sanssouci. Wenn das Volk nicht wäre, diese zerlumpten Fischer mit ihren Weibern, wenn er sie nicht sehen müßte in ihrer Ärmlichkeit, er würde nach Sanssouci reiten. Aber er verachtete das Volk, und es stieg Ekel in ihm hoch, wenn er die glotzenden, stumpfen Bauern und ihre schreienden, Kohlköpfe verkaufenden Weiber auf den Märkten sah. Da war es besser, man saß sorgsam in der Kutsche und hatte die verhängten Scheiben zwischen sich und dem Volk.

Aber heute, an diesem ersten Mai, sah er durch das leise klirrende Glas und spürte mit Entsetzen, daß die Stadt, in der er residierte, noch immer ein armseliges Fischer- und Soldatendorf war. Er fuhr zu einem Schloß, das seinesgleichen suchte, und jeder, der ihn besuchen wird in Sanssouci in den kommenden Jahren, fährt oder reitet durch ebendiese Straßen und nimmt das bedrückende Bild der Unsauberkeit und der Armut in sich auf. Sein Blick fiel auf die Fronten und Giebel der Häuser. Wie gern umgab er sich mit Schönheit und Eleganz. Der Mensch, so dachte er, muß etwas fürs Auge haben. Er muß erhabene Bilder in sich aufnehmen, um erhaben denken und sprechen zu können. Diese Fronten zum

Beispiel. Hier stand der Wille seines Herrn Vaters in Stein verwandelt, des Vaters, dem Schönheit und Eleganz etwas Verdächtiges gewesen waren, hier stand dieser Wille in Gestalt der Häuser von Potsdam. Man wird ihnen, so dachte er, schöne Fassaden geben müssen. Er, der Sohn, wird dem väterlichen Willen, dem so oft verfluchten, jetzt den Stempel der Schönheit und der Erhabenheit aufdrücken. Und sogleich begann er in Gedanken die Order zu diktieren. Es soll, (er hörte die kratzenden Geräusche der Feder auf dem Pergament) auf der Stelle gegenüber dem königlichen Schloß, der Stadtkirche ein Portal angefüget werden, aus gehauenen Steinen, nach Maria Maggiore in Rom, woran man gerade baut, damit das Auge der Majestät ein Wohlgefallen hat. Sodann die Straßen, durch die der Fremde fährt. Es sollen daselbst die Häuser nach der Straße hin mit angenehmem Äußeren versehen werden, damit das Auge des Fremden sich daran ergötze. Es sei alles so wie in der schönen Stadt Paris oder Rom, wo immerfort der Blick von Neuem gefesselt wird durch Säulen und Portale. Und ihm schwebte die Stadt vor Augen, wie er sie haben wollte, wie sie in fünf oder besser noch in drei Jahren dem Beschauer sich darbieten würde, da würde Voltaire entzückt sein vom Glanz der preußischen Residenz, da würden die Freunde von nah und fern herbeieilen, um ihn zu loben und zu feiern, und er könnte sagen, seht an, Messieurs, seht Euch um in der Stadt meines Herrn Vaters, die nun meine Stadt ist. Ist sie nicht schön und wohlgefällig, Messieurs, ist es nicht eine königliche Stadt?

So fuhr Friedrich durch die mit Sand und Schmutz bedeckten Straßen der Stadt Potsdam, und rechts und links glitten die armseligen Häuserfronten vorüber, die er schon mit leuchtenden Farben und ausgesuchten Ornamenten bedeckte. Er sah nicht einmal die gaffenden Menschen in ihren Lumpen, und er sah nicht mehr die grauen, rissigen Gemäuer. Die Order, die er in Gedanken formuliert hatte, verzauberte den Flecken Potsdam in ein glänzendes Phantasiegebilde, durch das er wie ein Triumphator glitt, der von allen Seiten mit Beifallsgeschrei bedacht wird.

---

Sie bogen von der Nauenschen Straße ab und fuhren am Jägertor vorüber. Nauener und Jägertor müssen bleiben, entschied er, aufgeputzt vielleicht ein wenig, aber bleiben müssen sie, da man dem seligen Herrn Vater die notwendige Reverenz erweisen muß. Und je näher er dem Weinberg kam, dem Schlosse Sanssouci, um so mehr Entscheidungen traf er in Gedanken. Die Häuser, an denen er vorüberfuhr, wurden mit diesen Entscheidungen immer größer und prächtiger, und er sah schon die Besucher der kommenden Jahre, die Maul und Augen aufsperrenden Fremden, wie sie in prunkenden Karossen inmitten prächtiger Straßen dem Schlosse immer näher kamen, in dem er als Glanz und Endpunkt ihrer Reise ihnen leutselig entgegentreten wird. Voltaire sogar, erschlagen und überrascht vom Glanz der Residenz, wird ihm in die Arme fallen, der große Geist, an dem sie alle hingen, wird dem königlichen Freund seinen uneingeschränkten Tribut zollen müssen. Und Friedrich, in Gedanken und Polster versunken, ohne Blick für die Grenadiere mit ihren Spinnrädern vor den Häusern, für die Grenadiere, auf deren kaum vernarbte Wunden die Maisonne schien, die ihre Hände sinken ließen, die aufsprangen, um der königlichen Karosse Blicke nachzuwerfen zwischen Zorn und Zweifel und Respekt, der große Friedrich des Jahres 1747 erdichtete sich seine Zukunft und füllte sie mit Philosophen, deren Bücher zu ihm sprachen, mit geistvollen Gesprächen über die menschliche Berufung, mit zartem Flötenspiel und mit großen Empfängen. Dazwischen sah er sich kurze, treffende Befehle diktieren, einmal im Jahr kamen die Minister zu ihm, damit er sie mustern konnte, wie man Offiziere oder Reitpferde mustert. Er wird Gedichte und Episteln machen, von denen man noch in hundert Jahren sprechen wird, er wird sie schreiben in der runden Bibliothek auf Sanssouci, wie er sie im Turmzimmer auf Rheinsberg geschrieben hat.

Und während ihm das Herz überfloß von jenen Bildern, rollte fünfzig Schritte hinter seinem Wagen eine zweite Karosse, vierspännig, da er selbst sechsspännig fuhr, und in ihren zerfetzten Polstern fuhren die Windspiele des Königs durch die Stadt Potsdam, bellten durch die Scheiben die stummen Grenadiere an, fielen übereinander her, zerrissen das kostbare Leder und benahmen sich sozusagen wie ein Trupp Marodeure bei der Plünderung eines Hauses, während der Lakai, der ihnen auf dem Rücksitz gegenübersaß, der schon gut mit den Hofsitten vertraut und ein höflicher Mensch war, sie immerfort ermahnte, doch recht artig zu sein.

»Alcmene«, flüsterte er mit verzweifelter Stimme und hielt sich die Hände an die Ohren, »bellen Sie doch nicht so, es gehört sich nicht.« Ja, verzweifelt und untröstlich war er, doch er wahrte trotzdem das Gesicht, der Lakai in der Karosse mit dem königlichen Wappen, denn er war, wie gesagt, bereits gut mit den Hofsitten vertraut und ein höflicher Mensch.

Die Kutsche rollte in den Ehrenhof hinein. Ein Lakai riß den Schlag auf, klappte die Treppe herunter und half dem König heraus. Der Kutscher fuhr sofort beiseite, und Friedrich, leise ächzend wegen der Schmerzen in den Beinen, stand nun auf dem knirschenden Kies und sah in die Runde. Vor ihm, im Halbkreis, standen die doppelt gegliederten, halbfertigen Säulen, und er hatte für einen kurzen Augenblick den Eindruck, vor der Front seiner Grenadiere oder im Halbkeis seiner Generäle zu stehen. Starr und schweigend wie vor der Bataille, wenn er die Befehle ausgab, so umstanden sie ihn. Aber dieser Eindruck verflog und wich anderen Gedanken. Die Säulen warfen scharfe Schatten, die Maisonne stand schräg über ihnen, und der weiße Stein warf die Strahlen auf den kiesbestreuten Platz zurück. Über allem lag ein sonderbarer festlicher Glanz, der nun von ihm Besitz ergriff. Ringsum, das erkannte er jetzt, herrschte Strenge, Zurückhaltung und die gesammelte Würde eines großartigen glänzenden Empfanges. Die Kolonnaden umschlossen ihn, nahmen ihn gefangen, erweckten Hoffnungen und ließen ihm gleichzeitig den Ausblick in den Himmel über sich. Und er dachte eine Sekunde lang an Knobelsdorff, an seinen Baumeister, und sein Gefühl sagte ihm, daß es seit Schlüter keinen solchen Mann mehr gegeben hatte. Aber in der nächsten

Sekunde kam ihm das schroffe, unnachgiebige Wesen Knobelsdorffs in den Sinn, und er verscheuchte den Gedanken, wie man eine lästige Mücke verscheucht.

Er wandte sich um und trat in den Vorsaal, durcheilte ihn humpelnd und lief durch die halbfertige kleine Galerie, um sich über den dahinterliegenden Gang in die Bibliothek zu begeben. Nach ihr sehnte er sich jetzt. Die Lakaien abwehrend, trat er in den schmalen Gang und ging fast fliehend in das runde Zimmer, das ihn in warmem Gold und Braun empfing. Das Zedernholz schimmerte matt, und die Bronzeornamente und Reliefs glänzten an den Wänden. Er atmete tief und sank in einen Sessel, ließ sich vom Zauber des Raumes einfangen und war glücklich. Der Krieg war zu Ende, Schlesien gehörte ihm endgültig. Mars ruhte sich aus. Jetzt wird er ein Fürst des Friedens und der Künste sein, und dieses Zimmer wird ihn jeden Tag sehen, die Bücherschränke werden sich füllen, und es wird still sein um ihn. Die Flöte und die Philosophen, das war es, worauf es nun ankam. Er saß starr und sinnend in dem bequemen Sessel. Plötzlich kam ihm der Gedanke, daß er gestört werden könne. Er horchte zur Eingangstür, die man nun, nachdem sie geschlossen war, nicht mehr sah. Er blickte mißtrauisch auf die Wände und Fenster und vermeinte Geräusche zu hören. Aber die Stille war vollkommen, er hörte nicht einmal die Kutschen, in denen jetzt seine Gäste vorfahren mußten. Auch das Bellen seiner Hunde hörte er nicht. Und er horchte in die Ruhe des Raumes, in dieses fast schmerzhafte Schweigen, das fast die Umkehrung jener Stille war, die er sich wünschte. So saß der König, klein von Statur und noch dazu zusammengesunken, in dem hübschen, geschweiften Sessel, der mit Damast überzogen war, und er schien, wie er so saß, ungeheuer allein und von allem Leben getrennt zu sein.

Friedrichs Gäste traten in den Marmorsaal des Schlosses Sanssouci. Der Generalmajor Hans Joachim von Zieten, achtundvierzigjährig, zwergenhaft klein und mit krummen Beinen, aber behend und wendig, kam vom Vorsaal durch die Tür, heftete den Blick auf die Säulen und strich sich über den

Schnurrbart, während er gleichzeitig einen leisen Pfiff ausstieß. Den Türkensäbel, den ihm der König geschenkt hatte, schleppte er an der Seite, um, wie er im Vorsaal verkündet hatte, der Majestät ein Pläsier zu verschaffen. Er stand also und pfiff. Der Saal war beeindruckend. Die Säulen standen wie stumme Wächter vor den Wänden, durch die Kuppel fiel das Licht des Maitages, und vor den geöffneten Türen lag eine gleißende Sonne auf der Terrasse von Sanssouci. Zieten seufzte und dachte an seine Misere. Er dachte an sein verkommenes Landgut Wustrau, auf dem er Kohl und Rüben pflanzte, und an seine Frau, die sich mit Geldsorgen abplagte. Sie hatte keinen Groschen in die Ehe gebracht, und jetzt hatte er Schulden wie ein Major. Rindvieh, das er war. Da schenkte ihm vor zwei Jahren die Elisabeth von Rußland zweihundert Remontepferde, und er, Zieten, gab sie in einem Anfall von Generosität der Schwadron. Zieten ging an der Tafel vorbei, da die anderen nachdrängten, und trat durch die mittlere Tür auf die Terrasse. Er wandte sich um, trat noch weiter zurück und sah verblüfft auf die Figuren an der Wand. »Sieht aus«, schrie er, »als kriechen die Kerls aus der Mauer.« Dann sah er die weiblichen Figuren und verzog den Mund. Unterdes war der Generalleutnant Winterfeld zu ihm getreten, den er nicht leiden konnte, weil er ständig den König hofierte. Er sah ihn von der Seite an und sagte: »Immerfort die nackten Weiber aus Stein, als gäbe es nicht schon genug in der Natur.« Doch dann, als er noch weiter zurücktrat, um von dem verhaßten Winterfeld wegzukommen, sah Zieten die ganze Front, und ein jäher Gedanke schoß ihm durchs Hirn. Wie wäre es, wenn er sich auch so ein Sanssouci bauen ließe. Er würde mit Hängen und Würgen dreitausend Taler auftreiben und könnte sich von irgendwem das Zehnfache pumpen. An dieser Stelle angekommen, gedachte er des Königs, der ihm sicher aushelfen konnte, und der Steuern, die sich aus den Bauern herauspressen ließen. Wären nur noch die Handwerker zu bestellen. So stand Zieten sinnend vor dem Halbrund des Marmorsaals, und vor seinen Augen stand schon das Schloß Wustrau, das ihn während der ganzen Tafelrunde beschäftigen sollte.

---

Maupertuis kam als dritter oder vierter in den Marmorsaal. Er setzte eine allwissende, geringschätzige Miene auf, starrte auf die Nischen in den Wänden, in die man in Ermangelung der vorgesehenen Skulpturen Vasen gestellt hatte, und begann sofort französisch zu parlieren, wobei er mit den Händen fuchtelte. »Die Nischen«, sagte er, »sind zu groß und die Vasen zu klein. Proportionen«, rief er, »müssen gewahrt bleiben.«

Während nun die Offiziere und Kavaliere förmlich in den Saal quollen, erklangen ihre Ah's und Oh's, und ein allgemeines Erstaunen erhob sich. De la Mettrie überbot sich förmlich mit seinen begeisterten Ausrufen. »Vorzüglich!« schrie er. »Hier kann man aufs beste tafeln.« Algarotti, der Venezianer, widersprach ihm. »Zu ernst und zu schwer, zu gemessen, wenn man's recht bedenkt. Ein Saal, in dem man speist, muß Heiterkeit verbreiten, muß den Gaumen anregen. Man sieht auf die Wände, und schon muß das Wasser im Munde zusammenlaufen.«

De la Mettrie, der den ganzen Morgen gehungert hatte, um an der Tafel des Königs tüchtig einzuhauen, nickte hastig und mußte schlucken, da ihm der Speichel im Munde zusammenfloß.

»Das ist wahr«, antwortete er. »Da habt Ihr recht, zu ernst und zu schwer, zu gemessen, wenn man's recht bedenkt.«

In diesem Augenblick flogen die Türen zum Vorzimmer des Königs auf, und er selbst trat hastig in den Raum. Die Gespräche brachen ab, und die Herren verbeugten sich. »Messieurs«, rief Friedrich, »Wir danken Ihnen, daß Sie Unserer Einladung gefolgt sind. Nehmen wir Platz. Es ist das erstemal, und es wird nicht dabei bleiben.«

In dem allgemeinen Durcheinander, das jetzt entstand, traten einige der Eingeladenen zu dem König und begrüßten ihn mit Handschlag.

Es waren jene, die sich nicht ständig in Potsdam befanden. Unterdessen trugen die Lakaien Champagner herein, und man trank im Stehen, wobei der Marquis d'Argens den Wunsch aussprach, daß in dem Raum, in dem sie sich nun befänden, und im ganzen Schloß Sanssouci die Heiterkeit und Lebenslust für immer zu Hause sein möge.

Man setzte sich. Der Freiherr de la Motte-Fouqué, der neben dem General Stille saß, wandte sich an ihn und fragte flüsternd: »Wo ist denn unser Bernini, warum sitzt er nicht bei der Tafel? Wir sind die einzigen von Rheinsberg.«

Stille sah sich um, rückte seine Schläfenlocken zurecht, setzte eine geheimnisvolle Miene auf und flüsterte zurück: »Es muß ein Streit sein zwischen dem König und Knobelsdorff. Man munkelt, daß er in Ungnade gefallen ist.«

Der Geheimkämmerer Fredersdorf sah mit scharfem Blick über den Tisch auf Fouqué und Stille. Er hatte wohl irgend etwas aufgeschnappt. Zu gleicher Zeit aber hatte auch der Generalmajor von Zieten, der neben Stille saß, den Namen Knobelsdorffs vernommen, und schon gewann seine Idee an Gestalt. Er wandte sich an Stille und fragte laut und vernehmlich: »Kommt Herr von Knobelsdorff nicht zur Tafel?« Fredersdorf warf einen erschrockenen Blick auf den König und während sich nun Stimmen erhoben, die sich nach Knobelsdorff erkundigten, sprach Friedrich um so heftiger mit de la Mettrie. Der König hörte die Fragen, Zieten bekundete allen Ernstes seinen Entschluß, von dem Baumeister des Königs ein Schloß entwerfen zu lassen, und an diesem Punkt unterbrach Friedrich sein Gespräch mit de la Mettrie, zog die Augenbrauen in die Höhe und fragte Zieten, der ihm schräg gegenübersaß: »Ihr wollt bauen, hör ich, wie wär's, mein lieber Zieten, wenn Ihr an Eurem Regiment baut, damit es künftig besser manövriert?« Zieten erstarrte, die Gespräche verstummten. Er saß stocksteif, und in sein Gesicht trat ein Ausdruck, als hätte er soeben eine Ohrfeige erhalten. Endlich stotterte er: »Bei Katholisch-Hennersdorf Sire, ... meine Husaren Sire, ... der Türkensäbel –.« Sein Gesicht, von etwas dümmlichem Aussehen jetzt, lief rot an.

»Ich kann Seinetwegen keinen dritten Feldzug anfangen, und in der Garnison taugt er den Teufel nichts.«

Über der Tafel lag lähmendes Schweigen. Stille wechselte einen bedeutsamen Blick mit Fouqué. Fredersdorf, der einzige, der vielleicht begriff, daß es dem König darum ging, einem Gespräch über Knobelsdorff auszuweichen, verbarg ein befriedigtes Lächeln.

Friedrich spürte, daß er zu weit gegangen war.

»Mein lieber Zieten, ich meine, die Négligence in Eurem Regiment muß dadurch entstehen, daß Ihr Euch um nichts kümmert, und einen jeden machen laßt, was er will.« Er lehnte sich mit freundlich-gewinnendem Lächeln zurück. »Indessen will ich doch hoffen, daß Ihr ins Künftige auf alles besser vigilieren und das Regiment einmal wieder in Ordnung bringen werdet, damit ich ferner Euer wohlaffektionierter König sein kann.«

Das waren die Herren nicht gewohnt. Noch nie war an der Tafel des Königs eine solche Sprache geführt worden. Sticheleien, gewiß, die waren an der Tagesordnung, aber immer mit einem heiteren Unterton und immer verborgen unter einem Wust von Komplimenten. Sie waren pikiert von dem schroffen Ton, der plötzlich aufgekommen war und begriffen durchaus nicht, weshalb der König auf einmal üble Laune zeigte.

Zieten sagte nur: »Sehr wohl, Euer Majestät.« Dann schwieg er, fühlte sich durch die Zurechtweisung tief verletzt und ertrug geduldig den weiteren Verlauf der Tafel.

Langsam kam das Gespräch wieder in Gang. Der König sprach erneut mit de la Mettrie. Ihr Gespräch zog immer stärker die Aufmerksamkeit der Tafelrunde auf sich, und indessen wurde der zweite Gang aufgetragen.

»Hört, la Mettrie«, sagte der König, »Ihr seid ein Arzt und ein gewaltig gelehrter Mann dazu, aber bleibt weg von der Politik, das ist nicht Eure Sache. Seht auf die Tafel. Wir werden jetzt von vielen feinen Ragouts und schönen Frikassees essen. Ihr wißt ja, als ein erfahrener Arzt, was aus den Ragouts in wenigen Stunden wird. Nun sagt uns, wie sich das alles so verwandeln kann und welchen Teil jedes Ragout an der Masse haben wird? Sagt hurtig her, Doktor!«

La Mettrie, mit ernster Miene, antwortete schnell: »Bei Gott, Sire, dieses Gut ist die Politik, mit der wir es zu tun haben, aber, wie Sie sagen, das ist nicht meine Sache, sondern das Ressort der Majestät.«

»Wie? Aus den Ragouts wird Politik? Sie beleidigen die Majestät. Erklären Sie sich endlich!«

»Gut«, sagte de la Mettrie, »weil Euer Majestät es befehlen; so sage ich denn, unsere ganze Maschine ist ein Staat, wohlgeordnet oder übelgeordnet, je nachdem. Zuerst, der Magen ist der König.«

Friedrich unterbrach ihn: »Da seht den Narren an! Warum soll der Magen König sein?«

»Ich bitte um Verzeihung, weil er in des Staates Mitte wohnt und weil er als ein guter König das wenigste für sich braucht, sondern das meiste weiter ausspendet, und wenn er nun dies gehörig tut, und sonst ist, wie er sein soll; so befindet sich der ganze Staat vortrefflich. Die Arme und Füße sind der Militärstand, die verteidigen den Staat, indem sie entweder auf die Feinde schlagen oder sich zurückziehen. Im Gehirn sitzen die Gelehrten und Philosophen, sie beschäftigen sich mit dem Denken und gestalten die Gedanken. Wenn nun seine Majestät der Magen diesen Leuten nichts zukommen läßt und sie nicht recht versorgt, so empfinden sie Schmerzen und sind außerstande zu ihrer Tätigkeit. Im Gekröse sitzen die Handwerker und die Manufakturisten, da wird der Nahrungssaft bereitet, wovon alle Glieder leben.«

»Nun«, unterbrach ihn der König, »und die Därme? Kommt doch zur Sache, Doktor: Was ist jene Masse?«

»Das ist der Schatz des Königs«, sagte la Mettrie und suchte seinen Blick so ernsthaft zu machen, wie es ihm möglich war.

»Nun!« rief der König, »sieht man da nicht den fou fieffé? Sagt doch, Doktor, ob ein Sinn in Eurem Geschwätz ist?«

»O ja«, rief de la Mettrie, »und ein sehr richtiger Sinn! Der Schatz ist der Überschuß dessen, wovon sich alle Bürger des Staates genährt haben. Ist die Verdauung nicht gut geschehen, zirkulieren die Säfte nicht so, wie sie sollen; so wird kein Teil gehörig ernähret: alsdann kommt entweder nicht genug in den Schatz, das heißt, es ist nichts als Wind; oder es kommt zuviel zu demselben, was die arbeitende Klasse im Gekröse hätte haben sollen, das heißt, wir haben den schönsten Durchfall, und die Folge ist eine allgemeine Erschöpfung. Endlich der Schatz wird angewendet, um die fruchttragenden Felder zu düngen, damit eine wohltätige Ernte entstehen möge, von welcher der Magen und sein ganzer Staat weiterleben kann.«

Die Unterhaltung schien den König abzulenken und seine Laune zu verbessern. Er lachte aus vollem Halse. Aber in Wahrheit dachte er dennoch an Knobelsdorff, und es kam ihm vor, als säße sein Baumeister unsichtbar mit an der Tafel, alles von sich abweisend, drohend und in rücksichtsloser Härte.

Der General Stille schließlich begann von Sanssouci zu sprechen. Er wußte, daß es entgegen aller Vernunft war, auf den Baumeister anzuspielen, und doch sagte er nur ein paar Worte, mit denen er die entstehende Kolonnade lobte und den Marmorsaal hervorhob. Jeder wußte, daß beides Knobelsdorff zu verdanken war. Maupertuis versuchte abzuschwächen, aber er wurde, bevor er den ersten Satz herausbrachte, vom König unterbrochen. »Was macht Ihre Menagerie, mein Lieber, wie fühlen sich Ihre Affen und Papageien?«

Maupertuis warf sich in die Brust und begann ausführlich seine Kreuzungsversuche zu beschreiben, doch der König, der erreicht hatte, was er wollte, begann plötzlich jegliches Interesse zu verlieren und wandte sich einem anderen Gegenstand zu. Aber dazwischen hörte er Gesprächsfetzen von Stille und Fouqué, die von dem Gegensatz zwischen der Stadt und dem Schlosse Sanssouci sprachen. Und Friedrich nahm sich vor, noch in der kommenden Woche Knobelsdorff zu rufen, um mit ihm die Verschönerung der Stadt zu besprechen.

Am 7. Mai, nach der Mittagstafel, kam Knobelsdorff nach Potsdam ins Stadtschloß. Der König erwartete ihn in der Bibliothek. Doch er war nicht allein. Algarotti war bei ihm, und beide standen, gebeugt über Zeichnungen, an einem der Schreibtische aus Zedernholz. Durch die Fenster rechter Hand fielen in breiten Streifen die Sonnenstrahlen, und die Dreiecke auf dem Fußboden glänzten gelblichweiß. Im Alkoven sah Knobelsdorff das französische Bett, und davor, rechts und links, die massiv-silberne Balustrade mit den Putten. Daß Friedrich ihn in der Bibliothek sprechen wollte, war schon von Bedeutung. Bibliothek und Alkoven hatten etwas Intimes, die Räume strahlten Wärme und Vertraulichkeit aus. Es war, als wolle der König sagen: Mein lieber Freund, wir sind ganz privat, ich öffne dir Herz und Seele, und wir sprechen miteinander, als wären wir Brüder. Und so kam es. Die geöffneten ausgebreiteten Hände, mit denen er auf ihn zueilte, der zutiefst freudige Ausdruck seines Gesichts vor dem Hintergrund der blauen Atlastapete mit ihrem silbernen Tressenmuster, all das waren Dinge, die Knobelsdorff zu überwältigen drohten. Und daneben der strahlende Venezianer Algarotti, der schöne Italiener und intime Freund des Königs, gegen den Knobelsdorff nichts hatte, der ihm nur gleichgültig war. Aber was er seit langem ahnte, wurde jetzt zur Gewißheit. Der Italiener hatte dem König Kupferstiche beschafft, die Bauwerke in Rom, Vicenza und Verona darstellten. Hier lagen sie, auf den Schreibtischen und Sesseln, und schon ließ der König die Katze aus dem Sack. Er deutete auf die verschiedenen Stiche und erläuterte seine Absichten. Rom und Verona sollen nach Potsdam versetzt werden. Ein Portal nach Fugas Sa. Maria Maggiore, Palazzo Pompei in Verona, das Haus Bramantes und der Palast Barberina in Rom sowie eine Unzahl verschiedener anderer Stiche wurden Knobelsdorff vor die Augen gehalten. Ebenso wolle er sie, sagte der König, in Potsdam aufgebaut wissen, damit die Residenz eine Schule der Architektur werde. Knobelsdorff schwieg und sah auf die Zeichnung mit dem Portal Sa. Maria Maggiore in Rom, das an die Stadtkirche angefügt werden sollte.

Ein schlechtes und miserables Portal, dachte er, völlig überladen, das Auge wird von den vielen ineinanderlaufenden Gegenständen ermüdet.

Unten ionisch und oben korinthisch. Säulen, Pilaster, Basreliefs, Balustraden und Figuren. Dies alles sah er. Und dann noch die Schnörkel, das Laub- und Muschelwerk. Er blickte wie abwesend durch das Fenster der Bibliothek auf die

Stadtkirche. Sie war zweistöckig, einfach und schlicht. Ebenso der Turm. Wo er jetzt hinsieht, stünde das viel zu große Portal mit der erdrückenden Schnörkelei, alles verschlingend hinter sich.

»Nun, was denkt Ihr, mein Freund, wir machen aus Potsdam eine Stadt des Südens.«

»Sire«, sagte Knobelsdorff, »man kann nicht ohne weiteres Italien in den Norden verpflanzen.«

»Warum nicht, Monsieur?« rief Algarotti, »das Schöne bleibt auch in Preußen schön.«

»Monsieur, die preußische Schönheit muß eine andere sein, sie muß die Landschaft reflektieren und den Charakter ihrer Bewohner, es muß eine Architektur des Nordens sein.«

Der König lächelte und sagte fast bittend: »Aber mein lieber Knobelsdorff, er hat recht, Schönheit bleibt Schönheit. Was wollen Sie, es ist alles da«, er wies auf die Zeichnungen, »Sie brauchen nur zu bauen, ich stelle Ihnen alles zur Verfügung.«

»Sire, ich bin kein Maurer aus Holland, dem es genügt, nachzuahmen. Ich will nicht nachahmen, sondern neu schaffen.«

Sie redeten erbittert hin und her. Ein Wort gab das andere, und Knobelsdorff stellte mit Entsetzen fest, daß der König nicht verstand oder nicht verstehen wollte, was ihm, Knobelsdorff, vorschwebte. Fünfzehn Jahre war er der Lehrer gewesen, und am Ende stand die Erkenntnis, daß es nichts genutzt hatte.

Schließlich, nachdem es feststand, daß Knobelsdorffs Bedenken nicht beiseite geräumt werden konnten, wurde des Königs Gesicht verschlossen und ärgerlich, während Algarotti noch immer zu vermitteln suchte.

Friedrich fuhr endlich mit einem Ruck aus dem Sessel und fragte: »Was wollt Ihr eigentlich, mein Lieber, warum sperrt Ihr Euch so?«

Und jetzt hielt es Knobelsdorff nicht mehr aus. Ihm lag schon lange eine Frage auf den Lippen.

»Ew. Majestät ist freundlich zu mir und empfängt mich mit offenen Armen. Majestät haben aber zu gleicher Zeit mein

Gutachten, was die Jerusalemer Kirche betrifft, verworfen und dem gestrengen Kirchenrat mitteilen lassen, daß sie einen guten Zimmermann konsultieren und dessen Rat befolgen sollen. Erlauben Sie mir, Sire, dies als unverständlich zu bezeichnen.«

Der König ließ sich in den Sessel sinken und starrte auf Knobelsdorff, als glaube er, in ihm einen Barbaren zu erblicken. Grobsack Knobelsdorff. Da stand er und wurde insolent. Nicht genug, daß er grob war, jetzt wurde er auch noch insolent. Und Algarotti stand dabei und sperrte das Maul auf.

Der König erhob sich hastig. »Es macht Euch wohl Vergnügen, mich zu kritisieren, wie?« Knobelsdorff wollte etwas erwidern, doch Friedrich hob die Hand und schrie: »Nur hurtig weiter so, wenn es Euch Vergnügen macht. Glaubt Ihr«, er schrie noch lauter, und sein Gesicht überzog sich mit dem Ausdruck der Wut und des Ärgers, »glaubt Ihr, Euer König versteht nichts von der Architektur?« Er fiel in den Sessel, sein Gesicht war blaß und abgespannt, und er atmete schwer. Knobelsdorff verbeugte sich schweigend. Während eines kurzen Augenblicks dachte er, daß ein König, der alles von Architektur versteht, keinen Baumeister mehr braucht. Er ging rückwärts zur Tür, verbeugte sich noch einmal und verließ eilig das Schloß.

## Ich bin der Johann Sebastian Bach

Die Räder der Kutsche wälzten sich endlich durch märkischen Sand. Sie waren hinter Beelitz, er sah die kümmerlichen Kiefernwälder und wußte, sie würden gegen Abend in Potsdam eintreffen. Nun ja, er freut sich auf den Emanuel. Er wird sehen, was aus ihm geworden ist und wie sein Weib ausschaut und wie der kleine Enkel vor Vergnügen kräht, wenn er ihn, den Großvater sieht. Freilich freut man sich, aber immer bleibt ein wenig Ärgernis und Mißvergnügen, wenn man an sein stilles Haus denkt, an die Noten und ans

Clavichord, das nun verdeckt steht und auf ihn wartet. Und die stille Behäbigkeit des Alters, die Ruhe und Zurückgezogenheit, in der man lebt mit seiner Musik, die nicht einmal um ihn, sondern in ihm ist. Wie soll man sich da leichten Herzens aufraffen und die vielen Meilen guten Mutes hinter sich bringen, wie soll man sich da nicht zurücksehnen ans Instrument, zurück zu den Büchern und Notenheften, die ihn umgeben. Und Anna-Magdalena, die still und lächelnd an ihm vorübergeht, während er einer Melodie nachspürt, die irgendwo im Innern sitzt und leis ertönt, bis sie figuriert und herausströmt wie eine Quelle aus dem Berg, sie wird sich Sorgen machen um ihn.

Was willst du in deinem Alter in Potsdam und in Berlin, sagt sie. Bleib im Land und nähr dich redlich, sagt sie. Der Emanuel kann nach Leipzig kommen. Friedrich wird ihm schon Urlaub geben. Er muß nicht jeden Tag Musik machen, der Preuße in Potsdam.

Und ich sage, der Friedrich will mich sehen und hören, das hat Emanuel geschrieben.

Der Friedrich, wenn er Wert drauf legt, soll nach Leipzig kommen. Im Krieg, als er hier war mit seinen Grenadieren, da hat er nicht an dich gedacht, der Filou.

Wenn ein König im Krieg ist, wie kann er da an Musik denken. Man sagt, er hat immer seine Flöte dabeigehabt. Nun, da hat er eine schöne Musik komponiert. Wenn die Musketen und Kanonen lärmten. Was kann da wohl für eine Musik in dem Mann gewesen sein, wenn seine Soldaten auf die Knie gestürzt und umgefallen sind, wenn man nur Feuer und Dampf gesehen und wenn man nur die Schreie gehört hat.

Sagt sie, die Anna-Magdalena.

Da hat's auch Musik, sag ich. Wenn ich mittendrin wäre, würd ich nur hören und sehen. Und dann wär's im Hirn. Und ich würde immerzu an unseren lieben Herrgott denken. An den Herrgott und an die stürzenden Leiber und da wär schon Musik. Es ist alles unter diesem Himmel über uns, Anna-Magdalena. Alles ist unter diesem Himmel. So wie die Vögel. Wie ein Vogel fliegt, so kann man auch eine Musik machen. Oder wie die Leiber stürzen im Krieg, und wie unser Herrgott mit dabei ist. Denn er ist ja bei allem dabei.

Wie kann bei dem Blut, das vor zwei Jahren noch geflossen ist, sagt sie, und bei all dem Sterben, und bei all dem Plündern, unser lieber Herrgott dabeigewesen sein?

Ach, Anna-Magdalena, daß du's nicht verstehst. Dieser Krieg und all die Kriege vorher und alle, die noch kommen, sind ein Stück von Gott.

Sind wohl eher ein Stück von dem Friedrich, sagt sie.

Nein, Anna-Magdalena, Gott ist nicht der Gott, von dem ein jeder spricht.

Aber jetzt fährt er, schon den dritten Tag fährt er, und es ist Mai. Auch in Preußen ist es Mai. Viel lieber wär er in die andere Richtung gefahren. Das wär schön. Nach Weimar, nach Eisenach, nach Erfurt oder Arnstadt. Ja, nach Arnstadt, die Bache besuchen. Das wär ein Fest. Dort ist's anders als hier. Sand und staubtrockne Kiefern. Die reine Mühsal. Aber Arnstadt. Oho. Die Eichen und Buchen am Berg oben. Die Wiesen im Geratal. Alles fett und prächtig und schön beieinander. Da träfen sie sich dutzendweis, die Bachschen Familien. Auf dem Riedplatz am großen Brunnen unter den Linden. Da wird der Dreispitz und das Rohr geschwenkt, Hörner und Fagotts und Violen auf dem Buckel. Da gibt's ein Händeschütteln von achtbaren Leuten, alles Bache, die mit Stolz ihren Schmerbauch zeigen. Die honetten Bache treffen sich, sagen die Arnstädter. Und dann, wie sich's gehört, in die Güldene Henne zum Frühstück. Ein löbliches Haus, die Henne. Jetzt macht's dem Hennenwirt sein Sohn, auch ein Maempel, gut, daß die Familie nicht ausstirbt. In dem Wirtshaus hat er der ersten Bachin den ersten Schmatz gegeben, hinten im Garten, unterm Kirschbaum. Schön war's. Aber jetzt käm er, und er ist der alte Bach. Damals war er noch ein grüner Junge, saß vor der Orgel in der Neuen Kirche, und die Arnstädter sperrten ihre Mäuler auf. Wenn er jetzt käm, der berühmte Bach, was sagt denn da der Rat, der hochweise.

Ach, er ist nicht in der Güldenen Henne, er sitzt nicht vor der Orgel, er sitzt in der Brandenburgisch-Preußischen Post, in der ordinären, und fährt nach Potsdam zu Emanuel. Und ihm gegenüber sitzt der Bengel, der Friedemann, den er in Halle hat zusteigen lassen. Er schläft, ein Mann schon und immer noch ein Bengel. Er hat seine amourösen Abenteuer in Halle. Nun schläft er, nun ruht er sich aus von den Abenteuern. Was hat er da für einen Sohn gezeugt? Säuft wie ein Loch. Ist noch stolz dazu. Meint, er kann alles. Er kann was, freilich, er könnte was. Wenn er nicht soviel saufen und huren würde. Mit gemeinen Weibsleuten gibt er sich ab. Und kann seine Gedanken nicht beieinander halten. Aber nun er an der Marienkirche ist, wird er sich bessern. Er hat's ihm versprochen. Wenn er's nicht vergißt nach drei Tagen. Es ist schon ein Kreuz mit den Kindern. Da denkt man manchmal, es geht bergab mit der Bachschen Zunft. Geht's wirklich bergab? Ist das Wasser ausgegossen aus dem Riesenfaß der Bache? Doch wohl nicht. Es wird schon einer kommen nach ihm. Der Friedemann hätt das Zeug. Jetzt ist er siebenunddreißig. Freilich, als er siebenunddreißig war, da hat er schon gedacht, er hätte alles geschafft, was er mit siebzehn sich vorgenommen. Aber dann kam immer noch was. Je mehr man weiß, um so mehr kommt. Seltsam, wie alles aus ihm herausfließt. Wie ein Brunnen, der läuft und läuft. Da denkt man, daß eines Tages der Brunnen austrocknet, aber es kommt immer noch was. Jetzt denkt er schon an den Tod, aber noch immer sitzt etwas im Hirn. Und das ist größer als alles andere, was bisher war. Er spürt schon, wie sich's aufbaut, da drinnen. Er ahnt schon, was es sein kann. Es wird ein Dom sein mit einem Riesenfundament. Und da wird er dann auftürmen, was nur draufgeht. Aber doch voller Maß und Schönheit. Und streng muß sie sein, die Musik, die er ganz zuletzt, bevor er stirbt, schreiben wird. Und voller Rätsel für die anderen. Sie wird sein, wie er sich Gott und die Welt ausgedacht hat. Die Fuge aller Fugen wird's sein. Manchmal kommt sie stückweis schon hervorgekrochen. Da scheucht er sie wieder zurück ins Hirn, versteckt sie irgendwo und wartet auf das andere. Er muß sie erst mal ganz überschauen. Wenn er sie überschaut hat, holt er die Stücke aus den verborgenen Kammern. Und dann wird's aufeinandergetürmt wie ein Turm, der bis zum lieben Gott reicht. Er muß zu Hause sitzen in Ruhe und Obhut und mit Anna-Magdalena in der Nähe. Sonst kann er den Dom nicht bauen.

Aber nun fährt er zum Emanuel. Er will ja nicht nur die Frau und den Jungen sehen. Er will ihm ins Gewissen reden. Was will er mit seiner eleganten Musik? Ein Meister darf dem Publikum nicht gefällig sein. Er muß nur auf die Melodie hören, die in seinem Innern ist. Sonst ist er kein Meister. Die Bache sind keine Bierfiedler. Da kann er auch Stadtpfeifer machen. Ein Musikus, der aufs Publikum hört, ist kein Meister. Er soll sich gefälligst anstrengen und originelle Stücke komponieren. Na, mit dem Alter werden sie vielleicht klug, die Herren Söhne von seiner ersten Bachin. Er wird sehen, wie sich der Emanuel gemacht hat.

Jetzt geht's an einem Wasser lang. Da wird Potsdam nicht weit sein. Schilf und Binsen sind schon grün. Und die Sonne liegt im Wasser, das blanke Silber. Wasser ist schön. Es ist der reine Frieden. Als er in Lübeck war, da stürzte das Wasser auf einen zu, es wölbte sich wie ein Berg.

Der alte Buxtehude mit seinen Weibsleuten, der wohlbestallte Organist an St. Marien.

Jetzt die Brücke. Hier fuhr er auch schon drüber, vor sechs Jahren, Anno 41, da war der Emanuel grad angestellt von Friedrich. Da kommt die Insel schon mit der Stadt Potsdam.

Buxtehude, der vornehme Meister im blausamtenen Staatshabit. Oh, wie er saß vor der Hauptorgel von St. Marien, wie er gebaut am Fundament und die Pfeiler draufsetzte, daß alles dröhnte. Und der Balkentreter, wie er sich abmühte und trat und trat, daß ihm die Schweißtropfen perlten. Ja, der Meister Buxtehude, das war schon einer, der was konnte. Aber die Weiber, nein, wie die prächtig daherkamen mit rauschenden Schleppen, spitzigen Gesichtern und dürren Gliedern. Wollten ihn umgarnen. Er aber war schnell weggesprungen. Recht hat er getan vor vierzig Jahren, hat ja die Bachin in Arnstadt gehabt, hat sie schon geküßt unterm Kirschbaum.

Jetzt fährt er ein in Potsdam. Die Häuser sind ohne Seele. Sie stehen wie Friedrichs Grenadiere. Da fährt er also nicht nur zu Emanuel. Er fährt auch zum König. Wohin fährt er eigentlich? Es ist das erste Mal, daß er den Friedrich sieht. Es kitzelt ihm doch an der Ehre, daß man ihn ruft. Er braucht's nicht auf sein Alter. Wie ist das mit der Obrigkeit? Wie steht er zur Obrigkeit? Er hat immer mit ihr gerauft. In Arnstadt hat er gerauft, in Weimar hat man ihn eingesperrt, und in Leipzig hat er auch gerauft. Keiner versteht was. Sie glotzen wie die Kühe, wenn sie aus dem Stall kommen und die Sonne scheint. Der Herr Superintendent ist eine Kuh. Der Organist Bach, der Malefikant, verhöhnt die Obrigkeit. Citation vors hohe Konsistorium. Und der Kanzleischreiber glotzt auch und hält den Gänsekiel wie ein Pistol. In Leipzig desgleichen. Der Kantor tut nichts. Er muß aber seine Stunden ordentlich halten und die Instruktion beachten. Man soll dem Bach seine Finanzen kürzen. Freilich, er hat ja unterdes die Matthäuspassion gemacht und Kantaten in stattlicher Anzahl, aber das kümmert die Herren nicht. Bis er an Friedrich Augusto schreibt, Allerdurchlauchtigster, großmächtiger Fürst und Herr König in Sachsen. König von Polen. Zehn Zeilen mit Titel und am Ende alleruntertänigst-gehorsamster Diener. Nun ja, was macht man nicht alles in seiner Bedrängnis. Friedemann, der Bengel, sagt, wir hängen alle an der Obrigkeit wie die Ziegen an der Raufe. Und noch nicht mal mit einem goldenen Strick. Wenn wir nur hübsch unsere Melodei meckern. Sieh den Herrn Bruder an, Herr Vater, den Emanuel, deinen wohlgeratenen Sohn. Steht nun schon neun Jahre an Friedrichs Krippe und hat noch immer keine Zulage. Kapellbedienter. Cembalist. An der Raufe wird er wohl noch ohne Zulage ins Grab sinken.

Jetzt rührt er sich. Jetzt ist er aufgewacht, der Senior der Söhne, ja, es ist Potsdam. Wir sind da. Hat er seinen Rausch ausgeschlafen? Was will er denn? Frei sein, wie ein Vogel in der Luft. Auch ein Vogel kann nicht immer fliegen. Da wär man also. Im »König von England« ist's passabel. Man wird absteigen und zwei Zimmer nehmen. Die Knochen sind steif und müd. Wie schön wär's jetzt zu Haus bei Magdalena, wenn's im Topf brutzelt und aus der Küche herzieht, daß man schnuppern muß. Da kommen die besten Gedanken und Musiken. In der Stube dämmert's schon. Die Kinder nebenan. Da ist alles hübsch beisammen und in der Ordnung. Ja, zu Hause ist zu Hause. Jetzt kommt der Wirt schon aus der Tür mitsamt dem Hausknecht. Ja, Herr Wirt, es gibt was zu verdienen. Ich bin der Johann Sebastian Bach, Thomaskantor aus Leipzig, und das, Herr Wirt, ist mein Sohn Wilhelm Friedemann, Organist an St. Marien in Halle. Geb Er uns zwei schöne Zimmer, und schick Er Wasser hoch, daß man den preußischen Staub abwaschen kann. Und zwei Viertel Werderschen Wein. Unsere Kehlen sind ausgedörrt wie zwei Schläuche, die man in Sonne und Wind gehängt hat.

In dem kleinen Konzertsaal des Schlosses zu Potsdam hockten schon die Schatten in den Winkeln und Ecken. In beiden Kaminen brannten kleine Feuer. Es durfte nicht prasseln oder lodern. Der König meinte, es störe die Musik. Die Musiker waren versammelt. Benda stimmte seine Geige. Emanuel Bach saß am Fortepiano, schlug hin und wieder eine Taste an und horchte auf den Ton. Die Kavaliere standen umher und sprachen miteinander. Der König kam aus dem kleinen Kabinett, eilig, als warteten dringende Geschäfte, vergrämten Gesichts wegen des Ärgers am Nachmittag und weil ihm der Schlagfluß vom Februar noch in den Gliedern saß. Die Kapellisten erhoben und verbeugten sich, die Kavaliere desgleichen. Es war nur eine kleine Gesellschaft. Friedrich trug einen Rock nach der neuesten Pariser Mode. Er trat zu Graun und besprach mit ihm das Repertoire. Sie entschieden sich für Telemann. Die Musiker blätterten in ihren Noten, ein Kammerlakai überreichte dem König die Flöte. Es war alles, wie an den vielen Abenden vorher. Noch murmelte man, noch räusperten sich die Kavaliere. Der Oboist flüsterte dem Violaspieler zu, daß ihm Telemann schon zum Halse heraushänge. Der Alte – er meinte den König – solle lieber seine Pferde wiehern lassen. Der Violaspieler, ebenso ein gebürtiger

Böhme wie Konzertmeister Benda, bekam einen Hustenanfall, während Friedrich, die Flöte mit einem weichen Lappen reibend, ihn mißbilligend ansah. In diesem Augenblick öffnete sich die Flügeltür. Ein Offizier der Schloßwache trat ein und schritt, ein silbernes Tablett tragend, auf den König zu. Auf dem Tablett lag der Rapport, der die angekommenen Fremden anzeigte. Friedrich beugte sich darüber und las die Namen. Er schrak zusammen, legte die Flöte beiseite, nahm den Rapport, hielt ihn nahe an die Augen und las noch einmal. Schließlich richtete er sich auf, wendete sich zur Kapelle und sagte erstaunt und mit lauter Stimme: »Alle Wetter, Messieurs, ich habe eine delikate Zeitung. Der alte Bach ist in der Stadt.« Die Musikanten erstarrten, Emanuel verbarg ein freudiges Lächeln hinter Bendas Schulter.

»Warum hat Er nichts gesagt, Herr Cembalist Bach. Er ist doch der Sohn.«

Emanuel Bach trat hinter Benda vor und sagte mit ernstem Gesicht: »Mit Verlaub, Ew. Majestät. Ich habe es nicht gewußt.«

Der König wandte sich an den Offizier. »Er holt mir auf der Stelle den alten Bach. Ich lasse ihn bitten, mich unverzüglich aufzusuchen. Es pressiert.«

Der Offizier machte kehrt und verschwand durch die Flügeltür. Man hörte, wie er sich hinter der Tür in Bewegung setzte. Die Sporen klirrten immer rascher durch den Gang, bis sich ihr Klang auf der Treppe verlor. Im Konzertsaal war es ruhig. Die Gespräche waren verstummt. Nur der König lief voller Unruhe auf und ab. Vor Graun blieb er ruckartig stehen. »Haben wir die Bachschen Noten, Graun? Nicht? Was steht Ihr dann und gafft? Holt sie! Hurtig, es pressiert.«

Wieder ging er auf und ab, blieb ebenso plötzlich vor dem Kammerlakai stehen und sagte: »Es soll Wein gebracht werden.« Er wandte sich an Emanuel Bach. »Was trinkt der Herr Vater?«

»Ew. Majestät, ich habe ihn nur Naumburger trinken sehen.«

»Der Teufel auch, das schmerzt mich zu hören, da muß ja ein Mensch zugrunde gehen. Der Naumburger ist noch saurer als der Rheinwein, und der zieht schon den Hals zusammen.« Die Kavaliere brachen in Gelächter aus.

Friedrich wandte sich erneut an den Kammerlakai. »Der Bordeaux, der Bergerac, soll gebracht werden.«

Und zur Gesellschaft gewendet sagte er, indem er sich in die Brust warf: »Das ist mir der alte Bach wert.«

Der Offizier stakte unterdessen mit schnellem Schritt über den Alten Markt zum »König von England«. Unterwegs zerbrach er sich den Kopf, wer wohl dieser Bach sein könnte. Wenn es der Vater von dem Kapellisten Bach war, dann war's ein Bürgerlicher. Warum geriet der König in Erregung, als er den Namen las? Der Offizier, ein Graf von Schlieben, er diente seit zwanzig Jahren in der Armee und war ein vorbildlicher Soldat und Offizier, warf noch einmal einen schnellen Blick auf die Liste. Kantor Bach. Johann Sebastian. Ein Prediger und Balkentreter also, so einen soll er holen. Der Offizier schnaufte und trat durch die Tür des Gasthauses. Er kannte den Wirt. Nach dem Dienst hockte er oft mit anderen Offizieren im Schankraum. Sie spielten Tarock, tranken Werderschen Wein und manchmal auch etwas Besseres, und sie machten hin und wieder erkleckliche Zechen. Im Augenblick stand er mit acht oder neun Talern in der Kreide. Aber das besagte nichts. Der Wirt empfing ihn dennoch mit offenen Armen.

»Maître Johannes«, begann Graf Schlieben und entfaltete wichtigtuerisch den Rapport. »Er hat da einen Monsieur Bach bei sich. Hol Er ihn runter. Er soll sofort zu Seiner Majestät. Es pressiert.«

»Er ist eben erst abgestiegen, Euer Wohlgeboren. Ich geb ihm sofort Bescheid.«

Der Wirt verbeugte sich, warf sich in die Brust, da er nun der Überbringer einer wichtigen Einladung war und begab sich eilig in den ersten Stock. Er klopfte an, aber im Zimmer Bachs befands sich nur Friedemann.

»Euer Herr Vater wird dringend zum König aufs Schloß gebeten. Ein Offizier wartet unten.«

Friedemann, der sich eben waschen und umziehen wollte, schloß die Augen und stöhnte: »Jetzt geht's los.« Dann sah er dem Gastwirt ins Gesicht und sagte ärgerlich: »Kann der König nicht warten, bis sich mein Vater umgezogen hat?«

Meister Johannes war verwirrt. »Ich weiß nicht, Monsieur Bach. Es pressiert, sagt der Offizier. Es ist der Graf Schlieben.«

»Ob Graf oder Grenadier. Mein Vater ist ein alter Mann, der seine Ruhe braucht. Er war drei Tage unterwegs. Jetzt sitzt er auf dem Abtritt und hat ein Geschäft.«

»Um Gottes willen, Monsieur. Wenn der König etwas verlangt, muß es auf der Stelle befolgt werden. Ich kenn mich aus in solchen Dingen.«

»Nun gut, geht runter und sagt dem Grafen, es dauert einen Augenblick. Ich will sehen, wie lange es dauert.«

Der Wirt ging, und Friedemann lief durch einen langen Gang bis an dessen Ende. Er klopfte sachte an eine Tür. »Herr Vater?«

»Was inkommodiert Er mich?« erscholl es dumpf aus dem Verlies.

»Ein Offizier wartet, Sie sollen sofort zum König, es pressiert.«

»Steht er bei Euch?«

»Er ist unten beim Wirt.«

»Das ist unerträglich. Macht man sich in Halle auf den Weg, hört der Preuße in Potsdam schon die Räder rollen. In diesem barbarischen Land ist man keinen Augenblick für sich. Sagt ihm, er soll warten!«

Friedemann entfernte sich.

Eine favorable Station. Kaum hat er sich gesetzt, schon scheucht ihn einer hoch. Wenn's sein muß, ohne Hosen. Wenn der König mich so schnell zitiert, kann er auch Spesen zahlen. Er hat dreißig Groschen von Leipzig nach Halle gezahlt! Daraufhin hat er für zwei gezahlt von Halle nach Potsdam. Das waren knapp acht Taler. Summa zehn Taler, wenn man draufschlägt. Friedemann, der Filou, hat kein Geld. Überdies kann er ein Präsent ausgeben und die Zehrkosten bezahlen.

Wenn er mich zitiert, kann er auch zahlen. Wenn es ein kennender Fürst ist und die Musik liebet, wenn er also nicht amusa ist, wie man sagt, kann er hundert Taler Gratifikation geben.

Das Papier im »Englischen König« ist so wie Pergament. Nicht ergötzlich. Dem Wirt gehört der Star gestochen, daß er solch Reibezeug auf die Örter legt.

Dieser Flur, nein, ein so langer Flur. Es schallt ordentlich, wenn man hindurch geht. Wenn eine Kapelle wär am Ende, ging die Musik gleich wie durch einen Schlauch. Und vorn wär sie gleich wie hinten. Jetzo ist der Staatsrock nicht gebügelt. Der Reiserock voll Staub. Die Perücke voll Staub. Sakrament. Aber die Hände muß er sich waschen. Seine Majestät hat sich mit Rosenwasser besprengt. Nun herab zu dem Monsieur Offizier, wenn's pressiert.

Als Knobelsdorff, der vom Stadtschloß aus seinen Freund Karl Wilhelm von Kleist besucht hatte, in das Gasthaus »Zum König von England« trat und den Graf Schlieben mit dem Wirt und einem Fremden in Reisekleidung vor dem Schanktisch stehen sah, schritt er auf Schlieben zu, deutete eine Verbeugung an und gab ihm die Hand. Der Offizier stellte vor:

»Monsieur Bach aus Halle, der Sohn des berühmten Kantors Bach.«

»Aha«, meinte Knobelsdorff und gab ihm die Hand, worauf Friedemann Bach sich verbeugte. »Da ist Er ein Bruder des Cembalisten Bach?«

»So ist es, Euer Wohlgeboren.«

»Das freut mich. Euer Herr Vater ist ein berühmter Virtuos. Meine Hochachtung.«

»Meinerseits die Hochachtung, Euer Wohlgeboren. Sie haben die Oper gebaut.«

»Das ist nicht der Rede wert. Macht keine Umstände, Monsieur Bach. Wie geht es Euerm Herrn Vater?«

»Da kommt er gerade, Euer Wohlgeboren.« Friedemann machte eine Handbewegung.

---

Knobelsdorff sah Johann Sebastian Bach die Treppe herabsteigen. Es war ein großer, stämmiger, beleibter Mann. Er trug einen Reisemantel und eine Allongeperücke. Knobelsdorff sah ein herbes, von Linien zerfurchtes Gesicht, fest zusammengepreßte Lippen, zusammengekniffene Augen, eine massive Nase und ein vorgeschobenes Kinn, das dem ganzen Mann etwas Trotziges und Unbeugsames gab.

Knobelsdorff trat einen Schritt vor. Er ist kurzsichtig und er hat Schweres durchgemacht, dachte er. Dann entdeckte er einen Zug der Gutmütigkeit und der Freundlichkeit in den Augen und in der ganzen Erscheinung einen Hang zur Behäbigkeit. Das Gesicht war nicht schön, aber es war ein gutes Gesicht. Es eignet sich zum Porträtieren, dachte der Baumeister. Bach kam heran, und Friedemann stellte vor.

Jetzt ist's schon ein Ziviler und ein Offizier, dachte Bach. Zum ersten Mal wartet ein König auf mich. Warum auch nicht. Aha, das ist der Herr von Knobelsdorff. Die Preußen sind alle Riesen von Statur. Der hat die Oper gebaut. Aber er ist nicht glücklich. Jetzt soll er ein Weinbergschloß gemacht haben. Ein heller Kopf und vom Adel. Honett der Mann und geraderaus. Das gefällt mir. Graf Schlieben bringt mich aufs Schloß. Nun gut. Ohne Militär geht's nicht in Preußen.

Bach wandte sich an Knobelsdorff: »Euer Wohlgeboren, ich schätze mich glücklich, Sie zu sehen. Von Ihrem Opernhaus habe ich viel Lobendes gehört. Ich wollte es gern einmal besuchen.«

»Monsieur Bach, ich stehe Ihnen jederzeit zur Verfügung. Ich werde hier die Nacht verbringen und morgen nach Berlin fahren, lassen Sie mich wissen, wann es Ihnen recht ist, und ich bin dabei.«

Bach bedankte sich und meinte, daß er in zwei oder drei Tagen in der Wohnung des Schwiegervaters seines Sohnes absteigen würde. Es werde sich dann Gelegenheit finden. Dann wandte er sich an den Offizier: »Ich bin bereit, Euer Wohlgeboren.«

Sie verließen das Gasthaus. Der Offizier ging vorneweg, Bach einen halben Schritt hinter ihm. An der Tür wandte er sich jedoch noch einmal um. »Ach, eh ich's vergeß, Herr Wirt, Eure Gäste müssen eine lederne Haut haben, daß sie das Pergament aushalten, was Ihr auf die Örter legen laßt. Habt Ihr nicht etwas Feineres?«

Der Wirt, mit blassem Gesicht: »Ich bin untröstlich, Monsieur Bach. Werde auf der Stelle Abhilfe schaffen. Monsieur sollen keinen Grund zur Klage haben.«

Bach lächelte: »Das ist recht, Monsieur. Es ist nur wegen meiner zarten Haut.« Und damit ging er an dem erstaunten Offizier vorbei durch die Tür. Knobelsdorff verbiß sich ein Lachen und trat mit Friedemann ans Fenster. Draußen gingen die beiden über den Alten Markt. Der Offizier voller Ungeduld einen Schritt voraus und Bach dahinter, in Ruhe und Behäbigkeit, fest und sicher auftretend und mit erhobenem Kopf.

Knobelsdorff griff nach einem Stuhl und bedeutete Friedemann, sich gleichfalls niederzulassen. Er winkte dem Wirt und bestellte Wein sowie ein einfaches Abendessen.

»Wenn wir schon unter einem Dach wohnen, können wir auch zusammen sitzen.«

Als er erfuhr, daß die beiden soeben eingetroffen waren und daß gleich darauf der Offizier mit der Einladung des Königs erschien, lachte Knobelsdorff.

»Das sieht ihm ähnlich. Es geht ihm alles nicht schnell genug. Ihr Herr Vater hätte ein paar ruhige Stunden haben müssen.«

Friedemann sah ihn lächelnd an. »Unsereiner«, sagte er ein wenig spöttisch, wie es Knobelsdorff schien, »muß schnell springen, wenn ein König ruft. Ein Künstler, wenn er seine Fortune machen will, muß nach der fürstlichen Pfeife tanzen, Euer Wohlgeboren.«

Knobelsdorff versuchte hinter der Stirn seines Gegenübers zu lesen. Friedemann griff hastig nach dem Glas und stürzte den Wein mit einem Ruck hinunter.

Knobelsdorff mußte an den Nachmittag im Stadtschloß denken. »Ihr habt keine guten Erfahrungen gemacht im Umgang mit Fürsten, Monsieur Bach?«

»Ist es ungehörig, wenn ich frage, ob Sie glücklichere Erfahrungen gemacht haben, Euer Wohlgeboren?«

Knobelsdorff wurde unruhig. War es ein Brausekopf, der junge Bach, war er wirklich so verbittert, oder machte er sich einen Jux aus dieser Unterhaltung?

»Laßt Euer Wohlgeboren beiseite, Monsieur Bach. Wir sind beide Künstler. Ich bin Maler und Architekt. Ich habe meine Erfahrungen und Ihr habt die Euren.«

»Ja, ich komponiere, und Sie bauen Häuser und Schlösser. Aber es gibt einen Unterschied. Was Sie bauen, steht hundert oder zweihundert Jahre. Die Musik meines Herrn Vaters ist so gut wie unbekannt, und man kann sie nicht sehen. Auch meine Musik kann man nicht sehen. Ihre Häuser sieht man.«

Knobelsdorff schwieg.

»Ich weiß, was im Schloß vor sich geht. Der Herr Vater wird auf dem Fortepiano spielen, und der König wird die Gewandheit seiner Finger bewundern. Virtuos, wird er sagen. Das ist rasant, wie Er das macht. Wo hat Er das her, Monsieur Bach? Man bewundert ihn, weil er so behend im Spielen ist. Seine Kompositionen interessieren nicht, obgleich sie den Künstler ausmachen.«

Knobelsdorff schwieg und dachte noch immer an den Nachmittag im Stadtschloß. Friedemann sprach weiter, erregt und unbekümmert. »Daß es mein Herr Vater nicht merkt, man führt ihn vor wie einen Affen aus Indien. Die Herren werden sich die Hälse verrenken. Die Damen werden Rufe der Bewunderung hören lassen. Es ist erniedrigend. Es ist wie auf dem Viehmarkt.«

»Das ist ein Unterschied, Monsieur Bach. In seine Kompositionen kann ihm niemand hineinreden. Ich muß fortwährend ausgefallenen Wünschen Rechnung tragen.«

»Sie irren, Euer Wohlgeboren. Wenn wir nicht dem Zeitgeschmack huldigen, können die Kinder verhungern. Schnörkel muß man machen, dann klimpern auch die Taler im Sack.«

Knobelsdorff lachte. »Das ist wahr. Da habt Ihr recht. Hätte ich genügend Schnörkel gemacht, ginge es mir besser.«

Friedemann verzog das Gesicht, trank hastig von seinem

Wein und winkte dem Wirt. »Natürlich hab ich recht«, brummte er fast beleidigt. Der Wirt stand erwartungsvoll neben dem weißgedeckten Tisch. Sein schwammiges Gesicht schimmerte rötlich, die gekräuselten Haare der Perücke fielen nach vorn, während er den Kopf neigte, um Friedemanns Bestellung entgegenzunehmen.

»Hat Er einen Moseler oder einen Rüdesheimer?«

»Einen sehr guten Rüdesheimer Bergwein, Monsieur Bach.«

»Bring Er ihn.«

Knobelsdorff beobachtete den jungen Bach. Er schien ihm unruhig und von fahrigem Wesen. Es fehlte offenbar auch an feinem Benehmen. Knobelsdorff versuchte in seinen Gesichtszügen zu lesen. Sie waren anders als die seines Vaters. Er hatte nicht das volle, etwas grobe Gesicht. Allerdings sah Knobelsdorff die schmalen, zusammengepreßten Lippen und das vorgeschobene trotzige Kinn des Vaters, aber das Gesicht war schmaler, die Augen waren größer, die Bitternis saß tiefer. Und in den Augen lag ein rätselhafter, unsteter Glanz. Einen Blick vermeinte er hin und wieder zu entdecken, scheu und abwehrend, einen Blick, der manchmal umschlug und Offenheit, Stolz und Spott verriet.

»Ich habe dreizehn Jahre in Dresden zugebracht. Wohlbestallter Organist an der Sophienkirche.« Seine Stimme klang rauh und brüchig. »Intrigen und Mißwirtschaft an einer Residenz sind hanebüchen. Und da hockt man dann, gefesselt an einen Posten, den man haben muß, um nicht zu verhungern, mit Ekel und Widerwillen im Herzen.«

Er schwieg, griff zum Glas und stürzte erneut den ganzen Inhalt hinunter.

»Mit der Obrigkeit darf man sich nicht zu sehr einlassen. Sie zerstört den Menschen. Sie gewöhnt ihn an den Kratzfuß und sorgt dafür, daß er ein krummes Rückgrat bekommt. Zuletzt bewegt er sich auf allen vieren.«

Knobelsdorff sah voller Unruhe, daß Friedemann Bach bereits angetrunken war. Was sollte er ihm entgegnen?

Die Tische rundum waren inzwischen fast vollständig besetzt. Kavaliere mit ihren Damen ließen sich nieder, auch

Offiziere waren dabei. Gerade traten zwei Soldaten ein. Sie schwankten beträchtlich, lärmten und riefen schon an der Tür nach dem Wirt. Der eilte herbei, breitete die Arme aus und rief: »Hier gibt's kein Dünnbier, dies ist ein feines Haus für honette Bürger.« Friedemann Bach wandte sich zum Eingang, sah die Soldaten, lachte und schrie: »Ihr Kerls, was wollt ihr, geht in die Schwemme und sauft euer Dünnbier unter euresgleichen.«

Die Soldaten sahen ein, daß sie sich verirrt hatten und schwankten durch den Ausgang nach draußen. Der Kavalier am Nebentisch sagte laut zu seiner Dame, die einen blaugeblümten Reifrock trug: »Jetzt macht sich der Pöbel schon im ‚König von England' breit.«

Friedemann Bach wandte sich um und starrte dem Kavalier ins Gesicht.

»Hat Er auch was zu sagen?« rief er mit hohnerfüllter Stimme und wollte sich erheben. Auch der Kavalier machte Anstalten, aufzustehen. Die Dame hielt ihn zurück, und gleichzeitig bat Knobelsdorff Friedemann Bach, sich wieder zu setzen. Widerstrebend sank er auf den Stuhl.

»Soldaten sind keine Menschen, sondern Kerls, so ist das bei Friedrich. Und mein wohlgeratener Bruder ist Cembalist bei ihm. Und mein Herr Vater zeigt ihm, was er für ein Virtuos ist, damit der König zwischen den Schlachten etwas Abwechslung hat.« Friedemann Bach stützte den Kopf in die Hände und begann zu grübeln. Der Wirt brachte das Essen.

»Monsieur Bach«, sagte Knobelsdorff, »speist etwas. Es wird Euch guttun.«

Friedemann Bach fuhr hoch, rieb sich die Augen und griff nach dem Besteck. Sie aßen schweigend. Knobelsdorff warf hin und wieder einen Blick auf sein Gegenüber.

»Was meint Ihr tun zu müssen, um den erwähnten Widrigkeiten zu entgehen, Monsieur Bach?« fragte er. Friedemann Bach hob den Kopf und sah mit einem ratlosen Blick zu Knobelsdorff.

»Ich weiß es nicht«, sagte er halblaut und niedergeschlagen. »Manchmal stelle ich mir vor«, sprach er weiter, »ich sei ganz allein und niemandem untertan. Ich sinne darauf, alle Gesellschaft von mir zu werfen. Aber was soll ich allein mit meiner Musik. Ich will für mich sein und weiß doch, daß es nicht geht. Für wen soll ich komponieren, für wen an der Orgel sitzen. Es geht nicht ohne den Menschen. Aber es ist zuviel Dummheit und Niedertracht auf der Welt. Dagegen muß man etwas machen. Nur weiß ich nicht wie.« Er nahm die Serviette, fuhr sich damit über den Mund und griff nach dem Weinglas.

»In dieser Welt lebt man nicht ohne Streit und Haß und Dummheit, Monsieur Bach. Aber wie man geschlagen wird, so muß man zurückschlagen. Am Ende geht man entweder zugrunde, oder man hat gesiegt. Ich verstehe Euch schon, aber Verzweiflung führt zu keinem guten Ende.« Knobelsdorff, der vor zwei Stunden noch völlig verzweifelt war, wunderte sich, als ihm die Worte zum Bewußtsein kamen, die er eben ausgesprochen hatte. Wie man geschlagen wird, so muß man zurückschlagen?

Friedemann Bach schwieg. Dann sagte er halblaut und mit abwesendem Blick: »Nein, es ist nicht Verzweiflung in mir. In mir ist nur Ekel und Traurigkeit. Und daß man zurückschlagen muß, hat uns niemand gelehrt. Liebet eure Feinde, hat man uns gelehrt. Ertragt geduldig die Schmerzen dieser Welt, hat man uns gelehrt. Dort, in der anderen Welt, ist das Paradies, und je größer eure Schmerzen, desto süßer habt ihr es im Paradies.«

Knobelsdorff redete auf ihn ein. Sie tranken noch zwei oder drei Gläser von dem Rüdesheimer. Friedemann Bach wurde, nachdem er eine Zeitlang nüchtern und sachlich gesprochen hatte, wieder trunken und versank zuletzt in dumpfes Brüten. Knobelsdorff und der Wirt brachten ihn auf sein Zimmer. Auch der Baumeister ging zu Bett.

Die vielfältigsten Eindrücke überfielen den Thomaskantor innerhalb von sechs oder sieben kurzen Minuten. Der Weg war nicht weit. Jetzt, als sie aus dem »König von England« traten, sah alles anders aus als während der Ankunft der

Postkutsche. Er spürte den Wind, der sich erhoben hatte und sah, wie er sich in der Bittschriftenlinde verfing und die Äste bog. Die Stadtkirche, eine dunkelschimmernde Masse, erhob sich nicht weit von ihm. Ihr Turm glänzte ein wenig im Abendlicht. Er sah ihn über den Häusern, und er spürte die stille Dämmerung, die auf die Stadt gefallen war. Dann hörte Bach zitternde Glockenschläge von der Garnisonkirche her und die Melodie, die ihnen folgte, und er hörte das fortwährende Summen des Glockenspiels, das zwischen den Stößen des Windes in seine Ohren drang. Schließlich, er schritt immerfort wie abwesend einen halben Schritt hinter dem Offizier, als würde er abgeführt, roch er das Wasser der Havel und vernahm das Rauschen einer Fontäne. Dann war es, als wüchse das Schloß vor ihm in unendliche Höhe, und als fließe es gleicherweise in die Breite, und er fühlte die granitene Schwere der Mauern, die ihn jetzt verschlangen. Aber vorher, in Sekundenschnelle, gewahrte er noch einen Abglanz des Tages auf der glänzenden Kuppel des Schlosses. Und sein Blick fiel für einen Augenblick auf die hohen Helme der Grenadiere. Die Grenadiere traten klirrend ins Gewehr, und er ging mitsamt dem Offizier zwischen ihnen hindurch, er sah ihre starren Augäpfel, die hell und unbeirrt auf die Häuser der Stadt Potsdam gerichtet waren. Von diesem Augenblick an sah er nur noch den grauen schlesischen Marmor, vergoldete Leuchter mit brennenden Kerzen an den Aufgängen, vergoldete Engel, von denen er dachte, sie hätten sich vielleicht verirrt, zerrissene und mit Blut befleckte Fahnen aus den beiden Kriegen oder aus irgendwelchen Schlachten, die in grauer Vorzeit stattgefunden haben mochten, sie standen in einer Reihe wie die Wachen unten vorm Schloß. Bilder hingen an den Wänden der Gänge, und es schien ihm, als wanderten sie mit, die Generäle und die langen Kerls in Weiß und Blau, mit totenblassen Gesichtern und vor einem schweren, verdämmernden Hintergrund. Endlich tauchte ein unförmiger Körper vor ihm auf, der sich dennoch geschmeidig wand und drehte, Monsieur Bach sagte, Pöllnitz sagte, einen großen Stab trug und der ihn und seine Kleidung mit nackten Augen ansah wie ein Ding, oder als sei er ein Rollkutscher. Und der Offizier, der Graf Schlieben, übergab ihn, reichte ihn weiter, wie man ein Paket unversehrt übergibt und weiterreicht.

Auf diesem ganzen Weg, von dem Augenblick an, da er wie angekettet an einen preußischen Offizier mit Namen Schlieben den »König von England« verließ, wuchs in ihm etwas, fühlte er sich in einen Zwiespalt gestürzt, der mit jedem Schritt größer und klaffender wurde. Er spürte das Widersinnige des Augenblicks. Die Stadtkirche, ihr Turm, die Garnisonkirche und das Glockenspiel, die Stöße des Windes und die Linde, deren Äste sich bogen, der Ruch des Wassers und das beständige Rauschen einer Fontäne, das war nichts Fremdes für ihn, das alles war ihm vertraut durch seine Musik und durch die Welt, in der er lebte. Aber in dem Augenblick, als die Wache klirrend ins Gewehr trat, als er das starre Weiß in den Augäpfeln der Grenadiere sah, in dem Augenblick trat ihm der Zwiespalt deutlich vor Augen. Es versank die Welt, in der er lebte, sie floß mit dem Wasser der Havel und trieb mit den Stößen des Windes in unbekannte Fernen, und es war ihm, als kehre sie nie zurück. Er sah nur die stampfenden Stiefel vor sich, die den grauen schlesischen Marmor traten und an denen die Sporen klirrten in entsetzlicher Disharmonie. Und dazu kam der Kitzel in ihm, dieses fortwährende Gefühl, etwas zu sein, auf das ein König wartet, dieser Kitzel, der im letzten Augenblick, bevor Pöllnitz die Flügeltür aufriß, Monsieur Johann Sebastian Bach rief und den Stab auf den ausgelegten, glänzenden Fußboden stieß, bewirkte, daß alles von ihm abfiel, jeder Zweifel, der Kitzel selbst und der Anflug eines Abscheus fielen jäh von ihm ab.

Er war, wie er jetzt in das goldschimmernde Konzertzimmer trat, der Thomaskantor Johann Sebastian Bach aus Leipzig, ein großer, etwas fülliger Herr mit staubigem Reiserock und staubiger Perücke, die er im »König von England« gegen den Bettpfosten geschlagen hatte, damit ihm der Staub nicht aus den Haaren fiel bei der Begrüßung durch den König von Preußen.

Er schritt in den Saal, wie er im »König von England« die

Treppe herabgekommen war, ruhig und bedächtig, mit zusammengekniffenen Augen, da ihn die Kerzen und das Gold an den Wänden blendeten. Auch die Tressen und Silberborten an den Uniformen und Röcken blendeten ihn. Sein Kinn aber war ein wenig weiter nach vorn geschoben und er sah aus wie ein Mann, der irgendwo einen Besuch macht, den es nicht kümmert, wer und wie man ihn ansieht, und der einfach einer Pflicht nachkommt, die er sich selbst auferlegte.

Der König löste sich aus einer Gruppe von Kavalieren und kam eilig, als hätte er wiederum ein wichtiges Geschäft, auf ihn zu. Dabei breitete er die Arme aus und rief seinen Namen in einer Art von Weltschmerz, mit viel Gefühl und mit geschmeidiger Stimme. »Mon grand Maître, endlich ist Er da. Mon cher Monsieur Bach, wie lange haben wir auf diesen Augenblick gewartet.« Wie er so kam, klein und behend, ein bißchen dicklich, ein freudig und zu Tränen gestimmtes Kind fast, dem endlich das langersehnte Geschenk zur Tür hereingebracht wird, wie er so daherkam, hatte der alte Bach das sonderbare Gefühl, daß dieser Mann vor ihm, der älter ausschaute, als er wirklich war, zu allem Möglichen imstande sei. Zu vertrauten Umarmungen und begeistertem Händeschütteln vielleicht, wie konnte man dies vorhersagen im Bruchteil einer Sekunde. Nun, er wird sich verbeugen, um allen Eventualitäten zu entgehen, und er sank schon nach vorn, während ihm für einen Augenblick das Gesicht deutlich vor Augen trat, die große Hakennase mittendrin, der schmallippige Mund auf einer Fläche voll frühzeitiger Runzeln und Falten und die großen, unwirklich blauen Augen. Und auf dem Fuchsgesicht erblickte er jene Spur Ehrgeiz, Schlauheit und Hinterlist, von der man gesprochen hatte, vielleicht auch, ganz zuunterst, einen Funken Menschlichkeit, der nach Bedarf in gewissen Augenblicken zum Vorschein gebracht werden konnte. Der alte Bach verbeugte sich tief und ehrfurchtsvoll. Und im Aufrichten begann er schon zu sprechen: »Ew. Majestät, ich bin immer Ihr treuer Diener und verharre in Ehrfurcht vor dem Ruhm des Allergnädigsten Königs von Preußen.«

---

»Mon grand Maître, wie freuen wir uns, daß Er gekommen ist. Laß Er sich anschauen.« Der König war mitten im Schritt stehengeblieben, gestoppt von der Verbeugung Bachs, und ein Lächeln von gewinnender Herzlichkeit lag auf seinem Gesicht.

»Ew. Majestät, ich bin des Anschauens nicht wert. Sie sehen mich todunglücklich in meinem Aufzug. Ich bin soeben, noch eingehüllt in preußischen Staub, der Kutsche entstiegen. Mit Verlaub, mein Fürst, ich bin es nicht wert, in diesem Habit vor der Gnädigen Majestät zu erscheinen.«

»Aber mon cher, ich bitte Ihn, das ist nicht der Rede wert. Er ist mir lieb so.«

Bach jedoch, Verstörtheit und Zerknirschung wie eine Maske auf dem Gesicht, blieb beharrlich bei seinen Entschuldigungen. »Ew. Majestät, er betrübt mich zutiefst, dieser Aufzug.« Er schaute wahrhaftig beschämt auf die Kleidung, die er trug. »Ich bin ein einfacher Mann, Ew. Majestät. Ich muß mich noch einmal von Herzen entschuldigen, daß ich Sie derart inkommodiere!«

Friedrich erhob beide Hände. »So laß Er doch, Monsieur Bach. Das hat nichts zu sagen. Wir sind ganz unter uns. Seh Er mich an, ich bin ganz unbekümmert, was Reinlichkeit angeht.« Er wies auf die Spuren des Schnupftabaks an seinem feinen Rock. »Das ist mir Hekuba, cher Bach. Es ist das Inwendige, das den Mann macht, mein ich. Aber nun komm Er schon. Ich will Ihm meine Gesellschaft zeigen.« Bach verbeugte sich noch einmal und schien beruhigt. Sie gingen den Halbkreis der Kavaliere und Damen entlang. Er sah zarte Brauen, die wie abgezirkelte Halbmonde die Augen der Hoffräulein umrundeten, die Generalität tauchte auf mit großen Namen, er sah sie in kurzen Momenten gegen den Feind reiten. Namen blieben haften, Schwerin, Marwitz, Retzow, gestutzte Bärtchen unter kühnen Nasen glitten an seinem Blick vorbei, und er erinnerte sich der Journale, in denen noch vor zwei Jahren von Namen und Schlachten und Siegen die Rede gewesen war.

»Meine Schwester«, sagte der König, »Prinzessin Anna Amalia.« Er neigte sich zu Bach. »Sie ist virtuos auf dem Fortepiano. Komponiert recht hübsch.« Friedrich wandte ihr sein Gesicht zu. »Haben Sie nicht, Prinzessin, einen preußischen Marsch gemacht?«

Sie errötete heftig und beugte das Knie. »So ist es, Ew. Majestät.«

»Sieht Er, mon cher, auch in Preußen gibt es komponierende Familien«, sagte der König schulmeisterlich zu dem alten Mann an seiner Seite, der der Prinzessin verwundert und fast ein wenig zu direkt in die Augen sah, die denen des Bruders glichen. Da schau an, dachte er, die Prinzessin hat einen Marsch gemacht, einen schönen preußischen Marsch haben wir von einer schönen preußischen Prinzessin. Und schon sprach er seine Hochachtung und sein Interesse aus. Die Prinzessin verschwand jedoch mit dem nächsten Schritt, den der König machte, denn jetzt kamen seine Brüder an die Reihe. Bis zum kleinen Ferdinand in Uniformen geschnürt, traten sie in sein Blickfeld, aber Bach behielt ihre Gesichter nicht, wie er überhaupt all jene Gesichter nicht behielt. Was blieb, waren verzerrte, rasch sprechende Münder, und was blieb, waren Augen, die vor Neugier oder Stolz zu bersten schienen, was blieb, war das Silber und Gold, das auf Uniformen und Röcken zu flirren schien in den hundertfältigen Strahlen der Kerzen, die aus Wandspiegeln in den Saal geworfen wurden. Dann war es vorbei. Der König wies kurz auf die Musiker: »Meine Kapelle, Monsieur Bach. Da ist Ihr Sohn, mein Cembalist.«

Sie standen fünf Schritte vom Emanuel entfernt. Bach wäre gern hingegangen, um ihn zu umarmen. Schon zu Beginn wäre er gern hingegangen. Er hätte, so dachte er blitzschnell, auf die geschwungenen Bögen der Augenbrauen und auf die verzerrten Gesichter verzichtet, selbst der Marsch der Prinzessin hätte ihm nicht gefehlt. Hingehen hätte er mögen. Er wußte den Sohn im Hintergrund. Schon im Hereintreten suchte und fand er das volle, runde Gesicht seines zweitältesten Sohnes von der ersten Bachin, aber es war weit weg, wie die Gesichter der anderen Musiker weit weg waren. Er kannte sie fast alle und wechselte vertraute Blicke mit Graun und Benda. Es waren alles Leute, die was konnten. Und während Friedrich zum Weinglas griff, machte Bach eine leichte Verbeugung zur Kapelle hin, nahm das Glas, das ihm der Bediente reichte und sah die Lakaien Tabletts an den Damen und Herren vorübertragen. Der König wartete einen Augenblick, hob die Hand mit dem Kelch und rief: »Messieurs et Mesdames. Wir trinken auf das Wohl des hochberühmten Musikus Johann Sebastian Bach, er soll bei guter Gesundheit noch viele schöne Musiken machen und uns damit amüsieren.«

Ach du lieber Herrgott, dachte Bach, da steh ich mit staubbedecktem Rock und unordentlicher Perück, die Knie schlottern, daß ich mich setzen mag. Ein König trinkt auf meine Gesundheit, Anna-Magdalena. Wer hätte das gedacht vor drei Tagen, als du standest vor der Kutsche mit dem weißen Tuch in der Hand. Du wirst es lesen im Journal, Anna-Magdalena. Kantorin Bach schreien sie und kommen gelaufen und schwenken's in der Hand, euer Ehgemahl war beim König von Preußen, beim großen Friedrich ist er allergnädigst empfangen worden. Da ist der Kitzel doch wieder da, und es ist alles wahr geworden. 's ist so wie's im Lied heißt, Kaiser und Könige und mächtige Herren können des Leinwebers Arbeit nit entbehren. Und Bach, unter abwehrenden Bewegungen, doch ein Lächeln im Gesicht, hob das Glas und trank von dem Wein.

»Ist es wahr«, sagte Friedrich und tat besorgt, »daß Er Naumburger trinkt?«

»Ja, Eure Majestät. Ich trink ihn bei Tisch und unter Freunden, selten genug, aber hin und wieder schon.«

»Aber der Naumburger ist noch schlimmer als ein Rheinwein. S'on veut avoir un avangout de la pendaison on n'a quà boire du vin de Rhin.«

»Sie sehen, Majestät, ich lebe noch. Er ist mir gut bekommen.«

»Weiß Er was, Maître Bach, ich will Ihm ein Fäßchen von diesem Bergerac schicken, trink er's aus und denk Er an mich.«

---

Auf Bachs Gesicht zeigte sich Erschrecken und Kümmernis. »Mit Verlaub, Ew. Majestät. Es ist gut gemeint, aber ich muß Ew. Majestät davon abraten.«

Friedrich sah ihn erstaunt an. »Will Er kein Geschenk von mir, indem er mich beschenkt, da Er zu Hofe kommt?«

»Nein, Ew. Majestät. Ich hätte es gern im Keller. Der Wein ist sehr gut und bekömmlich, aber die Abgaben, die ich leisten muß, wenn das Faß kommt, übersteigen mein Vermögen. Da ist der Überbringer, der die Hand aufmacht. Der Visitator kommt mit der Rechnung, und Landakzise und Generalakzise machen ihre Rechnung. Da kommt Groschen auf Groschen, Ew. Majestät.«

»Nun«, Friedrich sah ihn scharf an, »Er hat haushälterischen Sinn, scheint mir.«

»Der Kinderchen sind viele im Haus, Ew. Majestät, ich habe deren fast ein Dutzend.«

»Weiß Er was, Monsieur Bach, ich habe deren ein paar Millionen im Haus, aber ich will die Kosten tragen. Er soll das Faß ganz umsonst haben.«

In Bachs zusammengekniffenen Augen funkelte es. Er machte eine untertänige Verbeugung und meinte: »Nur, Ew. Majestät, die Millionen Kinder, von denen Sie sprechen, bringen ja das bare Geld ins Haus, während die meinigen es zum Metzger und Schuster schleppen.«

Der König sah ihn sinnend und nachdenklich an. »Im Vertrauen gesagt«, sprach er leise und trat näher, »sie bestehlen mich hin und wieder ganz impertinent, vom Pagen bis zum General. Wenn Er ein guter Wirt ist, so will ich Ihm was sagen. Es ist nichts als spitzbübisches Gesindel um einen, denen man ein Donnerwetter an den Kopf schicken muß. Wenn die Küchenrechnung Summa 25 Taler ausmacht, so macht sie in Wahrheit zehn oder elf Taler, das übrige ist impertinent gestohlen.«

»Undank ist der Welt Lohn, Ew. Majestät. Aber mir deucht, Sie hätten Ordnung im Haus. Man erzählt viel Lobendes aus den preußischen Ländern, und Ihr Herr Vater, die selige Majestät, war die Sparsamkeit selbst.«

---

»Nun ja, freilich, mein Herr Vater war der Konsequentesten einer, aber sie stiehlt immer noch, die Bagage. Es ist, wenn man's recht bedenkt, ein unerquicklich Thema. Laßt uns von der Musik sprechen, grand maître. Was hält Er von den Silbermannschen Fortepianos?«

Er setzte sich in Bewegung und eilte an das Instrument. Emanuel trat beiseite. Bach kam heran und sah auf die Tasten.

»Ich habe fünfzehn Stück davon. Sie sind, wie mir scheint, vorzüglich. Probier Er doch.«

Bach setzte sich und machte ein paar Anschläge. Schließlich fuhr er mit beiden Händen über die Tastatur, niemand sah, wie sich seine Finger bewegten, aber mit einem Mal klang das ganze Instrument. Bach erhob sich und sagte: »Es ist recht gut, Ew. Majestät.«

Und der König, wie ein Kind beglückt von der Anerkennung, zog ihn mit sich fort. »Jetzt zeig ich Ihm die anderen, Er soll sie alle probieren.«

Es ging von einem Zimmer ins andere, und der Schwanz von Musikern und Kavalieren folgte ihnen. Bach aber, während er die Fortepianos sah und fortwährend Tasten anschlug, dachte an den Meister Gottfried Silbermann, den er schwer gekränkt hatte, als er ihm vor anderthalb Jahren die Fehler an seinem erstgebauten Pianoforte vorwarf. Die Höhen sind aber auch gar zu schwach, hatte er gesagt, es ist schwer zu spielen, Meister Silbermann, setzt Euch noch einmal hin und arbeitet die Höhen fein heraus und macht alles etwas leichter. Aber der Meister wollte es nicht wahrhaben, es kränkte ihn gar zu sehr. Wie konnte er, der stolze Gottfried Silbermann, der berühmte Orgelbauer, einen Fehler machen. Aber im Innern, Bach spürte es damals, gab ihm Silbermann recht, und jetzt standen sie vor ihm, die Silbermannschen Fortepianos mit ihrem hellen, glänzenden Holz, die klingenden Wunderwerke eines großen Meisters.

»Eines ist mir durch die Lappen gegangen«, sagte Friedrich, »es steht am Hof zu Rudolstadt. Die anderen habe ich mir alle verschreiben lassen. Sind sie nicht entzückend?«

»Sie sind sehr gut. Majestät haben einen Schatz gewonnen.«

Sie waren wieder in den Konzertsaal zurückgekehrt.

»Nun, Maître Bach, so spiel Er uns etwas darauf, was uns erfreut.«

»Gern, Ew. Majestät, doch ist mir, mit Verlaub, ein Klavichord lieber.«

»Warum das?«

Bach wand sich ein wenig. »Man hängt am Alten, Ew. Majestät.« Dann begann er die Sache zu erklären. »Mit dem Klavichord kann man die feinsten Gedanken ausdrücken, die Vielfalt des Tons ist hier größer, es ist biegsamer, das Klavichord.«

Alles spitzte erstaunt die Ohren. »Es ist im ganzen delikater, Ew. Majestät.«

Man brachte ein altes Klavichord herbei. Lakaien entfernten den Staub, und erstaunlicherweise war der Klang rein und klar, es war nicht verstimmt. Erwartungsvolle Stille breitete sich aus. Für den König wurde ein Stuhl gebracht, ein sehr schöner Stuhl, der nach der Mode Louis des XV. geschweift und mit türkisenem Damast überzogen war. Bach stand neben einem Schemel vor dem Klavichord. Für einen kurzen Augenblick hörte er die Stöße des Windes vor den Fenstern und das Glockenspiel der Garnisonkirche. Er hatte die Vorstellung von den gebogenen und schwankenden Ästen der Linde draußen auf dem Platz, und er sah den Turm der Stadtkirche. Auch das Rauschen der Fontäne war plötzlich in seinen Ohren, und immerfort, den ganzen Augenblick lang, zwischen all dem anderen, das leise Sausen des Windes. Bach verneigte sich vor dem König, vor der Gesellschaft und den Kapellisten. Aber es war eine Handlung, deren er sich nicht mehr bewußt war. Er setzte sich und begann aus dem »Wohltemperierten Klavier« zu spielen. Den Schmerz zuerst, die Welt der Unruhe, das Weinen und die Klage seines Lebens, während er selbst darüber stand, in überlegener Haltung und trotz allem lächelnd und seiner selbst bewußt. Ich bin, was auch geschieht, der Johann Sebastian Bach, ob in diesem Konzertsaal oder anderswo. Und dann, der Sorgen ledig, dahinziehend in Heiterkeit. Die Freude und das Lachen, der Gang aus der Welt der Unruhe in die Welt des Friedens, der Gelassenheit und der Weisheit. Er kannte beide Welten, er war ihnen eben noch begegnet, und er war ihnen zeitlebens begegnet. Da habt Ihr, Herr König, meine Meinung vom Leben, von der Zeit, von Euch und von mir. Und selbst darüber steh ich noch. Ich seh mich selber an und seh Euch ebenso an und weiß, wer Ihr seid und wer ich bin. Ja, ich sitz irgendwo über Euch und schau auf Euch, und in mir ist Ruhe.

Sie sahen nur auf seine Hände, der König ebenso wie alle anderen. Und der König sah durchs Lorgnon auf sie. Gegen Ende des Vortrages ließ er es sinken und versuchte im Gesicht des alten Bach zu lesen. War es ein Mensch aus dieser Welt? Trug er vielleicht vergangene Welten in sich und lebte in einer neuen, die er, der König, nicht kannte? Was dieser Mann vortrug, entzückte und erschreckte ihn zutiefst. Er dachte an sein Flötenspiel und wußte im gleichen Augenblick, daß er nichts war im Vergleich zum alten Bach. Er hatte, das gestand er sich ein, den Wunsch verspürt, ihn bei sich zu haben. Bach in Potsdam. Für immer und bis an das Lebensende dieses Mannes. Das klang gut. Nach den Kriegen wendet er sich der Kunst zu und läßt die Künstler leben. Er, der König von Preußen, hat den besten Virtuosen, und er hat den fähigsten Baumeister. Für den Bruchteil einer Sekunde fiel ihm ein, daß nichts entschieden wurde am Nachmittag, und er sah, wie Knobelsdorff mit finsterem Gesicht die Bibliothek verließ. Seine Gedanken stockten an dieser Stelle, und die Musik Bachs floß von ihm weg. Doch er spann den Faden weiter. Bach in Potsdam also. In seiner Kapelle. Aber es ging nicht. Bach war zu virtuos. Man würde ihn sehen und niemanden mehr. Man würde den König nicht mehr sehen. Man würde sein Flötenspiel nicht mehr hören. Der Mann konnte groß, aber er durfte nicht zu groß sein. Wäre er mit einem einzigen Makel behaftet, so wäre es ein guter Mann für ihn. Aber hier gab es nichts, er spürte es.

Bach stand auf und verneigte sich wiederum. Völlige Stille lag im Raum, ein erstarrtes Schweigen, das sich erst löste, als der König aufsprang und den Meister umarmte. Man war es gewöhnt, verhalten Beifall zu spenden, doch die Kapellisten durchbrachen die Etikette, und die Hofleute taten es ihnen nach.

Die Umarmung traf Bach wie ein Schlag. Er sah herab auf den feinen Rock, auf den königlichen Kopf, er hatte für kurze Zeit das Bewußtsein, daß dies alles ehrlich und ungekünstelt gemeint war von dem Mann, der eine Provinz erobert und unterjocht hatte. Doch das Gefühl wich schnell bei der sachten, verhaltenen Berührung durch den König. Es stand etwas zwischen ihnen, und Bach wußte, was es war. Es war das Unvermögen, ihn und seine Musik ganz zu verstehen, jenes Unbewußte zu verstehen, das er selbst nicht deuten konnte bis in die letzten Verästelungen hinein, das Dinge betraf, die nichts mit diesem goldschimmernden Zimmer zu tun hatten. Es rührte daher, daß dieser Mensch vor ihm, der König geworden war, das Leben nicht begriff, in dem er lebte und in dem er, Bach, lebte. Er war von Gott und dem Leben durch eine Mauer getrennt, mit der er sich selbst umgeben hatte, vielleicht unbewußt, vielleicht geschoben und gedrängt von den Dingen, die ihn umgaben. Und nun streckte er, von Ahnungen erfüllt und innerlich zerrissen, die Hände aus, um etwas zu erhalten, von dem er gleichzeitig wußte, daß es ihm verschlossen blieb. Und für eine Sekunde lang verspürte Bach Mitleid mit ihm, denn er sah ihn deutlich in seinem goldenen Käfig hocken, ein Gefangener seiner selbst.

Der König löste sich von ihm, seine Augen waren dunkel, und der Blick schien nach innen gekehrt, er grub Worte aus seinem Hirn, um sich zu bedanken, und er hatte gleichzeitig die Idee, noch einmal einen Versuch zu machen mit diesem Kantor, der lächelnd vor ihm stand. Er dachte an eine Art Gleichgewicht, das hergestellt werden mußte. Er spielte, nach einem kurzen Augenblick des Nachdenkens, auf dem Klavichord das Thema zu einer Fuge und wollte es von Bach ausgeführt wissen. Es war nicht so, daß der König jenes Thema in eben dieser Sekunde erfunden hätte, er tat nur so. In Wirklichkeit hatte er es schon seit Jahren im Ohr. Wie oft war er im Arbeitszimmer auf und ab gegangen und hatte es auf der Flöte gespielt. Aber er war nicht weitergekommen. Es brach ab wie alle seine Fantasien. Doch es war ihm lieb geworden, er hatte es durch den letzten Feldzug geschleppt, er wollte sehen, was dieser Bach aus ihm machen konnte.

Bach setzte sich und begann. Wiederum verstummte das Stimmengewirr. Friedrich war erregt, er wollte seine Idee fortgeführt sehen, gewiß, aber ihm graute auch davor, sie zu verlieren. Und er verlor sie. Mit den ersten Anschlägen dieses Mannes am Klavichord wurde sie ihm aus den Händen gerissen, und der König erkannte, daß Bach souverän und in völliger Freiheit mit seinem Thema umging. Da saß er, der fromme, bürgerliche Kantor aus Leipzig, schwer und massig, mit der massiven Nase im Gesicht und mit den Falten um Wangen und Mund. Da saß er und riß ihm voller Ungestüm sein Thema aus der Hand, verwandelte und knetete die Stimmen, als seien sie Wachs unter seinen Händen. Und wenngleich auch das königliche Thema immer wieder durchklang, so schien es sich doch zu entfernen, es wurde ihm geradezu unverständlich, und zuletzt gehörte es nicht mehr ihm, sondern einem anderen.

Bach vernahm das Thema. Es war ungeschickt ausgeführt, gewiß, aber man konnte etwas daraus machen. Er begann zu spielen, aber plötzlich, als er es auszuführen begann, erinnerte er sich an die Gedanken, die ihm im Postwagen gekommen waren. Dies Letzte, was zu komponieren war. Dieser Dom, den er bauen wird am Ende seines Lebens, der ins Unendliche wachsen und doch voller Maß und Schönheit sein wird. Die Stücke lagen verborgen im Hirn, und sie schossen hervor, sie drangen ihm bis in die Fingerspitzen, und er konnte es nicht verhindern, daß sie sich mit dem Thema des Königs verschlangen und es verdrängten. Es entstand etwas Neues, und der Dom wurde zum Gebirge, das in scharfgezackten Linien vor dem unendlichen Himmel stand. Hinter sich spürte er das wachsende Unverständnis, den Schrecken, den sein Spiel zu verbreiten schien, und Bach brach unvermittelt ab, da er befürchtete, etwas Unfertiges zu verschenken.

»Ew. Majestät«, wandte er sich an den König, »ich bemerke, daß mangels nötiger Vorbereitungen die Ausführung nicht gerät. Dies ist ein treffliches Thema, das mit Respekt behandelt sein will, und so meine ich, daß ich dieses recht königliche Thema gründlich ausführen und Ew. Majestät übersenden will.«

»Aber Maître Bach, es war vorzüglich, spenden Sie Beifall, Mesdames et Messieurs.«

Er wandte sich an die Gesellschaft und schlug sachte die Fingerspitzen aneinander. Man tat es ihm nach, und Rufe der Bewunderung ertönten, während sich Bach verneigte.

»Ich höre«, sagte der König, »daß Ihr ebenso virtuos auf der Orgel seid.«

»Das ist mein Metier, allergnädigster König.«

»Wie wär's, wenn Er in unseren Kirchen spielte?«

»Gern, Ew. Majestät. Eine Probe könnte ich wohl geben.«

Man beriet sich mit den Kapellisten, und es wurde für den folgenden Tag ein Orgelkonzert in der Heiliggeistkirche beschlossen.

Bach hatte sich für die Heiliggeistkirche entschieden, weil Emanuel sagte, daß sie einfach, daß sie ohne Pomp und mit einer Wagnerschen Orgel versehen sei. Er ging den kurzen Weg zu Fuß. Emanuel und Friedemann begleiteten ihn. Als er das Gotteshaus sah und vor dem Turm stand, mußte er Emanuel recht geben. Es wirkte durch die Umgebung, durch das träge fließende Wasser der Havel rechter Hand, das sich grau vorüberschob, während das Gotteshaus starr und regungslos am Ufer stand. Zwischen den Wellen und den sonnenbeschienenen Mauern des Chores hingen naßtriefende Fischernetze, und der Wind bewegte sie sachte. Auf dem Platz vor der Kirche standen ärmlich gekleidete Fischer, und immer mehr traten aus den geduckten Häusern, die rundum standen. Bach sah in die braunen, von Wind und Sonne gegerbten Gesichter der Fischersleute, auf ihre von Fischschuppen bedeckten Kittel und auf die plumpen Kähne, die zur Hälfte auf das Ufer gezogen waren. Er dachte an ihre Arbeit und an die Mühsal ihres Lebens. Er sah alles vor sich, den Nebel am Morgen, wenn sie hinausfuhren und die Netze auswarfen, er sah, wie der Nebel langsam aufgesogen wurde vom Licht der Sonne, wie das Wasser glänzte und von Stunde zu Stunde seine Farben änderte und wie die Fischer gebeugt im schwankenden Boot standen und die Netze herauszogen.

An der Kirchentür empfing sie der Organist. Bach bemerkte den glänzenden Messinggriff an der Tür und sah zu seinem Erstaunen einen nachgebildeten preußischen Grenadier mit hoher Blechmütze.

»Herr Organist, was hat Eure Kirche mit dem Militär zu tun?«

Der Organist war ein wenig verlegen und sagte entschuldigend: »Mit Verlaub, Meister Bach, diese Kirche hat die selige Majestät erbauen lassen. Da Friedrich Wilhelm nüchternen und praktischen Sinnes war, ließ er eine Monturkammer unter dem Dach einrichten. Dort hängt die Ausrüstung für eine ganze Schwadron. Um der seligen Majestät eine Freude zu machen, brachte man diesen Griff an, worüber sie sich sehr ergötzte.«

»Ich hatte nicht angenommen«, wandte sich Bach an Emanuel, »daß sich unter einer Monturkammer eine Wagnersche Orgel befindet. Das ist eine seltsame Einrichtung.«

»Seht Ihr erst einmal die Orgel«, versetzte der Organist, »so vergeßt Ihr es gewiß.«

»Wollen's hoffen, Herr Organist«, antwortete Bach und lächelte. Sie gingen hinein, und Bach erblickte den nüchternsten Kirchenraum, den er je gesehen hatte. Die Wände waren weiß und kahl, der Altar in der Mitte war einfach und schlicht. Die Orgel an der Stirnseite aber, er sah es sofort, war ein kleines Meisterwerk, den Silbermannschen Orgeln vergleichbar. »Der märkische Silbermann«, flüsterte Bach.

Sie stiegen die Stufen zur Orgelempore hinauf, und Bach stand vor der Klaviatur. Es war im ganzen ein schöner Prospekt. Links und rechts schimmerten die großen Prinzipalpfeifen des Hauptwerks, gebündelt zu Türmen. Bläulich und silbern glänzendes Laubwerk befand sich an beiden Seiten, und oben, in der Mitte, strahlte eine große Sonne. Die Orgel sah mit breiter, schöner Front von der Brüstung in das Innere der Kirche. Der Organist versicherte ihm auf seine Frage, ob er sie vorher probieren müsse, daß die Orgel ohne Fehl sei.

Inzwischen füllte sich zusehends der Kirchenraum. Bach sah über die Brüstung hinab und gewahrte voller Freude die hereindrängenden Fischer. Auch ein Teil des Hofstaats kam und alle Kapellisten erschienen. Man teilte Bach mit, daß der König wegen dringender Geschäfte nicht kommen könne. Er nahm es lächelnd und mit Gleichmut hin. Er wußte, warum.

Knobelsdorff befand sich ebenfalls in der Kirche. Er hatte am Morgen von dem vorgesehenen Orgelspiel gehört und war nicht nach Berlin gefahren. Der Baumeister saß zwischen den Fischern und den Leuten vom Schloß, er war, trotz des Gedränges, ein einsamer Mann auf seiner Bank, und als der Thomaskantor mit seinem Spiel begann, verbarg er das Gesicht hinter den vorgehaltenen Händen. Die ersten Töne schienen ihm unsicher. Es war, als suche Bach ein Thema, von dem er dachte, daß es sich eignen könne. Doch fast unmerklich stellten sich Klarheit und Größe ein, der Baumeister fühlte sich emporgehoben zu jener Stimmung, in der er sich befand, wenn er mit dem Entwurf eines Bauwerkes begann. Von nun an durchlebte er die Phasen dieser Arbeit, und er sah während der ganzen Zeit ein Gebäude entstehen, wie es ihm seit langem vorschwebte. Was ihn aber erschütterte, war nicht nur sein Leben, das ihm Bach wie einen Spiegel vorhielt, vielmehr war es jenes, was ihm bisher vorenthalten worden war und was er gesucht hatte. Die Freiheit und die Unbekümmertheit, die aus den Klängen der Orgel zu ihm sprachen, die Ungebundenheit der Gedanken und die Souveränität, mit der der Meister sein Handwerkszeug handhabte, das war es, was ihm fehlte. Bach, das fühlte er, war niemandem untertan als sich selbst, und er war frei in sich und in seiner Musik. Er, Knobelsdorff, hatte danach gesucht, sich zu befreien, aber er war überall angestoßen, und er war überall mehr geschoben worden, als daß er geschoben hatte.

Als die Orgel verklang, blieb es lange still. Es schwiegen die

Fischer wie die Hofleute, und man ging schweigsam aus dem Gotteshaus. Aber die Fischer blieben außerhalb der Kirchentür stehen, sie bildeten zwei Reihen und warteten. Knobelsdorff trat hinzu und schloß sich ihnen an, während die Kavaliere und Damen vom Schloß in einiger Entfernung standen.

Bach trat heraus, von seinen Söhnen und dem Organisten der Kirche begleitet. Er stand überrascht und voller Freude in der Tür. Die Fischer schwiegen noch immer, und während er langsam an ihnen vorüberging und in den Gesichtern die Tränen sah, zogen sie ihre Mützen. Einige beteten, andere sahen ihn erschüttert an, diesen Mann, den sie nicht einmal kannten und der sie nicht kannte, der es aber doch verstand, zu ihnen zu sprechen und sie zu trösten. Knobelsdorff hätte ihn umarmen mögen, Bach hatte ihm Mut gegeben und den Weg gezeigt, den er gehen mußte.

## Asyl im Tiergarten

Knobelsdorff versuchte, die Enttäuschungen seines Lebens und alle Widrigkeiten, die ihm begegnet waren, abzustreifen. Das Leben, mit dem er sich jetzt umgab, betrachtete er als einen Ausgleich, als einen Ersatz für verlorengegangene Illusionen. Er zog sich zurück mit allen Konsequenzen, die daraus entstanden. Den größten Teil des Jahres verbrachte er in dem Haus im Tiergarten. Die Schönin war bei ihm, sie wurde erst jetzt zur Frau in seinen Augen, da er wußte, daß ein Kind kommen würde. Als sie es sagte, mit verschämten Worten und mit einem Gesicht voller Hoffnung und Sehnsucht, sah er sie in ungläubigem Erstaunen an, als sei dies für ihn eine Sache, die er nie für möglich gehalten hätte. Er sollte Vater eines Kindes werden. Er, der bisher seinen Lebensinhalt darin erblickte, Häuser und Schlösser zu bauen, mußte sich erst an diesen Gedanken gewöhnen. Etwas völlig Neues trat in sein Leben. Er hatte manchmal daran gedacht, hatte sich gewundert, da er mit Lotte schlief, ohne daß sie schwanger wurde. Und jetzt, als das Kind wuchs in ihrem Leib, jetzt kam es ihm vor, als hätte er viel versäumt. Er zählte neunundvierzig Jahre, seine Gesundheit war nicht die beste, und er fragte sich, ob er seinem Kind noch lange Zeit ein Vater sein konnte. Sein Herz war von Liebe und Zärtlichkeit für Lotte erfüllt. Wenn sie zu Bett gingen, legte er seine Hand auf ihren Leib und spürte voller Verwunderung die Bewegungen des Kindes. Und Lotte schlang die Arme um ihn und küßte seinen Körper. Sie spürte trotz aller Schwierigkeiten, die Georg mit dem König hatte, und trotz aller Sorgen, die er sich machte, daß von ihm die Sicherheit und Ruhe kam, die sie brauchte, um das Kind zur Welt zu bringen. Sie hatte Vertrauen zu ihm und Sicherheit für das Kind und für sich, das war ihr das teuerste. Manchmal dachte sie an eine Heirat und sie wunderte sich, daß sie sich nicht sorgte. Aber wenn sie Georg sah, seine kräftige Gestalt, sein Lächeln, wenn sie seine Liebe spürte, wurde ihr immer wieder klar, daß sie nichts auseinanderbringen konnte.

Lotte beobachtete ihn manchmal und spürte seine Unruhe. Er war oft in Gedanken versunken, und sie sah ihm an, daß es in ihm arbeitete. Denn in Wahrheit, das erkannte sie, hatte er seine Sorgen und Enttäuschungen mitgeschleppt. Er trug sie auch jetzt mit sich herum, wenn er auch vorgab, sie vergessen zu haben. Er hatte sie nicht vergessen, sie waren stets gegenwärtig und peinigten ihn des Tags und in der Nacht. Sie tat, was sie konnte, um ihn zu zerstreuen und freute sich jedesmal, wenn er am Zeichentisch stand oder vor der Staffelei. In Augenblicken des intensiven Schaffens vergaß er die Umwelt und alle Widrigkeiten. Als Georg beschloß, sie, die Schönin, zu malen und sie bat, ihm Modell zu stehen, freute sie sich wie ein Kind. Sie konnte es nicht erwarten, kleidete sich wie eine feine Dame und ging zu ihm ins Atelier, das er sich eingerichtet hatte. Als er mit der Skizze begann, wußte er, daß es sein schönstes Porträt werden würde. Aber zu gleicher Zeit war ihm klar, daß es gar nicht um das Bild ging, daß dieses Porträt nur der Ausdruck ihrer Liebe war, und daß es darauf ankam, was sie beide, er und Lotte, am Ende sein würden.

Er bannte sie auf die Leinwand, in satten, leuchtenden Farben, und währenddessen wurde er sich darüber klar, was sie für ihn bedeutete. Und ebenso ging es Lotte. Nach dem Ende einer jeden Sitzung besah sie sich die Leinwand, voller Neugier, wer diese Frau wohl sei, in der alles zu Hause war, Freude und Schmerz und Liebe. Und wo war das Kind, das sie im Leibe trug? Er dürfe das Kind nicht vergessen. Man müsse sehen, daß sie nicht allein sei. Und Knobelsdorff sagte lächelnd, daß er auch mit dazugehöre. Mit dem Fortschreiten des Porträts wuchs die Liebe zwischen ihnen, sie spürten es und freuten sich jeden Tag mehr.

Im Herbst des Jahres 1748 fuhr Knobelsdorff nach Dessau. Er war Gast des Fürsten Leopold Maximilian, dem Sohn des alten Dessauers, der im Jahr zuvor gestorben war. Knobelsdorff machte sich mit gemischten Gefühlen auf die Reise. Man hatte ihn gebeten zu kommen, da es um den Umbau des alten Dessauer Schlosses gehe. Es war wiederum nur halbe Arbeit für ihn. Er war unbefriedigt, aber er bereute es nicht, den Auftrag angenommen zu haben. Beim Empfang durch den Fürsten wurde er seiner Schwester, der Prinzessin Anna Wilhelmine, vorgestellt.

Als er sie sah und sich verbeugte, verblüffte ihn die Ähnlichkeit mit ihrem verstorbenen Vater, dem alten Dessauer, den er oft gesehen hatte. Sie besaß das gleiche offene, energische Gesicht mit der hohen Stirn, ein Gesicht von fast männlichem Aussehen. Aber es war voller, und sie hatte, trotz ihrer dreiunddreißig Jahre, ein ansehnliches Doppelkinn. Es war ein gewaltiges Weib, und Knobelsdorff empfand ein ungutes Gefühl, als sie ihn mit einem fast grimmigen Blick gründlich musterte. Während er mit dem Fürsten über den Umbau des Schlosses sprach, fühlte sich Knobelsdorff durch die Prinzessin beobachtet, sie hörte auf jedes seiner Worte und vermied es, wenn er sprach, sich zu bewegen, da das glänzende Kleid, welches sie trug, bei jeder Bewegung knisterte und raschelte.

Am anderen Tag wurde er gebeten, sie zu besuchen. Sie empfing ihn in einem kleinen, intimen Kabinett mit getäfelten Wänden, die gelb und silbern schimmerten. Er bewunderte die Einteilung der Täfelung und die geschnitzten Rahmen der Felder, Türen und eingebauten Schränke. Er bewunderte ihren Geschmack und machte einige Komplimente. Sie lächelte und erschien ihm plötzlich nicht mehr so streng und herb wie am vergangenen Abend.

»Mein lieber Knobelsdorff«, sagte sie, »die Räume im Schloß, die mir gehören, sind zu klein, und es sind zu wenige. Ich brauche ein Sanssouci, um meine Gemälde unterzubringen.«

Knobelsdorff erschrak. Ein Sanssouci? Erinnerungen tauchten auf.

»Mit Verlaub, meine Fürstin, brauchen Sie ein Sanssouci oder eine Gemäldegalerie?«

»Ich brauche beides, beides in einem.«

Es stellte sich heraus, daß sie Bilder von Rubens, von van Dyck, Rembrandt und deren Schüler besaß.

Sie erhob sich und reichte ihm den Arm. Und dann führte sie ihn durch Zimmer und Säle, und er stand voller Bewunderung vor einem Gemälde des Peter Paul Rubens, das Flora und Zephir zeigte, vor dem wunderbaren Bildnis des Prinzen Wilhelm des II. von Nassau-Oranien, das van Dyck gemalt hatte, und vor dem Bild eines van-Dyck-Schülers, das eine oranische Hofdame zeigte. Die Bilder, die sie in ihrem Besitz hatte, stellten einen beträchtlichen Wert dar, und sie hatte die Absicht, ihre Sammlung noch zu vergrößern.

Sie begaben sich zurück ins Kabinett.

»Monsieur, ich habe Sanssouci noch nicht gesehen, aber man erzählt, daß das Schloß entzückend sei.«

Knobelsdorff wehrte ab. »Es mißfällt mir vieles daran. Ich hatte nicht die Freiheit zu bauen, wie ich wollte. Seine Majestät hat Ambitionen in der Architektur. Sie wissen es sicher und können sich vorstellen, daß unsere Ansichten in vielem auseinandergingen.«

»Ich hörte davon, Monsieur de Knobelsdorff.« Sie sah ihn prüfend an, lächelte und lehnte sich in den Sessel zurück.

»Ich habe keine solchen Ambitionen. Wenn Sie für mich bauen, so haben Sie es gewiß leichter.«

Knobelsdorff schöpfte Hoffnung. Wenn es möglich wäre,

für die Fürstin ein Schloß ganz nach seinem Willen zu bauen. Er wagte den Gedanken nicht zu Ende zu denken.

»Ich habe freilich auch meine Bedingungen.« Die Hoffnungen Knobelsdorffs brachen zusammen. Sein Gesicht bekam einen abweisenden Zug.

Die Fürstin beugte sich vor und sagte in bestimmtem Ton: »Ich muß genügend Zimmer für mich haben und einige wenige Räume für die Gäste. Notwendig sind Bildersäle für die Gemälde. Das Erdgeschoß soll die Wohnräume aufnehmen und soll so angeordnet sein, daß sich die Räume mit dem Park verbinden. Das ist alles, worum ich Sie bitten möchte. Sie haben im übrigen freie Hand.«

Knobelsdorff atmete auf. »Wenn ich Sie recht verstehe, Fürstin, wollen Sie einen intimen Landsitz, der schlicht, harmonisch und zurückhaltend wirkt und an den sich unmittelbar ein Park anschließt.«

»Ich sehe, Monsieur de Knobelsdorff, daß Sie meinen Wünschen Verständnis entgegenbringen. Schauen Sie sich Mosigkau an. Dort liegen die Ländereien und Wiesen, die mir mein Vater geschenkt hat. Wählen Sie den Bauplatz aus und machen Sie die Zeichnungen. Ich warte darauf und bin Ihnen wohlgesonnen.«

Knobelsdorff erhob sich und machte eine tiefe Verbeugung. Er dankte für das Vertrauen der Fürstin und wußte, daß jetzt die Gelegenheit gekommen war, ein Schloß nach seinem Geschmack zu entwerfen.

Nachdem Knobelsdorff nach Berlin zurückgekehrt war, blieb er noch über einen Monat in seinem Haus im Tiergarten. Die Bäume, Büsche und Hecken färbten sich mit dem zunehmenden Herbst und leuchteten in gelben und rötlichen Farben. Knobelsdorff machte mit Lotte kurze Spaziergänge, und sie schritten durch ein Meer von raschelnden Blättern. Wenn sie auf dem Großen Stern standen, sahen sie in den acht Alleen die gestutzten Hecken zu beiden Seiten, die wie goldrote Strahlen auf ihnen fortliefen. Das Wasser der Spree wurde grau und schaumig, und am gegenüberliegenden Ufer färbten sich die Wiesen gelb. Aber während ringsum die

Blätter starben und Modergeruch die Luft erfüllte, begann sich das winzige Stück Leben in Lotte immer stärker zu regen. Es kamen die Tage, an denen sie wegen Lotte nur noch bis zum Fluß gehen konnten, und sie saßen dann besonders an den Abenden auf einer Bank nahe des Ufers und sahen über das stille, glänzende Wasser. Während dieser kurzen Viertelstunden hörten sie die Schreie der Wasservögel und die Rufe der Wildenten aus dem Schilf. Das Moabiter Land mit der Jungfernheide im Hintergrund lag schwarz unter dem hellen Himmel.

Diese Tage und Wochen waren die schönsten, die sie bisher zusammen erlebt hatten. Knobelsdorff arbeitete an den Entwürfen für Mosigkau. Er ging von der Landschaft aus, in der das Schloß stehen sollte, und entwickelte gleichzeitig seine Vorstellungen für den Park. Er meinte, daß Schloß und Landschaft eine Einheit bilden und daß das Schloß aus der Erde und aus dem Baum- und Strauchwerk herauswachsen müsse, als sei es ein Stück davon. Knobelsdorff warf Dutzende von Skizzen aufs Papier, in allen nur möglichen Varianten spielte er geradezu mit dem Grundriß und den beiden Längsfronten. Schließlich entwarf er eine Dreiflügelanlage mit Erd- und Obergeschoß, deren Hauptgebäude die intime Südseite dem Park zuwandte. Die Nordseite hingegen dachte er als offizielle Front, die den Besucher beeindrucken sollte. Aber die Südseite, an die sich unmittelbar der Park anschloß, gestaltete er zuerst. Er zeichnete sie als drei voneinander abgesetzte Flächen, von denen die mittlere die größte war. Sie wiederum wurde von zwei Paar ironischen Halbsäulen geteilt, die auf einer flachen, fünfstufigen Treppe standen, über die man in den Park trat. Dieser Mittelteil, so stellte er sich vor, sollte zugleich im Erdgeschoß den Festsaal aufnehmen. Fünf wandhohe, bis zu dem Boden führende Fenster, die gleichzeitig Türen darstellten, mußten eine Einheit zwischen Park und Saal schaffen. Er dachte sich, daß Innen- und Außenraum auf diese Weise ineinanderfließen sollten und stellte sich vor, er stünde im Saal und hätte ihn und den Park vor Augen. Er dachte sich Fenster und Türen geöffnet, sah die fünf breiten sonnenhellen Streifen auf dem glänzenden Fußboden, die den ganzen Saal mit Licht durchfluteten, und er stand in der Mitteltür, zwischen den Säulenpaaren und vor der bequemen Treppe, die in Allee und Park mündete. Auf den Wangen der Treppe dachte er sich zwei edle, mannshohe Sandsteinplastiken. Er, Knobelsdorff, noch im Saal stehend und doch schon im Park, hatte das Gefühl, sich in einer sonnenerfüllten, riesigen Nische zu befinden, mit dem Blick auf eine Natur, die er nach seinem Willen gestaltet hatte.

Und dann ging er ein Stück auf der Allee, wandte sich um und sah die Front der Südseite. Die Vertikale wurde von den Säulen und den hohen Fenstertüren unterstützt, während die waagerechten Fensterreihen das Gleichgewicht bewirkten. Die Front erschien hell, heiter und harmonisch. Und alles in allem war sie schlicht und zurückhaltend. Er dachte an Sanssouci und war sich darüber im klaren, daß er mit dieser Gartenfront ein Gegengewicht geschaffen hatte. Er war glücklich darüber, daß er frei und unbeschwert ein Schloß ganz nach seinem Geschmack entwerfen konnte. Während er eines Nachmittags fieberhaft an den Zeichnungen arbeitete, trat Lotte durch die Tür und hielt sich am Rahmen fest. Sie sah ihn mit blassem Gesicht und glänzenden Augen und sagte tonlos und ängstlich: »Ich glaub, es ist soweit.« Er warf den Stift beiseite, führte sie in ihr Zimmer und schickte nach ihrer Mutter in Charlottenburg und nach Doktor Feldmann. Dann bemühte er sich um sie. Die Wehen hatten eingesetzt, und Knobelsdorff wußte nicht, was zu tun war. Er setzte sich zu ihr und strich ihr über die schweißglänzende Stirn. Sie stöhnte bei jeder Wehe und biß die Zähne aufeinander. Knobelsdorff war ratlos. Wie sollte er ihr helfen? Endlich kam ihre Mutter und kurz danach Doktor Feldmann. Sie schickten Knobelsdorff aus dem Zimmer, und er ging in sein Atelier, ein wenig verwundert und benommen von der Geschäftigkeit, die sich plötzlich im Haus verbreitete.

Dann saß er am Zeichentisch und horchte auf die Geräusche im Haus. Schließlich griff er zum Stift und begann weiterzuarbeiten. Und im Trubel dieses langen Abends, innerhalb von sieben oder acht Stunden, zeichnete Knobelsdorff den Ehrenhof von Mosigkau und skizzierte die Nordfront des Schlosses. Er hörte zwischendurch die Schreie und das Stöhnen von Lotte, sprang hin und wieder auf und lief hinüber, als er feststellte, daß sich die Abstände zwischen den Wehen immer mehr verkürzten, wurde aber von der energischen Küstersfrau nicht ins Zimmer gelassen. Er stand lange vor der Tür, von Angst und Entsetzen erfüllt, kehrte schließlich zurück ins Atelier und versuchte weiterzuarbeiten. Aber nach ein paar Strichen, als er Lotte erneut schreien hörte, hielt er es nicht mehr aus, sprang hoch, lief hinüber und stellte sich lautlos ins Zimmer. Er stand mit dem Rücken an der Tür, die Küstersfrau und Doktor Feldmann beugten sich über das Bett und hatten zu tun, und er sah Lotte, ihren zitternden Körper, die irren, hilflosen Augen und das schweißbedeckte Gesicht, und er hörte den kurzen, keuchenden Atem und ihr lautes, schmerzerfülltes Schreien. Ihr ganzer Körper wurde erschüttert, und er sah den dunklen Kopf des Kindes in ihrem Schoß zwischen den gespreizten Beinen. Der winzige Kopf glänzte seidig, er sah nicht mehr die Fußsohlen und die Knie von Lotte, er sah nicht mehr ihren Körper, er sah nur noch den dunklen, unbeweglichen Kopf, der auf die Welt kam und der in der gespreizten Hand des Arztes lag. Knobelsdorff, mit leichenblassem Gesicht, stand noch immer mit dem Rücken an der Tür, er mußte sich anlehnen, da ihn eine Schwäche überfiel. Und doch hätte er gern die paar Schritte getan, um den winzigen rosafarbenen Körper zu berühren, für den er eine jähe Zärtlichkeit verspürte. Die Küstersfrau und Doktor Feldmann bemerkten ihn nicht. Als er sah, daß Lotte zurückgesunken war, sowohl den Schmerz als auch ein triumphierendes Lächeln im Gesicht, atmete er auf, verließ geräuschlos das Zimmer und setzte sich wiederum an den Zeichentisch. Er warf in fliegender Hast die letzten Striche aufs Papier und erhob sich, als der Doktor eintrat. »Ihr könnt Euch Eure Tochter ansehen, Exzellenz. Es war eine glückliche Geburt.«

Knobelsdorff dankte ihm. Der Doktor sah auf die Entwürfe von Schloß Mosigkau und meinte trocken: »Es scheint, Exzellenz hat unterdessen auch etwas zur Welt gebracht.« Sie lachten beide und gingen hinüber.

Im späten Frühjahr des folgenden Jahres besuchte ihn sein Freund Karl Wilhelm von Kleist. Knobelsdorff hatte sich erneut mit aller Kraft des Tiergartens angenommen und arbeitete an der Vollendung des Labyrinths in unmittelbarer Nähe des Großen Sterns. Es bekam im Gegensatz zu den anderen Labyrinthen ein besonderes Gesicht. Die Gänge, die die Gehilfen des Oberforstmeisters durch das Strauchwerk schlugen, waren so verwickelt und kompliziert, daß die Gehilfen nur noch vom Knobelsdorffschen Labyrinth sprachen. Knobelsdorff las mit Vergnügen die Verse eines Dichters, der, nachdem er sich aus dem Irrgarten wieder herausgefunden hatte, zur Vossischen Zeitung geeilt war und in einem langen Gedicht den Tiergarten verherrlichte. Zu dem Labyrinth schrieb er:

»Da, wo sich ein Gang mit dem anderen verwirret,
Und, wenn man von einem zum anderen geirret,
Sich willig verirrend, den Ausgang verliert,
Verwirren sich meine gehäuften Gedanken
In meines Vergnügens unendlichen Schranken,
Und preisen den, der uns so gütig regiert.«

Die Schlußzeile freilich wollte gar nicht zu dem Ganzen passen, denn der König hatte den wenigsten Anteil am Tiergarten. Karl Wilhelm von Kleist besuchte ihn an einem Sonntagnachmittag. Knobelsdorff war gerade im Begriff, einen Spaziergang zu machen, und lud den Offizier dazu ein. Sie verließen das Haus und liefen am Wiesenufer der Spree entlang.

»Du hast«, sagte Kleist. »innerhalb weniger Jahre aus dem Tiergarten etwas gemacht, was sich sehen lassen kann.«

»Es ist gut«, entgegnete Knobelsdorff, »daß du heute gekommen bist. Ich will dir etwas zeigen, was dich in Erstaunen versetzen wird.«

Der vierzigjährige Kleist nahm seinen Hut ab und strich sich über seine Haare, in denen sich schon graue Strähnen zeigten. Er lachte und fragte: »Was sind das für Wunder, die du für mich bereithältst?«

»Du wirst es sehen, wir sind gleich da.«

Kleist blieb stehen und sah über die Spree. Ihr Wasser wälzte sich langsam flußabwärts, in der Mitte ihres Laufs leuchteten weiße Segel, und man sah plumpe Kähne, die mit Kaufmannsgütern beladen waren. Sie kamen aus Hamburg über Magdeburg nach Berlin.

»Die Aussicht ist majestätisch. Du hast es recht hübsch hier.«

Sie sahen beide in die Richtung der Stadt und erblickten das Ende von Berlin mit dem Invalidenhaus und der Charité. Jenseits der Spree gewahrten sie die Pulvermühlen, die sich verstreut erhoben und an Krieg denken ließen.

Kleist kniff die Augen zusammen und starrte schweigend über den Wasserlauf, als wollte er die Mühlen zählen. Knobelsdorff beobachtete ihn. Kleist versank in Erinnerungen. Er dachte an den letzten schlesischen Krieg, an das Krachen der Geschütze, an den Pulverdampf und an die vielen toten Grenadiere seines Regiments. Er beneidete seinen Freund Knobelsdorff um sein Landhaus und um die friedvolle Ruhe, in die er sich zurückgezogen hatte. Er blickte ihn an und sagte mit ernster Stimme: »Ich habe meinen Abschied eingereicht!«

»Ist das wahr?«

»Ich erwarte jeden Tag den Bescheid des Königs.«

Knobelsdorff legte ihm die Hand um die Schultern. Er freute sich. Sie hatten schon einmal darüber gesprochen, und sie hatten beide gefunden, daß das Leben eines Offiziers das trostloseste sei, was es geben könne.

»Wie du weißt, habe ich geheiratet, und man kann entweder nur Offizier oder ein guter Familienvater sein.«

Sie waren weitergegangen und näherten sich nun dem »Zirkel«, einer Waldblöße am Spreeufer, die früher »Platz der sieben Kurfürsten« hieß. Knobelsdorff hatte den »Zirkel« völlig umgestalten lassen, und Kleist kannte ihn noch nicht in seiner jetzigen Erscheinung.

---

Er stand verblüfft am Rande des »Zirkels«. Der Platz war voller flanierender Menschen.

Knobelsdorff breitete die Arme aus und rief mit begeisterter Stimme: »Hier hast du das Wunder, das ich dir zeigen wollte. Das ist meine ‚Premiere promenade du Berlin', der angenehmste Ort im ganzen Tiergarten.«

Kleist sah die doppelte Baumreihe der schlanken Ulmen und jungen Eichen, mit denen der »Zirkel« umgeben war, er sah Statuen und Bänke, und sie gingen bis zur Mitte des Platzes und erblickten die acht Alleen, die in den Tiergarten führten. Kleist bewunderte die Vielfalt der Farben und Bäume, von denen die Alleen flankiert waren. Er sah ganze Reihen hellgrüner, weißrindiger Birken mit riesigen Eichen im Hintergrund, er sah eine Allee, die zwischen Hecken von jungen Eichen davonlief und eine andere, an der nur Akazien und Ebereschen standen. »Man vermeint«, sagte Kleist erstaunt, »Kunst zu sehen, und doch ist es beständig Natur.«

Über dem »Zirkel« lagerte der Duft blühender Bäume. Kleist sah die fröhlichen Gesichter der Menschen, die aus den Alleen kamen. Er drückte die Hand seines Freundes und sagte mit bewegter Stimme: »Du bereitest den Einwohnern von Berlin mehr Freude als irgendein König oder Minister mit seinen Verordnungen.«

Knobelsdorff erwiderte den Händedruck. Er fühlte sich durch das Lob des Freundes in seiner Arbeit bestätigt.

Sie schritten langsam über den »Zirkel« und beobachteten voller Interesse die Spaziergänger. Frauen in langen Gewändern und mit hohen Frisuren gingen an ihnen vorüber. Männer in gestickten Röcken, mit Band- oder Haarbeutel, den Hut unterm Arm und den Degen an der Seite, verneigten sich unaufhörlich, führten galante Reden und machten den Damen die Cour. Man hörte Kichern und gedämpftes Lachen. Unter den Bäumen plauderten ganze Gruppen von Menschen, und die beiden gingen an ihnen vorüber, um zu hören, über was sie sprachen. Da gab es ehrbare Männer mit spanischen Stöcken, Gelehrte vielleicht, die über die neuesten Ereignisse an der Akademie sprachen. Eine Gruppe von

Kaufleuten stand beieinander, die über die Tabakadministration und über den Kaffeezoll parlierten, und am Ende des Platzes trafen sie auf eine Partie junger Herren, die geradezu in einem Geruch von Eau de Levante schwammen. Der Duft des galanten Wassers, mit dem sie sich besprüht hatten, drang bis zu Knobelsdorff und Kleist, die fünf Schritte von ihnen entfernt standen und sie lächelnd beobachteten. Ihre Anzüge entsprachen der neuesten Pariser Mode, und die Schnallen auf den Schuhen waren so groß, daß man ihre Füße nicht mehr sah. Durchsichtige, seidene Strümpfe umhüllten die Waden, die durch Kniegürtel fest zusammengepreßt waren. Das Chemisett drückte den Körper zusammen, und das herausquellende Jabot war fein und zierlich ausgenäht. Sie sprachen, wie konnte es anders sein, über das Schauspiel, hatten es fortwährend mit der Dramaturgie und benutzten französische Brocken, um die Feinheiten und das Können gewisser Damen auf der Bühne zu würdigen, wobei sie die Augen verdrehten und ächzend und voller Leidenschaft die Namen dieser Aktricen nannten.

Sie gingen weiter und gerieten in einen Kreis von Menschen, die einen unablässig redenden Pietisten umstanden. Die Leute um ihn, einfache, aber aufgeputzte Menschen, Jünglinge im neu gewendeten Rock und mit Trotteln am Hut, neben ihren rotbäckigen Mädchen, die zur Feier des Tages ihre guten Röcke übereinandergezogen hatten, starrten verständnislos auf den Frömmler, der ihnen Dinge vorwarf, an die sie nicht einmal im Traume dachten. Der Pietist runzelte die Stirn und schrie: »Siehe da, die Kinder Belials, wie sie den Lüsten des Fleisches nachziehen! Wie sie den Weg der Sünden gehen, reiten und fahren! Immer gerade in den höllischen Schwefelpfuhl hinein.«

Kleist sah ebenso verblüfft wie alle anderen auf den schnellsprechenden, rabenschwarz gekleideten Mann.

»Oh, wie sündlich, das ist eben des Teufels Lockspeise, wenn er uns mit dem weltlichen Vergnügen ankörnen kann.«

Die Leute gingen lachend davon. Der Pietist aber faßte einzelne an ihren Röcken und versuchte, ihnen die Abscheulichkeit des Spazierengehens an einem schönen Sonntag zu erläutern. Neu Herbeikommende stellten sich dazu, erhoben ein Gelächter und zeigten ihm einen Vogel. Der Pietist hing sich an einen jungen Mann, der einen braunen Rock trug, und, nach seinen Haaren zu urteilen, die rund um den Kopf herum abgeschnitten waren, vielleicht ein Schlächter oder Gerber, vielleicht auch ein Schmied sein konnte.

»Mein Freund«, redete er ihn an, »Er geht, um sich die Zeit zu vertreiben; oh, wenn er wüßte, wie wohl dem ist, der seine Stunden in den Wunden des geschlachteten Lamms verbringt.«

Der Kerl glotzte ihn an und sagte: »Herr, was kann mir das helfen? Ich bin vorigen Sonntag im ‚Lamme' gewesen, aber das Bier war sauer.« Und sogleich riß er sich los und begab sich in die nahe Gartenwirtschaft des Traiteurs Dortu. Der Pietist schwieg gekränkt, während sich unter den Umstehenden, bei denen Knobelsdorff und Kleist standen, ein anhaltendes Gelächter erhob. Der Pietist wandte sich schnell um und lief durch eine der Alleen beleidigt davon.

Knobelsdorff wandte sich lachend an Kleist: »Du siehst, wie schnell das Natürliche über die Unnatur triumphiert, da hilft alles Predigen nichts, die Menschen wollen ein paar Stunden fröhlich sein und die Sorgen der Woche vergessen.«

Kleist nickte. »Ja, du hast hier etwas eingerichtet, das, wie mir scheint, nicht nur die Berliner, sondern auch dich glücklich macht.«

Kleist hatte recht. Die Arbeit am Tiergarten verschaffte Knobelsdorff ein starkes Gefühl der Befriedigung. Hier hatte er etwas geschaffen, was allen zugute kam.

Die beiden gingen am Rand des »Zirkels« entlang, und Knobelsdorff lud Kleist in eine der Tangelhütten auf eine Bouteille Bier ein. Die Hütte war aus Zweigen und Laub errichtet, und am Eingang hing ein großes Schild mit einer Gans. Als sie der Wirt sah, sprang er herbei und verschaffte ihnen einen guten Tisch. »Das ist der Traiteur Esaias Dortu«, sagte Knobelsdorff zu Kleist. »Er macht hier die Honneurs.« Er wies zu dem provisorischen Schanktisch und machte Kleist auf eine füllige Matrone aufmerksam, die die Gläser vollschenkte. »Dies ist seine Frau, die dicke Luise. Es sind die fleißigsten und honettesten Leute, die ich kenne.«

In der großen Laubhütte standen eine Menge vollbesetzter Tische. Man trank Kaffee, Tee und Bier, und an zwei Pfosten in der Mitte hingen brennende Lampen, an denen sich arm und reich Tonpfeifen anzündeten. Man saß oder stand herum und dampfte manierlich den blauen Tabaksqualm in die Luft.

»Hier sitzt aber auch Krethi und Plethi. Dein ,Zirkel' ist in den Besitz des gemeinen Mannes gelangt«, sagte Kleist.

»Um so besser«, entgegnete Knobelsdorff. »Es freut mich um so mehr, wenn die Arbeiter von den Webstühlen und von den Schmiedeessen den ,Zirkel' füllen. Was haben sie sonst von ihrem Leben? Nichts als Arbeit, Sorgen und Verdruß.«

»Du fängst an, dich für den einfachen Mann zu interessieren!« Kleist lachte.

»Das hat meine Arbeit mit sich gebracht. Ich habe sein Leben kennengelernt.« Knobelsdorff sah Kleist an, blickte auf die Uniform und fuhr fort: »Was wirst du machen, wenn der König dir den Abschied gewährt?«

»Ich ziehe mich aufs Land zurück.«

Knobelsdorff tat überrascht. »Du, der du seit einem Dutzend Jahren in der Residenz gewohnt hast, willst Kohl und Rüben pflanzen?«

Kleist machte ein entschlossenes Gesicht. »Ich meine es ganz im Ernst. Ich habe ein Gut in Zützen gekauft und hege die Absicht, mich dort anzusiedeln.«

»Zützen, wo liegt das, in Hinterpommern, wo du herkommst?«

»In der Lausitz, nicht weit von Luckau.« Kleist legte die Hand auf den Arm des Freundes. »Du mußt mir helfen, das Gut hat ein elendes Wohnhaus, das ich meiner geborenen Schlomach nicht zumuten kann. Ich will ein richtiges Herrenhaus bauen lassen. Ein kleines Schloß, mit dem ich ein wenig Staat machen kann. Geld ist genug da.«

Knobelsdorff sah den Freund aus zusammengekniffenen Augen ungläubig an. »Ist das ein Scherz?«

»Nein, wirklich. Das ist der wahre Grund, weshalb ich gekommen bin.«

Um Knobelsdorff versank der Lärm, den die Gäste des Traitteurs Dortu machten. Er sah aus dem breiten Eingang und gewahrte einen Kreis von Menschen draußen auf dem Platz, zwischen denen ein junger Mann radschlug und auf den Händen lief, um ein paar Groschen zu verdienen. Aber Knobelsdorff nahm dieses Geschehen nicht in sich auf, er dachte an das Schloß, das er für seinen Freund entwerfen würde. Er wandte sich hastig um und fragte: »Was ist das für eine Gegend, wie ist die Landschaft?«

Kleist lächelte: »Du hast wohl Feuer gefangen, wie?«

Knobelsdorff wurde ungeduldig. »Sag schon, wie das Ganze aussieht?«

»Es ist flaches Land mit viel Laubwald. Der Ort ist klein und hat vielleicht 250 Bewohner. Das Gut liegt am Rande des Dorfes. Es gibt dort uralte, riesige Bäume und einen schmalen Fluß. Man kann einen guten Park anlegen.«

»Kannst du eine Zeichnung machen, daß das Ganze ein wenig anschaulicher wird?«

»Ich bin kein Maler wie du. Am besten wird's sein, wir steigen in meine Kutsche und sehen uns alles aus der Nähe an. Die Frühjahrsmanöver sind zu Ende, ich habe Zeit.«

Knobelsdorff rief nach dem Wirt und verlangte zu zahlen. Er sah aus wie ein Mann, der ein wichtiges Geschäft zu erledigen hat und keine Zeit versäumen möchte. Sie traten hinaus auf den sonnenbeschienenen »Zirkel«. Knobelsdorffs Blick streifte einen alten, blinden Mann, der am Eingang zur Gastwirtschaft saß, Violine spielte und dessen Frau dazu sang. Ein grauer, zerschlissener Hut lag vor ihm auf der Erde. Der Baumeister zog einen halben Taler aus der Tasche und warf ihn in den Hut. Am Rande des »Zirkels« kamen sie an einer Frau vorbei, die auf der Erde saß und zwei Säuglinge an der Brust hatte. Knobelsdorff sagte: »Sie sitzt seit drei Sonntagen am gleichen Platz und wartet darauf, daß man ihr etwas gibt.« Er sah Kleist an und blieb stehen. Kleist blickte auf die Brüste der Frau, auf ihr abgehärmtes Gesicht, wurde rot und griff in die Tasche. Er holte gleichfalls einen halben Taler hervor und legte ihn in den Blechnapf, der vor ihr auf der Erde stand. Zwei Tage später fuhren die beiden nach Zützen. Knobelsdorff machte Skizzen von der Landschaft, sie bestimmten den Platz für das Schloß, und er sah sich das Dorf an. Vor allem interessierte er sich für das Gotteshaus. Es war eine alte, aus Feldsteinen errichtete Kirche, mit schlichtem Äußeren und ohne Schmuck im Innern.

Wie im Falle Mosigkau ging Knobelsdorff bei dem Entwurf von der Umgebung aus, wozu das Dorf, die Kirche, die Bäume und Sträucher gehörten. Der Unterschied bestand jedoch darin, daß Mosigkau für eine Fürstin und für die Aufnahme einer Gemäldesammlung bestimmt war, also im gewissen Maße repräsentativ sein mußte, während dieses Gebäude in Zützen einen einfachen, schlichten, zweckmäßigen Landsitz darstellen sollte.

Nach Berlin und in den Tiergarten zurückgekehrt, begann er, ebenso wie beim Entwurf des Mosigkauer Schlosses, mit den Entwürfen zu spielen. Er machte Dutzende von Zeichnungen, holte längst vergessene Skizzen aus dem Schreibtisch und grübelte tagelang über die verschiedensten Kombinationen nach. Er entwarf schließlich einen rechtwinkligen Grundriß, verzichtete auf die Säulen im Mittelteil und auf einen Ehrenhof, stellte angedeutete, durchgehende Säulen vielmehr an die vier Ecken des zweistöckigen Gebäudes, was ihm einen geschlossenen Eindruck verlieh, und zog den Mittelbau der einen Front stichbogenartig hervor. Als er diese Front in Form einer Skizze auf das Zeichenblatt warf, mit ihren fünfundzwanzig Fenstern und der großen Tür in der Mitte des Stichbogens, sah er Sanssouci vor sich. Die Ähnlichkeit war verblüffend. Der Unterschied bestand nur darin, daß die Südfront des Kleisten-Sitzes auf seiner Zeichnung schlichter, ruhiger und klarer wirkte. Das Halbrund des Stichbogens war bis nach oben gezogen, durch das Obergeschoß, und obendrauf kam als einziger Schmuck das Kleistisch-Schlomachsche Allianzwappen.

In einer Reihe mit den Wappen dachte er sich als Krönung beider Fronten gutgestaltete Sandsteinvasen. Die Nordfront skizzierte er noch einfacher. Er zog das Mittelteil, den Eingang, um ein weniges hervor, gliederte es durch Lisenen und dachte es sich von vier edlen Sandsteinfiguren gekrönt.

Als Knobelsdorff sein Werk beendet hatte und mit der Ausführung der Details begann, wußte er, daß er eines seiner schönsten Bauwerke entworfen hatte.

## Der letzte Besuch

Die Kutsche des Königs stand vor der Tür. Knobelsdorff brauchte nur einzusteigen. Der Kutscher Pfund würde die Peitsche schwingen, der Wagen würde knarren und im eleganten Bogen wenden und ihn, Knobelsdorff, direkt vor das Stadtschloß in Potsdam tragen. So einfach war das.

Man vergißt alles, was gewesen war, man vergißt die Infamien einer Majestät, die meint, sie verstünde alles von Architektur, während die andern, Ignoranten, die sie sind, dumm herumstehen und mit offenem Maul seine großen Entwürfe bestaunen.

Er, Knobelsdorff, ist zum Essen geladen. Wie liebenswürdig, dieser Zettel mit dem dünnen Namenszug, der über die halbe Seite geht. Mein lieber Knobelsdorff, ich hätte ihn gern an der heutigen Tafel gehabt. Es gibt viel zu parlieren. Oh, er kann von gewinnender Freundlichkeit sein, er kann die großen blauen Augen in naiver Unbekümmertheit auf sein Gegenüber heften und Komplimente machen, und er kann im gleichen Augenblick oder eine Sekunde danach in unschuldigem Tonfall sich ganz nebenbei nach einer Sache erkundigen, die seinen Gesprächspartner in den Boden versinken läßt.

»Sagen Sie, mein lieber Pöllnitz, ich habe den Namen jenes Mannes vergessen, den sie im Haag betrogen, indem Sie ihm falsches für gutes Geld verkauften; helfen Sie doch, bitte, meinem Gedächtnis etwas nach!«

Und der Freiherr von Pöllnitz erbleicht, schluckt die Kränkung hinunter und gibt stotternd Auskunft. Er braucht das Brot des Königs, will er nicht verhungern.

Knobelsdorff starrte durch das Fenster auf die Kronenstraße. Er blickte auf Schlamm und Schneematsch, er sah das Dach der wartenden Kutsche und die glänzenden, schweißnassen Pferderücken, und er wußte nicht, was er machen sollte.

Zu seiner Schwester, der Königin von Schweden, hatte der König auf dem letzten Hofball in geringschätzigem Ton, seine Frau vorstellend, gesagt: »Das ist meine alte Kuh, die Sie schon kennen.«

Knobelsdorff hörte es einige Tage später, man erzählte ihm, wie das Wort des Königs hinter vorgehaltenen Fächern von Mund zu Mund durch den Saal ging, manche bogen sich vor Lachen, als sei es ein gut gelungener Witz, im Vorübergehen und ganz nebenbei gemacht. Knobelsdorff war entsetzt und bekümmert, er dachte an die Rheinsberger Jahre, er dachte an zusammengebrochene Illusionen und an zerstörte Hoffnungen.

Knobelsdorff fühlte sich unwohl. Er fuhr sich mit der Hand über die Augen. Die Tür hinter ihm öffnete sich. Lotte sah ihn an. Sie sagte leise: »Der Kutscher wartet.« Er legte die Hand auf ihren Arm und nahm ihr den Rock mit den silbernen Tressen ab. »Kommst du heute noch zurück?« fragte sie. Er nickte und umarmte sie.

Im Wagen fiel ihm ein, daß es ihm in den vergangenen drei oder vier Jahren trotz aller Konsequenz nicht gelungen war, sich vollkommen vom Hofe zu trennen. Der König brauchte ihn, und er, das gestand er sich ein, brauchte den König. Und nun kehrte er wieder zu ihm zurück, nicht reumütig zwar, nicht nach außen hin und nicht in seinem Innern, aber er kehrte zurück und befürchtete, daß etwas in ihm zerbrechen könnte. Ihm schien, als könnte er etwas von seiner Geradlinigkeit verlieren, als würde er ein Stück seiner selbst aufgeben und dem König überlassen, als verriete er Überzeugungen und Ansichten, die ihm bisher unumstößlich erschienen waren.

Die Kutsche schwankte und knarrte. Sie fuhren an einem der vielen Exerzierplätze vorbei, und er hörte die brüllenden Stimmen der Sergeanten. Knobelsdorff schob den Vorhang zurück und sah die Grenadiere im aufgeweichten Sand, weißblaue, stumme Gestalten, beschmutzt und verdrossen Handgriffe übend. Er sah, wie die Sergeanten und Unteroffiziere mit ihren Stöcken fuchtelten und hörte deutlich ihre schneidenden Stimmen.

»Die Patron in den Lauf! Ziehet den Ladestock! Den Ladestock in den Lauf! Den Ladestock an seinen Ort! Das Gewehr auf die Schulter! Das Gewehr bei Fuß!«

Einer der Unteroffiziere lief wie ein Wachhund um seine Gruppe. »Das sollen Gewehrgriffe sein? Werdet mir nicht renitent, ihr Kerls. Der Handgriff kommt gleich nach der Predigt des Pastors, merkt euch das. Achtung, Kerls!« Er stieß mit einer heftigen Bewegung seinen Stock in den Sand und schrie mit wahrer Stentorstimme: »Mit der rechten Hand an das Gewehr! Das Gewehr hoch! Spannt den Hahn!«

Pfund knallte mit der Peitsche. Die Kutsche bewegte sich schneller voran, der Exerzierplatz glitt zur Seite und versank langsam hinter dem Wagen. Knobelsdorff atmete schwer. Ihm war, als sei sein bestickter Staatsrock ebenso eng für ihn, wie es die weiß-blauen Monturen für die Grenadiere waren. Er lehnte sich in die Polster, versuchte zu vergessen und sah dennoch den Unteroffizier lauernd um seine Gruppe schreiten mit scharfem Blick auf Gesichter, Gewehre und Monturen, mit geschwungenem, fuchtelndem Stock und mit grimmiger Miene.

Die vielen kleinen Fritze. Und es gab keinen Unterschied. Er würde ebenso im Stadtschloß stehen wie die Grenadiere auf dem Exerzierplatz, Untertan wie sie, gehorchend wie sie, und eingezwängt in seinen Staatsrock wie sie in ihre Montur. Und er sah ihn, den sie den Großen nannten, im blauen Kasakin mit silbernen Tressen, in alten Stiefeln, von anderen vorher eingetreten und geschmeidig gemacht, mit dem gleichfalls vorher weich geriebenen Hut, klein und unscheinbar vor ihm, dem hochgewachsenen Knobelsdorff, umherlaufend und ihn umkreisend, als sei auch er, Knobelsdorff, irgendein renitenter Kerl, der die Handgriffe nicht schnell und nicht gut genug zu absolvieren verstand.

Sie fuhren durch den Tiergarten, doch Knobelsdorff sah nicht auf das, was er geschaffen hatte. Er dachte an die Stunden, die vor ihm lagen, er dachte einen Augenblick lang an Aussöhnung und Verständnis und an die Möglichkeit einer freien, unbehinderten Arbeit. Entwürfe schossen ihm durch den Sinn, die ganz zuunterst im Schreibtisch warteten, bedeckt von der schweren Last der Zeichnungen und Skizzen, die das tägliche Brot für ihn bedeuteten. Ja, wenn dieses tägliche Brot, wenn diese Kutsche nicht wäre, dieses glattpolierte Holz und dieses herb riechende Leder, das ihn umschloß, wenn er frei atmen und jene Entwürfe, von denen niemand etwas wußte, ans Tageslicht ziehen könnte, um sie in Stein und Stuck verwandelt in den grauweißen Sand zu setzen, wie es ihm beliebte, er würde Türme, Schlösser und Häuser errichten ganz nach seinem eigenen Willen und seine Titel der Majestät vor die Füße werfen.

Durch das Fenster der Kutsche sah er plötzlich ein Stück Himmel zwischen den Bäumen, er sah schnelltreibende Wolkenfetzen, die jäh die Sonne freigaben und er sah sich eine Sekunde lang frei und unabhängig, nicht mehr umgeben von Mißgunst und Neid, von gebeugten Rücken, von fuchtelnden Stöcken und rigorosen Kabinettsordern. Aber er sah ebenso schnell, wie sich erneut Bäume und graue, gleitende Wolken vor die Sonne und das Stück blauen Himmels schoben, und wie Sonne und Himmel versanken, als sei beides auf einmal verschlungen worden. Und danach hörte er wieder das Knarren des Leders und das Schaben der Bänder, in denen die Kutsche hing.

Das rhythmische Stampfen der Pferdehufe machte ihn müde. Er hatte Leberschmerzen und die Gicht in den Beinen. Er hatte für eine Sekunde lang das traurige Gefühl, ein alter, verbrauchter Mann zu sein.

Als die Kutsche hielt, schreckte Knobelsdorff auf. Er steckte den Kopf durchs Fenster und sah, daß sie sich vor der Stadtmauer von Potsdam befanden. Pfund stieg vom Bock. Er hörte ihn ächzen und fragte: »Was ist los, warum fährt Er nicht weiter?« Pfund öffnete den Schlag und trat zur Seite. Er verbeugte sich und sagte: »Eure Exzellenz geruhen auszusteigen. Seine Majestät will, daß Euer Exzellenz das neue Tor observieret.«

Knobelsdorff saß eine Weile wie erstarrt. Was war das nun wieder. Er soll sich das Tor Boumanns ansehen. Knobelsdorff beugte sich heraus und sah an den Pferden vorbei nach vorn. Da stand es. Er wird weiß Gott aussteigen müssen. Pfund half ihm aus der Kutsche. Es stach in den Beinen, und er unterdrückte mühsam ein Stöhnen. Eine Kalesche donnerte durch den Torweg und fuhr schnell an ihnen vorüber. Knobelsdorff stand neben der Kutsche, gestützt von Pfund, mit starrem Blick auf Stadtmauer und Tor und auf die Figuren oben vor der niedrigen Brüstung.

»C'est une impossibilité«, flüsterte er.

Er ging an den Pferden vorbei nach vorn, er sah ihr feuchtglänzendes Fell und stand endlich vor dem Vierergespann, das hinter ihm schnob und sich im Lederzeug rieb.

Er wiederholte: »C'est une impossibilité.«

Knobelsdorff hatte das Ganze vor sich, Stadtmauer und Tor, und er sah, daß es nicht stimmte, die Anordnung und die Verhältnisse stimmten nicht, es fügte sich nicht ein, und es schien Knobelsdorff, als hätte er eine riesige Theaterdekoration vor sich, aufpoliert und hingestellt an einen beliebigen Ort. Er sah die korinthischen Säulenpaare und ihre Kapitäle, ein befremdendes Bild in dieser unterbrochenen Stadtmauer, er sah Mars, Minerva, Bellona und einen römischen Krieger, alles in Stein und Waffen. Sie waren lebendig in den Hirnen nach zwei Kriegen, wie konnte es anders sein. Und das Gorgonenhaupt fehlte nicht, die Fratze des Schreckens und der Angst. Es war kein Bild des Friedens und der Freundlichkeit, dieses Boumannsche Berliner Tor. Und wie lange wird es stehen. Er sah die vielen Menschen in den kommenden Jahrzehnten hindurchgehen, ohne Willkommensgruß empfangen, nur Speer und Schild und Schrecken über sich, er sah sie hindurch- und weggehen auf Nimmerwiedersehen, verschlungen von dem Tor, das er sich ansehen mußte.

Er spürte den aufsteigenden Ärger und versuchte ihn zu unterdrücken. Schlimm genug, daß Boumann das Tor entworfen hatte. Nun mußte er sich auch noch diese Infamie gefallen lassen.

»Seine Majestät will, daß Euer Exzellenz das neue Tor observieret.«

Das war der reine Hohn. Der König wußte genau, daß ihm das Tor mißfallen würde und daß er davon gekränkt sein mußte. Für einen kurzen Augenblick stieg der Wunsch in ihm hoch, auf der Stelle umzukehren, die Extrapost zu nehmen und nach Berlin zurückzufahren. Er wandte sich um und sann darüber nach. Wie wäre es, wenn er dies dem König antun würde? Er stieg in den Wagen, wortlos und schwerfällig, mit undurchdringlichem Gesicht, in dem der Kutscher vergeblich nach irgendeiner Regung suchte.

Kurze Zeit danach befanden sie sich auf dem alten Markt. Knobelsdorff rief nach vorn und forderte Pfund auf, er solle an einem Bürgerhaus vorbeifahren, das von ihm entworfen worden war. Er war ein Jahr lang nicht nach Potsdam gekommen. Das Haus war fertig, Knobelsdorff sah es schon von weitem. Doch dann, er steckte den Kopf aus dem Fenster, sie befanden sich schon vor dem Gebäude, gewahrte er die Köpfe über dem Fenster. Er schrie, und die Kutsche hielt. Knobelsdorff starrte stumm auf die Köpfe, voller Grimm, Ekel und aufsteigendem Zorn. Boumann hatte seinen Entwurf zuschanden gemacht. Er war so dumm wie ein Bund Stroh. Er begriff nicht, daß die Front eines Hauses durch klare Linien und Flächen zu wirken hatte und daß ein derartiger Unsinn den Beschauer von der Gesamterscheinung einer Sache ablenkte. Dieser Dummkopf machte immer wieder die gleichen Fehler. Die Fratzen steckten noch dazu ihre Zungen heraus. Wollte ihn Boumann damit ärgern? Ein starkes Stück. Eine Verhöhnung. Nicht nur für ihn, der die Pläne gezeichnet hatte, sondern auch für die Betrachter, die davorstanden und denen sich die Zungen entgegenstreckten.

Knobelsdorff spürte, daß der Grimm seinen ganzen Körper erfüllte. Es war nicht nur Ärger und Zorn, es war ein körperlicher Schmerz, der ihn gleichzeitig erfaßte, der anwuchs in ihm und unerträglich wurde. Und doch schwieg er, rief mit heiserer Stimme dem Kutscher zu, daß er weiterfahren solle, und so gelangten sie zur Auffahrt an der Rückseite des Schlosses, fuhren an den Sphinxen vorüber, und Knobelsdorff stieg aus. Er sah über den Lustgarten, streifte die Kolonnade mit einem abwesenden Blick und ging schwerfällig und müde ins Schloß. Der Schmerz, den er verspürte, verwandelte sich mit jedem Schritt immer mehr zu Bitternis. Die Gewißheit erwachte, daß er machtlos war, daß er nichts mehr ändern konnte. Er sah weder die Treppenaufgänge noch die geschäftigen Lakaien und Pagen. Den endlosen Gang durch das Schloß brachte er in völliger Abwesenheit hinter sich, und es schien ihm, als er sich beim König anmelden ließ, daß er einen nutzlosen Weg gegangen war. Das Absurde und Unnötige seiner Anwesenheit kam ihm zum Bewußtsein. Er war nach Potsdam gekommen, um zwei oder drei Stunden an der Mittagstafel des Königs zu sitzen. Er war tatsächlich gekommen, um sich das Tafelgeschwätz anzuhören, dieses Schwadronieren des Hofklüngels, dieses ewige Palaver über die abwegigsten Dinge, die nichts mit dem Leben zu tun hatten.

Es blieb die Hoffnung, daß der König Aufträge für ihn hatte, Aufträge von einer Art, für die Boumann zu dumm war, und die er ihm dann doch durchkreuzte. Wenn es das war, so würde er kategorisch ablehnen und von dem Bürgerhaus zu sprechen beginnen.

Man rief ihn, und er trat in das Arbeitszimmer. Der König saß am Schreibtisch, sprang aber sofort auf und rief, während sich Knobelsdorff mit verschlossenem, abweisendem Gesicht verbeugte: »Mon cher ami, ich warte schon lange auf Euch, endlich seid Ihr da.« Er reichte ihm beide Hände, sah mit einem Gesicht, das von Freundlichkeit und Wohlwollen überfloß, von unten herauf auf den Baumeister, und Knobelsdorff sah hinter der Maske aus Freundlichkeit und überschwenglicher Begeisterung die spähenden, blauen Augen, die in seinen Zügen zu lesen versuchten. Aber er erkannte auch die Unsicherheit, die irgendwo verborgen saß und die vielleicht der eigentliche Grund war, weswegen er kommen sollte.

»Ich danke für die Einladung, Majestät.«

»Setzen wir uns«, sagte Friedrich. Er schwang die Glocke und befahl, Wein zu bringen.

»Wie war die Fahrt, mein Freund?« Der König lehnte sich in den Sessel und begann zu schnupfen.

Aha, jetzt kam er gleich aufs Berliner Tor zu sprechen.

»Der Weg ist schlecht, Majestät, und mit meiner Gesundheit ist es nicht zum Besten bestellt«, brummte Knobelsdorff.

Das Gesicht des Königs verdüsterte sich. Es überzog sich mit Sorge und zeigte echte Teilnahme.

»Ihr habt da einen Doktor, mein Lieber, genügt er Euch? Ist es nicht besser, Ihr ließet Euch von dem meinigen in die Kur nehmen?«

»Bin sehr zufrieden mit Doktor Feldmann, Eure Majestät. Er macht seine Sache ausgezeichnet.«

»Aber Euer Befinden bessert sich nicht. Ich mußte ein Jahr lang ohne Euch auskommen und sehe, daß Ihr noch so krank seid wie zuvor.«

Friedrich beugte sich vor und sah ihm starr in die Augen. »Wenn mich nicht alles täuscht, mon cher, so habt Ihr irgendeinen Kummer.«

Der blanke Sarkasmus, dachte Knobelsdorff.

»Der Kummer, Majestät, kommt nicht von innen.«

»Nanu, cher ami.« Friedrich lehnte sich zurück, und seine Miene verlor plötzlich jegliche Freundlichkeit. Das Wohlwollen fiel von ihr ab und wich einem leidenden Ausdruck.

Knobelsdorff wußte, was im König vor sich ging. Sobald er geradeheraus sprach, sobald er sagte, was er meinte, zog sich Friedrich zurück und hüllte sich in eine Wolke von Unmut und Ablehnung. Er wollte, daß man geistreich miteinander parlierte, daß man die Andeutungen versteckte hinter einem Wust von Worten und Gebärden.

»Sicher«, sprach Friedrich weiter, »man muß viel ertragen. Mir ergeht es nicht anders. Da hat der Voltaire, dieses Ungeheuer, sich in einen ekelhaften Prozeß verwickelt, befleckt sich und den Hof, bringt sich in Verruf, bringt Uns in Verruf, und man hat Mühe, mit heiler Haut davonzukommen. Man ist gezwungen, sich an Kummer zu gewöhnen.«

»Der Kummer ist nicht immer nötig, Sire. Zuweilen schafft man ihn selbst.«

»Sehr richtig, mein lieber Freund, sehr wahr. Das ist jene Meinung, der ich selbst anhänge. War es nötig, daß ich dieses Ungeheuer nach Preußen rief? War es nötig, daß Ihr uns so lange allein gelassen habt? Den Kummer fügt man sich selbst zu. Da habt Ihr wahrhaftig recht.« Friedrich beugte sich wieder vor und machte ein befriedigtes Gesicht. Er sah den Baumeister erwartungsvoll an. Knobelsdorff blickte an ihm vorbei zum Schreibtisch. Im Gespräch mit dem König fiel man immer wieder herein. Er stellte einem Fallen. Er verwandte die Worte, die man sagte, für eigene Absichten.

»Der Kummer, der von außen kommt, Majestät, überwiegt in meinem Fall.«

Der König lehnte sich ärgerlich zurück. Dann schien ihm plötzlich eine Erinnerung zu kommen, seine Züge erhellten sich, und er fragte hastig: »Ach, eh ich's vergeß, mon cher, habt Ihr das Berliner Tor gesehen?«

Knobelsdorff erstarrte. Sein Gesicht überzog sich mit einem fleckigen Rot. Er schwieg und richtete sich auf. Ein schmerzhafter Stich durchzog seine Brust.

»Das hat Euer dummer Boumann gemacht«, sprach der König weiter.

»Deshalb hab ich's auch nicht bemerkt, Majestät.«

Friedrich saß steif im Sessel, und es war, als horche er auf etwas. Vielleicht drang ihm der Satz, den Knobelsdorff gesagt hatte, nur allmählich ins Hirn, dieser ungeheuerliche, renitente Satz, der Knobelsdorffs ganze Verachtung zum Ausdruck brachte. Dann rührte er sich, machte eine schnelle Bewegung mit der Hand, und mit Zorn in der Stimme sagte er fast schreiend:

»Dann könnt Ihr wieder nach Berlin fahren.«

Knobelsdorff stand auf und verbeugte sich schweigend. Er war von Triumph erfüllt und zutiefst befriedigt. Er hatte erreicht, was er wollte. Mit Anstand und mit allem Grund konnte er die Residenz verlassen. Der König wandte ihm den Rücken zu. Noch einmal machte Knobelsdorff eine Verbeugung, schon an der Tür diesmal, er war rückwärts gegangen und spürte sie hinter sich, und er sah nur den gekrümmten, regungslosen Rücken des Königs von Preußen, der abwehrend vor dem Schreibtisch stand.

Knobelsdorff ging rasch aus dem Schloß und verließ es durch das Fortunaportal. Er lief über den Alten Markt und kam erneut an dem Bürgerhaus vorbei, sah die grinsenden Köpfe mit den herausgestreckten Zungen und lächelte diesmal, denn ihm fiel auf, daß die steinernen Zungen, wenn man es genau nahm, sich dem Schloß entgegenstreckten.

Fünf Minuten später saß er bereits in der Extrapost nach Berlin, die Pferde wurden vorgespannt, und die Kutsche verließ schnell den Alten Markt. Knobelsdorff befürchtete, daß ihn der König zurückhalten würde, daß er ihm jemand nachschicken könnte, aber sie fuhren durch das Berliner Tor, und der Wagen verließ unbehelligt die Stadt Potsdam.

Der König saß wiederum am Schreibtisch. Er starrte auf ein Schriftstück, das über zunehmende Saufereien von Grenadieren in Potsdam berichtete. Sie hatten nicht nur gesoffen und randaliert, die Kerls, sondern waren noch dazu aufsässig, hatten ihn, den König, beschimpft und ein Lied auf ihn gesungen, das nicht gerade schmeichelhaft gewesen sein mußte, denn der Informant gab den Text nicht an, weil er vielleicht die Ohren der Majestät, wie er schrieb, beleidigen könne.

Friedrich sah mit abwesendem Blick auf die Zeilen. Schließlich gestand er sich ein, daß er nicht bei der Sache war, denn sie verschwammen vor seinen Augen, und seine Gedanken wichen immer wieder von ihnen ab.

Knobelsdorff, dieser Grobian, war einfach hinausgegangen. Was hatte er sich bemüht, ihm feine Manieren beizubringen.

Es war alles vergebens. Er war wie ein Rammbock, der fortwährend vorwärtsstößt. Und er hatte immer wieder etwas auszusetzen. An dem Tor von Boumann gab es aber nichts auszusetzen. Friedrich erhob sich, nahm eine Prise und versenkte die Dose wieder in der Tasche seines Kasakins. Man mußte mit allem rechnen, es war möglich, daß dieser ungeschliffene Junker nachher an der Tafel abfällige Sottisen von sich gab. Wie gern hätte er ein vertrauliches Verhältnis hergestellt. Wie gern hätte er ihn von den Fähigkeiten Boumanns überzeugt. Das Tor war der beste Beweis. Aber nein, er ließ sich auf nichts ein. Der einzige, der noch übriggeblieben war von Rheinsberg, mit dem man plaudern konnte über vergangene Tage, der stieß ihn hartherzig zurück.

Friedrich sah zur Uhr, schwang die Glocke und begann sich mit Hilfe eines Kammerdieners umzukleiden. Er ging Schlag zwölf zur Tafel, und er sah, als er in den Speisesaal trat, daß Knobelsdorff fehlte. Der König winkte dem Adjutanten und fragte leise: »Wo hat Er Herrn von Knobelsdorff, er war zur Tafel geladen?«

Der Adjutant nahm Haltung an. »Er ist vor einer guten Viertelstunde aus dem Tor, Eure Majestät.«

Friedrich wurde blaß und sah dem Offizier mit stechendem Blick ins Gesicht. »Was sagt Er da, er ist fort?«

»Er ist hinausgegangen, Majestät.«

Friedrich zischte mit zornigem Gesicht: »Er holt ihn mir sofort herein. Laß Er nachsehen, wo er steckt. Er ist zur Tafel befohlen und hat dabeizusein.«

Zehn Minuten vergingen. Die Lakaien trugen die Platten und Schüsseln herein, man setzte sich.

Der Offizier kam zurück und meldete mit flüsternder Stimme, daß Knobelsdorff mit Extrapost abgefahren sei. Der König fuhr herum, sein Gesicht lief rot an, und es war nicht zu vermeiden, daß man an der Tafel seine wütenden Worte hörte. »Laß Er einen Feldjäger nachsetzen, er soll ihn auf der Stelle zurückbringen.«

Der Offizier rannte mehr hinaus, als er ging. Über der Tafel lag eine lähmende Atmosphäre.

---

Als der Postwagen durch Zehlendorf fuhr, hörte Knobelsdorff plötzlich die raschen Hufschläge eines Pferdes neben dem Wagen. Er sah durch das Fenster und bemerkte, wie ein uniformierter Reiter vorüberstob und dem Kutscher winkte. Knobelsdorff sah, daß es ein Feldjäger war, der Wagen fuhr langsamer und hielt schließlich. Der Feldjäger sprang ab, trat an den Wagenschlag und grüßte. Knobelsdorff öffnete und fragte: »Was will Er, warum hält Er die Post an?«

Der Feldjäger grüßte nochmals. »Exzellenz wollen bitte umkehren, Befehl von Seiner Majestät, dem König, Exzellenz sind zur Tafel befohlen.«

Knobelsdorff überlegte einen Augenblick und sah auf den Mann, der außer Atem war. Das Pferd stand zitternd neben ihm, sein schweißnasses Fell glänzte.

Der Baumeister rief: »Ich weiß selber, was ich zu tun habe. Mir hat der König befohlen, nach Berlin zurückzukehren, und dabei bleibt's.« Dann schrie er: »Kutscher, fahr er weiter, es ist nichts.«

Der Feldjäger wich zurück, und schon ruckte der Postwagen an und fuhr davon. Der Feldjäger aber schwang sich fluchend auf sein Pferd und ritt zurück.

## Der Philosoph und die Bajonette

An einem Morgen im November des Jahres 1752 wachte Knobelsdorff in Schweiß gebadet auf. Er spürte einen heftigen Druck in der Lebergegend, einen Schmerz, der langsam anwuchs und ihn schließlich ganz erfüllte. Er atmete heftig, preßte die Zähne aufeinander und tastete mit der Hand über die rechte Seite des Leibes. Der Schmerz wurde so heftig, daß er zu stöhnen begann und nichts mehr hörte und sah. Das dunkle Zimmer verschwamm vor seinen Augen, die Geräusche, die Lotte und die Kinder in der Küche machten, flauten ab und verschwanden ganz, in Hirn und Leib befand sich ein wildes, reißendes Tier. Knobelsdorff bäumte sich auf und sank zurück, er wollte schreien, aber plötzlich zerfiel der Schmerz, verschwand ebenso, wie er gekommen war, und zurück blieb nur Entsetzen und Furcht. Knobelsdorff sah mit aufgerissenen Augen zur Decke und wußte plötzlich, daß er sterben würde, bald vielleicht, morgen oder in der kommenden Woche oder im kommenden Monat. Und im gleichen Augenblick dachte er an alles, was er liebte, an die zweite Tochter, die inzwischen geboren war und ohne Vater aufwachsen würde, an Lotte, an die Bauten in Potsdam und Berlin.

An Potsdam dachte er. Wie sahen die Häuser aus, die er entworfen hatte und die inzwischen gebaut worden waren. Er verspürte eine große Sehnsucht danach, noch einmal das Stadtschloß und Sanssouci zu sehen. Er mußte noch einmal nach Potsdam. Jetzt, heute. Morgen war es sicher zu spät.

Er tastete mit der Hand über den Leib. Das Tier blieb ruhig, es biß nicht, es regte sich nicht, es schlief. Knobelsdorff erhob sich, er war matt und wie zerschlagen, im Spiegel sah er sein Gesicht, auf dem ein gelblicher Schimmer lag, er sah zum erstenmal diese grau-gelbe Tönung und wußte, daß Eile geboten war. Und trotz des heftigen Widerspruchs von Lotte fuhr Knobelsdorff eine Stunde später mit einer Extrapost nach Potsdam.

Auf dem Alten Markt angekommen, sah er zuerst auf die Außenfassade des Stadtschlosses und auf die Kolonnade. Er sah mit tiefer Befriedigung, daß alles als eine einheitliche Schöpfung erschien, daß die antiken Formen und Proportionen gut verarbeitet waren. Er spürte keine Schmerzen mehr. Über dem Alten Markt, dem Stadtschloß und der Stadtkirche wölbte sich ein stählerner, blauer Himmel, die Strahlen der Sonne waren nicht heiß, der Wind wehte über den Alten Markt, und der Glanz dieses schönen Tages drang in Knobelsdorff ein und verdrängte alle Sorgen um die Zukunft. Er wandte sich zurück, zur Brauerstraße, wo das Haus verputzt wurde, das er entworfen hatte. Er sah, wie die Handlanger und Gesellen die schweren Kiepen schleppten und wie sie die Fassade mit Mörtel bewarfen. Er ging zu dem Haus und stellte sich in seine Nähe. Es war ein gutes Haus, schlicht und einfach, ausgewogen in den Proportionen und ohne jeden überflüssigen Schmuck.

Er ging noch näher und sah den Gesellen zu. Es waren bekannte Gesichter. Hatte er sie nicht schon in Sanssouci gesehen? Es waren alles ordentliche, ruhige Leute, die eine gute Arbeit leisteten. Einer von ihnen sah vom Gerüst herunter und zu ihm hin. Und er erkannte Knobelsdorff, stieß einen anderen an und rief ihm etwas zu, dann kamen sie herab und standen vor ihm.

»Mit Gunst, Gesellen vom Maurergewerk«, sagte Knobelsdorff.

»Mit Junst, Exlenz«, kam die Antwort wie aus einem Mund.

Knobelsdorff wollte ihnen die Hand reichen. Sie rieben ihre mörtelverschmutzten Finger an den Hosen ab und begrüßten ihn.

»Geht die Arbeit gut voran?«

»Jeht voran, Exlenz. Arbeet is jenug«, antwortete einer von den beiden. Der andere machte ein mürrisches Gesicht und schwieg. Er war von mittlerer Statur, seine Lippen waren zusammengekniffen, sein hageres Gesicht mit Kalk bespritzt. Die Mütze trug er in der Hand, und seine braunen, halblangen Haare waren herabgefallen und hingen wild durcheinander.

»Exlenz«, sagte er, »wir bitten Se janz untertänigst, det Se uns helfen möchten.«

»Was gibt's denn?« erkundigte sich Knobelsdorff.

»De Polizeidirektion hat heute morjen den Olms wegjeholt. Er hat schon in Sanssouci mitjebaut. Johann Friedrich Olms. Exlenz hat ihn schon jesehen. Det is so'n Kleener, Stämmiger, immer lustig und zu Späßen uffjelegt.«

Knobelsdorff konnte sich nicht entsinnen.

»Was ist mit ihm. Hat er was verbrochen?«

»Der Meester hat'n uff'n Kieker, er meent, det der Olms in Aufruhr machen will wejen den Lohn. Weil det nu de kurzen Tage kommen und se man bloß nur fünf Jroschen zahlen.«

Nun mischte sich hastig der andere ein. Hinter ihm standen bereits die übrigen Gesellen. Die Baustelle war leer.

»Exlenz. Der kurze Tag hat neun Stunden und dafür jibts fünf Jroschen. Der Polier hat sechse. Det Pfund miese Jraupen kost man schon fünf Jroschen. Zucker kost über acht Jroschen. Hirse drei Jroschen. Wir leben ja wie die Sklaven, aber nich wie Menschen. Die Ledijen müssen um zehne abends bei ihrem Meester sein. Wenn se später kommen, zahlen se zwei Jroschen Strafe, bleiben se de janze Nacht weg, zahlen se sechs Jroschen Strafe.«

Knobelsdorff schwieg und sah in die Gesichter der Gesellen. Ein älterer drängte sich vor.

»Exzellenz, wir kennen Sie als gerecht und hilfsbereit. Sehen Sie, an den langen Tagen im Sommer, wenn wir von früh um fünf bis abends um sieben Uhr arbeiten, gönnt man uns nicht einmal Frühstück und Vesper. Die Stunde mittags soll uns vergönnt sein, sagt das Baukontor und der Meister. Wir Familienväter bekommen die Kinder nicht wachend zu sehen. Sie bedürfen aber der Erziehung und Bildung. Der Vater kann sich nicht um sie kümmern. Das ist nicht gerecht.«

Knobelsdorff sah ihn überrascht an. Es war ein Mann seines Alters. Sein Haar hatte schon graue Strähnen, er hatte ein gutmütiges Gesicht und gescheite Augen.

Jener, der sich zuerst an ihn gewandt hatte, begann wieder zu sprechen: »Der Olms hat alles uffjeschrieben und hat det dem Baukontor überjeben und morjens hamsen jeholt. Kommt er nicht zurück, laufen wir aus der Arbeet. Die können mit uns nich Schindluda treiben.«

»Ich kann euch nichts versprechen, Gesellen. Wegen eurem Lohn will ich mich an den König wenden. Fünf Groschen sind zu wenig, das weiß ich selbst. Ob ich euch helfen kann, weiß ich nicht, aber versuchen will ich's, wenn mir auch aller Einfluß genommen ist.«

Das letzte sprach Knobelsdorff mit leiser Stimme, er hatte nicht viel Hoffnung.

In diesem Augenblick schrie jemand hinter ihnen mit sich überschlagender, kreischender Stimme.

»Was ist das für ein Auflauf. Geht an eure Arbeit, liederliche Gesellschaft.«

Die Gesellen stoben auseinander. Knobelsdorff wandte sich um. Vor ihm stand ein Mann in blauem, besticktem Rock und weißer Hose. Sein Gesicht war schwammig und aufgedunsen, die Augen klein und blinzelnd, der Bauch stand hervor. Er trug einen spanischen Stock in der Hand. »Was schreit Er die Gesellen an, wenn ich mit ihnen spreche?«

»Hier hat niemand mit den Gesellen zu sprechen. Auch ein Herr von Knobelsdorff nicht.«

Knobelsdorff begann zu zittern. Sein Gesicht rötete sich. Er versuchte, den aufsteigenden Zorn niederzuhalten. Er sagte mit leiser, aber scharfer Stimme: »Die Gesellen haben berechtigte Klagen an mich herangetragen.«

Der Dicke lachte höhnisch. »Ob sie berechtigt sind, entscheidet das Königliche Baukontor.« Dann zornig, sprudelte es plötzlich aus ihm heraus: »Die Gesellen sind aufsässig, haben liederliche Händel, fressen und saufen, sind faul und träge und pfuschen, haben nur Pläsier und Aufruhr im Kopf und sollten doch gehorchen, abends zur rechten Zeit und ruhig nach Hause kommen, ehrbar und christlich sein, sollten ihr Metier unverdrossen und fleißig verrichten und Possen und Narreteien lassen.« Der Dicke schöpfte Atem und schrie plötzlich, während die Gesellen oben auf dem Gerüst standen und auf die beiden herabsahen: »Und Sie, Herr von Knobelsdorff, wiegeln noch auf und gestatten den Aufruhr.«

Die Gesellen brachen in Gelächter aus und begannen zu pfeifen. Der Dicke fuchtelte mit dem Stock und drohte ihnen. Einer schrie von oben herab: »Wir loofen aus de Arbeet, wenn Olms nicht zurückkommt, laßt et euch jesacht sin.«

Der Dicke schnappte nach Luft und rief: »Wer war das, wer war der Malefikant?«

Die Gesellen lachten allesamt vom Gerüst herab. Knobelsdorff verzog das Gesicht. Er bezwang seinen Ärger und lachte gleichfalls. Der Dicke sah es und wurde noch wütender. Er wies ruckartig mit der Hand zum Alten Markt: »Sie gehen jetzt von der Baustelle, Herr von Knobelsdorff. Sie haben hier nichts zu vermelden. Gehen Sie, ehe ich Sie abführen lasse.«

Kurz vor diesem Ereignis stand ein junger, hochgewachsener Mann vor dem Stadtschloß. Mit der Post aus Wittenberg war er bis auf den Alten Markt befördert worden und stand nun vor der Schloßwache, ohne Respekt, wie es schien, jungenhaft und unbekümmert, und er sah dem Offizier mitten ins Gesicht.

»Es gibt keinen Voltaire mehr, Monsieur«, sagte der Offizier unwillig und blickte mißtrauisch auf Stiefel und Kleidung des Fremden.

»Aber er hält sich doch bei Hofe auf, der Herr Voltaire?« fragte der junge Mann hartnäckig.

»Das schon, Monsieur«, der Offizier schwieg eine Weile und musterte sein Gegenüber abwägend.

»Mein Name ist Lessing, wenn Euch das etwas sagt. Ich bin der Magister Lessing, ansässig zu Berlin.«

Der Offizier grub in seinem Gedächtnis. Man hörte den Schritt der Wachen und die vielfältigen Geräusche, die der Wind von den Kolonnaden an der Stadtkirche über den Alten Markt wehte. Lessing, Magister Lessing? Der Offizier kannte keinen Lessing. Ein Bürgerlicher, dachte er. Ein Gelehrter dazu und ein Milchbart obendrein. Was wird er wollen von dem Kammerherrn des Königs, von dem intriganten Franzosen, dem man es endlich gegeben hatte, dem Kujon. Vorsicht war geboten.

»Hat Er Geschäfte mit Monsieur Voltaire?«

Auf der Stirn des Magisters Lessing erschienen Falten. Sein Blick glitt an der Uniform des Offiziers herab, und in seine Augen trat ein wenig Widerwillen und Trotz.

»Ich will ihn besuchen, er ist ein berühmter Mann.«

Der Offizier nahm sich Zeit. Er schwieg und sah über den Platz auf den Turm der Stadtkirche. Berühmt war er, der Franzose. Man sagt es jedenfalls. Seine Traktate und Stücke hätten ihn berühmt gemacht, sagt man. Doch die Abhandlungen des Herrn Voltaire kannte der Offizier nicht. Diesem Stubenhocker aber, der da vor ihm stand, der fast schon räsonierte, dem wollte er es geben.

»Ja, Herr Magister«, sagte der Offizier und zuckte mit der

Schulter, »der Monsieur Voltaire ist ausgezogen. Ich kann Euch nicht helfen.«

»Wißt Ihr nicht, wo er Quartier genommen hat?« Lessing wurde ungeduldig. Der Offizier wußte es, aber es ging ihm gegen den Strich, daß dieser Milchbart durchaus nicht sagte, was er von Voltaire wollte, daß er respektlos auftrat und ihn mit nackten, scharfen Augen ansah, als blicke er durch ihn hindurch.

»Er soll in der Residenz sein, Herr Magister.« Der Offizier versuchte seiner Stimme ein wenig Hohn und Spott zu geben, aber es gelang ihm nicht recht, sie klang verärgert und gereizt.

»Ich danke Euch, Moniseur.« Lessing machte eine kurze Verbeugung und wandte sich um, schritt schnell über den Alten Markt und steuerte auf die Apotheke am Randes des Platzes zu.

Der neugebackene Magister Lessing hatte, zwischen Wunsch und Zweifel schwankend, während der Reise von Wittenberg nach Berlin den Entschluß gefaßt, den Postwagen in Potsdam zu verlassen, um bei Voltaire vorzusprechen. Jetzt, als Magister, jetzt war er etwas, und man konnte ihn nicht gut abweisen.

Er gestand sich ein, daß er begierig darauf war, dem großen Franzosen gegenüberzustehen, dem alten Mann, dem der König die Hand küßte. Man konnte es kaum glauben, daß solches stattfand, und Lessing hatte die Vermutung, daß es nur im Überschwang der Gefühle und mit einer Art feurigem Enthusiasmus geschehen sein konnte. Vielleicht waren ihm, dem König, sogar die Tränen über die Wangen gerollt, während der pfiffige Voltaire, trockenes Auges über ihn hinwegsehend, die Lust empfand, einen König nicht nur neben, sondern unter sich zu spüren.

Nun aber sollte sich das Verhältnis etwas getrübt haben. Bis nach Wittenberg waren die Gerüchte gedrungen vom Zank und Hader zwischen König und Voltaire, und Lessing hatte ein offenes Ohr für sie, er kannte seinen Voltaire oder glaubte ihn wenigstens zu kennen, hatte einiges von ihm ins Deutsche übertragen, war fasziniert von vielem, was Voltaire geschrieben hatte und meinte manchmal, Voltaire schwanke wie ein Schilfrohr zwischen Hofetikette und den Gefilden der Freiheit, in denen man sich wie ein Vogel bewegen möchte. Nun war er begierig darauf, den Mann, den er in der einen Minute belächelte und in der anderen verehrte, zu Gesicht zu bekommen. Worauf es ihm ankam, war der wirkliche Mensch, der hinter den Zeilen stand, die er schrieb, ihn wollte er sprechen.

Er ist in der Residenz, hatte der Offizier gesagt, und dem Magister Lessing war der Gedanke gekommen, daß der Offizier mit ihm sein Spiel trieb, er kannte doch die Verachtung und das Mißtrauen gegenüber Leuten seinesgleichen. Die Apotheke am Rande des Platzes war ihm in den Sinn gekommen, dort würde er erkunden, was es auf sich hat mit dem Herrn Voltaire.

Lessing trat durch die Tür und stieg ein paar Stufen hinab. Es war so, wie er es erwartet hatte. Ein halb Dutzend Leute standen umher, in Schlafröcken zum Teil, mit dem unvermeidlichen Glas Aquavit in der Hand und in eifrigem Gespräch begriffen. Über ihnen, in der Mitte des Raumes, hing das staubbedeckte Gerippe eines großen Fisches, und in Regalen und auf Konsolen schwammen Mißgeburten in Glasgefäßen, die mit Spiritus gefüllt waren. Die abgeschnittenen Köpfe seltsamer Tiere hingen an den Wänden und starrten glotzäugig auf die schäbigen Schlafröcke der Hofmeister und Beamten, während jene gestikulierend und zungenwetzend den letzten Stadt- und Hofklatsch durchhechelten. Der Lärm verstummte gerade, und Lessing sah, wie ein Mann seines Alters deklamierend vor den anderen stand, mit der rechten Hand umherfuchtelte und mit der Linken einen Zettel hielt, von dem er vorlas:

Auf! Brüder, auf: Die Gläser winken,
Auf! Laßt uns die Vernunft vertrinken,
Wißt ihr, woher die Kriege stammen?
Die Herren meiden sich und trinken nie zusammen.

Die Leute lachten und tranken sich zu. Lessing ging zum Ladentisch und bestellte ein Glas Aquavit. Man musterte ihn neugierig. Er dachte einen kurzen Augenblick an den eben gehörten Vers, an die Vernunft des Friedens und an die Unvernunft des Krieges. Ein schlechter Vers dachte er, ein Vers voller Widersprüche. Der Kritiker der Berlinischen privilegierten Zeitung wurde in ihm wach. Er hatte schon einen Einwurf auf der Zunge, geschliffen und voller Spott, er setzte schon an, als ihm im letzten Augenblick einfiel, weshalb er gekommen war. Und da der junge Mann, der eben gelesen hatte, gerade neben ihn an den Ladentisch trat, um sein Glas füllen zu lassen, wandte er sich an ihn.

»Monsieur«, sagte er und deutete eine Verbeugung an, »Sie sind ein Poet, Ihren Worten zu entnehmen.«

Der andere, in Schlafrock und Hausschuhen, mit etwas hervorquellenden Augen und leicht angetrunken, wie Lessing sah, warf sich in die Brust und sagte: »Johann Joachim Ewald mein Name. Sie sehen in mir den Auditeur beim Regiment des Prinzen Heinrich. Johann Joachim Ewald. Meine Neigungen sind durchaus literarische, Monsieur.«

Lessing lächelte und murmelte, nach einer erneuten kurzen Verbeugung, seinen Namen. Er murmelte ihn so, daß der andere nichts verstehen konnte. Hatte ihm der Dichter Kleist nicht im vorigen Jahr die Ergüsse eines jungen Mannes namens Ewald geschickt? Und hatte er, Lessing, nicht ein hartes Urteil gefällt? Er wollte um Gottes willen jetzt keinen ausführlichen Diskurs über die Verse des Herrn Ewald. Er ging stracks auf sein Ziel los: »Monsieur Ewald, dann wißt Ihr sicher, wo ich den Herrn Voltaire antreffen kann. Der Offizier von der Schildwache am Stadtschloß hat mich abgewiesen. Dort gibt es keinen Voltaire mehr.«

Die anderen wurden aufmerksam und traten näher. Einer rief: »Voltaire hat sich verkrochen wie ein Fuchs, den man beim Stehlen erwischt hat.«

Ein anderer, sich vordrängend, schrie: »Geht zum Garten des Prinzen Wilhelm, dort hockt der Geizhals und zählt seine Taler.«

Ewald wandte sich um und sagte: »Was erlaubt Ihr Euch, Monsieur, es ist der Kammerherr des Königs, wie könnt Ihr Euern Spott mit ihm treiben.«

Ein dicklicher Beamter in blauem Rock mit silbernen Knöpfen reckte den Kopf und sagte mit singender Stimme: »Stören Sie ihn nicht, mein Herr, er ist sicher beim Wäschewaschen.«

Die anderen brüllten vor Lachen. Einer fügte hinzu: »Er wäscht gerade die schwarze Wäsche des Königs.« Ein wahres Geschrei setzte ein, während Ewald versuchte, sich Gehör zu verschaffen. »Das geht zu weit, Messieurs. Sie sollten sich schämen, Gerüchte zu kolportieren.« Das Gelächter erstarb.

Ewald wandte sich an Lessing. »Herr Magister, wir sind ein wenig ausgelassen, wie Sie sehen. Vergessen Sie es und gehen Sie zu dem Herrn Voltaire, der Sie sicher gern empfangen wird. Er hält sich im Marquisat auf, in der Brandenburger Vorstadt. Fragen Sie nur nach dem Garten des Prinzen Wilhelm, so wird man Ihnen den Weg weisen.«

Lessing dankte ihm, zahlte und ging. Man zog Voltaire ganz gehörig durch den Schmutz. Lessing kannte die Sache, auf die die Herren anspielten.

Da sitzt Voltaire mit dem General Manstein zusammen und geht mit ihm die Denkwürdigkeiten durch, an denen dieser schon saß, seit er vor Jahren durch die russische Regierung in Abwesenheit zum Tode verurteilt wurde. Sie sitzen, und Voltaire erklärte ihm zum hundertsten Male, auf was es ankommt. Währenddessen erscheint, abgehetzt und völlig erschöpft, ein Läufer des Königs und bringt einige Bogen zur Geschichte des Brandenburgischen Hauses, die sein Herr soeben im Schweiße seines Angesichts geschrieben hat. Sofort springt Voltaire auf und sagt zu dem verdatterten General: »Mein Freund, ein andermal. Da schickt mir der König seine schwarze Wäsche zu waschen, ich will die Ihrige nachher waschen.«

Über Lessings Gesicht flog ein Lächeln. Das Ganze mußte eine ungeheure Kränkung für den König gewesen sein. Lessing verließ den Alten Markt.

Er wird wegen des Briefes kommen, den ihm Voltaire im Januar geschrieben hat, wegen der lästigen Geschichte mit dem Manuskript, das ihm der Sekretär Voltaires, Richier de Couvain, ohne Wissen seines Herrn gegeben hatte. Gut, er hat es mit nach Wittenberg genommen, das »Zeitalter Ludwigs XIV.«. Aber er hat es sofort, nachdem ihm der Sekretär schrieb, daß ihn sein Herr des Diebstahls bezichtige, zurückgeschickt. Nun ja, er hat sich entschuldigt und wird es heute noch einmal tun, er wird den Sekretär ins rechte Licht setzen, wenn ihn Voltaire noch nicht davongejagt hat. Mit diesen Gedanken und mit den Erwartungen eines jungen Dichters, der bald dem größten Poeten Europas gegenübertreten wird, ging der Magister Lessing durch die Stadt Potsdam zu Voltaires Wohnung.

Im Marquisat, das seit einigen Monaten dem Kabinettsrat Eichel gehörte, herrschte Aufbruchsstimmung. Seit dem Monat April weilte Voltaire in Potsdam. Zuerst wohnte er im Stadtschloß. Er und der König vertrugen sich wieder trotz aller Affären, trotz D'Arnaudes, trotz des russischen Gesandten und der Angelegenheiten der Frau von Bentink und trotz des Streites mit dem Buchhändler Gosse und mit dem Opernviolonisten. Im Juni dann hatte Voltaire von dem Brief gehört, den der König an Darget geschrieben hatte. Er sei ein ausgemachter Gauner, der Voltaire, und voller Bosheit sei er auch, hatte Friedrich geschrieben. Und außerdem erzählte Maupertuis die Sache mit der Orange. Der König sollte gesagt haben: Ich brauche ihn noch ein Jahr. Man drückt die Orange aus und wirft die Schale weg. Das war ein starkes Stück.

Stehenden Fußes gebrauchte er, Voltaire, das Bonmot mit der schwarzen Wäsche. Es hatte ihm schon lange auf der Zunge gelegen. Da er die Versicherung von D'Argens hatte, er könne zu jeder Zeit im Marquisat logieren, zog er wiederum, wie im vorigen Jahr, vom Stadtschloß in die Brandenburger Vorstadt.

Jetzt aber, nachdem Eichel das Haus gekauft hatte und es selbst bewohnen wollte, jetzt zog er aus und würde erneut im Franchevillschen Haus in Berlin residieren. Es wurde Herbst, auch das war ein Grund, und die Nähe des Königs beunruhigte ihn gleichfalls.

---

Voltaire ging in den Räumen auf und ab und trieb seinen Sekretär, einen gewissen Collini, den Nachfolger Richiers, sowie die Domestiken zur Eile an.

Der Gründe waren viele, wenn er's recht bedachte. Ein Windmüller Stolpe auf dem Grundstück nebenan machte zuviel Lärm, und auf der anderen Seite, auf der Bleiche der Kaufleute Simon und Fischer, sah Voltaire soviel Baumwolle und Leinen herumliegen, daß ihm dieser Umstand schon zum Halse heraushing. Und dazu kam noch, daß ihn niemand besuchte. Ja, er gestand sich's ein, man machte sich rar, seitdem der Spalt immer tiefer wurde zwischen ihm und dem König. Das war nicht angenehm, wenn man nicht parlieren konnte, wenn man nur saß und schrieb, oder wenn man nur hin und her lief und diktierte, ohne ein einziges Mal einen Besuch zu empfangen, mit dem man geistreiche Malicen austauschen konnte. Er war nur noch von Stumpfheit umgeben, seit er nicht mehr im Stadtschloß wohnte. Er hatte sogar, um nicht in Langeweile zu versinken und um nicht trübsinnig zu werden, höchst eigenhändig junge Linden vor das Haus gepflanzt, die sehr gut gediehen. Und dann hatte er, aus purer Wut und voller Bosheit, weil man ihn so völlig allein ließ, die Geschichte des Doktor Akakia geschrieben, die wird sich der Dummkopf Maupertuis hinter den Spiegel stecken müssen. Ein Loch zum Mittelpunkt der Erde bohren, hatte Maupertuis verkündet, eine lateinische Stadt bauen, das Gehirn eines Patagoniers öffnen, die Kranken mit Harz überziehen wegen der Ausdünstung und was dergleichen Sottisen mehr waren. Da empört sich das Hirn eines vernünftig denkenden Mannes. Er hatte es ihm gegeben. Die ganze Welt wird lachen über den Präsidenten der Preußischen Akademie. Und die Druckgenehmigung hatte er auch. Gewiß, auf eine etwas unehrliche Weise hatte er sie erlangt, aber das war die Sache wert.

Voltaire stand klein, gekrümmt und mit spitzem Gesicht am Fenster. Wenn er weggeht aus Preußen, wird er die Tür krachend hinter sich zuschlagen. Oh, wie hat er sich gewunden und geschlängelt durch Hofintrigen und grundlose Vorwürfe. Was hat er ausstehen müssen in diesem barbarischen Land, an dessen Spitze ein König stand, der, ein Philosoph an der Tafel und ein Feldherr in der Schlacht, von einer Trüffelpastete aufstehen konnte, um sich an die Spitze seiner Truppe zu stellen.

Wenn er an die Reise nach Westfalen dachte, ein gutes Jahr war es her, da begann sein Herz vor Wut und Ingrimm schneller zu schlagen. Mon Dieu, wie haßte er da den König samt dem ganzen Klüngel, der dazugehörte.

Friedrichs Page von Rangow hatte die Bauern aufgewiegelt gegen ihn. Der Spitzbube wollte ihm eins auswischen. Aber er mußte zahlen dafür. Sie waren aus der Kutsche gestiegen, in Brackwede, einem elenden Nest, wie es deren viele in Preußen gab. Er fuhr hinter dem König in der zweiten Kutsche, man hielt an, und er war beim Aussteigen, als die Bauern über ihn herfielen. Hatte doch der von Rangow zu den gaffenden Bauern gesagt, sie sollten achtgeben, daß der Affe des Königs, der im zweiten Wagen fahre, nicht entweiche, sondern immer hübsch im Wagen bleibe. Sie, die stumpfen Bauern, stießen ihn, den großen Dichter Voltaire, unter Schlägen zurück in den Wagen und umstanden ihn glotzend und schwatzend, bis der König kam und ihn herausholte. Und er sah voller Zorn, daß selbst Friedrich ein Lachen verbiß, er sah es deutlich, es war ihm durchaus recht, daß man ihn so behandelt hatte. Er aber, Voltaire, stellte Recherchen an, bis er zu dem moqueur zu dem chiffon Rangow gelangte. Er wurde ohne Verzug, noch im selben Augenblick, in die Armee gesteckt. Gut, er hatte ihm eine Woche vorher etwas an den Kopf geworfen, gewiß, aber mußte sich dieser Filou in jener Art an ihm rächen? Und das Gelächter danach, als sie nach Potsdam kamen, das Getuschel am Hofe. Ekelhaft, diese Preußen. Voltaire zog den Schlafrock fester um sich, als friere er.

In diesem Augenblick sah er einen jungen Mann durch den Garten kommen. Dieser blieb stehen und starrte auf das Haus, setzte sich erneut in Bewegung und kam näher. Voltaire erschrak, eilte vom Fenster zur Tür des Zimmers und schrie in das Treppnhaus: »Monsieur Collini, es kommt Besuch.« Collini antwortete nicht. »Monsieur Collini«, schrie Voltaire erneut, »wenn man Sie braucht, sind Sie nie am Platze, Sie unzuverlässiger Mensch.« Collini hastete endlich herbei, einen Stoß Bücher unterm Arm, den er eben verpacken wollte.

»So machen Sie schon, Sie langweiliger Sekretär. Es kommt Besuch.«

Collini riß die Augen auf. In diesem Augenblick schellte es, und er warf die Bücher auf einen Tisch im Flur, um zur Treppe hinabzusteigen. Aber der Hausknecht lief bereits durch das Erdgeschoß. Er lief zur Tür, ein freudiges Lächeln auf dem Gesicht, sah zur Treppe hoch und schrie: »Besuch, Monsieur Voltaire.« Dann erst öffnete er die Tür und ließ den Fremden ein, nicht ohne vorher mit ihm einige Worte zu wechseln. Er wandte sich um und schrie erneut zur Treppe hoch: »Ein Monsieur Magister Lessing aus Berlin wünscht dem Hausherrn seine Aufwartung zu machen.«

Collini stand allein, denn Voltaire retirierte soeben ins Ankleidezimmer, um einen besseren Schlafrock überzuwerfen. Mit dem alten, den er aus Ersparnisgründen trug, konnte er nicht viel Staat machen. Collini schritt zur Treppe hinab dem Magister Lessing entgegen. Das also war der Lessing, wegen dem Richier gehen mußte. Wie oft hatte ihm der Geizhals das Vergehen Richiers als abschreckendes Beispiel vor Augen gehalten. Und gewarnt hatte er ihn vor solchen Leuten wie Lessing. Kunstrichter, hatte er gesagt, schnüffeln in anderer Leute Manuskripte herum, weil sie selbst nichts zustande bringen. Es sind die überflüssigsten Leute von der Welt, obgleich man sie hin und wieder braucht.

Collini reichte Lessing die Hand. Sie befanden sich in der Mitte der Treppe. Lessing, eine Stufe tiefer, sah zu Collini hoch und stellte sich vor. Der Sekretär antwortete: »Ich bin Collini, der Sekretär des Hausherrn. Monsieur Voltaire wird erfreut sein, den Herrn Magister zu empfangen.« Collini sprach französisch mit dem Akzent des Italieners, und er sprach mit leiser, ein wenig trauriger Stimme. Sie traten in ein Zimmer, das einfach eingerichtet war. Der Fußboden war blank gescheuert und ohne Teppich. An den Wänden befanden sich auf den gepreßten Ledertapeten einige alte Stiche. Collini bat Lessing sich zu setzen. Der Hausherr werde gleich erscheinen.

»Haben Sie eine bequeme Reise gehabt, Monsieur Lessing?«

»Ich komme aus Wittenberg und bin auf der Durchfahrt nach Berlin«, entgegnete Lessing.

In diesem Augenblick öffnete sich die gegenüberliegende Tür, und Voltaire, mit Allongeperücke und in einem damastenen Schlafrock, trat fast lautlos ins Zimmer. Lessing erhob sich und starrte ihn an. Er war klein wie ein Kind, er schien ihm zwergenhaft und winzig, und er kam ins Zimmer wie ein geheimnisvoller Gnom, dessen Nase als Krönung eines schwärzlichen Gesichts ihm, Lessing, spitz entgegenstach. Um die Mundwinkel lag ein verbitteter Zug und jetzt, da er lächelte und von ehrlicher Begeisterung erfüllt zu sein schien, wirkte das kleine verschrumpelte Gesicht mit der hohen Stirn wie ein uralter Apfel in dem unendlichen Gekräusel der Perücke. Und die Perücke war das größte an ihm. Sie war weiß und gewaltig, und das grimassenhafte Gesicht war nur ein dunkler, winziger Punkt in dem Gewirk der Haartracht. Collini stellte Lessing vor und ging aus dem Zimmer.

»Mon Dieu, vor zehn Monaten waren Sie noch kein Magister. Wie machen Sie das, Monsieur Lessing?«

Voltaire reichte ihm beide Hände und war eitel Freundlichkeit. Und er sprach sofort, fast ohne Luft zu schöpfen, weiter.

»Setzen Sie sich doch, Monsieur, tun Sie, als seien Sie zu Hause. Wir kennen uns aus unseren Briefen. Es ist, als besuche mich ein lieber Bekannter. Sie sind mir doch meiner Zeilen wegen nicht böse?«

Lessing wollte antworten, aber er kam nicht dazu.

»Ja, ich war sehr fleißig, Monsieur, ich habe das Zeitalter Ludwigs XIV. beschrieben, das goldene Zeitalter der Kunst und Wissenschaft, Monsieur.«

Voltaire versuchte, mit großen Schritten durch das Zimmer zu gehen, aber es wurde nur ein Trippeln daraus, und der Schlafrock schwang wie ein großer Vorhang durch das Zimmer, wenn er vor dem Fenster wendete und auf Lessing zukam.

»Bedenken Sie die Aufgabe, Monsieur, die vor mir stand. Kein Geschichtswerk im üblichen Sinne, eine Schrift vielmehr, wie ein Lustspiel zu lesen, ein Buch voller Abenteuer und weltbewegender Ereignisse, das war meine Absicht.«

»Meinen Glückwunsch, Monsieur Voltaire.« Endlich kam Lessing zu Wort, aber schon sprach sein Gastgeber weiter.

»Wie Sie sehen, mein Herr, bei mir herrscht die größte Unordnung. Wir sind eben dabei, unsere Zelte abzubrechen und sie in Berlin aufzuschlagen. Sie wissen schon, Monsieur Francheville hat die Güte, mich zu beherbergen. Die Wohnung im Schloß zu Potsdam, Monsieur, auch das wissen Sie, beengt einen Künstler.« Er neigte sich zu Lessing und meinte leise und augenzwinkernd, wobei sich die schwarzen Augenbrauen tief herabzogen: »Ein Künstler, der etwas in der Wissenschaft leisten will, muß Privatgelehrter sein, fern von der Ehrsucht und den Stellen, fern von den Akademien, von den Höfen und der großen Welt.« Er wandte sich ab, trippelte ans Fenster, sah sinnend hinaus und flüsterte: »Man muß im Zimmer sitzen ganz allein, da kommen die glücklichsten Reflexionen.« Und bevor Lessing etwas entgegnen konnte, wandte er sich hastig um und stieß zornig heraus: »Man darf kein Sklave sein, hören Sie, Monsieur, bewahren Sie immer Ihre Freiheit, dann wird man Sie achten.« Und er ging, die dicke Kordel um den Schlafrock fester ziehend, an Lessing vorbei zu der Wand, die dem Fenster gegenüberlag. Lessing sah ihm hinterher, erstaunt und belustigt von der Heftigkeit, aber Voltaire kehrte schon um und sagte mit veränderter, fast zärtlicher Stimme: »Die Pigalleschen Skulpturen, hörte ich gestern, sind endlich im Park zu Sanssouci aufgestellt. Ich wollte mich gerade anschicken, sie zu besichtigen. Wenn es Ihnen nichts ausmacht, Monsieur, so begleiten Sie mich, es sind nur an die hundert Schritte zum Park.«

»Es wird mir eine Ehre sein, Monsieur Voltaire. Ich habe die Skulpturen rühmen hören.«

---

»So warten Sie eine Minute, ich bin sofort bereit.«

Er verschwand in das angrenzende Zimmer, und Lessing blieb allein.

An diesem Novembertag war der König zum letzten Mal in jenem Jahr in Sanssouci. Er zog schon im September ins Stadtschloß, doch es gab noch schöne Tage, und da die Pigalleschen Skulpturen endlich aufgestellt waren, zog es ihn hinaus. Aber er hatte, während er einige Stunden im Arbeitszimmer des Weinbergschlosses zubrachte, schlechte Nachrichten erhalten. Sie, diese Nachrichten, waren zuvörderst diplomatischer Natur. Der Pfaffe in Dresden, sein Gewährsmann im Kabinett jenes Kanzlers, der zwar tausendfünfhundert Perücken, aber keinen Kopf besaß, hatte ihm auf geheimem Weg einen weiteren Bericht zukommen lassen. Und wenn man alles zusammennahm, so kam es ihm, dem König, vor, als würde er langsam eingekreist, als säßen rundum schon die Geier, die sich auf ihn stürzen wollten. Fatal, fatal. Die Giftspritzen des Kaunitz in Paris begannen zu wirken, und in den Versailler Salons wurde nur noch von dem bösen Mann in Potsdam gesprochen. Manchmal dachte er mit Grimm an die Fehler, die er gemacht hatte. Mon Dieu, was hätte es ihn gekostet, ein paar freundliche Worte für die drei größten Huren von Europa zu haben. Freilich, wenn man ein Weib nicht riechen kann wie er, dann fällt es einem schwer, ein lächelndes Gesicht zu zeigen. Da bleibt einem nur das einsame Aushalten zwischen dem Haß, da bleibt nur noch die verzweifelte Attacke gegen die fatalen Umstände, die man selbst geschaffen hat. Ja, er wurde eingekreist, und er mußte zusehen, daß er von vornherein die Geier, die schon voller Gier auf ihn starrten, einzeln abschoß, damit er mit dem Rest um so schneller fertig werden konnte.

Aber da war noch das andere. Dégoûtant, dégoûtant. Friedrich saß klein und zusammengesunken am Schreibtisch und starrte aufs Papier. Seine Laune war übel, sehr übel. Er sah sich außerstande jetzt aufzustehen, um die Pigalleschen Skulpturen zu bewundern. Da hatte doch der Voltaire, dieser infame Kujon, seinen Akakia dennoch drucken lassen und noch dazu mit einer erschlichenen Druckgenehmigung. Mit der Druckgenehmigung für »Defens de Mylord Bolingbroke gegen Formey«. Er, Friedrich, hat nichts dagegen, wenn ein wenig Lärm gemacht wird. Aber wenn er schon gemacht wird, dann nur von ihm, dem König. Und dieser Hundsfott, dieser elende, besitzt noch die Stirn, alles zu leugnen. Das aber war nun, gelinde gesagt, der Umstand, der das Wasser zum Überlaufen brachte.

Er stieß sich vom Schreibtisch hoch und schellte mit der silbernen Glocke, schrie den Lakaien an, er solle den Kabinettsrat Eichel herbeirufen und war aufs höchste erzürnt, als ihm der herbeistürmende Eichel auf seine Frage, ob Voltaire noch immer nicht das Marquisat verlassen hätte, keine befriedigende Auskunft geben konnte.

»Notfalls«, schrie er, »laß ich seinen Kram durch ein Pikett Husaren aus dem Haus und in die Havel werfen.«

»Er ist dabei zu räumen, Eure Majestät«, sagte hastig Eichel, während sich Friedrich in einen Sessel warf.

»Setzt Euch, nehmt das Schreibzeug zur Hand.«

Eichel lief schnell zu einem Tisch, der seitwärts stand, setzte sich in Positur und war bereit. Friedrich begann zu diktieren. »Ihre Unverschämtheit setzt mich in Erstaunen.« Eichel schrieb hastig, man hörte das Kratzen der Feder, draußen im Gang bellte ein Windspiel und kratzte an der Tür. Der König erhob sich. »Nachdem, was Sie getan haben und was hell ist wie der Tag, sind Sie noch eigensinnig, anstatt sich schuldig zu bekennen.«

Friedrich ließ das Windspiel ein, es sprang an ihm hoch, er wehrte es ab und diktierte schnell weiter: »Bilden Sie sich nicht ein, daß Sie mir vormachen können, schwarz sei weiß; wenn man nicht sieht, will man alles sehen.«

Er trat an eine der Türen, die zum Garten hinausführten und blickte durch die Scheiben. Er sah den Garten und das Land verschwommen und nur in Umrissen. Der Himmel war hell und fleckenlos. Er sprach weiter, gegen die Glasscheibe, die Hand auf dem Kopf des Hundes. »Aber treiben Sie es aufs Äußerste, so lasse ich alles drucken, und man wird sehen, daß, wenn Ihre Werke Statuen verdienen«, er schwieg eine Weile, sah angestrengt durchs Glas, zog hastig das Lorgnon aus der Tasche und hielt es vors Auge. Auf der Promenade zum großen Bassin sah er zwei Gestalten, sie gingen gemächlich, aber die eine warf heftig gestikulierend die Hände empor, spreizte sie, ließ sie sinken und schwang sie erneut. Zehn oder zwanzig Schritte dahinter kam eine dritte Person. Der König stierte durch das Lorgnon, die beiden Spaziergänger blieben stehen, und jener mit der weißen Perücke schwang noch immer ekstatisch die Hände. Friedrich lief zum Schreibtisch und holte ein Perspektiv aus dem Kasten. Er war erregt und verdrossen, und er wurde es noch mehr, nachdem er durch das Rohr gesehen hatte. Er wandte sich ruckartig zu Eichel und fragte: »Was war das letzte?«

Eichel, dem das Verhalten seines Herrn keineswegs sonderbar vorkam, der manches gewohnt war, sprach mit monotoner Stimme: »Und man wird sehen, daß, wenn Ihre Werke Statuen verdienen ...«

Friedrich wandte sich zum Fenster, riß das Perspektiv vors Auge, sah noch immer die weiße Perücke im exaltierten Gespräch und schrie gegen die Glasscheibe: »Ihr Betragen Ketten verdient.« Er schwieg eine Weile und sagte schließlich mit ruhiger Stimme: »Und darunter schreib noch«, er hatte ein dünnes, schadenfrohes Lächeln im Gesicht, »der Verleger ist verhört und hat alles ausgesagt.«

Er ging schnell zu Eichel und unterschrieb den Brief. »Sogleich siegeln und an Voltaire senden. Er steht unten auf der Promenade am großen Bassin. Hurtig, hurtig, will sehen, was der Lump macht, wenn er's zu Gesicht bekommt.« Eichels Hände flogen.

Friedrich schickte nach dem Adjutanten und überfiel ihn, als er eintrat, mit einem seltsamen Ansinnen. »Stell Er zwei Grenadiere von der Wache vor die Gartenfront. Laß Er die Bajonetter aufpflanzen.« Der verdatterte Adjutant wollte etwas sagen, aber Friedrich schrie: »Was steht Er noch, Order parieren, Kerl, hurtig, hurtig. Kehrt marsch!«

---

Der Offizier, blassen Gesichts, riß die Hacken zusammen, er machte eine exakte Wendung und ging rasch aus dem Zimmer. Der König aber ergriff hastig das Perspektiv und begab sich wiederum an die gläserne Tür.

Knobelsdorff hatte genug. Er war erregt, er wollte sich beschweren und war schon auf dem Weg zum Stadtschloß, aber plötzlich überfiel ihn tiefe Mutlosigkeit. Er stand mitten auf dem Alten Markt und sah, wie die Steinmetze vor der Stadtkirche die Quader zuhieben, die für das neue Portal bestimmt waren. Er sah es schon prunkvoll emporwachsen vor der einfachen Kirche, er sah, wie die schlichte Form der Kirche dahinter versank, und er war von Bitternis erfüllt. Er kannte die Entwürfe für Sa. Maria Maggiore in Rom. Hier entstand ein glattes Plagiat, unmöglich für Potsdam. Hier wurde die Schlichtheit zerstört und an seiner Stelle eine Lüge aufgebaut. Er sah deutlich, daß man sich etwas vormachte, daß vielleicht, nur um des Prunkes willen, diese ganze Stadt in Zukunft aus einer Lüge bestehen würde. Und er wandte sich angewidert ab und beschloß, in den Rehgarten nach Sanssouci zu gehen. Er hatte ihn entworfen, er hatte ein Recht darauf zu sehen, wie es dort vorwärtsging und ob man mit der Kolonnade begonnen hatte.

Knobelsdorff lief durch die Stadt, ging durchs Brandenburger Tor und sah vor dem Eingang in den Garten zwei Kavaliere, von denen der eine die Hände emporwarf und heftig gestikulierte. Er sah sofort, daß es Voltaire war. Den anderen, einen jungen Mann, kannte er nicht. Knobelsdorff ging langsamer, er folgte ihnen mit zwanzig Schritt Abstand und hoffte, daß er sich bald, vom Wege abbiegend, in den Rehgarten begeben konnte. Aber er konnte nicht verhindern, daß ein lauer Wind die Worte des Herrn Voltaire ihm in die Ohren trug. Voltaire blieb oft stehen, erhob die Stimme und redete auf sein Gegenüber ein, als wolle er ihn von etwas überzeugen oder als hätte ihm der junge Mann widersprochen. Aber er widersprach ihm nicht, er sah ihn nur an mit lächelndem Blick, sah den Händen und Fingern hinterher, die Voltaire emporwarf und schwieg still. Er amüsiert sich, dachte Knobelsdorff. Und Voltaire redete an ihm vorbei, sah ihn nicht einmal an, sondern sprach, wie er immer im großen Kreis gesprochen hatte, gegen Wände und Decken, gegen die vergoldeten und versilberten Ornamente, er sah sich zurückversetzt an die Tafelrunde auf Sanssouci, von der er nun ausgeschlossen war, der Ränkeschmied, der niemanden neben sich duldete. Oh, er redete und redete und lauschte verzückt den eigenen Worten hinterher, und sein Gegenüber starrte auf den schnellsprechenden Mund und die gespreizten Finger.

»Mon cher Monsieur«, sagte Voltaire und Knobelsdorff wußte noch immer nicht, wer dieser Monsieur war, »von uns Franzosen hätten die Griechen lernen können. Nehmen Sie die Exposition, die wir in unseren Stücken bis zur Vollkommenheit gebracht haben, nehmen Sie die Verbindung der Auftritte, eine Kunst, die wir aufs natürlichste beherrschen, nehmen Sie den Dialog, den witzigen, Sie finden ihn nur auf der französischen Bühne. Denken Sie an die Personen, die kommen und gehen. Nicht einer erscheint ohne Grund und geht ohne Ursache. Da haben Sie das Geheimnis der Erfolge unserer Stücke.«

Knobelsdorff sah, daß der Monsieur sprechen wollte und den Mund öffnete, aber Voltaire hatte nur eine Sekunde Atem geschöpft, er hatte schnell seine Flinte geladen und schoß sie nun wiederum in Hast und Eile ab. »Freilich, Monsieur, die Pracht der alten Griechen bei ihren Aufführungen fehlt uns noch. Unser Theater ist ein altes Ballhaus, und das Innere ist von schlechtem Geschmack, im Parterre stößt und drängt sich das stehende Volk, und mich beleidigt die barbarische Gewohnheit, die Zuschauer auf der Bühne zu dulden, wo sie den Akteurs ständig im Weg stehen. Dieser Umstand beleidigt mich und die besten Geister meines Landes. Wir hätten es schon weiter gebracht ohne diese üble Angewohnheit.«

Er ist noch immer der alte, dachte Knobelsdorff. Er schneidet noch immer auf, daß die Schwarte kracht. Knobelsdorff hatte die »Semiramis« des Herrn Voltaire auf der Bühne gesehen, und er hatte gefunden, daß sie keineswegs mit den Trauerspielen der Griechen konkurrieren konnte. Bei der Erscheinung des Gespenstes hätte er laut lachen mögen, aber neben ihm im Zuschauerraum saßen schreckhafte, gutgläubige Leute, mit denen er es nicht verderben wollte.

Vor neun oder zehn Jahren hatte ihm Gabriel aus Paris geschrieben. Die Voltairsche »Merope« war aufgeführt worden, und Gabriel berichtete ihm, wie sich Voltaire feiern ließ, wie man ihn auf den Schultern trug, wie er sich in seinem Ruhm sonnte, der eitle Geck, der jetzt hier, zwanzig Schritt von ihm weg, mit seinen Stücken prahlte, als hätte er die Wunder der Welt entdeckt und die Weisheit aller Geschichte in die Hirne der Menschen verpflanzt.

Knobelsdorff wollte sich abwenden und zum Rehgarten gehen, als er einen Lakaien zu den Terrassen herabkommen sah. Er sprang von Stufe zu Stufe, eilig und gehetzt, und er trug einen Brief in der Hand, den er vor sich her schwenkte. Und während Voltaire am großen Bassin stand und auf den Fremden einredete, kam der Lakai heran und übergab Voltaire den Brief. Der Franzose stutzte, unterbrach seine Rede, sah auf das Siegel und sagte gleichmütig zu dem Fremden, jedoch mit Stolz in der Stimme: »Voilà, der König von Preußen schreibt ein Billett an mich«, er sah hoch und stellte erleichtert fest, daß der Lakai bereits gegangen war, »an jenen Mann, der versucht, aus den Versen und Pamphleten des Königs ein wenig Literatur zu machen.« Dann erbrach er das Siegel, und Knobelsdorff sah, wie sein dunkles Gesicht ein wenig blasser wurde. Voltaire steckte das Papier weg und sagte zu dem jungen Mann: »Wußte ich's doch, Monsieur, immerfort braucht er Hilfe, der schwarzen Wäsche ist zuviel, er schafft es nicht allein. Aber jetzt werden wir uns an Pigalle ergötzen.« Und er schritt entschlossen um das Bassin, den lächelnden Fremden hinter sich.

Knobelsdorff wollte endgültig gehen. Gewiß, dort am Aufgang zum Schloß, in der Nähe des Bassins, standen die neuen Skulpturen von Pigalle, er sah sie weiß und glänzend im Sonnenlicht des sinkenden Jahres, er sah Schultern und Arme der

Venus, ihren weißen Leib, er sah den Merkur des Pigalle ihr gegenüber, und das Verlangen erwachte in ihm, die beiden Skulpturen aus der Nähe zu sehen. Aber mit Voltaire wollte er nichts zu tun haben, und so überschritt er die Promenade, um zwischen Bäumen und Büschen im Garten unterzutauchen. In diesem Augenblick jedoch sah er zwei Grenadiere zur Treppe herabkommen. Er verhielt den Schritt, stand am Rand der Promenade fast am Bassin und sah, wie das Sonnenlicht sich in den aufgepflanzten Bajonetten spiegelte. Die beiden bewegten sich, als seien sie aus einem Stück, als seien sie aneinandergeschmiedet. Und ebenso, wie sich ihre Füße mit den weißen Beinkleidern gleichmäßig hoben und senkten, blitzte und verlosch das Licht auf den stählernen Bajonetten. Knobelsdorff sah Voltaire vor der Venus stehen, er umschritt sie steif und trippelnd und mit abstehenden Rockschößen, Knobelsdorff hörte seine enthusiastischen Ausrufe und sah das verzückte, spitze Gesicht, das Voltaire fast anbetend in die Höhe hob. Der Fremde stand seitwärts, versunken in den Anblick der Venus, nachdenklich und, wie es dem Baumeister schien, ungerührt von der Rede des Dichters.

Voltaire sah die Grenadiere, als er eine Schwenkung des Kopfes vollführte. Sein Blick streifte die Treppe und glitt über Uniformen und Bajonette, aber Knobelsdorff sah, daß Voltaires Gesicht sich nicht veränderte. Es wurde vielleicht um eine Spur spitzer, aber sein Blick ruhte bereits auf dem Merkur, verklärte sich schon, und aus dem Munde des größten Poeten Europas begann erneut ein Strom von Worten zu fließen. Voltaire zog den Fremden mit sich, aber die Grenadiere, fünf Schritte vor ihnen, verstellten den Weg und richteten entschlossen die Spitze ihrer Bajonette auf Voltaires Brust. Einer von ihnen, er hatte ein länglich-kantiges Gesicht, buschige Augenbrauen und einen schwarzen Schnurrbart, dessen Spitzen fast waagerecht standen, so daß es aussah, als sträube sich der Bart, schrie laut und vernehmlich: »Aus dem Weg, Monsieur, der König kommt!«

Voltaire ging weiter, während der Fremde stehenblieb und zu lachen begann. Auch Knobelsdorff lachte, er sah den kleinen Voltaire vor den beiden riesigen Grenadieren, deren hohe Blechmützen in der Sonne glänzten. Voltaire wurde immer winziger, je näher er den Grenadieren kam. Dann stand er, ein verkümmerter Zwerg fast, vor den Spitzen der Bajonette und unterbrach seine Rede. Er sah auf den blanken Stahl und von da auf die stumpfen Gesichter der Grenadiere. Ein Ausdruck des Ekels überflog das erhobene Gesicht, und der Mund wurde schmal wie ein Strich. »Was soll der Unfug«, sagte er, »ich bin Franzose, ihr Kerls.« Und er versuchte die Bajonette mit der Hand beiseite zu schieben. Doch sowohl die Bajonette als auch ihre Träger standen unverrückbar und wichen nicht von der Stelle.

Wieder sprach der Grenadier mit dem Schnurrbart, und es sah aus, als bewegten sich nur die Bartspitzen. In seinem Gesicht regte sich sonst nichts. Selbst die Augen waren unbeteiligt und sahen gleichgültig auf Voltaire. Nur die schwarzen Bögen der Brauen hoben sich ein wenig höher.

»Er soll sich wegscheren, oder es fließt Blut.«

Die beiden setzten die Spitzen der Bajonette auf Voltaires Brust und begannen vorwärts zu marschieren. Voltaire wurde zurückgestoßen. Er stolperte und wäre beinahe gefallen.

»Ich bin Voltaire, der Kammerherr des Königs«, schrie er.

»Fort, Sakrament, schert Euch weg, der König kommt.«

Voltaire wies, zurückstolpernd, auf den Orden an seiner Brust. »Wißt ihr, was das ist, ihr Lumpenhunde, der Orden Pour le mérite.«

Die Wache schritt unbekümmert voran und hielt unbeirrt die Bajonette auf Voltaires Brust.

Jetzt begann Voltaire ins Französische zu verfallen. Er sprühte vor Wut und Haß.

»C'est excrément.«

»Fort, Sakrament!«

»C'est le royaume de Prusse, latrines.«

»Was quatscht Er da, Er will wohl nach Spandau.«

»Je céde, barbares!«

Voltaire wandte sich zur Flucht. Knobelsdorff trat zwischen die Büsche, sah die erhobenen Fäuste des Philosophen, sein haßerfülltes, verzerrtes Gesicht und dahinter die blinkenden Bajonette der Grenadiere. Oben aber, auf der ersten Treppe, erschien nun der König von Preußen, und die Windspiele umsprangen ihn, und er kam unbewegten und starren Gesichts, den Krückstock in der Hand, zur Treppe herab. Voltaire floh, Flüche ausstoßend, an Knobelsdorff vorüber, und der junge Mann ging langsam und noch immer mit einem Lächeln im Gesicht, vorbei. Knobelsdorff sah auf die Terrassen und Treppen, die er entworfen hatte, auf die Tritonengruppe im Bassin und schließlich auf Friedrich. Er dachte, daß dieser einsame Mann einen Sieg errungen hatte, einen Sieg der Gewalt und der Macht über den Geist und die Schlauheit. Es war kein guter Sieg, dachte er, und der König, der zur Treppe herabkam, schien ihm kein glücklicher Mann zu sein, denn er hatte in diesen Stunden seinen letzten Freund, den Herrn Voltaire, verloren. Und Knobelsdorff, noch mehr als vorher von Bitterkeit und Ekel erfüllt, ging den gleichen Weg zurück, er vergaß Rehgarten und Kolonnaden, und er schwor, sich von allem zu trennen, was ihn noch mit dem Hof verband.

Am Nachmittag stieg Knobelsdorff in den Postwagen nach Berlin. Ihm gegenüber saß der Fremde, den er am Vormittag zusammen mit Voltaire im Garten vom Sanssouci gesehen hatte. Zu seiner Linken, ganz in der Ecke, saß ein Offizier der Königlichen Garde, den Knobelsdorff nicht kannte. Er nahm den Degen ab und knöpfte seinen blauen Uniformrock auf. Der Fremde sah Knobelsdorff an und stutzte einen Augenblick, sein jungenhaftes Gesicht wurde plötzlich lebhaft und gespannt, und er sagte:

»Pardon, Monsieur, haben wir uns nicht schon gesehen?«

»Warum nicht, mein Herr, die Welt ist klein, und Potsdam ist noch kleiner«, entgegnete Knobelsdorff.

»Herr von Knobelsdorff, wenn ich nicht irre. Sie haben die Oper gebaut und den Tiergarten angelegt.«

»Und mit wem habe ich das Vergnügen?«

»Oh, pardon, mein Name ist Lessing, Gotthold Ephraim

Lessing. Ich komme aus Wittenberg von meinen Studien, wohne jedoch in Berlin und bin Kunstrichter an der Berlinischen privilegierten Zeitung.«

Knobelsdorff erinnerte sich jetzt. Im vorigen Jahr hatte er den Namen öfters gelesen. Dieser junge Mann ihm gegenüber urteilte über Bücher und machte Verse. Er war jung, sehr jung, aber aus seinen Augen blitzte ein scharfer Verstand, Knobelsdorff sah es wohl.

»Ich habe vor ein oder zwei Jahren ein Pasquill zu Gesicht bekommen«, Knobelsdorff unterbrach sich und sah auf den Offizier, der in der Ecke des rumpelnden Wagens saß und bereits schlief, »das offenbar von Ihnen stammt. Es war ein Flugblatt und machte die Runde in manchen Häusern. Ging es nicht um ein Karussell?«

Lessing wurde ein wenig rot und sah gleichfalls auf den Offizier.

»Ich kann es nicht leugnen«, sagte er hastig und mit leiser Stimme.

»Es war recht gut, ich entsinne mich, es entsprach, glaube ich, genau dem, was ich über die Sache dachte.«

Knobelsdorff sah ihn an. »Sehr gut war es. Ich würde es gern noch einmal hören. Sie haben es doch sicher im Gedächtnis, Monsieur Lessing?«

Lessing errötete wiederum und sah erneut auf den Offizier. »Irgend jemand hat es mir entwendet und herumgehen lassen. Warten Sie einen Augenblick, Herr von Knobelsdorff, ich habe es gleich beisammen.«

Lessing überlegte eine Weile, er flüsterte mit den Lippen, dann lächelte er und begann:

AUF EIN KARUSSELL

Freund, gestern war ich – wo? – wo alle Menschen waren.
Da sah ich für mein bares Geld
So manchen Prinz, so manchen Held,
Nach Opernart geputzt, als Führer fremder Scharen,
Da sah ich manche flinke Speere
Auf mancher zugerittnen Mähre

Durch eben nicht den kleinsten Ring,
Der unter tausend Sonnen hing
(Oh schade, daß es Lampen waren!)
Und öfter noch darneben fahren.

Lessing schwieg einen Augenblick und überlegte. Knobelsdorff sah sich zurückversetzt in den August des Jahres 1750, er sah sich einsam stehen am Rande des Lustgartens in Berlin, aus der Ferne sah er das Karussell, das pompöse Fest, das Friedrich zu Ehren eines Besuchs seiner Schwester, der Markgräfin Wilhelmine von Bayreuth, veranstalten ließ. Es war ein Ritterspiel mit Lanzenstechen und Speerwerfen nach Medusen, Türkenköpfen und Ringen. Die Reitergeschwader kamen angesprengt aus der Breiten Straße vom Marstall her. Die Offiziere des preußischen Königs hatten sich in Römer, Karthager, Griechen und Perser verwandelt. Er sah den Prunk und die pure Geschmacklosigkeit nur von weitem, er hörte das entfernte Lärmen der Menge und das Klirren der Lanzen und sah den Lichtschein der vierzigtausend Lampen, mit denen der König in einem Anfall von Verschwendung den Platz erleuchten ließ, um etwas zu sein oder als etwas zu erscheinen, was er niemals war und niemals sein konnte.

Lessing sprach weiter:

Da sah ich – ach was sah ich nicht,
Da sah ich, daß beim Licht
Kristalle Diamanten waren;
Da sah ich, ach, du glaubst es nicht,
Wie viele Wunder ich gesehen!
Was war nicht prächtig, groß und königlich?
Kurz, dir die Wahrheit zu gestehen:
Mein halber Taler dauert mich.

Lessing lehnte sich zurück, und Knobelsdorff sann den Zeilen hinterher. Er hatte den halben Taler gar nicht erst ausgegeben. Er war davongegangen, als ihm der Gegensatz zwischen diesem kostspieligen Firlefanz und dem wahren Leben in Berlin bewußt geworden war.

Knobelsdorff beugte sich vor und sagte: »Und Voltaire, der große Geist, hatte die Stirn, das Karussell in den Himmel zu heben. Denken Sie an sein Epigramm:

Nie war in Rom und in Athen
Ein Festspiel, dessen Glanz vor diesem Licht erbleichte;
Mit Paris Zügen war der Sohn des Mars zu sehen,
Und Venus, die den Apfel reichte.«

Sein Gegenüber, lächelnd und jungenhaft, beugte sich gleichfalls vor. Er sagte: »Er gehörte zum Literatenschweif des Königs, was blieb ihm übrig. Für zwanzigtausend Livres ist man verpflichtet, sich an seinen Rockschoß zu hängen.«

»Man kann nicht predigen für die Freiheit und zu gleicher Zeit auf Kosten großer Herren leben. Das ist charakterlos.«

»Voltaire kann es. Es ist weniger sein Charakter, glaube ich, es ist mehr die Zeit, die ihn dazu zwingt.« Lessing lehnte sich sinnend zurück. »Ich habe den Verdacht«, sagte er leise, »daß er sich der Gesellschaft bedient, um gegen sie zu leben, daß er ihre Form auf sich nimmt, um sie sprengen zu helfen. Und das wäre das beste, was er aus sich und den Umständen machen kann.«

Knobelsdorff fuhr hoch und sagte zornig: »Sie vergessen seine Eitelkeit, seine Habgier, die unlauteren Mittel, die er verwendet, die persönliche Rache, die er ausübt, wo es ihm angebracht erscheint. Sein Charakter zeigt die niedrigsten und kleinlichsten Schwächen.«

»Was wollen Sie, die Gesellschaft hat ihn zu dem gemacht, was er ist, und es ist anzuerkennen, daß er sich über sie erhebt, indem er gegen sie schreibt. Der Vierzeiler fällt kaum ins Gewicht. Wenn er eine Lüge gebraucht, so ist es die Schuld der Umstände, die ihn umgeben.«

»Monsieur Lessing, Sie leben in der gleichen Zeit, weshalb machen Sie nicht dieselben Zugeständnisse. Weshalb stammt der Vierzeiler nicht von ihnen?«

»Das ist etwas anderes. Ich bin nicht bei Hofe. Ich bin vielmehr ein Hungerleider, der jeden Tag seine Groschen zusammenschreiben muß. Und ich bin strenger in diesen Dingen. Ich ließe mich nicht von den höfischen Lastern anstekken. Diese schweifwedelnde Zeit ist mir zuwider. Ich gehöre schon einer anderen an.«

»Aber weshalb verteidigen Sie ihn?«

»Verteidige ich ihn? Ich sehe nur, daß es zwei Voltaire gibt. Den einen, der am Tisch des Königs sitzt, der die Hand aufmacht wegen der sechstausend Taler und ihm dafür ein wenig die Schleppe hält. Ihn verurteile ich. Den anderen aber, den Philosophen von klarem, durchdringendem Verstand, der Aufklärung, Toleranz und Humanität predigt, der gegen Kirche, Dogma und Unterdrückung ist, der geschliffen, zupackend und scharf schreiben kann, den liebe ich. Lassen wir doch die kleinlichen Dinge auf sich beruhen, seine Eitelkeit und das Geckenhafte. Was bedeutet das schon? Er weiß es selbst und ist unglücklich deshalb. Tief in seinem Innern weiß er es. Er ist nur insoweit glücklich, als er gut ist. Was zählt, sind seine Angriffe auf die Irrtümer dieser Welt, die Leidenschaft, mit der er seine Attacken reitet.«

Knobelsdorff schwieg. Der junge Mann da imponierte ihm. Er war verflucht gescheit für sein Alter. Ein guter Kopf. Und im Grunde, wenn er's recht bedachte, war dem Voltaire heute etwas widerfahren, aus dem er sicher Lehren schöpfen konnte. Es widerfuhr ihm das gleiche, was ihm geschehen war. Er war auch davongejagt worden, von der Baustelle am Alten Markt, von dem Haus, das er entworfen hatte. Er dachte an die Gesellen, und sie standen noch einmal im Halbkreis um ihn, starrten ihn an mit ihren kalkigen, eingefallenen Gesichtern, mit den Augen, in denen der Zorn und die Bitternis saß, er sah noch einmal ihre mörtelbespritzten Kittel und Hosen und klobigen Schuhe, er hörte ihre Pfiffe und ihr Gelächter auf dem Gerüst. Und dann sah er sich davongehen, ohne Einspruch, ohne Widerspruch, nur der Dicke blieb zurück, ein stockschwingender Sieger gegen ihn. Er war mutlos, er konnte nicht zurückschlagen. Voltaire hingegen, auch der Gewalt weichend, schmähte sie noch im gleichen Augenblick, beschimpfte sie mit den schärfsten Worten, die es gab und unbekümmert um die Folgen. Er, Knobelsdorff, blieb sich immer treu, wenn er seinen Willen nicht durchsetzen konnte, wenn sich die Gewalt vor ihm erhob, er zog sich zurück in seine Einsamkeit wie ein grollender Bär in seine Höhle, der weiß, daß der Löwe stärker ist. Und er verzichtete auf den Kampf, während Voltaire immerhin schimpfte und mit den Fäusten drohte. Auch die Gesellen vom Maurergewerk erhoben die Fäuste und drohten. Ihre Bitterkeit kam von ganz unten, von der Straße, sie wurde geboren aus der Ungleichheit und der Armut, mit der er nur Mitleid hatte und die er nicht verstand. Und Knobelsdorff grübelte. War es die Ungleichheit, die die Menschen unglücklich machte und die Haß und Neid hervorrief? Er wandte sich an Lessing.

»Was haltet Ihr von der Ungleichheit?«

Lessing hob ruckartig den Kopf. Er hatte an Voltaire gedacht, an die Worte, die sie ganz zuletzt gewechselt hatten, und ihm war ein Vers von Paul Fleming in den Sinn gekommen.

»Ungleichheit?« Er überlegte. »Sie ist keine Ursache. Sie ist eine Wirkung. Die Ursache ist Besitz und Macht. Wo es keinen Besitz gibt, gibt es keine Beleidigung und damit keine Ungleichheit. Bei uns aber«, er wandte den Kopf und sah auf den schlafenden Offizier, dem der Speichel aus dem Mund rann und dessen Gesicht, im Schlaf dümmlich und stumpf, in der wachsenden Dämmerung fast grau erschien, »bei uns«, fuhr er fort, »gibt es nicht einfach Macht und Besitz, sondern die reine Despotie, sie verschlingt alles und tritt Volk und Gesetz mit Füßen, es ist die glorreichste Sklaverei und der blindeste Gehorsam, und es ist zugleich die letzte Stufe der Ungleichheit, die erreicht werden kann. Wir, Sie nicht, Knobelsdorff, und ich nicht samt dem Herrn Voltaire, wir sind nicht ausgeschlossen davon. Ich hatte, als Sie mich fragten, an einen Vers des Paul Fleming gedacht. Er ist über hundert Jahre alt, aber er könnte heute geschrieben sein.«

Und der neugebackene Magister Gotthold Ephraim Lessing, ein junger Mann von dreiundzwanzig Jahren, gut anzuschauen mit seinem offenen Gesicht und den großen Augen, mit der hohen Stirn und den braunen, sorgsam gepflegten

Haaren, sagte den Vers in der Postkutsche, die rumpelnd von Potsdam nach Berlin fuhr.

Die Zeit ist, was ihr seid, und ihr seid, was die Zeit,
Nur daß ihr wen'ger noch als was die Zeit ist, seid.
Ach daß doch jene Zeit, die ohne Zeit ist, käme
Und uns aus dieser Zeit in ihre Zeiten nehme,
Und aus uns selbsten uns, daß wir gleich könnten sein
Wie der itzt jener Zeit, die keine Zeit geht ein.

Sie schwiegen beide, Knobelsdorff, nachdenklich, bat ihn schließlich, den Vers noch einmal zu wiederholen. Er hörte gespannt zu und flüsterte dann:

»Ach, daß doch jene Zeit, die ohne Zeit ist, käme
Und uns aus dieser Zeit in ihre Zeiten nehme.«

## Das Testament

Als er sich von Lessing verabschiedete, spürte Knobelsdorff einen dumpfen Schmerz im Leib. In der Kronenstraße angekommen, wo ihn Lotte sorgenerfüllt empfing, wies er alle Nahrung zurück und legte sich nieder. Der Schmerz verstärkte sich nicht, aber er war da, nicht wie am frühen Morgen, nicht in dieser wilden Stärke, doch er war da, er lag auf der Lauer, und Knobelsdorff wagte sich nicht zu rühren. Er befürchtete, daß bei der geringsten Bewegung das Tier in seinem Leib aufwachen würde.

Am späten Abend überfiel ihn das Fieber. Der Schmerz verschwand, aber er wußte, daß er dennoch vorhanden war und daß er nur vom Fieber überschwemmt wurde. Es war ein seltsamer Zustand. Es schien ihm, als liege er nicht im Bett, sondern schwebe zwischen Erde und Himmel. Ihm war leicht und wohlig zumute, er fühlte sich frei und niemandem gegenüber verantwortlich. Vor seinen Augen wirbelten Kreise, die zu Flächen zerrissen. Aus den Flächen wiederum wurden Häuserfronten, die silbern schillerten und in deren herabgezogenen Fenstern sich die Sonne spiegelte. Aber die Sonne, die er sah, setzte sich in Bewegung, geriet in einen rasenden

Wirbel, und wieder waren Kreise vor seinen Augen. Alles begann von vorn, während er nicht einmal spürte, daß er irgendwo lag. Was er sah und dachte, war von seinem Körper getrennt, und es schien ihm, als flöge sein Geist durch den Weltraum, als sei er schon außerhalb der Erde. Manchmal konnte er nicht unterscheiden, ob er wach war oder ob ihm träumte, dabei überlegte er und versuchte es zu ergründen. Plötzlich riß alles ab, und er sah das Gesicht von Lotte, ihre grauen Augen sah er und die schwarzen Brauen. Er hob die Hand, sie war kraftlos und schwach, und er tastete ihr über Augen, Stirn und Wangen. Sie trug einen Leuchter, und die Kerze warf einen warmen Schein über das Gesicht, das er liebte, machte es hell und dunkel, und er sah es lange an mit fiebrigen Augen. Doch dann begann es zu verschwimmen, und Knobelsdorff schlief vor Erschöpfung ein.

Am anderen Tag fühlte er sich besser. Er hatte keine Schmerzen, war jedoch matt und zerschlagen. Er erinnerte sich mit aller Deutlichkeit des vergangenen Tages, die Gesellen fielen ihm ein und das Versprechen, das er gegeben hatte. Er ließ sich von Lotte einen niedrigen Tisch ans Bett rücken, was sie widerwillig tat, bestand auf Schreibzeug und Papier und sann über die Zeilen nach, die er dem König schreiben wollte. Ihm war klar, daß er schreiben mußte, doch es widerstrebte ihm, an den König zu schreiben. Er kämpfte lange mit sich, doch dann begann er, in höflich-kühlem Ton warf er die ersten Zeilen aufs Papier, geriet in Erregung, als er die Klagen der Maurer wiederholte und sie fast wörtlich niederschrieb, und berichtete schließlich in teilnahmsvollen Worten von der Not der Gesellen. Am Ende wurde ihm plötzlich klar, daß es im Grunde unnütz war, daß, selbst wenn der Lohn erhöht wurde, damit nichts aus der Welt geschafft war, weder die Despotie noch die Armut und daß alles Unrecht fortbestand. Er verfiel wieder in den höflich-kühlen Ton wie am Anfang und setzte seine Unterschrift darunter, voller Schwung, aber gleichzeitig ohne Hoffnung, und er warf die Feder auf den Tisch, als hätte ihn das Ganze große Überwindung gekostet.

Zwei Tage später hörte er, daß sein Gesuch bewilligt worden sei. Und Knobelsdorff, der im Bett lag und von Fieberanfällen und Schmerzen geschüttelt wurde, versuchte in klaren Augenblicken zu ergründen, weshalb der König so schnell seine Bitte erfüllt hatte. Da waren einmal die Gesellen. Vielleicht wären sie wirklich aus der Arbeit gelaufen. Der drohende Aufruhr hatte ihn dazu bewogen. Er konnte jetzt, als »der Große«, sich keine Widersetzlichkeiten in der eigenen Residenz leisten. Das würde ein schlechtes Licht auf sein System werfen. Knobelsdorff grübelte. Er sah noch einmal den Baukondukteur Leopold, dick und stockschwingend, in jedem Wort, das er herausstieß, in jeder Anschuldigung gegenüber den Gesellen schwang die Angst vor dem Aufruhr mit, davor, daß sie anders sein könnten als bisher. Und es waren keine treuen Untertanen mehr, soviel war gewiß. Jetzt traten ihm, Knobelsdorff, auch andere Szenen vor Augen. In Sachsen, während des letzten Krieges, hatte er Grenadiere gesehen, die unflätige Verwünschungen gegen Krieg und König hinausgeschrieen hatten. Er sah plötzlich deutlich, daß es während all der vielen Jahre, seit seinem Dienst in der Armee Friedrich Wilhelms I. bis zum heutigen Tage, eine Kette von Widersetzlichkeiten, Desertationen und Rebellionen gegeben hatte, die darauf hinausliefen, sich gegen den Druck von oben zu wehren und sich davon zu befreien. Und Knobelsdorff ahnte, daß ganz unten, in den Korporalschaften und Kasernen, bei den Gesellen, Handlangern und Studenten, eine Kraft im Wachsen war, die dem System zu schaffen machte. Friedrich konnte nicht mehr, wie sein Vater, nur noch mit dem Stock regieren.

Und außerdem mußten ihn die Gewissensbisse plagen. Knobelsdorff hatte manchmal das Gefühl, daß Friedrich im tiefsten Innern wußte, daß er, Knobelsdorff, recht hatte, schon mit Sanssouci hatte er recht gehabt. Er erregte sich, wenn er daran dachte. Er sah die Gartenseite vor sich, die ihm verhaßt war, eine Fieberwelle ging über ihn hinweg, und er sah den König fröstelnd in seinen Räumen stehen, vor den lodernden Feuern der Kamine, die doch nicht wärmten, er sah, wie er schweigend die Leiden ertrug, die er sich selbst zufügte, indem er das Schloß nicht unterkellern ließ. Im Fieber sah Knobelsdorff, wie die Feuchtigkeit an den Wänden und Fußböden entlangkroch und wie sie die edlen Hölzer und den König selbst vernichtete, der klein und frierend, von Gicht und Podagra geplagt, schweigend und geduldig im Sessel hockte.

Aus dem Fieber emportauchend, wurde Knobelsdorff klar, weshalb der König ihm nicht recht geben konnte. Über die Staatsgeschäfte, über Krieg und Frieden, über Tod und Leben seiner Untertanen entschied er allein. Weshalb sollte er dann nicht über die Baukunst, eine Sache, die nebenherlief, allein entscheiden können. Die eine Konsequenz erwuchs aus der anderen. Und Lessing hatte eins vergessen. Er hatte sich genannt, er hatte Knobelsdorff und Voltaire genannt, und er hatte den König vergessen. Aber der König war ebenso, was die Zeit war, nur daß er noch mehr unter ihr stand. Das war der Unterschied. Er stand so sehr unter ihr, daß sie über ihn hinauswuchs.

Als der Arzt kam, ertrug Knobelsdorff geduldig seine Vorwürfe. Er solle nicht aus dem Hause, weder nach Potsdam noch sonstwohin. Er betastete den aufgetriebenen Leib, verschrieb Pulver und Mixturen, und Lotte ließ sie holen. Der Patient lag apathisch in den Kissen, mit fieberglänzenden Augen und wortlosem Mund. Da stand Doktor Feldmann, sein Freund, neben dem Bett an der Stirnseite Lotte mit dem vierjährigen Kind. Er sah die schreckhaft geweiteten Augen seiner Tochter, und er dachte, daß sie offenbar den Unterschied spürte, daß sie den Ernst erkannte, von dem die Mutter und der Arzt erfaßt waren. Er winkte sie zu sich und strich ihr über den Kopf, aber im gleichen Augenblick erfaßte ihn der Schmerz in seinem Leib, und er bäumte sich auf, biß die Zähne zusammen und verzog das Gesicht.

Die kleine Charlotte wurde hinausgeschickt. Doktor Feldmann bemühte sich um ihn.

In den kommenden Wochen und Monaten wechselte sein Zustand zwischen Besserung und schmerzhaften Anfällen.

---

Im Februar fühlte er sich jedoch wohler, und der Schmerz verschwand fast völlig. Trotz des ärztlichen Verbots erhob er sich und setzte sich an den Zeichentisch. Unruhe hatte ihn erfaßt. Er quälte sich mit der Vorstellung des Portals an der Stadtkirche, sah es immer noch emporwachsen vor ihr, das Gewirr und Geschnörkel lag ihm auf der Seele, und er begann, den Obelisk für den Alten Markt zu entwerfen. Und nur ein Gedanke beherrschte ihn. Der Obelisk mußte, soweit es möglich war, ausgleichend wirken, er mußte das Portal in den Schatten stellen mit seiner einfachen und glatten Schönheit. Und in wenigen Stunden warf er ihn auf die Zeichenblätter, in verschiedenen Ansichten und mit allen Details. Er zeichnete ihn perspektivisch verschoben, mit hellgrauen und bräunlichen Schatten, als eine Erscheinung in seiner Umgebung. Danach warf er sich erschöpft aufs Bett und ihm war, als wäre ihm eine schwere Last abgenommen worden.

Am gleichen Tag noch erschien Doktor Feldmann. Er sah sofort die Zeichnungen und begann zu schelten, aber Knobelsdorff lächelte nur und verteidigte sich nicht einmal.

Doktor Feldmann schlug ihm vor, zu einer Kur zu fahren, um die wiedergewonnene Gesundheit zu kräftigen. Man einigte sich auf Spa, aber Feldmann versäumte es nicht, ihm dringend ans Herz zu legen, sich nicht zu überanstrengen. Er gab ihm genaue Verhaltensmaßregeln.

Ende März war es soweit. Er benutzte die fahrende Post nach Kleve, stieg jedoch in Wesel um und fuhr über Geldern und Köln nach Spa. Die Reise währte zehn Tage, und unterdes spürte er von Stunde zu Stunde eine zunehmende Schwäche und die erwachenden Schmerzen.

In Spa angekommen, trug man ihn aus dem Wagen, und ein herbeigeholter Doktor bemerkte, nachdem er ihn untersucht hatte: »Man schickt uns lauter kranke Leute. Wir können nur machen, daß Gesunde nicht krank werden. Zu einer Kur darf man nicht leidend fahren.«

Und der Doktor behielt recht. Was nützten die Mineralquellen und die umliegenden Berge mit den Wäldern, wenn Knobelsdorff ans Bett gefesselt blieb.

»Die Kur«, sagte der Arzt zu ihm, »hätte früher stattfinden müssen, vor Jahren schon. Sie kommen zu spät.«

Knobelsdorff hatte den Arzt gebeten, offen zu sein und ihm die Wahrheit zu sagen. Er sah zu ihm hoch und fragte mühsam: »Heißt das, daß alles vergebens ist?«

Der Doktor wich seinem Blick aus und sah aus dem Fenster. Er wußte, das alles vergebens war. Es konnte sich nur noch um einige Monate handeln. Sein Patient würde Spa nicht lebend verlassen. Und bestünde er darauf, so würde ihn die Fahrt im Postwagen umbringen. Der Doktor wandte sich um und sah auf Knobelsdorffs Gesicht. Er kannte diese Anzeichen, die immer stärker hervortretende gelb-bräunliche Gesichtsfarbe, dieses schmutzige Grau und diese Kurzatmigkeit, diese Abmagerung mit gleichzeitiger Auftreibung des Leibes, das alles waren ihm wohlbekannte Anzeichen. Der König von Preußen mußte sich noch in diesem Jahr einen anderen Baumeister suchen.

»Es ist nichts vergebens«, sagte er leise und versuchte, etwas Hoffnung in seine Stimme zu bringen.

Knobelsdorff hatte ihn scharf beobachtet. Er haßte die Lüge. Er meinte, man müsse zu jeder Zeit die nackte Wahrheit sagen können. Und er durchschaute den Doktor. Knobelsdorff spürte die Hoffnungslosigkeit hinter seinen Worten. Er sah auf den hellen Umriß der Fenster und hatte plötzlich eine tiefe Sehnsucht nach seinem Landhaus im Tiergarten. Was sollte er hier noch. Er wollte nicht in Spa sterben. Er wollte seine märkische Landschaft vor Augen haben, den Weg, an dem die Birken standen mit ihren wehenden Zweigen und den hellgrünen Blättern, er wollte über die Spree sehen können aufs Moabiter Land und auf den dunklen Hintergrund der Jungfernheide, und er mußte schließlich noch hundert Kleinigkeiten regeln, die sich von hier aus nicht regeln ließen. Die beiden Töchter fielen ihm ein, und Unruhe stieg in ihm hoch. Sie trugen noch immer nicht seinen Namen.

Er fuhr empor und sagte: »Ich muß auf der Stelle abreisen.«

»Ausgeschlossen, Exzellenz, das würde schwere Folgen nach sich ziehen.« Der Doktor wehrte mit beiden Händen ab, er setzte eine energische Miene auf und drückte Knobelsdorff in die Kissen zurück.

Aber der Baumeister setzte seinen Willen durch. Wenige Tage später, am 20. August, verließ er auf eigene Verantwortung und gegen den ausdrücklichen Willen der Ärzte den Flecken Spa. Aber die Fahrt in dem gemieteten Wagen wurde zu einer ungeheuren Pein für ihn. Schon in Wesel mußten sie die Reise für einen ganzen Tag unterbrechen, im Wagen wurde ein Krankenlager hergerichtet, und von da an wechselten Fieberanfälle und Schmerzen in stetiger Folge. Siebzig Meilen lagen vor ihnen, die Straßen waren schlecht, und von Meile zu Meile wurde der Schmerz schärfer. Von Bielefeld bis Magdeburg war Knobelsdorff zeitweise ohne Bewußtsein. Manchmal hielt der Wagen, und er hörte ferne Stimmen, die die Ortsnamen nannten. Doktoren stiegen herein und betasteten ihn, ihre wichtigtuerischen Mienen zerflossen vor seinen Augen, und schließlich hörte er, wiederum aus weiter Ferne, erneut das Rumpeln des Wagens, das ihm in den Körper drang und die Schmerzen noch stärker entfachte.

In Ziesar, kurz vor Brandenburg, wurde ihm plötzlich leicht und frei zumute, die Schmerzen verschwanden, aber er war innerlich wie ausgebrannt. Als er versuchte, aus dem Fenster zu sehen, sank er aufs Lager zurück und fiel in eine tiefe Bewußtlosigkeit. So geschah es, daß Knobelsdorff während der letzten zehn Meilen bis Berlin ohne Besinnung war, daß er an seinen Bürgerhäusern in Potsdam vorübergefahren wurde, ohne es zu wissen, daß er sich ein letztes Mal auf dem Alten Markt in Potsdam befand, mitten zwischen den Bauten, deren Gesicht er geprägt hatte. Er hörte nichts von dem Pferdewechsel an der Ausspanne, er wußte nichts davon, daß der Wagen durch das ihm verhaßte Berliner Tor fuhr, und erst in Berlin, in der Kronenstraße, als in der hereinbrechenden Dunkelheit der Wagen vor seinem Haus hielt und die Nachbarn ihn hineintrugen, hatte er einen wachen, sekundenlangen Augenblick, als sich Lotte schreckerfüllt über ihn beugte, wieder mit dem Leuchter in der Hand. Er sah erneut ihr Gesicht und ihre Augen, und er atmete tief und war zufrieden, aber er sah nicht mehr das Entsetzen, das in den Augen von Lotte lag.

Dann stand sie vor seinem Lager. Sie erkannte ihn nicht mehr. Wo war er, der »le gros Knobelsdorff«, wie ihn die Freunde nannten. Georg war schrecklich abgemagert und hatte bereits das eingefallene, spitze Gesicht eines Toten. Die Farbe des Körpers war schmutzig-grau, auch bräunlich, und das Gesicht hatte einen stärkeren gelblichen Schimmer als vor Monaten. Sein Atem war wieder kurz und unregelmäßig. Lotte kniete am Bett nieder und begann zu beten. Sie hatte während der letzten Monate immer wieder Hoffnungen gehabt. Sie hatte gemeint, die Kur würde ihn kräftigen und vollends gesund machen. Aber jetzt war alle Hoffnung verloren. Und doch betete sie bis zur Ankunft des Arztes, inbrünstig und irgendein Wunder herbeiwünschend. Sie wurde wieder ganz die Küsterstochter, die sie ehemals gewesen war, und rief ihren Gott an.

Am 4. September war Knobelsdorff nach fast vierzehntägiger Fahrt angekommen, und er lag zwei Tage fast völlig bewußtlos. Endlich, am Morgen des 7. September, war er bei klarem Bewußtsein und verspürte nur wenig Schmerzen. Im Laufe des Vormittags kamen seine Freunde Keith und Buddenbrock, gegen Mittag erschienen der alte Pesne und Andreas Krüger. Der Doktor gestattete ihnen, mit dem Patienten zu sprechen. Die vier standen vor dem Bett des Kranken und schauten ihn an. Pesne war entsetzt und voller Trauer, als er des Freundes Gesicht gewahr wurde. Er dachte an sein eigenes Leben, an seine siebzig Jahre und daran, daß Knobelsdorff, ebenso Künstler wie er, nie auch nur einen winzigen Schritt zurückgegangen war. Er, Pesne, hatte zeit seines Lebens laviert, er hatte sich gebückt, um nirgendwo anzustoßen, aber dieser Mann, der nun mit eingefallenen Wangen und fiebrigglänzenden Augen vor ihm lag, war immer stracks seinen Weg gegangen und hatte nie seinen Charakter verleugnet.

Andreas Krüger, neben ihm, die starren Augen auf seinen Freund Knobelsdorff geheftet, war erschrocken über sein

Aussehen. Er erinnerte sich jener Tage, als er Preußen verlassen wollte, er war im Begriff, seine Zeichnungen und sein Gerät zu verkaufen, hatte sich schon auf dem Elbeschiff nach Hamburg eingeschrieben, als Knobelsdorff zu ihm kam und ihn bat, zu bleiben. Damals hatte Knobelsdorff noch Illusionen, da war er noch gesund und voller Tatendrang, und Krüger blieb. Und jetzt lag sein Freund vor ihm, er war klein und abgemagert, und seine Hände, die fast nur Knochen waren, flatterten über die Bettdecke.

Knobelsdorff blickte die vier Freunde lange an. Schließlich bat er um Papier und Schreibzeug und forderte mit schwacher Stimme von Keith, er solle an den König schreiben, was er ihm sage. Dann begann er zu diktieren, mit Unterbrechungen diktierte er mühsam und stockend, und je länger er sprach, um so besorgter wurden die Gesichter von Buddenbrock, Keith, Pesne und Krüger. Knobelsdorff erbat sich vom König für seine Töchter das Recht, seinen Namen tragen zu dürfen, aber er fand nicht die Worte, die den König bewogen hätten, es zu tun.

Der Oberstleutnant von Keith ließ die Feder sinken und sagte: »Du willst, daß die beiden deinen Namen bekommen. So bekommen sie ihn nie.«

Knobelsdorff sah ihn an, preßte die Zähne aufeinander und schwieg. Buddenbrock trat näher und strich ihm über die Stirn. »Was kostet es dich, um der Sache willen ein paar freundliche Worte zu schreiben.«

»Ich beuge mich nicht«, stieß der Baumeister hervor. Doktor Feldmann, im Hintergrund des Zimmers, beobachtete ihn.

»Bitte, Messieurs, keine Erregung, schonen Sie den Kranken.«

Keith sah mit ratlosem Blick auf den Doktor. Dann wandte er sich Knobelsdorff zu und setzte sich auf dessen Bett.

»Du möchtest, daß sie deinen Namen tragen. Sei klug und gib nach. Schreib ihm, daß du ihm für all seine Sorge dankst. Denk daran, er hat dir zwei Häuser geschenkt, er hat dich zu einem der höchsten Beamten im Land gemacht.«

»Der nie etwas zu sagen hatte.« Kobelsdorffs Stimme war

leise und voller Bitterkeit. Er wendete den Blick ab und sah zum Fenster. Draußen war es regnerisch. Graue, bleierne Wolkenmassen trieben über Berlin, man hörte Wagenrollen und abgerissene Stimmen. Knobelsdorffs Lippen formten Worte, die niemand verstand, und in seinen Augen lag der Zweifel an der Welt, mit der er in ständigem Kampf gelebt hatte.

Krüger sah auf den gescheuerten Fußboden.

Er verstand seinen Freund, aber ihm schien auch, daß er um der Sache willen jetzt nachgeben müsse. Er sagte es und sah Knobelsdorff bittend an. Der Baumeister sah von einem Gesicht ins andere. Er hing an den Töchtern, und auch für Lotte war es besser, wenn sie seinen Namen trugen. Knobelsdorff seufzte und bat Keith zu schreiben, was er diktiere. Knobelsdorff sprach abgerissen, stockend und mit langen Pausen. Keith schrieb hastig, er befürchtete, Knobelsdorff könnte seine Meinung ändern.

»Sire

Ich fühle die letzten Augenblicke meines Lebens herannahen und nutze die Atempause, die mir die Schmerzen lassen, um die Gefühle der Dankbarkeit für all die Wohltaten und alle Güte, mit denen mich Eure Majestät während meines Lebens überhäuft haben, zum Ausdruck zu bringen; eben diese Zeichen der Güte geben mir das Vertrauen, daß mir Eure Majestät die Bestätigung der Verfügung zubilligen möge, die ich zugunsten zweier Kinder getroffen habe, deren Existenz ich verursachte; diese Gnade würde die letzten Lebensaugenblicke eines alten Dieners, der diese benutzt, um dafür zu beten, daß die Regierung Eurer Majestät lang währet und glorreich sei, mit Trost erfüllen.«

Bei den letzten Worten überflog ein Zucken Knobelsdorffs Gesicht. Er wiederholte mühsam: »Daß die Regierung Eurer Majestät ebenso lang sein möge, wie sie glorreich ist. Ich bin mit dem tiefsten Respekt, Sire, Eurer Majestät ergebenster und gehorsamster Diener und Untertan.«

Keith blickte Buddenbrock an. Der nickte mit dem Kopf und lächelte. »Der König wird es nicht spüren.«

---

Keith schrieb das Ganze noch einmal und berücksichtigte die Veränderung, die Knobelsdorff am Schluß getroffen hatte. Knobelsdorff unterschrieb mit zitternder Hand.

Er wandte sich an Buddenbrock und Keith: »Ich bitte Euch, meinen Töchtern beizustehen und die Vormundschaft zu übernehmen.«

Sie begannen das Testament aufzusetzen. Knobelsdorff vermachte seinen Besitz den beiden Mädchen. Die Zeichnungen und alle Entwürfe, sowie seine Gerätschaften, fielen Andreas Krüger zu. Er winkte ihn heran, Krüger setzte sich auf das Bett.

»Versprich mir, daß nichts in die Hände von Boumann und seinen Komplizen gerät.«

Krüger schluckte und nahm seine Hände. Er versprach es ihm. Knobelsdorff sank zurück und sah mit starren Augen zur Decke. Er flüsterte: »Vergeßt die Schönin nicht. Ich hab ihr zu danken. Soll sich mit einem braven Mann liieren, der den beiden ein Vater sein kann.«

Sie verabschiedeten sich von ihm. Nur der Doktor blieb im Zimmer. Knobelsdorff fragte, wie lange es noch dauere. Doktor Feldmann zuckte mit der Schulter und machte ein ratloses Gesicht. Doch dann hob er die Finger einer Hand. Knobelsdorff sah es und meinte: »Vor dem Tod habe ich keine Angst, nur vor dem Sterben.«

Und sein Sterben war grauenhaft. Er mußte Unerträgliches ausstehen. In den ersten Tagen blieb er bei Bewußtsein, und der Schmerz wühlte in seinem Leib. Erst am 9. September, als die Bestätigung des Testamentes eintraf, und nachdem der König ausdrücklich bestimmt hatte, daß die Töchter den bürgerlichen Namen Knobelsdorff ohne Titel tragen durften, wurde der Widerstand des Baumeisters schwächer. Bis jetzt hatte er gekämpft, gehofft und gewartet, nun, als sein Wunsch erfüllt war, ließ er sich von den Schmerzen überwältigen. Am Abend des 9. September wurde das Fieber so stark, daß er von nun an nur noch phantasierte. Er erkannte niemanden mehr und lebte in einer anderen Welt. Die Welt, in der er sich befand, wurde von schnell wechselnden Bildern durchzogen, und seltsamerweise sah er während der ganzen Zeit den birkenbestandenen Weg vor sich, die grünen hängenden Blätter, die vom Wind geschaukelt wurden, und er sah die weißen, schwarzgenarbten Stämme, die rechter und linker Hand standen. In der Mitte, zwischen geöffneten goldglänzenden Gittern, trat ihm das Schloß Mosigkau vor Augen, ein heller, verschwommener Streifen mit den Doppelsäulen an der Nordfront. Die Fensterbögen sah er und den Garten in der Draufsicht, aber das Bild brach jäh ab und machte anderen Vorstellungen Platz. Er sah Sanssouci, das Schloß, das sich fast duckte, das fast in den märkischen Sand versank. Er sah es und stöhnte bei seinem Anblick, er stritt mit dem König über den Standort des Schlosses, und der König, vor dem er zurückwich, bestimmte den Platz, indem er seinen Stock auf die Erde richtete. Und Knobelsdorff dachte, daß alles andere unwichtig sei. Das einzige, was zählte, war Sanssouci.

In rascher Folge wechselten jetzt Ehrenhof und Gartenseite, das Halbrund der Kolonnade, gemessen und streng, mit den klaren, aufstrebenden Linien, wechselte mit der von Kariatyden immer wieder unterbrochenen Südfront, ihre Unrast schob sich zwischen die Kolonnade, vermischte sich mit ihr, und alles versank in einem Wirbel rasender Kreise. Wie von Zauberhand gehoben, tauchte der birkenbestandene Weg wieder auf, die unendlich sich fortsetzenden grellweißen Stämme, in die man tiefschwarze Wunden geschlagen hatte. Dieses Bild stand lange und unbeweglich vor ihm, nur die hellgrünen Blätter der Birken bewegten sich sachte in einem Wind, den er nicht hörte. Dann spürte er, wie er zwischen den Birken ging, die weißen Stämme glitten zu beiden Seiten an ihm vorbei und verschwanden. Er sah die Spree, das Wasser stand unbeweglich in der Abenddämmerung hinter dunkelgrünen Wiesenufern, und am Horizont lagen schwarz und schweigend Höhenzüge und Wälder, die ineinanderflossen. Und alles, was er sah, befand sich unter einem hellen Himmel, der vom Licht der Sonne noch erfüllt war.

Aus dem Wasser, auf dem ein silberner, glitzernder Streifen

lag, tauchte das Stadtschloß von Potsdam auf, dunkelglänzende Massen von Dächern und Gemäuern, die sich immer mehr erhellten. Das helle Rosa der getünchten Wände hob sich ab, goldene Wappenadler breiteten ihre Schwingen aus und flogen über das blaugefärbte Kupferdach in den hellen Himmel. Gitter und Geländer glänzten in einem stumpfen, dunklen Gelb, und die Sphinxe an der Auffahrt verwandelten sich in hämisch grinsende Faunsgesichter, die ihm die Zungen herausstreckten. Und alles versank wieder im Wasser der Spree, auf dem nur noch Kreise trieben, die sich langsam verloren.

Der Morgen des 16. September brach an. Und während in den Straßen der großen Stadt Berlin das Leben erwachte und die Gesellen, Tagelöhner und Hausknechte mit ihrer Arbeit begannen, während die Korporalschaften in der grauen Morgendämmerung fluchend ihre Quartiere verließen, um auf die Exerzierplätze zu marschieren, kehrte für einen kurzen Augenblick das Bewußtsein des Baumeisters des Königs von Preußen zurück. Die phantastischen Bilder verblaßten, der Schmerz verschwand, die Augen öffneten sich weit und waren starr auf die Decke des Zimmers gerichtet. Er versuchte zu ergründen, wo er war und was er sah, er glaubte einen flackernden Kerzenschein zu sehen und suchte das Gesicht dahinter, doch es war zu spät, denn in diesem Augenblick zerriß ihn der Schmerz, sein Körper bäumte sich noch einmal auf, sank zurück und kam für immer zur Ruhe.

# ZEITTAFEL

1699 17. Februar, Georg Wenzeslaus von Knobelsdorff, als Sohn eines Gutsbesitzers auf Kuckädel, Kreis Krossen (Neumark), geboren

1710 Antoine Pesne wird Hofmaler in Berlin

1713 Friedrich Wilhelm I. wird König

1714 Knobelsdorff mit 15 Jahren zum Infanterieregiment Lottum
Andreas Schlüter stirbt in Petersburg

1715 Preußen tritt in den Nordischen Krieg ein
Knobelsdorff nimmt an der Belagerung von Stralsund teil

1722 Der Bau des Zwingers in Dresden wird vollendet

1729 Knobelsdorff nimmt den Abschied als Hauptmann
Er beginnt mit dem Malunterricht bei Weidemann (Direktor der Akademie der Künste) und bei Pesne in Berlin
Knobelsdorff gelangt zur Architektur, Lehrer Kemmeter und von Wangenheim

1730 Fluchtversuch des Kronprinzen Friedrich

1732 Knobelsdorff in Dresden und Neuruppin

1733 Knobelsdorffs erstes Bauwerk:
Rundtempel in Neuruppin
Kronprinz Friedrich heiratet

1734 Rheinsberg von Friedrich Wilhelm I. für Kronprinz Friedrich gekauft.

Umbau Rheinsbergs durch Kemmeter

Friedrich mit Knobelsdorff beim Rheinfeldzug

Knobelsdorff malt Porträt Friedrichs

1736 Knobelsdorff in Italien

Friedrich beginnt Briefwechsel mit Voltaire

1737 Knobelsdorffs Rückkehr aus Italien. Er übernimmt Schloßumbau in Rheinsberg

Knobelsdorff porträtiert Königspaar

1738 Deckengemälde von Pesne in Rheinsberg

1740 Brand der Stadt Rheinsberg

Wiederaufbaupläne für die Stadt Rheinsberg von Knobelsdorff. Tod Friedrich Wilhelms I.

Ausschmückung der Potsdamer Garnisonkirche für die Trauerfeierlichkeiten durch Knobelsdorff

Friedrich II. wird König

Voltaire in Rheinsberg

Knobelsdorff wird Oberintendant der Schlösser und Gärten und Intendant der Schauspiele und Musik

Knobelsdorffs Studienreise nach Dresden, Paris und Flandern

Erweiterung der Schlösser Monbijou und Charlottenburg durch Knobelsdorff

Tod Kaiser Karls VI.

Beginn des ersten Schlesischen Krieges

1741 Theaterbau im Berliner Schloß und Opernhausbau von Knobelsdorff (1742 eröffnet, 1743 außen vollendet)

Bildhauer Johann August Nahl als »directeur des ornaments« nach Berlin berufen

Knobelsdorff lernt Küsterstochter Sophie-Charlotte Schöne in Charlottenburg kennen

Knobelsdorff erhält Wohnhaus Leipziger Straße 85 in Berlin geschenkt

Waffenstillstand (erster Schlesischer Krieg)

Umgestaltung des Berliner Tiergartens durch Knobelsdorff

1742 Friedrich II. bricht den Waffenstillstand

1743 Friedrich II. wählt Potsdam zur Residenz

24. August Mittagstafel auf dem »Wüsten Berg« (jetzt Sanssouci)

Voltaire in Berlin

1744 Umbau des Potsdamer Stadtschlosses nach Knobelsdorffs Plänen durch Boumann (bis 1751)

Sommer: Plan eines Weinbergschlosses

Differenzen Knobelsdorffs mit dem König

12. August, Beginn des zweiten Schlesischen Krieges

Bau der Weinbergterrassen nach Knobelsdorffs Plan

1745 13. Januar, Kabinettsorder zur Erbauung des Schlosses Sanssouci

1. Oktober, Knobelsdorff im Feldlager, Name Sanssouci erfunden

Glume gestaltet nach Knobelsdorffs Idee die Bacchanten-Karyatiden

14. Dezember, Knobelsdorff beschlagnahmt auf des Königs Befehl das Lager der Porzellanmanufaktur in Meißen

25. Dezember, Friede zu Dresden

1746 Im Frühjahr Sanssouci außen vollendet

Nahl flieht in die Schweiz

Parkanlage nach Knobelsdorffs Entwürfen

1747 Der König wirft Knobelsdorff Unordnung bei der Abrechnung der Baugelder vor

Knobelsdorff meidet Potsdam für drei bis vier Jahre

Am 1. Mai festliche Einweihung von Sanssouci. Inneneinrichtung fast vollendet

7. Mai, Johann Sebastian Bach in Potsdam

Jahresende, Hofkolonnade von Sanssouci fertig

1748 Knobelsdorff arbeitet am Tiergarten

Er macht Entwürfe für Dessau, Zerbst und Mosigkau

1749 Knobelsdorff arbeitet an den Plänen für den Kleistensitz in Zützen

1750 Im Mai, Knobelsdorff in Potsdam
Rehgarten, Rundkolonnade von ihm nach Mansards Kolonnade in Versailles
Voltaire in Potsdam
Spannungen zwischen Voltaire und dem König
1751 Voltaire im »Marquisat« Potsdam – heute Leninallee 167
Neptunsgrotte von Knobelsdorff
Bauten von Knobelsdorff in Potsdam
1752 Knobelsdorffs letzter Besuch beim König
Glume stirbt nach zahlreichen Parkskulpturen an Überarbeitung
Aufruhr der Potsdamer Bauarbeiter um höhere Löhne
November, Lessing kehrt als Magister von Wittenberg nach Berlin zurück
1753 Voltaire verläßt endgültig Potsdam und Preußen
Knobelsdorff todkrank von einer Kur aus Spa zurück
16. September, Knobelsdorff in Berlin gestorben

Diese Zeittafel will keine deutsche Geschichte in Daten ersetzen. Sie soll lediglich bei der Orientierung der im Roman angespielten Zusammenhänge helfen.

# INHALT

Erstes Buch · Rheinsberg

Der Hals- und Armbruch
7

Die Stunde des Architekten
20

Der König in Rheinsberg
34

Das gestörte Fest
44

Der Sonnenaufgang
59

Zweites Buch · Das Opernhaus

Die Rache des Deserteurs
75

Knobelsdorff in Paris
88

Minerva wird gerettet
109

Die Rocaille im Reisekoffer
119

Das faule Artilleriepferd
133

Cäsar und Kleopatra
154

## Drittes Buch · Sanssouci

Das Göttermahl auf dem Sandberg
173
Das Haus im Grünen
186
Fünfzig Stück Maurergesellen
200
Ungeziefer und Spione
215
Der Tröster
230
Der Familienrat
246
Die abgeschlagenen Köpfe
259
Die Bacchanten
274

## Viertes Buch · Die Trennung

Wieder ein Halsbruch?
287
Die Tafelrunde
298
Ich bin der Johann Sebastian Bach
313
Asyl im Tiergarten
345
Der letzte Besuch
361
Der Philosoph und die Bajonette
372
Das Testament
402